Wilhelm Heidemann, Heinrich Greving

Praxisfeld Heimerziehung

Lehrbuch für sozialpädagogische Berufe

2., überarbeite und ergänzte Auflage

Bestellnummer 50580

■ Bildungsverlag EINS
westermann

service@bv-1.de
www.bildungsverlag1.de

Bildungsverlag EINS GmbH
Ettore-Bugatti-Straße 6-14, 51149 Köln

ISBN 978-3-427-**50580**-8

westermann GRUPPE

Inhaltsverzeichnis

Lernsituationen zum Lernfeld 4:

Lernfeld 5: Erziehungs- und Bildungspartnerschaften mit Eltern und Bezugspersonen gestalten und Übergänge unterstützen

Lernsituationen zum Lernfeld 5:

Lernfeld 6: Institution und Team entwickeln und in Netzwerken kooperieren

Vorwort

Warum dieses Buch? Gibt es nicht schon genug Lehr- und Lernmittel und Arbeits-materialien für die Ausbildung von Erzieherinnen und Erzieher an den Fachschulen für Sozialpädagogik? Können die Studierenden an den Fachhochschulen nicht auf ausreichend vorhandene Fachliteratur zur stationären Erziehungshilfe zurückgreifen?

Dieses Buch ist mehr als ein reines Lehrbuch. Es wendet sich natürlich in erster Linie an Studierende der Fachschulen für Sozialpädagogik und der Fachhochschulen für Sozial-wesen. Aber auch Mitarbeiterinnen und Mitarbeiter, die in der Heimerziehung tätig sind, finden in diesem Buch zu ausgewählten Themenbereichen grundlegende Informatio-nen und Anregungen, ihren Arbeitsalltag zu gestalten. Das Buch wendet sich demnach an Studierende der Sozialpädagogik sowie an interessierte Fachkräfte, die im Berufsfeld Heimerziehung tätig sind.

An den Fachschulen für Sozialpädagogik führt die Thematik Heimerziehung eher ein Nischendasein. Das Handlungsfeld Kindertagesstätte ist dominant und für den Bereich der Elementarpädagogik gibt es eine Vielzahl an Veröffentlichungen. Aber die Absolventen der Fachschulen für Sozialpädagogik, sowie der Fachhochschulen benötigen profunde Kenntnisse auch über das Handlungsfeld der stationären Erziehungshilfe. Dieses Buch bietet einen fundierten Einblick in ausgesuchte Handlungsfelder der Heimerziehung, die im Rahmen der Lernfelddidaktik in der Fachschulausbildung zur Bestimmung der Lernfelder notwendig sind. Praxisnahe Aufgabenstellungen helfen den Studierenden (und Lehrenden), sich in der Arbeit mit Lernsituationen zurechtzufinden.

Ein Jahr nach Erscheinen der ersten Auflage dieses Buches lag der erste länderübergrei-fende Lehrplan für die Ausbildung von Erzieherinnen und Erziehern in der Bundesrepu-blik Deutschland vor und die einzelnen Bundesländer begannen in unterschiedlicher zeitlicher Abfolge mit der Revision ihrer Lehrpläne. Alle Lehrpläne orientieren sich dabei an den Lernfeldern des länderübergreifenden Lehrplans, jedoch wird die überkommene Fächerstruktur z.T. noch beibehalten. (vgl. Janssen/Zech 2013, S. 13). Insofern ist es not-wendig, die Inhalte dieses Buches nun den sechs Lernfeldern zuzuordnen und nach der Kompetenzorientierung die Kompetenzen zu benennen, die in der Erarbeitung von Lern-situationen erworben werden können.

Ein weiterer Grund für die Bearbeitung einer zweiten Auflage war die Aufnahme des Themas „Elternarbeit in der stationären Jugendhilfe", um das fünfte Lernfeld angemessen abdecken zu können. Letzlich haben uns die zahlreichen positiven Rückmeldungen aus den Schulen und den stationären Einrichtungen zur Überarbeitung des Buches motiviert.

Mehr als drei Jahrzehnte Erfahrung in der Ausbildung von Erzieherinnen und Erziehern an einer Fachschule für Sozialpädagogik, langjährige Tätigkeit in der Leitung eines Kinderheimes und in der Fortbildung und Beratung von Erzieherinnen und Erziehern sowie intensive Lehrerfahrung an einer Fachhochschule mit den Studiengängen Heilpädagogik und Soziale Arbeit sind die beruflichen Hintergründe der Verfasser dieses Buches. Das Bemühen um eine möglichst praxisnahe und an der Lebenswirklichkeit von

Kindern und Jugendlichen orientierten Darstellung des Handlungsfeldes Heimerziehung prägen die Inhalte der einzelnen Kapitel.

Den einzelnen Kapiteln sind Fragestellungen zugeordnet, die der Erarbeitung der Inhalte dienen sollen. Die Aufgaben können weitgehend auch im Selbststudium bearbeitet werden. Die Lernsituationen dienen eher der Arbeit in Arbeitsgruppen bis hin zu Kursen oder Klassen.

Hinsichtlich des Sprachgebrauchs haben wir weitgehend beide Geschlechter im Text benannt. Selbstverständlich ist dort, wo nur ein Geschlecht genannt ist, das jeweils andere auch gemeint. Auch werden die Begriffe Fachschulen, Schülerinnen und Schüler, Lehrerinnen und Lehrer synonym mit den in anderen Bundesländern verwandten Bezeichnungen wie Akademien, Studierende und Dozenten verwendet.

Wir wünschen den Leserinnen und Lesern interessante Einblicke und ein vertieftes Wissen bei der Auseinandersetzung mit den in diesem Buch dargestellten Themen. Heimerziehung ist ein anstrengendes, aber immer spannendes Arbeitsfeld.

Stadtlohn und Wesel, im Frühjahr 2016

Wilhelm Heidemann
Heinrich Greving

Zu den Verfassern

Heinrich Greving, Jg. 1962, Erzieher, Dipl.-Heilpädagoge, Dipl.-Pädagoge, Dr. phil., mehrjährige Tätigkeit in heilpädagogischen Einrichtungen, danach Fachlehrer an einer Fachschule für Heilpädagogik und Heilerziehungspflege, seit 1999 Professor für Allgemeine und Spezielle Heilpädagogik an der Katholischen Hochschule NW, Abteilung Münster.

Wilhelm H. Heidemann, Jg. 1950, Dipl.-Sozialarbeiter, Dipl.-Coach, Ausbildung in Organisationsentwicklung, mehrjährige Tätigkeit als Leiter einer Jugendhilfeeinrichtung, von 1980 bis 2015 Fachlehrer am August-Vetter-Berufskolleg in Bocholt, langjährige nebenberufliche und jetzt freiberufliche Tätigkeit in der Fortbildung von Erzieherinnen und Erziehern sowie von Lehrerinnen und Lehrern, Fall- und Teamberatung, Organisations- und Qualitätsentwicklung, sowie systematisches Coaching in der Jugend- und Behindertenhilfe und in Schulen. www.coaching-heidemann.de

Einführung

Aufbau des Buches und Arbeit in den Lernfeldern

Die Außenwohngruppe Schillerstraße

Grundsätzliche Überlegungen zu einer alltagsorientierten und alltagsbezogenen Pädagogik im Praxisfeld Heimerziehung

Aufbau des Buches und Arbeit in den Lernfeldern

Die neuen Lehrpläne für die Fachschulen für Sozialpädagogik stellen die Kompetenzorientierung noch stärker als bisher in den Vordergrund. Ziel der Ausbildung ist es, durch handlungsorientierten Unterricht eine Handlungskompetenz zu vermitteln, die die Studierenden in die Lage versetzt, komplexe berufliche Aufgabenstellungen zu bewältigen. „Im kompetenten Handeln einer Fachkraft verbinden sich Wissen und Fertigkeiten, die das Handeln in einer konkreten Situation erfordern, mit professioneller Haltung und Bereitschaft zu handeln" (Ministerium für Schule und Weiterbildung des Landes Nordrhein-Westfalen, 2014, S. 17). In den sechs Kapiteln werden den Lernfeldern zugeordnet Inhalte dargestellt, die das erforderliche fachliche Wissen vermitteln. Darüber hinaus dienen die Aufgaben zum Selbststudium und noch konkreter die dargelegten Lernsituationen dem Erwerb von Handlungskompetenzen durch vorweggenommene, durchdachte und reflektierte Konstellationen aus der Praxis. Wenn „Lernen im Rollenspiel" „Lernen durch Erfahrung" ist, dann ist auch das Lernen in Lernsituationen mit einem hohen Erfahrungswert verbunden. Dennoch gilt: Kompetenz zeigt sich umfassend und in der ganzen Qualität erst im Lernort Praxis.

In der **Einführung** wird im dritten Teil die Grundausrichtung des Buches dargelegt: Alles Tun der in dem Handlungsfeld Tätigen hat sich an der Lebenswelt der Kinder und Jugendlichen auszurichten, die in Kinderheimen leben und wohnen. Dieser Ansatz bezieht für alle Themenbereiche die Lebenswirklichkeit von Kindern und Jugendlichen und somit eine Alltagsorientierung bei der Gestaltung pädagogischer Prozesse mit ein. Diese konzeptionellen Vorgaben sind für alle weiteren Kapitel handlungsleitend.

Kapitel 1 greift Situationen auf, die dem **Lernfeld 1: Berufliche Identität und professionelle Perspektiven weiterentwickeln** zugeordnet werden können. Schwerpunktmäßig werden mindestens drei der in diesem Abschnitt der Ausbildung zu erwerbenden Kompetenzen thematisch aufgegriffen:

- die Berufsmotivation vor dem Hintergrund der eigenen Biografie analysieren

- Erwartungen und Anforderungen an die pädagogische Arbeit von Erzieherinnen und Erziehern in Arbeitsfeldern der Kinder- und Jugendhilfe wahrnehmen, reflektieren und Konsequenzen für das eigene pädagogische Handeln ziehen

- die Berufsrolle reflektieren und eigene Erwartungen und Anforderungen entwickeln

(Ministerium für Schule und Weiterbildung des Landes Nordrhein-Westfalen, 2014, S. 42–43, Auszüge)

In **Kapitel 2** wird das **Lernfeld 2: Pädagogische Beziehungen gestalten und mit Gruppen pädagogisch arbeiten** behandelt. Folgende Kompetenzen aus Sicht des Handlungsfeldes Heimerziehung werden erarbeitet:

- Kinder, Jugendliche und junge Erwachsene in ihrer Individualität und Persönlichkeit als Subjekte in der pädagogischen Arbeit wahrnehmen, einschätzen und in ihrer Kompetenzerweiterung unterstützen

- Gruppenverhalten, Gruppenprozesse, Gruppenbeziehungen und das eigene professionelle Handeln systematisch beobachten, analysieren und beurteilen

- die gewählten Beobachtungsverfahren und -instrumente auf ihre Wirksamkeit in pädagogischen Prozessen anhand von Kriterien beurteilen und ggf. verändern

- Ressourcen des einzelnen Gruppenmitgliedes feststellen und in die Planung der Gruppenarbeit einbeziehen

- diversitätsbedingte Verhaltensweisen und Werthaltungen in Gruppen erkennen, beurteilen, pädagogische Schlussfolgerungen daraus ziehen, Ziele entwickeln und in Handlungen umsetzen

- gruppenpädagogische Prozesse methodengeleitet analysieren, reflektieren, weiterentwickeln und vertreten

- Bedingungen in Gruppen schaffen, in denen sich das einzelne Gruppenmitglied in der Gruppe selbstwirksam erleben kann

- die eigene Rolle als Erzieherin oder Erzieher in Entwicklungs- und Bildungsprozessen der Kinder, Jugendlichen und jungen Erwachsenen wahrnehmen, reflektieren und Konsequenzen für das pädagogische Handeln entwickeln

(Ministerium für Schule und Weiterbildung des Landes Nordrhein-Westfalen, 2014, S. 44–47, Auszüge)

In **Kapitel 3** geht es um das **Lernfeld 3: Lebenswelten und Diversität wahrnehmen und verstehen und Inklusion fördern.** Berücksichtigung fanden insbesondere folgende in diesem Lernfeld zu erwerbende Kompetenzen:

- sich aufgrund fundierter Selbstreflexion in die individuellen Lebenssituationen von Kindern, Jugendlichen und jungen Erwachsenen hineinversetzen

- Kinder, Jugendliche und junge Erwachsene in ihrer Individualität und Persönlichkeit als Subjekte in der pädagogischen Arbeit wahrnehmen und in ihrer Kompetenzerweiterung unterstützen

- individuelle Lern und Entwicklungsprozesse von Kindern, Jugendlichen und jungen Erwachsenen ressourcenorientiert begleiten und damit Inklusion aktiv fördern

- eigene und fremde Ziele der inklusiven pädagogischen Arbeit und des pädagogischen Handelns in Gruppen beurteilen und vertreten

- Förder- und Erziehungsprozesse beobachten und dokumentieren

- relevante Ressourcen für eine inklusive Arbeit im Sozialraum für die Zielgruppe erschließen und mit Fachkräften anderer Professionen zusammenarbeiten

(Ministerium für Schule und Weiterbildung des Landes Nordrhein-Westfalen, 2014, S. 47–50, Auszüge)

Kapitel 4 behandelt Themen, die dem **Lernfeld 4: Sozialpädagogische Bildungsarbeit in den Bildungsbereichen professionell gestalten** zugeordnet werden. Hier geht es schwerpunktmäßig um den Erwerb folgender Kompetenzen:

- Kinder, Jugendliche und junge Erwachsene in ihrer Individualität und Persönlichkeit als Subjekte in der pädagogischen Arbeit wahrnehmen, einschätzen und in ihrer Kompetenzerweiterung unterstützen

- professionelle Beobachtungsverfahren für die sozialpädagogische Praxis begründet auswählen und für die Planung pädagogischer Prozesse nutzen

- ausgewählte Beobachtungsverfahren zur Dokumentation des Bildungsprozesses bzw. des Entwicklungsstandes oder der Lernvoraussetzungen des Kindes, Jugendlichen und jungen Erwachsenen planen, anwenden und auswerten

- spezifische didaktisch-methodische Konzepte in den Bildungs- und Lernbereichen adressatengerecht planen, durchführen und methodengeleitet analysieren.

- in ihrer Bildungsarbeit Interessen und Neigungen ihrer Zielgruppe ernst nehmen und Bildungsprozesse sowie Kompetenzerwerb konzeptgeleitet fördern

- Kommunikations- und Interaktionsprozesse gestalten, in denen sich Bildungs-, Entwicklungs- und Betreuungsprozesse entfalten können

- die ausgewählten pädagogischen Handlungsansätze hinsichtlich ihrer Anwendbarkeit kritisch überprüfen und im Dialog der Fachkräfte weiterentwickeln

- in allen Bildungsbereichen die Entwicklung ethischer Werthaltungen anregen und gestalten

- Lernumgebungen in den verschiedenen Einrichtungen der Kinder- und Jugendhilfe selbstverantwortlich und partizipativ gestalten.

- Innen- und Außenräume in sozialpädagogischen Einrichtungen unter dem Gesichtspunkt der Schaffung einer lernanregenden Umgebung gestalten

- das kulturelle Angebot im sozialen Umfeld der Einrichtung in die pädagogische Arbeit mit Kindern, Jugendlichen und jungen Erwachsenen einbeziehen

(Ministerium für Schule und Weiterbildung des Landes Nordrhein-Westfalen, 2014, S. 50-54, Auszüge)

In **Kapitel 5** geht es um die Themen aus **Lernfeld 5: Erziehungs- und Bildungspartnerschaften mit Eltern und Bezugspersonen gestalten sowie Übergänge unterstützen.** Hier wird unter anderem auf folgende Kompetenzen Bezug genommen:

- Heterogenität familiärer Lebenssituationen verstehen, analysieren und in Beziehung zu den Erwartungen und Bedürfnissen von Familien mit verschiedenen soziokulturellen Hintergründen setzen

- individuell unterschiedliche Bedarfslagen und Ressourcen von Familien und Bezugspersonen feststellen, methodengeleitet beurteilen und auf dieser Grundlage strukturelle Rahmenbedingungen überprüfen und Angebote gestalten

- Bildungs- und Erziehungspartnerschaften mit Eltern und anderen Bezugspersonen auf der Grundlage rechtlicher und institutioneller Rahmenbedingungen partizipativ gestalten

- Kommunikationsprozesse und -strukturen mit Eltern und anderen Bezugspersonen analysieren, Schlussfolgerungen für die weitere Zusammenarbeit ziehen und den sich daraus ergebenden Handlungsbedarf planen, Ziele entwickeln, in Handlungen umsetzen und reflektieren

- Gespräche mit Eltern und anderen Bezugspersonen methodengeleitet und partizipativ durchführen

- die besonderen Lebenssituationen von Eltern erfassen und diese bei der Arbeit mit Familien berücksichtigen, um sie bei der Wahrnehmung ihrer Erziehungsaufgaben zu unterstützen

- eigene und fremdgesetzte Lern- und Arbeitsziele überprüfen und die Einbindung externer Unterstützungssysteme hinsichtlich des eigenen Bedarfs beurteilen

- die eigenen professionellen Grenzen in der Unterstützung und Beratung von Eltern und Familien erkennen und auf fachkompetente Unterstützung verweisen

- die professionelle Zusammenarbeit mit anderen Einrichtungen bedarfsgerecht mitgestalten und Angebote im Bereich der Eltern- und Familienbildung in Zusammenarbeit mit anderen Fachkräften organisieren

(Richtlinien und Lehrpläne zur Erprobung für das Berufskolleg in Nordrhein-Westfalen, 2014, S. 54–57, Auszüge)

Kapitel 6 beschäftigt sich mit Fragestellungen, die zum **Lernfeld 6: Institution und Team entwickeln und in Netzwerken kooperieren** gehören. Vorrangig geht es hier um den Zuwachs nachfolgender Kompetenzen:

- an der Konzeptionsentwicklung im Team und in der Institution mitwirken

- die eigene Teamsituation auf der Grundlage von Kriterien analysieren, weiterentwickeln und ggf. Unterstützung organisieren

- wesentliche Kriterien für die Planung von Prozessen und Organisationsabläufen im eigenen Team entwickeln

- die Nachhaltigkeit von Prozessen der Team- und Organisationsentwicklung reflektieren

- die Relevanz von Netzwerkstrukturen und Kooperationspartnern für die eigene Zielgruppe einschätzen und in das Planungshandeln einbeziehen

- die örtliche Infrastruktur für Kinder, Jugendliche und Familien wahrnehmen, an Kooperationen und Vernetzungen teilnehmen und sie weiterentwickeln

- Kooperationsziele mit den Netzwerkpartnern abstimmen und in die eigene Einrichtung integrieren

(Ministerium für Schule und Weiterbildung des Landes Nordrhein-Westfalen, 2014, S. 57–60, Auszüge)

Diesen einzelnen Lernfeldern sind Fragestellungen zugeordnet, die der Erarbeitung der Inhalte dienen sollen. (Aufgaben zum Selbststudium) An vielen Stellen wird Bezug genommen auf die AWG Schillerstraße, einer fiktiven Betreuungsform der stationären Erziehungshilfe (mehr dazu siehe unten).

Die in den sechs Kapiteln bearbeiteten 16 Themenbereiche halten wir für die ersten zwei Jahre der Ausbildung von Erzieherinnen und Erziehern für die wesentlichen. Natürlich sind damit nicht alle Fragestellungen, die sich in diesem Handlungsfeld ergeben, erfasst. Studierende könnten sich in Projekten, schriftlichen Hausarbeiten, Referaten, aber auch in Abschlusskolloquien mit weiteren Themen auseinandersetzen. Diese könnten z. B. lauten:

- Aufnahme und Entlassung von Kindern und Jugendlichen

- Das Bezugserziehersystem in der stationären Jugendhilfe

- Der Aufbau exklusiver Beziehungen zu Kindern und Jugendliche in der stationären Jugendhilfe

- Konsumerziehung/Umgang mit Taschengeld in der stationären Jugendhilfe

- Kulturarbeit mit Kindern und Jugendlichen in Einrichtungen der Jugendhilfe

- Qualitätsentwicklung in Einrichtungen der Jugendhilfe

- Sexueller Missbrauch an Mädchen und Jungen – Präventionsmöglichkeiten in der Heimerziehung

- Traumapädagogik in der stationären Jugendhilfe

- Umgang mit aggressiven Kindern und Jugendlichen in der stationären Jugendhilfe

- Wechseldienst/Schichtdienst in der stationären Jugendhilfe

- Werteerziehung/Religiöse Erziehung in der stationären Jugendhilfe

Für etliche der genannten Themen wäre es von Vorteil, wenn Studierende (oder Berufspraktikanten) über einen gewissen Erfahrungshintergrund verfügten, damit die Ebene des Handlungswissens erreicht wird.

Bearbeitung von Lernsituationen

Zum Ende eines jeden Kapitels schließen sich dem Lernfeld entsprechende Lernsituationen an, die als Grundlage für Bearbeitung einer solchen dienen. Je nach Anforderungsprofil können diese durch weitere Schwerpunkte aus Handlungssituationen anderer Lernfelder ergänzt werden.

Die Auseinandersetzung mit und das Lernen in Lernsituationen setzen eine intensive Vorbereitung der Studierenden voraus. Dabei ist es hilfreich, immer nach einem gleichen Raster, zum Beispiel dem folgenden, vorzugehen, welches sich zur Übung und Durchführung von Lernsituationen bewährt hat (siehe hierzu Küls/Pohl-Meninga, 2004, S. 18-21):

- Wir entwickeln Problem- und Fragestellungen

- Wir setzen uns Ziele zur Bearbeitung

- Wir suchen Material und planen die Bearbeitung

- Wir führen unsere Planung aus

- Wir sichern unsere Ergebnisse

- Wir bewerten, reflektieren, evaluieren

An dieser Stelle sei auf den zweiten Band hingewiesen, der in dieser Reihe erschienen ist: Heidemann/Greving, Praxisfeld Heimerziehung, Materialien zur Praxisanleitung und -begleitung. Insbesondere zu den Themen

2.3   Den Tagesablauf gestalten: Alltagspädagogik in der Heimerziehung
3.2   Erziehungsplanung in Einrichtungen der Erziehungshilfe
4.2   Hausaufgabenhilfe

werden Anregungen zur Umsetzung und Anwendung für die konkrete sozialpädagogische Praxis in dem Arbeitsfeld stationäre Erziehungshilfe gegeben.

Informationen zur Außenwohngruppe Schillerstraße

An etlichen Stellen im Buch wird Bezug genommen auf die Außenwohngruppe (AWG) Schillerstraße, einer Betreuungsform der stationären Erziehungshilfe, die so konstruiert ist, dass sie viele Elemente der Wirklichkeit des Zusammenlebens von Kindern und Jugendlichen außerhalb des Elternhauses enthält, aber eben nicht die Wirklichkeit ist. Alle Angaben sind fiktiv und zu Ausbildungszwecken geschildert. Sie soll Anregung für Lehrende sein, weitere Lernsituationen entsprechend den einzelnen Kapiteln zu konstruieren. Die Bedingungen in der AWG Schillerstraße können je nach Thema der Lernsituation verändert werden. Es können Kinder neu aufgenommen werden, wenn eine Heimaufnahme gestaltet werden soll. Ein Kind könnte zu Schaden kommen, um z. B. Fragen der Aufsichtspflicht herausarbeiten zu lassen. Grundsätzlich sollte bei der Arbeit mit der Lernsituation Schillerstraße berücksichtigt werden, dass aufgrund der kurzen Angaben zu den Kindern und Jugendlichen Einschätzungen nur schwer möglich sind. Aus diesem Grund können Annahmen zur Weiterarbeit formuliert werden (sog. begründete Vermutungen). Diese sollten sich an den geschilderten Realitäten der AWG sowie grundsätzlich an der Praxis in AWGs (oder Wohngruppen) orientieren. Wenn sich das Praxisbeispiel Schillerstraße durch die gesamte Ausbildung zieht (bis hin zur schriftlichen Prüfung), dann können Studierende eine spezifische Problemstellung vor einem bekannten Hintergrund prozesshaft bearbeiten und begleiten. Die Vornamen der Kinder und Jugendlichen sind bewusst so gewählt, da so die Wahrscheinlichkeit geringer ist, Studierende mit gleichen Namen anzutreffen. Es wird in Kauf genommen, dass die Vielfalt und die Aktualität mit den heute gebräuchlichen Vornamen nicht gegeben ist.

Zur Situation der AWG Schillerstraße, Stand: Februar 2016

Die Außenwohngruppe Schillerstraße ist eine von sechs Außenwohngruppen eines konfessionellen Jugendhilfeträgers. Neben den Außenwohngruppen unterhält der Träger ein differenziertes Angebot an Betreuungsformen: Binnenwohngruppen, Familiengruppen und Sonderpflegestellen, Erziehungsstellen, Intensivgruppen, Tagesgruppen, eine Jugendwohngruppe und bis zu zehn Plätze im betreuten Wohnen.

Die Gruppe befindet sich in einem um die Jahrhundertwende gebauten Haus in einer gut situierten Wohngegend am Rande des Stadtkerns einer Stadt mit etwa 60 000 Einwohnern. Aufgrund der Stadtnähe sind alle für den täglichen Bedarf notwendigen Einrichtungen (Geschäfte, Schulen, Ärzte, Freizeiteinrichtungen usw.) für die Bewohner schnell und gut erreichbar.

Das Grundstück verfügt über einen Garten, in dem die Kinder Spielmöglichkeiten zur Verfügung haben. Die Kinder und Jugendlichen leben in zwei Zweibettzimmern und sieben Einzelzimmern. Ein großes Esszimmer, in dem auch die Hausaufgaben erledigt werden, schließt sich an ein ebenso großes Wohnzimmer an, von dem man in den Garten gelangt. Eine geräumige Küche steht zur Zubereitung der Mahlzeiten, vorwiegend durch die Hauswirtschaftskraft, zur Verfügung.

Vier Mitarbeiterinnen und Mitarbeiter sowie eine Berufspraktikantin arbeiten in der Außenwohngruppe im Wechseldienst

Ingo (36), staatlich anerkannter Erzieher, hat sich auf Abenteuerpädagogik spezialisiert. Er führt regelmäßig gruppenübergreifende Maßnahmen (Kanutouren, Klettern, Hochseilgarten usw.) durch. Die Bewohner schätzen besonders seine lockere Art und seinen „kumpelhaften" Umgangston.

Frauke (43), Dipl.-Sozialpädagogin, ist die gemütliche Atmosphäre in der AWG besonders wichtig. Sie kümmert sich gerne um die Dekoration, und das gemeinsame kreative Gestalten mit den Kindern und Jugendlichen macht ihr besonders Spaß. Die Bewohner schätzen vor allem ihre Spontaneität und ihren endlos erscheinenden Tatendrang.

Veronika (33), staatlich anerkannte Erzieherin, hat unter den Kindern und Jugendlichen den Ruf, „hart aber herzlich" zu sein. Sie gilt als kompromisslos, gleichzeitig aber auch als verbindliche, verlässliche und kompetente Erzieherin. Sie hat sich auf Anti-Aggressions-Trainings spezialisiert und zu diesem Thema eine Zusatzqualifikation erworben.

Margot (54) hat als Dipl.-Sozialarbeiterin die längste Berufserfahrung im Team. Ihr liegt vor allem die konzeptionelle Arbeit am Herzen. Die Arbeit an Erziehungsplänen und die Kontakte zu Ämtern liegen ihr besonders. Die Bewohner – aber auch die Kolleginnen und Kollegen – schätzen vor allem ihre ruhige, warme und „mütterliche" Art.

Ein/e Berufspraktikant/in, welche zu Beginn des laufenden Schuljahres ihr/sein Berufspraktikum als Erzieher/in in der AWG Schillerstraße begonnen hat, gehört ebenfalls zum Team.

In der Außenwohngruppe Schillerstraße leben zur Zeit elf Kinder und Jugendliche im Alter von acht bis 17 Jahren

Die Außenwohngruppe ist zurzeit mit einem Kind bzw. Jugendlichen überbelegt. Da damit zu rechnen ist, dass Janina in Kürze in die Jugendwohngruppe wechselt, hat sich das Team mit der vorübergehenden Überbelegung einverstanden erklärt.

Janina (17½ Jahre) lebte als Einzelkind vor der Heimunterbringung (vor drei Jahren) bei ihrer alleinerziehenden Mutter. Die Unterbringung war erforderlich geworden, da die Mutter mit der Trennung und folgenden Scheidung von ihrem Mann nicht fertig wurde. Sie wurde depressiv, vernachlässigte Janina, und auch in den nicht-depressiven Phasen konnte sie mit dem zum Teil unangepassten Verhalten von Janina nicht umgehen. Es kam zu heftigen Auseinandersetzungen zwischen Mutter und Tochter, bei denen Janina auch Schläge erhielt. Janina wandte sich an das Jugendamt und die Mutter stimmte der Heimunterbringung zu. Der Vater hatte keine Einwände.

Sie ist jetzt in der zehnten Klasse der Hauptschule und hätte die Chance, den qualifizierten Abschluss der Klasse 10 zu erreichen. Ihre schulischen Defizite noch aus der Zeit vor ihrem Heimaufenthalt hat sie noch nicht ausgleichen können. Sie hat sich im letzten Jahr in Begleitung einer Nachhilfekraft sehr bemüht, ihr Ziel, den Hauptschulabschluss, zu erreichen.

Janina hat inzwischen in der Gruppe unter den Kindern und Jugendlichen einen von fast allen akzeptierten Status erworben. Bei den Gruppengesprächen kann sie Dinge vorbringen, die sich die anderen manchmal nicht anzusprechen trauen oder die sie nicht so gut ausdrücken können. Zu Karneval hat sie mit Gertrud und Klara eine Fete organisiert. Die Erzieherinnen und Erzieher haben sie bei diesem Vorhaben aus dem Hintergrund unterstützt.

In den drei Jahren ihres Aufenthaltes in der AWG hat sich Janina insgesamt gut entwickelt. Sie hat hier ihren Lebensmittelpunkt begründet und ihr ist klar, dass sie nicht mehr zu ihrer Mutter ziehen wird. Wenn sie im Sommer 18 Jahre alt geworden ist, will sie sich dem Rat der Erzieherinnen und Erzieher anschließen und in die Jugendwohngruppe des Heimes wechseln. Viele Dinge im Alltag fallen ihr schwer und sie braucht die Unterstützung der Erzieherinnen und Erzieher. So muss sie morgens mehrfach geweckt werden, bis sie am Frühstückstisch erscheint. Oft gelingt es nur mit Mühe, dass sie nicht zu spät zu ihrer jetzigen Praktikumsstelle kommt. Sie trödelt, hat offensichtlich keine genaue Zeitvorstellung und sie gibt an, keine Lust zum Aufstehen zu haben. Hier sehen die Erzieherinnen und Erzieher ein großes Problem für ihre zukünftige Lebenssituation. Wenn sie nicht pünktlich zur Schule oder ggf. Ausbildungsstelle erscheint, wird sie den schon fest zugesagten Ausbildungsplatz in einem Einzelhandelsgeschäft verlieren. Auch die Ordnung in ihrem Zimmer lässt sehr zu wünschen übrig. Schmutzige Wäsche liegt herum und sie lässt viele ihrer Sachen einfach liegen, wo sie sie gerade gebraucht hat. Da sie sehr häufig ihren guten Willen bekundet und nicht offen gegen die Anforderungen der Erzieherinnen und Erzieher opponiert, fällt ihr unerwünschtes Verhalten nicht durchgängig auf. Dies hat sie, so berichtete die Mutter bei einem der letzten Elterngespräche, schon als Kind so gemacht.

Im nächsten Hilfeplangespräch soll über den Wechsel von Janina in die Jugendwohngemeinschaft (JWG) der Einrichtung gesprochen werden.

Gertrud hat sich vor sechs Jahren selbst an das Jugendamt ihrer Heimatstadt gewandt, da sie sehr unter der Alkoholkrankheit ihrer Eltern litt. Durch die Arbeitslosigkeit der Eltern gab es häufig Spannungen, da das Geld für die notwendigen Dinge des Alltags fehlte.

Sie ist jetzt 15 Jahre alt und hatte früher enorme schulische Defizite. Diese haben sich durch die intensive Begleitung einer Nachhilfekraft im Wesentlichen ausgeglichen. Sie besucht jetzt die Förderschule mit dem Förderschwerpunkt Lernen in der neunten Klasse und hat die Chance, nach Abschluss der zehnten Klasse den Hauptschulabschluss (Klasse 9) zu erreichen.

Gertrud fühlt sich sehr für die Jüngeren in der Gruppe verantwortlich. Es hat den Anschein, dass sie nie richtig hat spielen können. Auch nach sechs Jahren Aufenthalt in der Wohngruppe müssen die Erzieherinnen und Erzieher sie immer noch bitten, Aufgaben der anderen Gruppenmitglieder nicht einfach zu übernehmen.

Bevor **Helga** (14 Jahre) vor dreieinhalb Jahren in die AWG kam, war sie ein halbes Jahr in einer Tagesgruppe (TG). Sie kommt aus einer sogenannten Problemfamilie. Der Vater ist seit

Langem arbeitslos, die Mutter hat für wenige Stunden eine Putzstelle. Beide Eltern sind als alkoholabhängig zu bezeichnen. Mit der Erziehung ihrer vier Kinder sind sie offensichtlich überfordert. Helga wurde von den Eltern oft sich selbst überlassen. Ihre Sorgen und Ängste konnte sie nicht mitteilen; dafür hatten die Eltern nie Zeit. Immer wieder hat sie sich bemüht, die Aufmerksamkeit der Eltern, insbesondere der Mutter, zu gewinnen. Helga ist die älteste und hat des Öfteren auch die Versorgung ihrer Geschwister übernehmen müssen, wenn die Eltern auf „Sauftour" waren. Zwei der Geschwister leben seit Kurzem auch in einem Kinderheim. Die Herausnahme aus dem elterlichen Haushalt geschah auf Anraten des Jugendamtes; die Eltern waren mit der Maßnahme einverstanden. Das jüngste Geschwisterkind lebt noch bei den Eltern; es besucht regelmäßig eine TG.

Trotz der ungünstigen familiären Bedingungen in der Herkunftsfamilie sehnt sich Helga sehr danach, wieder nach Hause zu dürfen. Sie ist oft hin- und hergerissen, da sie sich auch in der Gruppe wohlfühlt. Besonders vermisst sie den häufigeren Kontakt zur Mutter, für die sie sich immer noch verantwortlich fühlt. Die Erzieher bemühen sich darum ihr verständlich zu machen, dass sie lernen muss, „ihr eigenes Leben zu leben". Über die Aktivierung von freizeitpädagogischen Maßnahmen soll das erreicht werden. Helga besucht die siebte Klasse der Hauptschule, mit inzwischen gutem Erfolg.

Fabiola (14 Jahre) lebt seit einem halben Jahr in der Wohngruppe. Die Eltern hatten sich an eine Sozialarbeiterin des Jugendamtes gewandt, da es immer mehr zu Konflikten mit Fabiola gekommen sei, verbunden mit einem zunehmenden Leistungsversagen in schulischen Hauptfächern, obgleich die Lehrerin, gemäß Aussage der Mutter, Fabiola als durchaus intelligent bezeichnete. Darüber hinaus beklagten die Eltern eine deutliche, verfestigte Außenseiterposition innerhalb der Klassengemeinschaft, begleitet von zahlreichen, zuweilen auch körperlichen Auseinandersetzungen mit Mitschülern und Mitschülerinnen. Ein besonders belastendes Problem stellte physisch aggressives Verhalten jedoch vor allem zu Hause in Streitsituationen mit der um zwei Jahre jüngeren Schwester dar. Die Familie lebte in beengten Wohnverhältnissen. Fabiola teilte sich ein recht kleines Zimmer mit der Schwester. Ein weiteres Zimmer wurde von der Großmutter (mütterlicherseits) bewohnt. Nachdem bei der Hausaufgabenbetreuung in der offenen Ganztagsschule keine angemessene Kontrolle erreicht werden konnte, wurde diese Aufgabe der Großmutter übertragen, da beide Elternteile ganztägig berufstätig sind. Einer kurzzeitigen Verbesserung folgte eine massive Zunahme der Klagen von Seiten der Schule und eine Steigerung der Auseinandersetzungen der Erwachsenen mit dem Mädchen, aber auch zwischen den Erwachsenen (Eltern gegen Großmutter und Vater gegen Mutter), sodass die Eltern sich an den Sozialdienst wandten. Eine Erziehungsberatung habe nicht die gewünschte Entlastung gebracht.

Im Aufnahmegespräch des Heimes äußerte Fabiolas Mutter, es zerreiße ihr fast das Herz, aber es müsse einfach etwas unternommen werden – so könne es nicht weitergehen. Bei und kurz nach der Aufnahme in die AWG Schillerstraße schaltete sich auch der Vater direkt mit ein und verdeutlichte in Gesprächen mit der Gruppenleitung, wie trickreich Fabiola sei, und dass hier von Anfang an mit größter Strenge auf die Bearbeitung der Hausaufgaben und schulisches Lernen geachtet werden müsse.

Für Fabiola bedeutete der Wechsel ins Heim auch einen Neubeginn in einer anderen Schule. Sie besucht die siebte Klasse einer Hauptschule mit äußerst schwachen Leistungen. Innerhalb der Klassengemeinschaft ergaben sich bald Konflikte aufgrund einzelner Diebstähle, bei denen der Verdacht auf die Neue fiel. Zudem begannen trotz mit der Klassenlehrerin vereinbarter Rücksprache bald Unterschlagungen von Hausaufgaben durch nur teilweise vorgenommene Notizen im Hausaufgabenheft oder einfaches „Verlieren" desselben.

Überraschenderweise kam die Großmutter ca. sechs Wochen nach Aufnahme in die Wohngruppe, um Fabiola am Wochenende zu Hause vergessene Kleidungsstücke zu bringen. Was sie vorfand war eine noch im Essensbereich stehende Tasche, die der Vater am Vortag beim Zurückbringen der Tochter dort abgestellt hatte. Die diensthabende Erzieherin hatte aufgrund des bereits mit den Kindern begonnenen Abendessens geäußert, er könne die Tasche dort belassen, sie würde sie anschließend mit Fabiola in ihr Zimmer bringen. Der Vater hatte dies zu Hause als schnelles Abwimmeln geschildert. Als die Oma am nächsten Tag in Fabiolas Zimmer ging, entdeckt sie statt des Mädchens lediglich einen völlig unaufgeräumten Schreibtisch. Schließlich sah sie vom Fenster aus Fabiola am Rande des Bolzplatzes mit anderen Kindern herumstehen.

Einen Höhepunkt erreichte die einsetzende Eskalation, als das Mädchen wenige Wochen später auf dem Schulweg „von Jugendlichen ihres Schulranzens beraubt" wurde, wobei dieser zunächst verschwunden blieb.

Die Eltern, insbesondere der Vater, waren sehr empört und habe sich an die Heimleitung gewandt. Nur mit Mühe gelang es im Rahmen von Elterngesprächen, zu denen der Bezugserzieher den psychologischen Fachdienst hinzu gebeten hat, eine von den Eltern zunächst geforderte Ablösung des die Raubtheorie infrage stellenden Bezugserziehers abzuwenden.

Nach Hinzuziehung der Polizei tauchte der Schulranzen wenige Wochen später wieder auf. Er wurde im Gebüsch eines Privatgrundstückes entlang des Schulweges gefunden. Er enthielt zwei Klassenarbeiten mit schlechten Noten.

Aufgrund der Lern- und Leistungsprobleme wurde Fabiola mit Einverständnis der Eltern durch den psychologischen Fachdienst getestet und erzielte Ergebnisse im Grenzbereich zur Lernbehinderung. Der Bezugserzieher soll diese Problematik der Leistungsschwäche angehen, um die schulischen Leistungen zu verbessern.

Probleme bereiten weiterhin einzelne Diebstähle außerhalb der Wohngruppe, die einmal allein und ein anderes Mal in Begleitung anderer Kinder/Jugendlicher stattfanden, sowie vereinzeltes Fernbleiben vom Unterricht an Eckstunden. Mehrmals wird Fabiola auch beim Rauchen erwischt. In Kürze steht auf Betreiben der nunmehr zuständigen Sozialarbeiterin des Jugendamtes/ASD ein Hilfeplangespräch an, in dem über den bisherigen Verlauf, neu zu überdenkende Ziele sowie eine eventuelle Weitergewährung der Maßnahme beraten werden soll.

Karola ist 14 Jahre alt. Sie wurde vor sieben Jahren in die Wohngruppe aufgenommen, nachdem dem Jugendamt bekannt wurde, dass Karola von ihrem Stiefvater regelmäßig geschlagen wurde. Sie traut sich wenig zu und muss, auch nach Jahren noch, zu Gruppenaktivitäten stark animiert werden, da sie sich sonst nur allein in ihrem Zimmer aufhalten und Musik hören und Comics lesen würde. Das Einnässen hat sich nach einer therapeutischen Behandlung durch einen Neurologen und Psychiater weitgehend gelegt. Darüber ist sie sehr froh und hat seitdem an Selbstbewusstsein gewonnen.

Was in der Gruppe passiert, ist ihr meist egal. Mit den meisten Dingen ist sie einverstanden. Bei Gruppengesprächen äußert sie sich kaum. Bei Aktivitäten in der Gruppe kann sie sich aber einbringen.

Sie besucht die Hauptschule (siebte Klasse) und ist eine recht gute Schülerin. Seit einem halben Jahr ist sie mit einer Mitschülerin eng befreundet. Es finden auch Besuche mit Übernachtung bei der Freundin statt (mit Einverständnis von Karolas Mutter).

Karl ist 14 Jahre alt und litt bei der Aufnahme vor etwa zweieinhalb Jahren sehr unter der Trennung von seiner Mutter. Es fällt ihm immer noch sehr schwer, sich in das Gruppengeschehen einzufinden. Immer wieder eckt er bei den anderen an, da er Begebenheiten aus der Gruppe gleich den Erzieherinnen und Erziehern erzählt. In der Schule zeigen sich die gleichen Probleme. Er ist sehr auf die Erwachsenen (Lehrerinnen und Lehrer sowie Erzieherinnen und Erzieher) fixiert. Seine Eltern haben sich vor etlichen Jahren getrennt und er lebte als Einzelkind im Haushalt der Mutter. Die Mutter hat die Trennung von ihrem Mann nie richtig überwunden und Karl stark in die Bewältigung ihrer eigenen Probleme einbezogen. Diese Situation hat Karl offensichtlich sehr stark belastet. Die Probleme der Mutter konnte er aus seiner kindlichen Sicht nicht begreifen. Er litt in der Folge unter Schlafstörungen und war in der Schule häufig sehr müde und wirkte völlig abwesend. Als der Klassenlehrer ihn daraufhin ansprach, vertraute sich Karl ihm an. Da der Klassenlehrer sich nach einem Gespräch mit der Mutter mit der Sachlage überfordert fühlte, wandte er sich an das Jugendamt. Nach einigen ambulanten Beratungen konnte die Mutter die Situation nicht für Karl angemessener gestalten und bat um eine zeitweilige anderweitige Unterbringung des Jungen. Zu seinem Vater wünscht Karl keinen Kontakt.

In seiner Freizeit spielt er leidenschaftlich gern Fußball. Im vorletzten Jahr hat er für einige Wochen in einem Fußballverein mitgespielt. Er musste aufgrund von Differenzen mit anderen Kindern und Jugendlichen wieder abgemeldet werden. In Gesprächen zeigt er sich nur wenig offen für eine Reflexion, die sein eigenes Verhalten in Bezug zu den Reaktionen der anderen setzt. „Es sind immer die anderen!" Karl besucht die Klasse 7 der Förderschule mit dem Förderschwerpunkt Lernen.

Seit etwa einem halben Jahr hat die Mutter einen neuen Lebenspartner. Mit ihm beabsichtigt sie gemeinsam in eine Wohnung zu ziehen. Der Lebenspartner hat selbst einen zwölfjährigen Sohn. Er soll mit in die Wohnung einziehen. Karl fragt seine Mutter bei jedem Besuchskontakt, ob er denn auch zu ihnen ziehen kann. Die Mutter vertröstet ihn und gibt keine eindeutige Antwort. Dadurch ist Karl sehr verunsichert und zeigt sich nach Besuchen bei der Mutter oft verschlossen und zunehmend aggressiv. Er schreit dann Kinder und Jugendliche sowie auch die Erzieherinnen und Erzieher an, sie mögen ihn alle in Ruhe lassen.

Im nächsten HPG soll auf eine Klärung hingearbeitet werden.

Aktuell hat Karl eine weitere Freizeitbeschäftigung für sich entdeckt, die die Erzieherinnen und Erzieher im Grunde sehr begrüßen. In der Schule hat er seit Beginn des Schuljahres bei einem Musikprojekt mitgearbeitet und viel Freude dabei entwickelt. Nach anfänglichem Üben mit selbstgebauten Instrumenten hat er mit viel Fleiß das Schlagzeugspielen begonnen. Zusätzlich zu den Projektstunden darf er im Übungsraum der Schule auch in Freistunden üben. Der Musiklehrer fördert ihn dabei sehr.

Luise, 13 Jahre alt, ist vor zwei Jahren neu aufgenommen worden. Die Herausnahme aus der Familie war notwendig, da die alleinerziehende Mutter mit der Erziehung von Luise überfordert war. Die Mutter war nicht in der Lage, dem Mädchen Grenzen zu setzen. Durch Hinweise von Nachbarn ist eine Vernachlässigung deutlich geworden. So ist Luise häufig in der gemeinsamen Wohnung allein gewesen. Draußen wurde sie von Nachbarn bis in die späten Abendstunden auf dem Spielplatz angetroffen. Ein Nachbar verständigte das Jugendamt. Die Mitarbeiterin des Jugendamtes stellte fest, dass Luise von der Mutter viel allein gelassen wurde und Luise ihren Tag weitgehend selbst gestaltet hat. Auch hat sie in den Lebensmittelmärkten in der Gegend häufiger um Lebensmittel gebettelt.

Sie wiederholt auf Anraten der Schule die sechste Klasse der Hauptschule. Die Klassenlehrerin beklagt nach wie vor ihr oppositionelles Verhalten. Zu ihr habe sie allerdings inzwischen eine tragfähige Beziehung aufbauen können. Von den Fachlehrern, insbesondere wenn sie neu in der Klasse sind, lasse sie sich nur wenig sagen, verweigere die Leistung.

In der Gruppe fühlt sich Luise inzwischen wohl. Offensichtlich hat sie realisiert, dass ihre Mutter nicht in der Lage ist, sie wieder bei sich aufzunehmen. Die regelmäßigen Besuchskontakte der Mutter in der Einrichtung zeigen, dass Luise positiven Einfluss auf ihre Mutter nehmen will. Sie fühlt sich zunehmend verantwortlich für sie.

Benny (13 Jahre alt) wohnt seit fünfeinhalb Jahren in der AWG. Seine Unterbringung sollte vorübergehend sein, da beide Elternteile sehr krank waren. Vor vier Jahren ist die Mutter an den Folgen einer schweren Operation gestorben. Bis vor dreieinhalb Jahren wohnte sein Bruder Volker auch in der AWG. Er lebt jetzt in einer eigenen Wohnung und besucht Benny regelmäßig. Nach Meinung der Erzieherinnen und Erzieher hat Volker einen positiven Einfluss auf Benny.

Der Vater, Herr B., ist als Pförtner bei der Firma Liemens beschäftigt und konnte sich aufgrund seiner angeschlagenen Gesundheit kaum um seine Kinder kümmern. Soweit es ihm möglich ist, besucht er Benny einmal im Monat.

Benny besucht die sechste Klasse der Hauptschule. Er ist ein guter Schüler und bemüht sich, den Anforderungen der Schule gerecht zu werden. Probleme bereitet ihm das Fach Mathematik. Regelmäßiges Üben, insbesondere vor den Klassenarbeiten, sind insoweit erfolgreich, dass er sich im guten Viererbereich bewegt und manchmal mit Stolz eine befriedigende Leistung erzielt.

Die Gruppe ist zu seinem Lebensmittelpunkt geworden. Hier möchte er wohl bis zu seiner Volljährigkeit bleiben. Er beteiligt sich gerne an Aktivitäten und mag es besonders, wenn möglichst alle Gruppenmitglieder dabei sind. Besonders zu dem Erzieher Ingo hat er eine gute Beziehung. Die „coolen" Sachen, die der in der Freizeit mit ihm macht, findet er toll.

Kurt (13 Jahre) wurde vor vier Jahren in der AWG Schillerstraße aufgenommen. Viel war den Erzieherinnen und Erziehern über den Jungen nicht bekannt. Der Mitarbeiter des Jugendamtes berichtete seinerzeit, dass Kurt der älteste von drei Jungen in der Familie sei und vom Vater in der letzten Zeit häufiger geschlagen wurde. Der Vater übte einen stark autoritären Erziehungsstil aus. Die Mutter hielt sich insgesamt eher zurück und scheint wohl auch Angst vor dem autoritären Mann zu haben. Die Familie des Vaters ist dem Jugendamt schon aus früheren Zeiten bekannt. Offensichtlich hat der Vater unter der autoritären Führung seiner Eltern gelitten. Nachdem der Vater arbeitslos wurde, schlug er seine Kinder vermehrt; besonders aber Kurt, da er sich kaum zu helfen wusste, wie er mit dem Schuleschwänzen des Jungen fertigwerden sollte. Kurt hatte sich selbst an das Jugendamt gewandt und um anderweitige Unterbringung gebeten. Zu seinen Eltern und seinen Geschwistern hat er regelmäßig Kontakt. Er kann sich aber nicht vorstellen, in das Elternhaus zurückzukehren. Eine Spieltherapie, an der er im vergangenen Jahr teilgenommen hat, hat ihm sehr geholfen, die traumatischen Erlebnisse zu verarbeiten.

Kurt fühlt sich in der Gruppe wohl. Besonders fühlt er sich zu der Erzieherin Margot hingezogen, die ihn auch manchmal „bemuttert". Bei den Mahlzeiten möchte er gerne neben ihr sitzen. Seine Interessen kann er in der Gruppe durchaus gut vertreten, Anerkennung von den anderen Gruppenmitgliedern findet er allerdings wenig.

Er besucht die sechste Klasse der Hauptschule und muss sich anstrengen, um den Anforderungen gerecht zu werden. Seine Bezugserzieherin Margot hat einen guten und regelmäßigen Kontakt zu seinem Klassenlehrer. Kurt ist diese intensive Zusammenarbeit sehr wichtig. Oft sagt er, dass er das toll findet, seine Eltern hätten das nie für ihn gemacht, und Schuleschwänzen käme für ihn nicht mehr infrage.

Ortrud ist zwölf Jahre alt. Noch immer ist sie still, schüchtern und sehr häufig ängstlich. Sie kaut an den Fingernägeln und nässt regelmäßig ein. Der Unterbringungsgrund vor drei Jahren war der vermutete sexuelle Missbrauch durch den Freund der alleinerziehenden Mutter. Das Verfahren wurde vor anderthalb Jahren mit der Verurteilung des Freundes der Mutter abgeschlossen. Zu ihrer Mutter hat sie regelmäßig Kontakt, der mit der Zeit intensiver geworden ist. Die Mutter hat im letzten Hilfeplangespräch den Wunsch geäußert, Ortrud wieder nach Hause zu nehmen. Dazu ist sie als Inhaberin der elterlichen Sorge zwar berechtigt, sie möchte aber auf Ortrud und ihre Situation Rücksicht nehmen. Ortrud hat die Absicht ihrer Mutter mit einer offensichtlich ambivalenten Haltung aufgenommen. Das Erzieherteam beobachtet seit dem Hilfeplangespräch eine gewisse Rückzugstendenz bei ihr. Zum Beispiel lehnt sie das sehr persönliche abendliche Abschiedsritual mit den weiblichen Erzieherinnen und der Praktikantin eher ab. Sie sucht jetzt tagsüber Gespräche mit den Erwachsenen, in denen es um ihre Zukunft geht. Zum Zeitpunkt ihrer Aufnahme machte sie ihrer Mutter Vorwürfe, sie nicht besser „vor dem Freund geschützt zu haben". Jetzt macht es eher den Eindruck, dass sie „kein schlechtes Licht" auf die Mutter werfen möchte. Das Team kam in der letzten Teamsitzung zu der Auffassung, das Ortrud intensivere Unterstützung bei der Entscheidungsfindung benötigt.

Ortrud ist eine gute Schülerin und macht gern ihre Hausaufgaben. Zu ihren Schulfreundinnen hat sie kontinuierlich Kontakt; besonders zu ihrer Sitznachbarin in der Klasse. Sie besucht jetzt die sechste Klasse der Realschule mit gutem Erfolg. Ihre Schulaufgaben bewältigt sie weitgehend eigenständig.

Der vertraute Rahmen in der Gruppe gibt ihr viel Sicherheit. Oft ist bei gemeinsamen Aktionen der Gruppe zu erkennen, dass sie sich um Kontakt zur 17-jährigen Janina bemüht. Auch Janina nimmt offensichtlich gern die Rolle der älteren Schwester ein.

Ludwig ist acht Jahre alt und seit fünf Monaten in der AWG. Seine Aufnahme war als Notaufnahme notwendig geworden, nachdem der Vater im Vollrausch auf seine Frau und die drei Kinder eingeschlagen hatte. Nachbarn waren aufmerksam geworden und verständigten die Polizei. Das zuständige örtliche Jugendamt nahm die Kinder sofort aus der Familie. Die beiden jüngeren Geschwister konnten in einer anderen AWG des Kinderheimes untergebracht werden.

Die Familie ist dem Jugendamt schon seit Längeren bekannt. Eine SPFH ist eingesetzt worden, weil die Mutter mit der Erziehung der drei Kinder völlig überfordert war. Gegen ihren gewalttätigen Mann konnte sie nur wenig aussetzen. Die zeitweilige Trennung wegen einer Alkoholtherapie des Vaters nutzte die Mutter, um sich Unterstützung durch eine SPFH zu holen. Nach Rückkehr des Vaters fiel die Familie in die gewohnten Verhaltensweisen zurück und ein Unfall, den der Vater mit seinem Fahrrad verursachte, war für ihn Anlass, wieder mit dem Trinken zu beginnen. Besonders Ludwig litt unter den Gewaltattacken des Vaters, da er seine jüngeren Geschwister und auch seine Mutter schützen wollte.

Seinen Äußerungen in der ersten Zeit in der AWG war zu entnehmen, dass er oft nachts wach lag und nicht einschlafen konnte, wenn er laute Geräusche aus dem benachbarten Wohnzimmer vom Vater hörte. Er schrie seine Frau an, diese weinte. Ludwig hatte große Angst, der Vater könnte in das Kinderzimmer kommen und wieder schimpfen und schlagen. In diesem Zusammenhang äußerte Ludwig, dass der Vater ihn in der Vergangenheit mehrfach aus Schikane während des Badens mit dem Kopf unter Wasser gedrückt hatte.

Um eine Beziehung zu Ludwig aufzubauen, wendet sich der Bezugserzieher Ingo Ludwig verstärkt in der Freizeit zu. Obwohl Ludwig nicht schwimmen konnte, motivierte ihn das gemeinsame Tun mit Ingo in der Freizeit, es doch zu lernen. Davor hatte er aus großer Angst vor dem Wasser immer wieder vermieden, einen Schwimmkurs zu machen und sich auch vor dem Schwimmen in der Schule (er besucht die zweite Klasse der Grundschule) immer wieder versucht zu „drücken". Unangenehme Konsequenzen hatte er dafür zum Teil in Kauf genommen.

Im letzten halben Jahr haben sich seine Ängste weitgehend gegeben. Mit Mühe und Ausdauer hat er Ende des vergangenen Jahres sein „Seepferdchen" gemacht. Schwimmen geht er hin und wieder mit Kindern aus einer anderen AWG.

Etwa seit der gleichen Zeit wird aus der Schule berichtet, dass Ludwig immer häufiger unkonzentriert arbeitet und seine Mitschüler auch während des Unterrichtes scheinbar grundlos ärgert. So versteckt er von seinem Tischnachbarn das Etui und kneift Klassenkameradinnen in den Unterarm. Dieses betrifft nicht bestimmte Schüler, sondern es trifft immer wieder unterschiedliche Kinder seiner Klasse.

Auf dem Schulhof mischt er sich nach Auskunft der Klassenlehrerin zunehmend aggressiver in Rangeleien ein. Es fällt dann der Pausenaufsicht nicht leicht, ihn aus dieser Situation herauszunehmen. Sein Verhalten ist von einer zunehmenden Aggressivität geprägt.

Desweiteren lassen seine schulischen Leistungen deutlich nach. Die letzten Klassenarbeiten und Tests erreichen nur noch das Niveau „schwach ausreichend bis mangelhaft". Zunehmend scheint es ihm schwerer zu fallen, sich zu konzentrieren. Die Klassenlehrerin hat mit ihren Kolleginnen und Kollegen überlegt, ob es nicht besser wäre, Ludwig die Klasse wiederholen zu lassen. Als sie dies in einer Konfliktsituation mit Ludwig vor den anderen Kindern andeutet, wird er gehänselt und ausgelacht.

In der Außenwohngruppe wurden die Konzentrationsschwächen bei der Erledigung der Hausaufgaben beobachtet. Ludwig fällt es schwer, unter den gegebenen Voraussetzungen an einem Stück die Hausaufgaben zu erledigen. Sehr leicht lässt er sich im Tagesraum, in dem die Hausaufgaben erstellt werden, ablenken.

Übersicht der Kinder und Jugendlichen der Außenwohngruppe Schillerstraße:				
Name	Alter	seit wann in der AWG	Schule	Klasse
Janina	17 ½ Jahre	3 Jahre	Hauptschule	10
Gertrud	15 Jahre	6 Jahre	Förderschule, Förderschwerpunkt Lernen	9
Helga	14 Jahre	3½ Jahre	Hauptschule	7
Fabiola	14 Jahre	6 Monate	Hauptschule	7
Karola	14 Jahre	7 Jahre	Hauptschule	7
Karl	14 Jahre	3 Jahre	Förderschule, Förderschwerpunkt Lernen	7
Luise	13 Jahre	2 Jahre	Hauptschule	6
Benny	13 Jahre	5½ Jahre	Hauptschule	6
Kurt	13 Jahre	4 Jahre	Hauptschule	6
Ortrud	12 Jahre	3 Jahre	Realschule	6
Ludwig	8 Jahre	5 Monate	Grundschule	2

Grundsätzliche Überlegungen zu einer alltagsorientierten und alltagsbezogenen Pädagogik im Praxisfeld Heimerziehung

Dieses einführende Lehrbuch zur Heimerziehung geht grundlegend davon aus, dass sich pädagogische Programme, Konzepte und Methoden in der Organisation des „Heimes" immer auch als pädagogische Programme in der Lebenswelt der Kinder und Jugendlichen bzw. in ihrem Alltag verstehen. Der Lebensweltbegriff bzw. die Alltagsorientierung stellen somit zentrale Begrifflichkeiten eines solchermaßen verstandenen pädagogischen Vorgehens dar. Diese Begrifflichkeiten sollen im Folgenden in einem kurzen einführenden Kapitel erläutert und im Hinblick auf ihre Relevanz für die Pädagogik im Kontext des Heimes erläutert werden. Die Begründung erfolgt hierbei vor dem Hintergrund einer Lebensweltorientierung, so wie sie von Hans Thiersch in den letzten 30 Jahren entwickelt und differenziert worden ist (vgl. Thiersch, 2005; Grunwald/Thiersch, 2004; Thiersch, 1986).

Das Konzept einer lebensweltorientierten sozialen Arbeit bzw. Sozialpädagogik ist seit den 1960er-Jahren mehr und mehr ausgebaut worden. Die Wahrnehmung des Alltags der betroffenen Menschen zeigt sich hierbei häufig in zweifacher und gegensätzlicher Art und Weise: in einem ersten Schritt als gegebene, mehr oder weniger „heile" Welt dessen, was man als lebbar und mit dem gesunden Menschenverstand begreifbar versteht, und auf der anderen Seite allerdings auch als Welt der Anpassung an gegebene strukturelle Verhältnisse und als Gegenwelt in einer „gerade angesichts vielfältiger Entfremdung unmittelbaren, unverstellten [...] Kraft" (Grunwald/Thiersch, 2004, S. 14). Gegen eine vereinfachende Sicht vom Alltag als eben diese „heile" und scheinbar unproblematische Wirklichkeit versucht das Konzept der Lebensweltorientierung die Ambivalenz, d. h. die Widersprüchlichkeit von Alltagserfahrungen in den Positionen und Dimensionen von Selbstzuständigkeit, Entlastung usw. zu beschreiben. Dieses soll durch ein längeres Zitat von Grundwald/Thiersch deutlich werden:

„Diese Ambivalenz verweist ebenso auf den Respekt vor gegebenen Alltagskompetenzen wie auch auf die Notwendigkeit institutionell-professioneller Unterstützung gegen die im Alltag angelegten Verengungen, die ihrerseits aber wiederum gegen die Arroganz der Expertokratie ausgewiesen werden müssen. Im Respekt vor gegebenen Alltagskompetenzen in der Auseinandersetzung mit der gesellschaftlichen Entfremdung der AdressatInnen und der in der Professionalität angelegten möglichen Kolonialisierung zielt Lebensweltorientierung als Arbeitskonzept der Sozialen Arbeit auf das Selbstverständnis eines solidarischen und partizipativen Arbeitens."
(Grunwald/Thiersch, 2004, S. 14)

Dies bedeutet konkret, dass eine lebensweltorientierte Soziale Arbeit bzw. eine Lebensweltorientierung und Alltagsorientierung in den Kontexten der Heimerziehung sich immer auch auf die Ungleichheiten und Veränderungen der heutigen Lebenswelt der Kinder und Jugendlichen zu beziehen hat. Alle Themenfelder, welche somit in den folgenden Kapiteln dieses einführenden Lehrwerks beschrieben werden, versuchen die Veränderung einer Lebenswelt bzw. die Gegebenheiten der konkreten Lebenswelt der Kinder und

Jugendlichen im Feld der Heimerziehung in den Blick zu nehmen, um hieraus für ihre Lebenswelt und für ihren Alltag grundlegende Erkenntnisse zu ziehen und didaktische Programme und Handlungsmuster zu entwickeln.

Grundsätzlich lässt sich der Begriff der Lebenswelt bzw. die Rekonstruktion dieses Begriffes in vier Aspekten darstellen (vgl. Grunwald/Thiersch, 2004, S. 20-22):

Lebenswelt kann zunächst als ein beschreibendes und orientierendes Konzept dargelegt werden. Jeder Mensch wird hierbei nicht abstrakt als Individuum, als Rollenträger verstanden, sondern vielmehr in der Erfahrung einer Wirklichkeit beschrieben, in der er sich schon jeweils immer befindet. In unserem Kontext ist dieses die Lebenswirklichkeit des Heimes, in welchem Kinder und Jugendliche leben und zu Hause sein können, aber auch die Familie, welche durch die Institution bzw. Organisation eines Heimes unterstützt, aber auch manchmal konterkariert wird.

„Die materiellen und immateriellen (symbolischen) Ressourcen dieser in der Erfahrung repräsentierten Wirklichkeit sind gegliedert in Erfahrungen des Raumes, der Zeit und der sozialen Beziehungen [...], also in den Mustern des geschlossenen oder offenen Raums, der strukturierenden oder chaotischen, der perspektivlosen oder attraktiven Zeit, der selbstverständlichen oder randständigen, der nutzenden, herausfordernden oder belasteten, bzw. belastenden Beziehungen."
(Grunwald/Thiersch, 2004, S. 20)

Die Menschen und somit auch die Kinder und Jugendlichen sind hierbei angehalten, pragmatisch die Vielfältigkeit, welche sich in ihrer Lebenswelt durch die Verquickung unterschiedlicher Aufgaben ergibt, zu bewältigen. Hierbei und hierin sind die Erzieherinnen und Erzieher natürlich nicht ausgenommen, sodass die Verbindungen zwischen diesen beiden Gruppen in der Lebenswelt der Heimerziehung immer wieder in den Fokus der unterschiedlichen Themenstränge dieses Buches geraten: So z. B. in einem ersten Schritt in der Veränderung bzw. Wahrnehmung der Berufsprofile, in welchem es u. a. darum geht, Kinder und Jugendliche in ihrer Lebenswelt zu verstehen bzw. in Bezug auf diese Lebenswelt professionsorientierte Programme umzusetzen und auch konkret wahrzunehmen, wie Berufsprofile der pädagogischen Mitarbeiterinnen und Mitarbeiter in diesem Kontext entstehen. Des Weiteren wird es aber auch darum gehen, bestimmte Charakterisierungen oder Problemfelder von Kindern und Jugendlichen (z. B. Verhaltensstörungen oder Verhaltensbesonderheiten) zu beschreiben und Angebote hierzu zu planen und zu realisieren, wie z. B. durch die Freizeitpädagogik oder das Familienprinzip. Im Weiteren wird dann auch darauf eingegangen, wie sich die Mitarbeiterinnen und Mitarbeiter in der Lebenswelt bzw. in ihrem Alltag des Heimes organisieren, etwa durch die Teamarbeit und durch die Erziehungsplanung. Das Konzept der Lebenswelt kann somit als Zugang zu einem Konzept verstanden werden, welches versucht, die Arrangements aller Beteiligten im Kontext einer Organisation bzw. einer Einrichtung (in diesem Fall der Heimerziehung) zu beschreiben. In Bezug auf das Klientel der Kinder und Jugendlichen in der Heimerziehung scheint hierbei eine Wahrnehmung von Grunwald/Thiersch relevant zu sein:

„Formen des defizitären, unzulänglichen und abweichenden Verhaltens erscheinen in diesem Kontext immer auch als Ergebnis einer Anstrengung, in den gegebenen Verhältnissen zu Rande zu kommen und müssen darin respektiert werden, auch wenn die Ergebnisse für den Einzelnen und seine Umgebung unglücklich sind."
(Grunwald/Thiersch, 2004, S. 20)

In einem zweiten Schritt kann Lebenswelt als erfahrene Wirklichkeit dargestellt werden. Diese gliedert sich auf in unterschiedliche Lebensformen oder Lebensfelder, so z. B. in die Funktionen oder Inhalte der unterschiedlichen Lebensfelder der Familie, der Arbeit, der Jugendgruppe, der Öffentlichkeit usw. Da Menschen sich im Laufe ihres Lebens immer wieder durch diese unterschiedlichen Lebensfelder bewegen, ergibt sich auch immer ein Neben- oder Nacheinander unterschiedlich ausgeprägter lebensweltlicher Erfahrungen. Diese werden im Lebenslauf zusammengefasst und können sich blockieren oder Verletzungen bzw. Traumatisierungen nach sich ziehen. Das Heim bzw. die Heimeinrichtung stellt hierbei möglicherweise einen Raum dar, in dem diese Lebenserfahrungen zusammengefasst werden und kumulieren. Spannungen und Konflikte, welche sich in diesem Lebensfeld ergeben, können somit durch die gesamte Betrachtung des Lebens, der Lebenswelt „Heim" wahrgenommen und gegebenenfalls modifiziert werden.

Drittens ist das Konzept der Lebenswelt normativ-kritisch:

„Die Ressourcen, Deutungen und Handlungsmuster werden als in sich widersprüchlich erfahren. Sie bieten Entlastung in Form von sozialer Sicherheit und Identität, schaffen Voraussetzungen auch für Fantasie und Kreativität. Zugleich aber werden sie als einengend, ausgrenzend, blockierend erfahren und in Protest, Trauer und in die gegebene Realität überschreitenden Träumen erlitten. Lebenswelt, als normativ kritisches Konzept verstanden, sieht die Menschen im Widerspruch der selbstverständlichen Entlastungen, der bornierten Pragmatik."
(Grunwald/Thiersch, 2004, S. 21)

Eine Wahrnehmung der Kinder und Jugendlichen in der Lebenswelt des Heimes hat somit auch immer davon auszugehen, dass diese Lebenswelt im Kontext sozialkultureller und sozialpolitischer Gegebenheiten verändert werden muss. Die Dialektik dessen was gelingt bzw. was auch nicht gelingen kann (im Kontext der eigenen Biografie und Lebenswelt), ist hierbei von allen beteiligten Pädagoginnen und Pädagogen wahrzunehmen.

Und schließlich ist das Konzept der Lebenswelt ein historisches und sozial konkretes Konzept: Leben findet immer durch eine gesellschaftliche Begründung bzw. konkret im Hier und Jetzt aller Beteiligten statt: Es konstituiert sich in der Rekonstruktion all dessen, was in einer Gesellschaft in ihren Szenen und Milieus, durch ihre Deutungs- und Handlungsmuster, durch alle Beteiligten entworfen wird. Eine Lebensweltorientierung …

„… sieht die allgemeinen Muster der Lebensbewältigung geformt und bestimmt von den heutigen Gesellschaftsstrukturen der sozialen Ungleichheiten und Offenheiten […] In dieser Hinsicht verfolgt das Konzept Lebensweltorientierung die spezifisch-modernen Spannungen von Gesellschaftsstrukturen und Bewältigungsmustern, z. B. in den neuen Formen der Exklusion lebensweltlicher Erfahrungen, in neuen Profilen der Erfahrung der Dimensionen von Raum, Zeit und sozialen Beziehungen sowie in den Bewältigungsaufgaben, z. B. der Geschlechterrollen, der Rollenerwartung von Arbeit und Privatheit [...]"

(Grunwald/Thiersch, 2004, S. 21 f.)

Bei der Philosophie des Lebensweltkonzeptes und der Lebensweltorientierung geht es also darum, das was sich in einer Gesellschaft in einer konkreten Alltagssituation ergibt, wahrzunehmen, zu beschreiben, zu modifizieren, zu kritisieren usw., um hieraus neue Alternativen für alle Beteiligten zu entwickeln.

Genau diesen Weg versuchen wir für das Praxisfeld der Heimerziehung in diesem einführenden Lehrwerk zu gehen: Die Beschreibung der jeweiligen Lebenswelt, konkreter der jeweiligen Alltagsstrukturen bzw. -momente im Kontext der Heimerziehung, soll durch pädagogische Hinweise und didaktisch-methodische Anhaltspunkte dargelegt und aufgebrochen werden, sodass es zu einer wechselseitigen Entwicklung dieser Handlungsstrukturen zwischen pädagogischem Personal und Kindern und Jugendlichen kommen kann. Eine Lebensweltorientierung versucht somit einen gelingenden Alltag möglich zu machen. Die Chancen, die sich hieraus ergeben, bedingen allerdings auch spezifische Grenzen, sodass auch diese immer wieder mit in Betracht gezogen werden. Hierunter fallen z. B. die persönlichen, die strukturellen, die sozialpolitischen und bildungspolitischen Grenzen, welche sich durch die Gesellschaftsstruktur ergeben. Diese sind in und durch die Heimerziehung, fast wie in einem Brennglas, wahrnehmbar. Man könnte fast behaupten, dass Heimerziehung das Lebensweltkonzept par excellence auf den Punkt bringt.

Konkret wird es im Folgenden darum gehen, in der Lebenswelt den Begriff und das Faktum des „Alltags" als Rahmenkonzept bzw. als handlungsbedingendes Muster wahrzunehmen (vgl. Thiersch, 2005, S. 41–53). Es sind hierzu die folgenden Punkte zu skizzieren, welche den Alltagsbegriff im Rahmen der Heimerziehung fokussieren und bedingen:

- Alltag meint im Kontext einer ambivalenten Wahrnehmung immer auch das Offene, in welchem ein Mensch unmittelbar gefordert wird, aber auf der anderen Seite auch das Banale, das was routiniert immer wieder vorkommt. Alltag ist alltäglich und somit sowohl traditionell als auch individuell, immer wieder in diesem Spannungsfeld zwischen Tradition und Moderne, zwischen Objekt und Subjekt, zwischen Gesellschaft und Individuum ausgespannt.

- Alltag ist aber auch das, was sich im Kleinen immer wieder zu wiederholen scheint: Die Welt, in welcher vieles scheinbar trostlos ist, in welche wir, quasi wie in eine Tretmühle, eingebunden sind. Der Alltag der Heimerziehung ist somit als Alltag des Gleichen, des immer wieder Gleichen, aber auch des sich potenziell verändernden zu beschreiben und wahrzunehmen.

- Alltag ist immer auch eine Möglichkeit der Orientierung und ein Leitkonzept. Ein Konzept, das hinleitet zu konkreten Alltagssituationen aller Beteiligten: In unserem Falle der Situation der Tagesstrukturierung, der Lebensraumstrukturierung, der Strukturierung von Angeboten im Rahmen der Heimerziehung und vielem anderem mehr.

- Alltag ist zuletzt auch sozialwissenschaftlich und empirisch wahrnehmbar. So z. B. in Untersuchungen zur Freizeitgestaltung der Kinder und Jugendlichen, in Erhebungen zu möglichen Verhaltensstörungen und Problematiken, aber auch in unterschiedlichen Konzepten, wie z. B. denjenigen zur Selbstständigkeitserziehung, zur Partizipation und zur Modifikation von Tagesabläufen.

Zusammenfassend kann festgehalten werden, dass Alltag im Rahmen der Lebensweltorientierung die Beschreibung einer Wirklichkeit ist, welche …

„[…] aus ihren eigenen Erfahrungen heraus weder verstanden noch begründet werden kann. Handeln im Modus der Alltäglichkeit ist vorstellbar als Bühne, auf der agiert wird, aber in Rollen und Kulissen, die erzeugt werden nach Strukturen, die nach anderen Prinzipien bestimmt sind als die des Bühnenspiels. Alltäglichkeit ist […] die Schnittstelle objektiver Strukturen und subjektiver Verständnis- und Bewältigungsmuster. Alltäglichkeit ist geprägt durch die Lebensgeschichte der Menschen, durch ihre Erfahrungen, ihre in ihnen gesicherten Kompetenzen, ihre Erwartungen, Hoffnungen und Traumatisierungen. – Alltäglichkeit ist ebenso bestimmt durch die Vorgaben der gesellschaftlichen Entwicklungstendenzen der Pluralisierung und Individualisierung und der ungleichen Verteilung von Lebensressourcen wie sie unsere […] Gesellschaft charakterisiert.“
(Thiersch, 2005, S. 47)

Alltag als konkretisierte Lebenswelt ist somit ausgespannt zwischen der Gesellschaft auf der einen Seite und dem Individuum auf der anderen Seite. Dieses Spannungsverhältnis ist in keiner Weise, auch nicht durch die Heimerziehung, auflösbar.

Alltag und Lebenswelt im Spannungsfeld zwischen Gesellschaft und Individuum

Die Wahrnehmung von Alltag liefert allen Beteiligten zudem eine spezifische Form des Verstehens und des Handelns in Bezug auf die Zeit, welche erfahren wird, auf den Raum, auf die Sozialbezüge sowie auf die Handlungsorientierung und die Sicherung durch Typisierungen und Routinen (vgl. Thiersch, 2005, S. 48). Alltag orientiert sich hierbei am Kleinen, am scheinbar Unscheinbaren, an den Vollzügen, die immer wieder neu und gegebenenfalls anders gelebt und erfahren werden. Alltag und Alltagshandeln sind somit in der Tat Modi, also Arten des Handelns. Das, was alltäglich wiederkommt, ist so zentral wie das, was künstlerisch, religiös, technisch oder wissenschaftlich realisiert werden kann: Das, was mich täglich angeht, ist das, mit dem ich täglich umgehe, ist das, mit dem ich hoffentlich nicht täglich umgehe, ist das, was mich prägt und durch das ich andere prägen kann. Genau diese Momente der Wechselseitigkeit sollen in den verschiedenen Kapiteln zwischen der Organisation „Heim“ und der Beziehung zwischen den Erzieherinnen und Erziehern auf der einen Seite und den Kindern und Jugendlichen auf der anderen Seite immer wieder thematisiert werden. Die Vernetzungen zwischen der Organisation des Heimes, den Menschen, welche in der Heimsituation arbeiten und leben und den gesellschaftlichen Momenten, welche beide Seiten umfasst, sind in allen Kapiteln dieses Buches die handlungsleitenden Grundsätze. Folgende Momente (welche weiter oben bereits skizziert worden sind) spielen hierbei eine relevante Rolle (vgl. Thiersch, 2005, S. 50–53):

- Alltag agiert und existiert immer im erfahrenen Raum: Die Gestaltung des Raumes, d. h. die Gestaltung des Raumes durch Menschen, wie zum Beispiel des Raumes der Heimerziehung, aber auch des Raumes der Familie, des kulturellen Raumes, des Wohnraumes ist hierbei zentral.

- Alltag und Alltäglichkeit realisiert sich immer in erfahrenen sozialen Bezügen, wie der Familie, der Verwandtschaft, der Nachbarschaft, dem Stadtteil usw. In diesen Bezügen wird Unterstützung erfahren, hier wird mit Ressourcen gearbeitet, hierdurch entstehen aber auch Belastungen, welche im Kontext einer Alltagspädagogik im Heim bearbeitet werden müssen.

- Die Erfahrungen von Raum, von Zeit und sozialen Bezügen sind in unterschiedlichen kulturellen und kommunalen Kontexten, so z. B. zwischen Stadt und Land, deutlich unterschiedlicher Natur – auch diese müssen in Bezug auf die konkrete Realisierung einer Erziehung im Heim wahrgenommen, reflektiert und konkretisiert werden.

- Zudem zielt die Umsetzung von Alltag und Alltäglichkeit auf Arrangements, d. h. auf Zustände, welche verändert werden können: Diese Zustände verändern sich durch die Beeinflussung der Gesellschaft, aber natürlich auch durch die Art und Weise, wie Institutionen (so z. B. die Institution der Erziehung und Bildung durch die Organisation des „Heimes") wahrgenommen werden. Des Weiteren werden diese Veränderungen auch durch die in ihnen und durch ihnen handelnden Personen der Erzieherinnen und Erzieher, aber auch der Kinder und Jugendlichen wahrgenommen und konkretisiert.

- Zuletzt bezieht sich die Wahrnehmung von Alltag und Alltäglichkeit auf „jene pädagogische Tradition, die nach Lern- und Bildungsprozessen fragt" (Thiersch, 2005, S. 51).

Die durch Werte und Normen bestimmte Begründung von Alltag vor dem Hintergrund eines lebensweltorientierten Konzeptes zielt somit immer darauf ab, Lernprozesse und Bildungsprozesse zu konkretisieren – und genau dies soll in diesem einführenden Lehrbuch zur Heimerziehung geschehen:

Die Lebenswelten, bzw. die Alltagsgestaltung von Kindern und Jugendlichen im Prozess stationärer und teilstationärer Angebote, stehen im Mittelpunkt der Erläuterungen der folgenden Kapitel. Der professionsorientierte Rahmen der Erzieherinnen und Erzieher im Rahmen der Kinder- und Jugendhilfe ist ein Element, wie diese Lebenswelt und dieser Alltag konkretisiert werden kann, der politische Rahmen ist ein weiterer, welcher hierbei zu bedenken ist (vgl. Schefold, 2004, S. 110 f.). Eine Einrichtung der Kinder- und Jugendhilfe kann somit als Lebenswelt der dort lebenden und agierenden Kinder und Jugendlichen beschrieben werden. Die gestaltete Zeit, der gestaltete Raum, die Art und Weise, wie Sozialität in und mit diesem Raum gestaltet wird, ist hierbei relevant.

Vor diesem Hintergrund werden wir den konstruierten Lebensraum der „Schillerstraße" als handlungsleitendes Motiv durch alle Kapitel dieses einführenden Buches zur Heimerziehung aufnehmen. Die Lebenswelt „Schillerstraße", der Alltag, welcher in und durch diese Lebenswelt gestaltet wird, kann und soll durch die unterschiedlichen Themenstränge in den einzelnen Kapiteln wieder aufgenommen, kritisch konstruktiv reflektiert, bearbeitet und modifiziert werden. Das „Wissen um Lebenswelten im Prozess der Modernisierung der Hilfen zur Erziehung" (Schefold, 2004, S. 108) ist somit ein gewichtiger Ausgangspunkt der Strukturierungsmomente dieses Lehrbuches: Ausgehend von der Idee einer Lebensraumorientierung, welche sich im Alltagsvollzug konkretisiert, der wiederum durch die unterschiedlichen Vollzugsmomente und Pole des Handelns in der Heimerziehung durch alle Beteiligten realisiert wird, soll dieses durch die unterschiedlichen Themenschwerpunkte der folgenden Kapitel bearbeitet werden. Der Weg führt hierbei für den Leser über folgenden Dreischritt: Über die Wahrnehmung einer theoretischen Begründung wird es zur Auseinandersetzung mit konzeptionellen und methodischen Handlungsmustern kommen, welche in einem dritten Schritt vor dem Hintergrund persönlicher Bedürfnisse reflektiert und modifiziert werden können.

Diese theoretische, aber auch konzeptionelle Begründung dieses Lehrbuches kann grafisch wie folgt dargestellt werden:

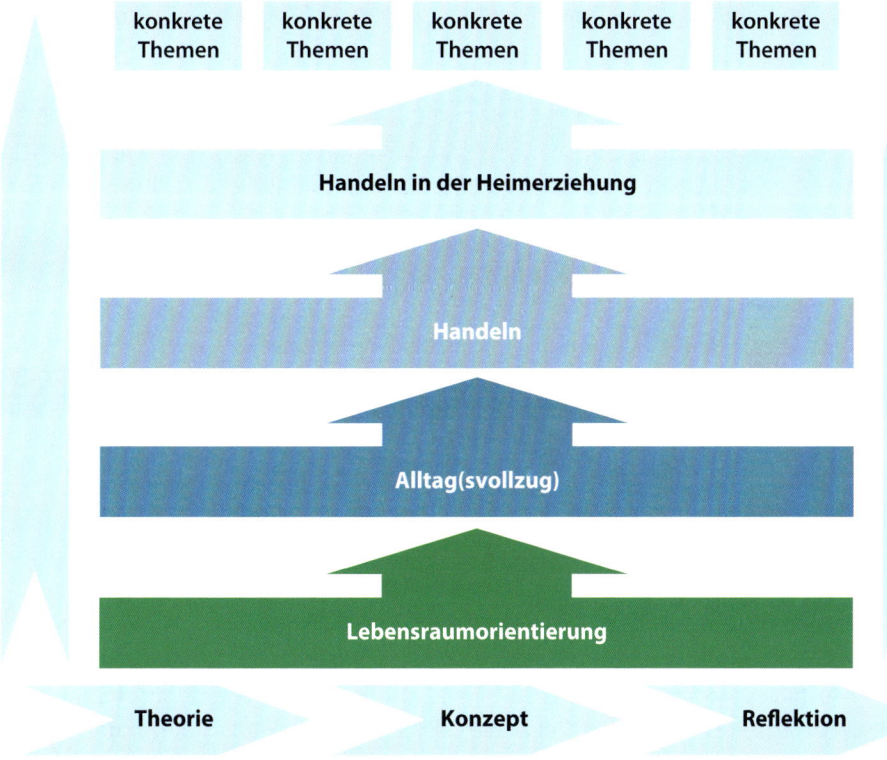

Zusammenfassung der grundsätzlichen Überlegungen

1. Fassen Sie für sich die grundlegenden Aussagen zur Lebenswelt bzw. zur Alltagsorientierung zusammen.

2. Wie und wodurch erfahren Sie Ihre Lebenswelt bzw. Ihren Alltag? Wodurch unterscheidet sich Ihre Lebenswelt von der Lebenswelt der Kinder und Jugendlichen in den Einrichtungen, in denen Sie bislang Praktika absolviert haben? Was bringen Sie aus Ihrer Lebenswelt in die Lebenswirklichkeit Heimerziehung ein? Vergleichen Sie Ihre Ergebnisse im Klassenverband miteinander.

3. Wie unterscheidet sich die Alltagsorientierung der Kinder und Jugendlichen der AWG Schillerstraße vor und nach der Aufnahme in diese AWG? Bringen Sie eigene praktische Erfahrungen mit ein, um die Lebenswelt einer AWG mit Inhalt zu füllen.

Lernfeld 1 Berufliche Identität und professionelle Perspektiven weiterentwickeln

1.1 Was ist Heimerziehung? – Definitionen

Im Gegensatz zu vielen anderen sozialpädagogischen Arbeitsfeldern ist den meisten Mitbürgerinnen und Mitbürgern Heimerziehung eher unbekannt. Ein großer Anteil der Bevölkerung war in einem Kindergarten, hat in der Kinder- und Jugendzeit eine Jugendfreizeitstätte aufgesucht oder auch schon von Erziehungsberatungsstellen gehört. Heimerziehung ist eher fremd, ja befremdlich. Wenngleich der Begriff Heim positiv besetzt ist, verbinden wir mit Heimerziehung etwas Negatives. Heim erinnert an Heimeligkeit, sich wohlfühlen können, zu Hause zu sein, sich in seinen eigenen vier Wänden zu bewegen, Menschen um sich zu haben, die einen willkommen heißen usw. Mit Heimerziehung werden schwierige Kinder und Jugendliche assoziiert, unfreiwillige Unterbringung, vielleicht sogar Schlafsäle, große Gruppen, Vereinheitlichung, keine Individualität.

Auch heute noch hat Heimerziehung mit Vorurteilen zu kämpfen. Wenn sich eine Außenwohngruppe in einem etablierten Wohngebiet ansiedeln will, kommt es immer wieder vor, dass Nachbarn Schlimmes befürchten. Was kommt da auf uns zu? Werden unsere Kinder Schaden nehmen, wenn jetzt „schwierige Kinder" ins Nachbarhaus einziehen? Sollen wir uns dagegen wehren, dass eine Gruppe eingerichtet wird?

Heimerziehung als ein Leistungsangebot der modernen Jugendhilfe stellt sich in der Praxis in sehr vielfältigen Formen dar. Eine einheitliche und alles umfassende Beschreibung zu erstellen, ist nicht möglich.

Im Folgenden werden einige aus der Fachliteratur entnommene Definitionen genannt. Die einzelnen Verfasser nehmen eine unterschiedliche Gewichtung der Aufgaben von Heimerziehung vor und lassen so die Komplexität dieses Arbeitsfeldes deutlich werden.

Erich Kiehn (1972)

„Der Auftrag an das jeweilige Heim ergibt sich aus der Situation der Kinder und Jugendlichen, die aufgenommen werden. Das Heim soll diesen jungen Menschen zu ihrer persönlichen Entfaltung verhelfen, sie vor Gefahren schützen, bis sie die entsprechende Entwicklungsstufe und Reife erreicht haben, diese selbst zu erkennen; ihnen die Grundlage für eine gesunde körperliche und geistige Entwicklung anbieten, die sie benötigen, um ihre Talente zu fördern; sie musisch und außerschulisch und beruflich so fördern, daß sie ihr persönliches Glück und ihren Platz in der menschlichen Gemeinschaft finden. [...]

Heimerziehung ist keine familienersetzende Erziehung, sondern muß dann eintreten, wenn andere zur Verfügung stehende Möglichkeiten der Hilfe nicht ausreichend sind; sie ist eine andere Form der Erziehung, sie soll nicht als ‚Maßnahme' verstanden werden, sondern als eine Hilfe, als ein Anspruch von besonders gearteten oder durch besondere Umstände so gewordenen Kindern und Jugendlichen auf eine ihnen angepasste Erziehung und Bildung."
(Kiehn, 1972, S. 16)

Herbert E. Colla (1981)

„Mit ‚stationären Erziehungshilfen' werden Maßnahmen der Jugendhilfe bezeichnet, bei denen Kinder und Jugendliche, zum Teil auch noch Heranwachsende, außerhalb ihrer Herkunftsfamilie und – in der bisherigen Praxis – regional völlig unabhängig von ihrem gewohnten sozialen Lebensfeld, vorübergehend oder langfristig in Heimen, Kinderdörfern, Wohngemeinschaften, Asylen oder in Ersatzfamilien (z. B. Pflegestellen) sowie aus Mischformen aus diesen allen ihren neuen Lebensmittelpunkt finden sollen. Angeboten wird Wohnen und Leben an einem nicht schicksalhaft vorgegebenen Ort (Familie) in einem für das Kind künstlich arrangierten sozialen Feld. Eine modifizierte, lebensgeschichtlich bedeutsame Fremdunterbringung liegt bei den Kindern vor, die mit ihren Müttern in Strafanstalten, in Mutter-Kind-Heimen oder in Frauenhäusern leben."
(Colla, 1981, S. 13)

Albrecht Müller-Schöll/Manfred Priepke (1982)

„Im Rahmen der Jugendhilfe versteht man unter Heimerziehung die Unterbringung von Kindern und Jugendlichen in solchen Einrichtungen, die den Kindern neben Wohnung und Verpflegung auch Erziehung und Förderung bieten, mithin bestimmte familiäre Aufgaben wahrnehmen, den Größenrahmen einer Familie (oder einer sie teilweise ersetzenden Institution wie Adoptions- oder Pflegefamilie oder auch Wohngemeinschaft) aber sprengen. Heime sind somit Einrichtungen, in denen Kinder und Jugendliche über einen längeren Zeitraum hinweg Tag und Nacht zusammen mit anderen Kindern wohnen und von pädagogisch geschultem Personal betreut werden. Sie finden hier mehr als nur ein Bett, einen Stuhl, einen Tisch und ein Dach über dem Kopf sowie die notwendige Verpflegung und leibliche Fürsorge: Das gemeinschaftliche Leben mit anderen Kindern und mit den erwachsenen Erziehern soll es ihnen erleichtern, das Zusammenwirken und Leben in Gruppen einzuüben und bestehende soziale Schwierigkeiten zu überwinden."
(Müller-Schöll/Priebke, 1982, S. 24)

Hermann Heitkamp (1984)

„Aufgabe der Heimerziehung ist, eine begonnene und durch den vorübergehenden oder dauernden Ausfall der Primärerzieher (in der Regel die Eltern) unterbrochene bzw. gestörte Sozialisation fortzuführen. Durch die Bereitstellung von Erziehungs- und Bildungshilfen handelt sie im staatlichen Auftrag zur Erfüllung des grundgesetzlichen Anspruchs auf Erziehung und Bildung. Heimerziehung hat vor diesem Hintergrund stets die Aufgabe, den Sozialisationsprozeß so zu gestalten, daß dem betroffenen jungen Menschen eine seinen Anlagen und Fähigkeiten entsprechende Entwicklung zur selbständigen Rechtschreibungändigen, entscheidungsfähigen, gesellschaftlich integrierten Persönlichkeit ermöglicht wird."
(Heitkamp, 1984, S. 12)

Peter Flosdorf (1988)

„Stationäre Erziehungshilfe – die in der Regel mehr als Ersatzerziehung sein muß – hat programmgemäß den Charakter des Vorübergehenden, deswegen strebt sie elternartige Beziehungsangebote nicht an, wohl aber möglichst personenzentrierte."
(Flosdorf, 1988a, S. 43)

„Heime haben im Jugendhilfesystem die Stellung pädagogischer Spezialeinrichtungen, die entsprechend ihrer sozialpädagogischen, heilpädagogischen und therapeutischen Möglichkeiten in der Lage sind, bei schwerwiegenden Mängeln, Fehlentwicklungen und Verhaltensstörungen die angemessene Hilfe zu leisten. Sie werden daher zuerst und vor allem als fachliche Institutionen in Anspruch genommen. Das erfordert aufseiten der Heime entsprechendes Fachpersonal und Einrichtungen, die so organisiert und differenziert sind, daß sie auf die unterschiedlichen Störungen ihrer Klienten fachgemäß reagieren und die vielfältigen Anlagen der Kinder und Jugendlichen bestmöglich unterstützen zu können.“

(Flosdorf, 1988a, S. 77)

Thomas Schauder (1995)

„Heimerziehung bedeutet eine erwünschtermaßen – und gesetzlich festgelegte – zeitlich begrenzte stationäre, meist heilpädagogisch-psychologisch ausgerichtete Erziehung außerhalb des ursprünglichen und natürlichen familiären Lebensfeldes durch pädagogische Fachkräfte, wobei die betroffenen Kinder und Jugendlichen in der Regel in alters- und geschlechtsgemischten Gruppen in einer Art Lebensgemeinschaft zusammengeschlossen sind.

Heimerziehung als außerfamiliäre Erziehungsform soll keinesfalls als Methode der Wahl bei familieninternen Problemen oder als Alternative zum herkömmlichen Familienverband verstanden werden. Eine Heimeinrichtung ist weder ein elitärer Internatsbetrieb für auserwählte Kinder und Jugendliche, deren Eltern sich für eine solche besondere Erziehungsform entschieden haben, noch eine Art „Kinderknast“, in den die Kinder zur Strafe gesteckt werden, wenn es zuhause nicht so läuft, wie es der elterlichen oder der gesellschaftlichen Erwartung entspricht.“

(Schauder, 1995, S. 21)

Richard Günder (2011)

„Heimerziehung und die sozialpädagogische Betreuung in sonstigen Wohnformen haben die zentrale Aufgabe, positive Lebensorte für Kinder und Jugendliche zu bilden, wenn diese vorübergehend oder auf Dauer nicht in ihrer Familie leben können. Die sehr differenzierten Institutionen der stationären Erziehungshilfe sollen lebensweltorientiert sein. Dies impliziert in der Regel eine ortsnahe oder zumindest regionale Unterbringung sowie die Unterstützung von Kontakten zum früheren sozialen Umfeld, vor allem aber zu der Herkunftsfamilie, wenn nicht im Einzelfall Gründe, die das Wohl des Kindes oder Jugendlichen gefährden könnten, dem gegenüberstehen. Das Heim als positiver Lebensort soll frühere oftmals negative oder traumatische Lebenserfahrungen verarbeiten helfen, für günstige Entwicklungsbedingungen sorgen, den einzelnen jungen Menschen als Person annehmen und wertschätzen, eine vorübergehende oder auf einen längeren Zeitraum angelegte Beheimatung fördern und die Entwicklung neuer Lebensperspektiven unterstützen.“

(Günder, 2011, S. 19)

Die rechtliche Grundlage für die Heimerziehung

§

Sozialgesetzbuch (SGB), Achtes Buch (VIII), Kinder- und Jugendhilfe

§ 34 – Heimerziehung, sonstige betreute Wohnform

Hilfe zur Erziehung in einer Einrichtung über Tag und Nacht (Heimerziehung) oder in einer sonstigen betreuten Wohnform soll Kinder und Jugendliche durch eine Verbindung von Alltagserleben mit pädagogischen und therapeutischen Angeboten in ihrer Entwicklung fördern. Sie soll entsprechend dem Alter und Entwicklungsstand des Kindes oder des Jugendlichen sowie den Möglichkeiten der Verbesserung der Erziehungsbedingungen in der Herkunftsfamilie

1. eine Rückkehr des Kindes oder des Jugendlichen in die Familie zu erreichen versuchen oder

2. die Erziehung in einer anderen Familie oder familienähnlichen Lebensform vorbereiten oder

3. eine auf längere Zeit angelegte Lebensform bieten und auf ein selbstständiges Leben vorbereiten.

Jugendliche sollen in Fragen der Ausbildung und Beschäftigung sowie der allgemeinen Lebensführung beraten und unterstützt werden.

Aufgaben zum Selbststudium

1. *Welche „Bilder" von Heimerziehung kennen Sie aus Ihrer Familie und Ihrem Freundes- und Bekanntenkreis?*

2. *Welche Begriffe werden für Heimerziehung benutzt?*

3. *Wie wird der Personenkreis genannt, der im Heim Aufnahme findet?*

4. *Was will Heimerziehung erreichen, was sind die Ziele?*

5. *Wie und wodurch sollen die Ziele erreicht werden?*

6. *In welchem Auftrag handelt die Heimerziehung?*

7. *Erstellen Sie mit eigenen Worten eine Definition zur Heimerziehung.*

1.2 Heimerziehung im System der Jugendhilfe und andere Öffentliche Hilfen

Nach Einführung des Kinder- und Jugendhilfegesetzes (SGB VIII) im Jahre 1990 haben sich die Hilfen für Kinder, Jugendliche und junge Volljährige stark erweitert und differenziert. Bis zu diesem Zeitpunkt war es nach dem damals geltenden Jugendwohlfahrtsgesetz (JWG) möglich, Kinder und Jugendliche gegen den Willen der Eltern in Heimen unterzubringen, wenn sie „zu verwahrlosen drohten". Den Eltern musste nachgewiesen werden, dass sie „nicht willens oder nicht fähig waren", der drohenden oder schon eingetretenen Verwahrlosung ihrer Kinder entgegenwirken zu können. Das Vormundschaftsgericht konnte auf Antrag des Jugendamtes eine sogenannte vorläufige Fürsorgeerziehung anordnen; auch wenn die Eltern mit dieser Entscheidung nicht einverstanden waren. In besonderen Einrichtungen wurden diese jungen Menschen, meist Jugendliche, untergebracht. In der Bevölkerung waren diese Heime oft als „Heime für Schwererziehbare" bekannt.

Heute kennt das Kinder- und Jugendhilfegesetz solche Eingriffsmaßnahmen nicht mehr. Wenn Kinder oder Jugendliche heute gegen den Willen der Eltern untergebracht werden, dann muss das Familiengericht den Beschluss fassen, dass den Eltern die elterliche Sorge oder ein Teil ihres Sorgerechts entzogen und einem Vormund oder Pfleger übertragen wird (§ 1666 BGB). Dieser hat dann die Aufgabe, eine geeignete Unterbringung außerhalb der Herkunftsfamilie zu finden, in der das Kind oder der Jugendliche für eine gewisse Zeit oder auf Dauer leben wird. Bevor eine Unterbringung in einer anderen Familie, z. B. in einer Pflegefamilie oder in einer Einrichtung der Jugendhilfe, sprich in einem Kinderheim, erfolgt, muss immer geprüft werden, ob nicht andere „Öffentliche Hilfen" ausreichen (§ 1666 a BGB).

Heimerziehung ist nun in der Rechtssystematik eine Hilfe unter allen anderen Erziehungshilfen. Sie kommt dann infrage, wenn sie notwendig ist. Das bedeutet, dass sie nicht immer erst als **letzte Maßnahme** von den Jugendämtern als Hilfestellung in schwierigen Situationen angeboten wird. In der Praxis entsteht oft genug ein gegenteiliger Eindruck: Wenn nichts mehr geht, dann werden Kinder oder Jugendliche in Kinderheimen untergebracht. Wenn dies aber wirklich erst zu so einem späten Zeitpunkt geschieht, bedarf es in einem beträchtlichen Umfang heilpädagogischer und therapeutischer Unterstützung, um den betroffenen Kindern und Jugendlichen in den jeweiligen Situationen gerecht zu werden.

In diesem Zusammenhang ist die Frage interessant, welcher Kategorie der Hilfen die stationäre Erziehungshilfe, sprich Heimerziehung, zuzuordnen ist. Heimerziehung ersetzt Familie nicht. Sie bietet eine intensive Hilfe für eine gewisse Zeit, in der die Herkunftsfamilie des Kindes oder des Jugendlichen den notwendigen Rahmen nicht bieten kann. Wichtig ist diese Überlegung z. B. für die Ausprägung der Elternarbeit oder auch der „Regelbetreuung" als eine Form der stationären Erziehungshilfe.

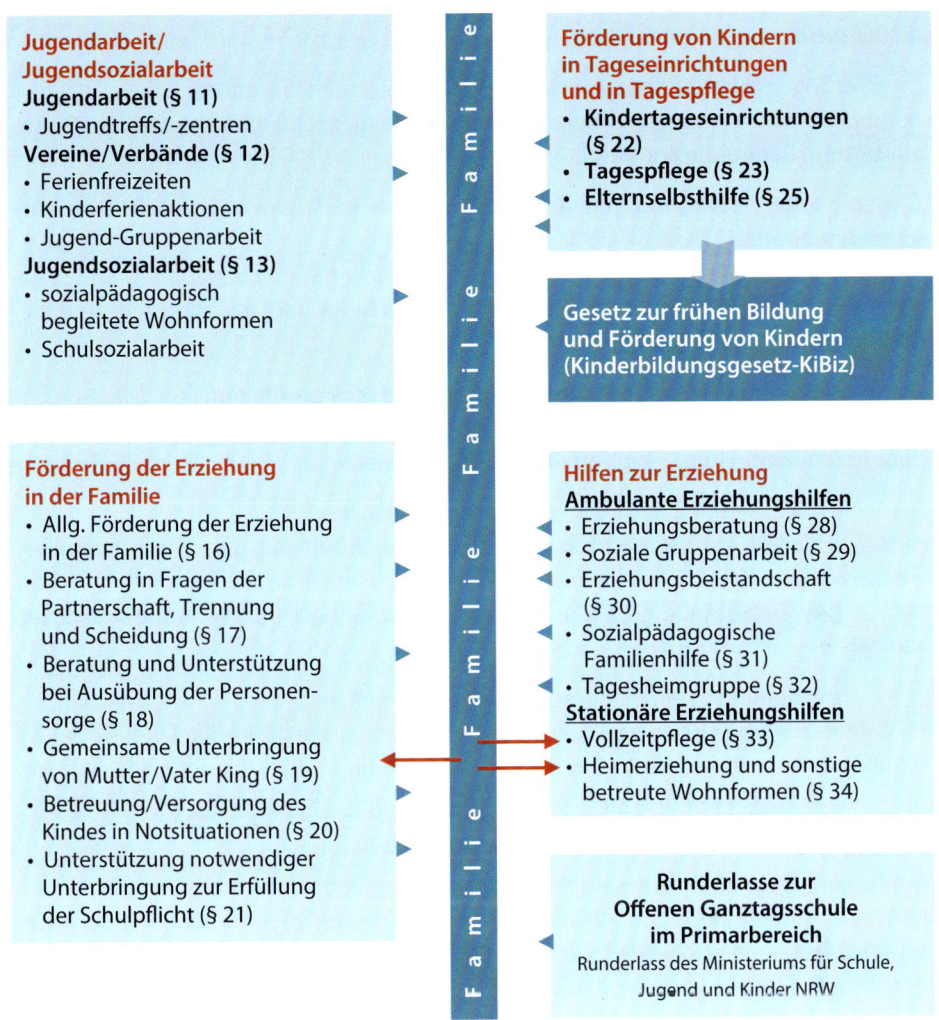

Jugendarbeit/ Jugendsozialarbeit
Jugendarbeit (§ 11)
• Jugendtreffs/-zentren
Vereine/Verbände (§ 12)
• Ferienfreizeiten
• Kinderferienaktionen
• Jugend-Gruppenarbeit
Jugendsozialarbeit (§ 13)
• sozialpädagogisch
  begleitete Wohnformen
• Schulsozialarbeit

Förderung von Kindern in Tageseinrichtungen und in Tagespflege
• **Kindertageseinrichtungen**
  (§ 22)
• **Tagespflege (§ 23)**
• **Elternselbsthilfe (§ 25)**

Gesetz zur frühen Bildung und Förderung von Kindern (Kinderbildungsgesetz-KiBiz)

Förderung der Erziehung in der Familie
• Allg. Förderung der Erziehung
  in der Familie (§ 16)
• Beratung in Fragen der
  Partnerschaft, Trennung
  und Scheidung (§ 17)
• Beratung und Unterstützung
  bei Ausübung der Personen-
  sorge (§ 18)
• Gemeinsame Unterbringung
  von Mutter/Vater King (§ 19)
• Betreuung/Versorgung des
  Kindes in Notsituationen (§ 20)
• Unterstützung notwendiger
  Unterbringung zur Erfüllung
  der Schulpflicht (§ 21)

Hilfen zur Erziehung
Ambulante Erziehungshilfen
• Erziehungsberatung (§ 28)
• Soziale Gruppenarbeit (§ 29)
• Erziehungsbeistandschaft
  (§ 30)
• Sozialpädagogische
  Familienhilfe (§ 31)
• Tagesheimgruppe (§ 32)
Stationäre Erziehungshilfen
• Vollzeitpflege (§ 33)
• Heimerziehung und sonstige
  betreute Wohnformen (§ 34)

Runderlasse zur Offenen Ganztagsschule im Primarbereich
Runderlass des Ministeriums für Schule, Jugend und Kinder NRW

Heimerziehung im System der Jugendhilfe

Der § 34 SGB VIII ist also die zentrale Rechtsgrundlage für die Heimerziehung. Auf S. 37 ist der Paragraf auszugsweise abgedruckt.

Als eine sogenannte Öffentliche Hilfemaßnahme unter vielen anderen bietet der § 34 SGB VIII (KJHG) eine große Bandbreite an Leistungsmöglichkeiten innerhalb der Heimerziehung. Die Heimerziehung hat viel Spielraum erhalten, um den Anforderungen und Bedürfnissen von Kindern und Jugendlichen in den heutigen Lebenslagen gerecht zu werden. War es vor Einführung des Kinder- und Jugendhilfegesetzes weitgehend den Initiativen der Jugendhilfeträger überlassen, Betreuungsformen im Vakuum rechtlicher Bestimmungen zu entwickeln, so bietet die Interpretation des § 34 KJHG ein breites Spektrum für innovative Bestrebungen.

Einige Beispiele:

- „… über Tag und Nacht oder in einer sonstigen betreuten Wohnform …"
  → gibt Raum für eine breite Differenzierung der Heimerziehung (siehe Kapitel 1.3, Heimarten und Betreuungsformen)

- „…durch eine Verbindung von Alltagserleben mit pädagogischen und therapeutischen Angeboten …"
  → Das Zusammenleben von Kindern und Jugendlichen mit Erzieherinnen und Erziehern steht im Vordergrund, an zweiter Stelle stehen besondere pädagogische und therapeutische Angebote (siehe Kapitel 2.3) .

- „… Verbesserung der Erziehungsbedingungen in der Herkunftsfamilie …"
  → Heimerziehung hat im Zusammenwirken mit anderen Trägern der Jugendhilfe (z. B. dem Jugendamt) Eltern- und Familienarbeit zu leisten.

- „… 1. eine Rückkehr in die Familie zu erreichen versuchen …"
  → Auch hier ist die Verpflichtung zur Zusammenarbeit mit den Eltern postuliert. Heimerziehung kann sich nicht mehr als „familienersetzende Maßnahme" verstehen. Sie hat eine Zielvorgabe erhalten, die sie durch geeignete Interventionen umzusetzen hat.

- „… 2. die Erziehung in einer anderen Familie vorbereiten …"
  → Sollten die Lebensbedingungen und der Entwicklungsstand der Kinder oder Jugendlichen es ermöglichen, so muss die Vermittlung in eine Pflegefamilie (Vollzeitpflege nach § 33 SGB VIII) angestrebt werden.

- „… 3. eine auf längere Zeit angelegte Lebensform bieten …"
  → Heimerziehung hält in einem differenzierten Angebot Unterbringungsformen bereit, die es Kindern und Jugendlichen ermöglichen, exklusive Beziehungen zu Erwachsenen aufzubauen und weiterzuentwickeln (siehe Kapitel 1.3, Heimarten und Betreuungsformen).

- „… und auf ein selbstständiges Leben vorbereiten …"
  → Dies scheint das wichtigste Ziel aller erzieherischen Bestrebungen und Bemühungen in den Einrichtungen der Jugendhilfe zu sein (siehe die Kapitel 3.3 Selbstständigkeitserziehung und 3.4 Partizipation).

- „… Jugendliche sollen in Fragen der Ausbildung und Beschäftigung sowie der allgemeinen Lebensführung beraten und unterstützt werden."
  → Fortsetzung und Konkretisierung des letzten Aspektes

Viele Kinder und Jugendliche, die sich in Einrichtungen der stationären Erziehungshilfe befinden, hatten vor der Aufnahme „Kontakt" zu ambulanten erzieherischen Hilfsangeboten. Vielfach haben Eltern diese in Anspruch genommen, um eine Trennung von ihren Kindern durch eine Heimunterbringung zu vermeiden. Deshalb erscheint es wichtig, diese auch aus der Sicht der Heimerziehung in den Blick zu nehmen.

Ein weiterer Anlass ergibt sich aus rechtlicher Wahrnehmung. Wenn Kinder und Jugendliche außerhalb des elterlichen Haushalts untergebracht werden müssen, weil den Eltern die elterliche Sorge oder ein Teil der elterlichen Sorge (das Aufenthaltsbestimmungsrecht) nach § 1666 BGB entzogen worden ist, so hat das Familiengericht, wie bereits erwähnt, immer erst nach § 1666a zu prüfen, ob nicht andere Maßnahmen ausreichen. Hier käme die gesamte Palette der sogenannten Öffentlichen Hilfen, insbesondere die nach dem SGB VIII in Betracht. Einige dieser Hilfen werden im Folgenden kurz erläutert.

1. Beratung und Hilfe

Beratung und Hilfe wird – über die reine Information hinaus – verstanden als besondere Aufgabe und Hilfeleistung zugunsten einzelner Personen und Familien durch das Jugendamt (§ 16 ff. SGB VIII).

Beratung und Hilfe erfolgt heute vor allem durch den Allgemeinen Sozialen Dienst des Jugendamtes (ASD). Der ASD soll vorbeugend durch Beratung von Kindern, Jugendlichen und Eltern sowie von jungen Erwachsenen bei gefährdenden Sozialisations- und Lebensbedingungen tätig werden, um Kindern ihren sozialen Ort zu erhalten, Eltern in ihrer Erziehungsfähigkeit zu stärken und um familiale Erziehungsdefizite abzubauen. Dabei ist stets der soziale Bezugsrahmen, in dem die Familien leben, zu sehen.

Die Familienhilfe wird in der Regel durch hauptamtliche Mitarbeiter des Jugendamtes oder von Freien Verbänden (Sozialarbeitern/Sozialpädagogen) geleistet.

2. Erziehungsberatungsstellen

Die Erziehungsberatungsstellen haben ihre Rechtsgrundlage im § 28 SGB VIII und sollen als interdisziplinär zusammengesetzte Teams (Psychologe, Sozialarbeiter, Heilpädagoge usw.) ebenfalls beraten, und zwar solche Minderjährigen und ihre Eltern, bei denen besondere Verhaltensauffälligkeiten, Erziehungs-, und Lernschwierigkeiten sowie Entwicklungsstörungen vorliegen. Sie unterstützen Kinder, Jugendliche, Eltern und andere Erziehungsberechtigte bei der Klärung und Bewältigung individueller und familienbezogener Probleme und den zugrundeliegenden Faktoren, bei der Lösung von Erziehungsfragen sowie bei Trennung und Scheidung. Fachkräfte verschiedener Fachrichtungen arbeiten in Teams gemeinsam mit den Klienten.

Erziehungs- und Familienberatungsstellen helfen vor allem bei Fragen zur Entwicklung und Erziehung von Kindern, Erziehungsschwierigkeiten, Verhaltensauffälligkeiten, Entwicklungsverzögerungen, psychosomatischen Beschwerden, Formen der seelischen Behinderung bei Schulkindern, Eltern-Kind-Konflikten, Kindesmisshandlung, sexuellem Missbrauch, Einnässen, Ess- und Schlafstörungen sowie in Fragen der Partnerschaft, Trennung und Scheidung und hinsichtlich der Ausübung des Umgangsrechts nichtsorgeberechtigter Elternteile.

Erziehungsberatung erfolgt grundsätzlich freiwillig, das heißt, dass Eltern sich in der Regel selbst anmelden und zur Mitarbeit bereit sein müssen. Je nach der Problematik folgt eine mehr oder minder lange Beratung bzw. Behandlung, die beispielsweise

- Einzelgespräche,
- Familienberatung,
- psychotherapeutische, heilpädagogische und ähnliche Maßnahmen für das Kind,
- Kriseninterventions,
- Gruppen für Eltern oder
- Gruppen für Kinder

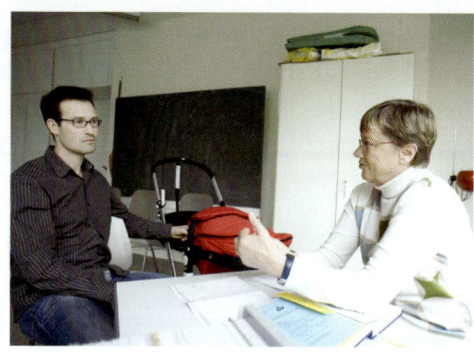

beinhaltet (vgl. Textor/Winterhalter-Salvatore, 2009).

3. Sozialpädagogische Familienhilfe

Eine weitere familienunterstützende Hilfe ist der Einsatz von sozialpädagogischen Fachkräften (§ 31 SGB VIII). Die Kinder verbleiben bei dieser Art von Hilfe in der vertrauten sozialen Umgebung; eine Heimunterbringung wird vermieden. Die von Jugendämtern oder freien Verbänden eingesetzten sozialpädagogischen Fachkräfte, die eine pädagogische Ausbildung sowie Erfahrungen in der praktischen Kinder-, Jugend- oder Familienarbeit haben müssen und für den Einsatz in einer entsprechenden Familie geeignet sind, arbeiten wöchentlich bis zu 20 Stunden in einer Familie. In erster Linie sollen die Sozialpädagogischen Fachkräfte die Mütter in der Erziehung ihrer Kinder entlasten. Schritt für Schritt führen die Familienhelfer die Kinder einer aktiven Freizeitgestaltung zu und entwickeln eine differenzierte Lernmotivation auf der Basis des Selbstvertrauens, spielen mit den Kindern, um bestimmte soziale Lernvorgänge in Bewegung zu setzen, befähigen die Familienmitglieder, Konflikte auf einer sachlicheren Ebene auszutragen, nehmen Einfluss auf die Haushaltsführung und -planung, beraten die Eltern in Erziehungs- und Ernährungsfragen, ermöglichen die ärztliche Versorgung der Kinder, initiieren neue Begegnungen, Bekanntschaften und Freundschaften.

Daraus wird erkennbar, dass es sich um ein Angebot an alle Familienmitglieder handelt, eine für alle unbefriedigende Familiensituation aktiv verändernd anzugehen. Es ist wichtig zu betonen, dass es sich um eine aktive sozialpädagogische Hilfe für die Familie handelt, die in dieser selbst geleistet wird.

An dieser Stelle sei auf die „Flexiblen Hilfen" (Flexis) hingewiesen, die sich an den ganz konkreten Bedingungen in der Familie orientieren und konsequent bedarfsorientiert geeignete Angebote, auch für einzelne Personen in der Familie, entwickeln und durchführen.

4. Erziehungsbeistandschaft

Kinder und Jugendliche sind häufig mit differenzierten individuellen oder familiären Problemen konfrontiert, die sie nicht allein bewältigen können und die ihre Entwicklung deutlich belasten. Unter Umständen äußern sich solche Schwierigkeiten z. B. durch Schulverweigerung, dem Begehen kleinerer Delikte, dem frühen Kontakt mit Zigaretten, Alkohol und anderen Drogen. Auch Verhaltensweisen wie Aggressivität und Respektlosigkeit anderen gegenüber, oder aber Traurigkeit und Rückzug können Zeichen dafür sein.

Der Schwerpunkt der Hilfe liegt hier bei der Unterstützung des Kindes/Jugendlichen. Die Zusammenarbeit mit den Eltern und deren intensive Beratung sind im Rahmen dieser Hilfe unerlässlich. Diese Hilfe wird nach § 30 SGB VII gewährt.

5. Jugendarbeit

Dieser Teil der öffentlichen Jugendhilfe (§ 11 ff. SGB VIII), der früher auch als Jugendpflege, Jugendförderung oder außerschulische Bildung bezeichnet wurde, gilt als eigenständiger Sozialisationsbereich. Die Jugendarbeit wendet sich außerhalb von Familie, Schule und Arbeitsfeld unmittelbar an die Jugendlichen und will ihnen mit einem breit gefächerten Angebotsspektrum dabei helfen, zu eigenverantwortlichem Handeln in der Gesellschaft zu kommen. Sie will soziales Lernen ermöglichen und muss Angebote bieten, die auch selbst von Jugendlichen nachgefragt werden. Jugendarbeit eröffnet die Möglichkeit, vorbeugend mit Jugendlichen zu arbeiten.

6. Tageseinrichtungen für Kinder

Tageseinrichtungen für Kinder sind nach § 22 SGB VIII „Einrichtungen, in denen sich Kinder für einen Teil des Tages oder ganztägig aufhalten und in Gruppen gefördert werden." Und weiter heißt es: „Der Förderungsauftrag umfasst Erziehung, Bildung und Betreuung des Kindes und bezieht sich auf die soziale, emotionale, körperliche und geistige Entwicklung des Kindes."

Kindertagesstätten bieten heute ein differenziertes Angebot. Heute sind die Betreuungsformen, die sich an dem Alter der Kinder orientierten, wie Kinderkrippe, Kindergarten, Kinderhort, weitgehend aufgehoben und in den Kindertagesstätten, den Kinderhäusern und den Familienzentren werden Kinder heute oft vom Säuglingsalter (U3) bis zum Ende der Grundschulzeit betreut.

7. Tagesgruppe

Die Tagesgruppe (§ 32 SGB VIII) gehört heute zum Standardangebot der Hilfen zur Erziehung und wird als differenziertes Angebot der Heimerziehung im Rahmen der Jugendhilfe verstanden. Acht bis zehn Kinder werden von bis zu drei Fachkräften täglich betreut. Die Tagesgruppe soll stationäre Heimerziehung verhindern und den Übergang von stationärer Heimerziehung zum Elternhaus erleichtern. Einen breiten Raum der Tätigkeit der Erzieher nimmt die Arbeit mit den Eltern ein. In der Regel werden die pädagogischen Mitarbeiter durch Psychologen bei ihrer Arbeit unterstützt.

8. Tagespflege

Nach § 22 SGB VIII wird die Kindertagespflege von einer geeigneten Tagespflegeperson in ihrem Haushalt oder im Haushalt des Personensorgeberechtigten geleistet. Demnach richtet sich der Förderauftrag bezüglich Erziehung, Bildung und Betreuung des Kindes nach den gleichen Standards wie in den Tageseinrichtungen für Kinder. So ist es „für die Umsetzung des Bildungsauftrages in der Kindertagespflege notwendig, alltagsspezifische Bildungsprozesse in der Kindertagespflege zu beschreiben und entsprechende pädagogische Konzepte zu entwickeln" (Arbeitsgemeinschaft für Erziehungshilfe, 2008, S. 49).

Diese Aufzählung der Öffentlichen Hilfen ist nicht abschließend. Die Jugendhilfe ist stetig bemüht, das Angebot zu vervollständigen und weiterzuentwickeln. Träger der öffentlichen und privaten Jugendhilfe orientieren sich an den Bedürfnissen von Kindern und Jugendlichen in der heutigen Gesellschaft und stellen neuen Herausforderungen neue Konzepte der Hilfeleistung gegenüber.

Aufgaben zum Selbststudium

1. *Welche der hier aufgeführten Öffentlichen Hilfen hätten für Benny, Fabiola und Karola aus der AWG Schillerstraße vor der Aufnahme in Betracht kommen können? Begründen Sie Ihre Einschätzung.*

2. *Klären Sie die Aufgaben und Ziele der aufgeführten Öffentlichen Hilfen und stellen Sie einen Zusammenhang zu dem Aspekt „Vermeidung von Heimerziehung" her.*

1.3 Heimarten und Betreuungsformen der stationären Jugendhilfe

In diesem Kapitel wird es darum gehen, die unterschiedlichen Formen der Unterbringung von Kindern und Jugendlichen darzustellen. Da in der Fachliteratur keine einheitlichen Begriffe für diese Einrichtungen und Institutionen verwandt werden, wird ein kurzer, nicht vollständiger Abriss dargestellt.

1.3.1 Heimarten

In Deutschland haben sich in den letzten Jahrzehnten eine Vielzahl unterschiedlicher Unterbringungsformen für Kinder und Jugendliche entwickelt. Diese Unterschiedlichkeit nennt man auch „Differenzierung", häufig auch „Spezialisierung". Früher gab es in der Jugendhilfe viele Heime, die sich spezialisiert hatten und somit insgesamt ein differenziertes Angebot zur Unterbringung von Kindern und Jugendlichen mit sehr unterschiedlichen Problemen und Schwierigkeiten boten. Es gab Heime für Säuglinge, Vorschulkinder und dann für Schulkinder. Wurden die Kinder älter und wollten eine Ausbildung absolvieren, mussten sie wiederum die Einrichtung wechseln. So kam es nicht selten vor, dass Jugendliche bis zur Entlassung aus dem „Gesamtsystem der Jugendhilfe", früher Jugendwohlfahrt genannt, in mehr als vier Einrichtungen gelebt hatten. Kamen besondere Probleme der Familie oder durch eigenes Verhalten hinzu, erhöhte sich die Zahl der Lebensorte eines Jugendlichen sogar noch.

Heute gibt es diese „Außendifferenzierung" kaum noch. Kinder und Jugendliche müssen nicht mehr automatisch ihr neues „Zuhause" wechseln, nur weil sie älter werden. Heime bieten verschiedene Betreuungsformen „unter einem Dach". Dies wird auch „Binnendifferenzierung" genannt. Dennoch erleben Kinder und Jugendliche auch heute noch, dass sie die Einrichtung wechseln müssen. „Nicht mehr tragbar" heißt es dann. Gründe hierfür sind dann nicht nur darin zu suchen, dass die pädagogischen Mitarbeiter mit der Erziehung und Betreuung überfordert sind, sondern das ganze Erziehungssystem, sprich die Einrichtung.

Aufgrund des umfangreichen Spektrums an Heimen ist es nicht möglich, eine abschließende Aufzählung aller Heimformen vorzunehmen. Die wichtigsten Heimarten werden allerdings im Folgenden aufgeführt. Dabei werden auch noch Heimarten erwähnt, die so heute in der Heimlandschaft nicht mehr anzutreffen sind, aber in der Literatur noch Erwähnung finden.

Kinder- und Jugendheim

Das „normale" Kinder- und Jugendheim nimmt Kinder und Jugendliche auf, die wegen Ausfall der Primärerzieher (in der Regel die Eltern), aufgrund vorhandener Sozialisationsdefizite oder Verhaltensauffälligkeiten eine Fremdunterbringung benötigen. Den Kindern und Jugendlichen wird eine altersentsprechende, die bisherige Lebensumwelt ausgleichende Umgebung geboten, durch die weitere Fehlentwicklungen vermieden werden sollen.

Kinderheime stehen in der Tradition der ehemaligen Waisenhäuser. Sie nahmen früher Kinder auf, die ihre Eltern durch Tod verloren hatten und innerhalb der Großfamilie keine Aufnahme fanden. In vielen Städten in der Bundesrepublik Deutschland finden sich solche Einrichtungen. Häufig tragen sie Namen, die auf ihre Wurzeln schließen lassen. Die meisten Träger haben in den vergangenen Jahrzehnten den neuen Herausforderungen der Jugendhilfe nicht nur inhaltlich Rechnung getragen, sondern diesem Verständnis in einer Namensänderung Ausdruck verliehen. Aus dem „St. Elisabeth Waisenhaus" wurde z. B. das „Kinder- und Jugendhilfezentrum St. Elisabeth".

Viele dieser Einrichtungen haben ihre Angebotsvielfalt enorm erweitert. Waren in den 1960er- und 70er-Jahren noch fünf oder mehr Gruppen für Kinder und Jugendliche unter einem Dach vorhanden, so sind viele dieser Gruppen ausgelagert worden in sogenannte Außenwohngruppen. In den Binnen- und auch Außenwohngruppen leben in der Regel bis zu zehn Kinder und Jugendliche. Sie werden von vier oder mehr Pädagogen im Wechseldienst betreut. Neben freizeitpädagogischen Angeboten stehen heilpädagogische und therapeutische Hilfen unterschiedlichster Ausprägung zur Verfügung.

Eingangsbereich des Ev. Kinderheimes in Wesel

Säuglingsheim

Säuglingsheime gibt es heute nicht mehr. Diese ehemalige Betreuungsform soll hier nur genannt werden, weil sie in der Literatur häufig noch erwähnt wird. In Nordrhein Westfalen gibt es seit vielen Jahren schon kein Säuglingsheim mehr; die letzte Säuglingsgruppe wurde Mitte der 1970er-Jahre geschlossen.

Mutter-/Vater-Kind-Heim

Mutter-/Vater-Kind-Heime bieten alleinstehenden Müttern und Vätern die Möglichkeit, zumindest während der ersten Lebensjahre der Kinder mit ihrem Kind zusammen in einer geschützten Umgebung wohnen zu können. Mütter oder Väter erfahren während des Aufenthaltes Hilfen, die zu einem angemessenen Umgang mit ihren Kindern befähigen sollen. Insbesondere berufstätige Mütter haben hier die Möglichkeit, Aufnahme zu finden. Diese Unterbringungsform gehört streng genommen nicht zum Bereich Heimerziehung. Da aber Kinder in den Zeiten der Berufstätigkeit ihrer Eltern betreut werden, ist dies auch ein Arbeitsfeld für Erzieherinnen und Erzieher im Rahmen der Jugendhilfe.

Heilpädagogisches Heim

Das Heilpädagogische Heim zeichnete sich in der Vergangenheit gegenüber dem Kinder- und Jugendheim durch seine vielfältige innere Differenzierung aus, verfügte über eigene heilpädagogische Angebote sowie über eine für diese Angebote ausreichende Raum- und Sachmittelausstattung. Aufgenommen wurden Kinder und Jugendliche mit erheblichen sozialen oder emotionalen Störungen, die einer gezielten und länger andauernden heilpädagogischen Begleitung bedurften. Heute finden diese Kinder und Jugendlichen in den differenzierten Betreuungsformen der Kinderheime Aufnahme.

Kinderdorf

Das Kinderdorf ist eine stark familienähnlich strukturierte Einrichtung, in der häufig Geschwisterreihen Aufnahme finden. Jede Gruppe verfügt über ein eigenes Gruppenhaus und arbeitet weitgehend selbstständig. Eine „Gruppenmutter" (SOS-Kinderdorf) oder ein Ehepaar leitet die Gruppe.

Wie beispielsweise die Übersicht des Leistungsangebotes des Caritas Kinderdorfes Irschenberg in Bayern zeigt, bieten Kinderdörfer heute ein breites Spektrum an Jugendhilfemaßnahmen.

„Neben den Kinderdorffamilien, die das Dorfgefüge mit mehreren Häusern bilden, bieten wir vielfältige Hilfsprogramme für Kinder und Jugendliche und deren Familien in der Region. So vielfältig die Probleme sind, so mannigfaltig sind unsere Hilfsmaßnahmen, um die Betroffenen optimal zu betreuen und zu fördern."

(Caritas Kinderdorf Irschenberg, 2011)

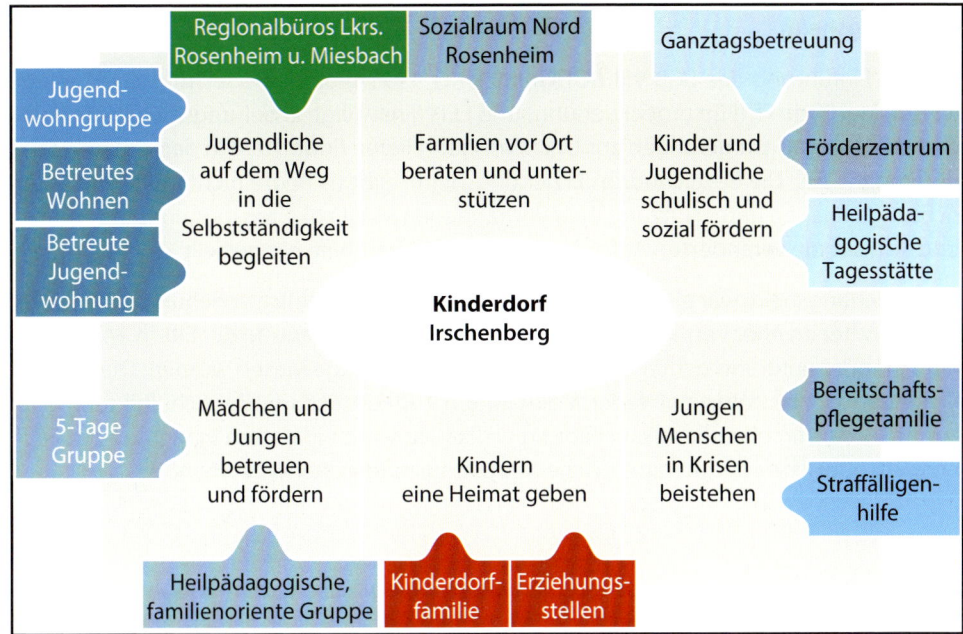

Vernetze Hilfen (Caritas Kinderdorf Irschenberg, 2011)

Kinderhaus oder Kinderkleinstheim

Das Kinderhaus oder Kinderkleinstheim ist wohl die kleinste Heiminstitution. Sechs bis neun Kinder werden von einem Kinderhauselternpaar in einem eigenen Haus betreut. Jedes Kinderhaus oder Kinderkleinstheim ist eine unabhängige und in jeder Beziehung eigenständige Institution. Sie unterliegen den gleichen rechtlichen Rahmenbedingungen wie jedes andere Kinderheim auch.

Jugendwohnheim (Lehrlingswohnheim, Schülerwohnheim)

Aufnahme finden männliche und weibliche Jugendliche, in der Regel nach ihrem Schulabschluss. Ziel der Jugendwohnheime ist die individuelle Förderung des Jugendlichen im Bereich der beruflichen Bildung.

Jugenddorf

Ähnlich wie das Jugendwohnheim bietet das Jugenddorf Aufnahme während der Berufsausbildung. Die Struktur des Jugenddorfes ähnelt der des Kinderdorfes. Hier kann den besonders benachteiligten Jugendlichen eine intensivere Betreuung zukommen. Jugendwohnheim und Jugenddorf haben heute eine eher geringe Bedeutung im Kontext der Jugendhilfe und Jugendberufshilfe.

Erziehungsheim

Mit der Einführung des SGB VIII (KJHG) im Jahre 1991 gibt es die rechtlichen Heimeinweisungsgründe FE (Fürsorgeerziehung) und FEH (Freiwillige Erziehungshilfe) nicht mehr und die Übergangsregelungen zur Unterbringung liefen Ende 1994 in den meisten Bundesländern aus. Die Bezeichnung „Erziehungsheim" gibt es heute nicht mehr. Diese Einrichtungen haben unter Nutzung ihrer vorhandenen Möglichkeiten ihr Angebot erweitert und sich auf die veränderten Anforderungen der Jugendhilfe ein gestellt.

Das Erziehungsheim war eine Einrichtung zur Aufnahme erheblich erziehungsschwieriger Jugendlicher im Alter von 14 bis 17 Jahren, die entweder auf Antrag der Eltern im Rahmen der FEH oder aufgrund richterlicher Entscheidung (FE) eingewiesen wurden. Die meisten Erziehungsheime boten entweder Maßnahmen zur Fortführung der Schulbildung oder zur Absolvierung einer Berufsausbildung an. Häufig waren in diesen Einrichtungen auch heilpädagogische oder therapeutische Betreuungsmöglichkeiten vorhanden.

Internat

Kinder und Jugendliche, bei denen die Förderung der schulischen Bildung im Vordergrund steht und die keine gravierenden Verhaltensauffälligkeiten zeigen, finden zur Fortführung ihrer schulischen Bildung Aufnahme in einem Internat. Oft ist Internaten eine eigene Schule angegliedert. Die Förderung der Kinder und Jugendlichen erfolgt in der Regel in größeren Wohn- und Lerngruppen, die nicht selten Klassenstärke haben und richtet sich vornehmlich auf die Pflege eines guten Allgemeinverhaltens und die Steigerung der schulischen Leistungen. Die Betreuung erfolgt durch Lehrer oder Internatserzieher.

Kinderkurheim/Erholungsheim

Der Aufenthalt in einem Kinderkurheim oder einem Erholungsheim dient überwiegend der Genesung von einer Krankheit oder der Vorbeugung. Diese Heime befinden sich in der Regel in klimatisch besonders geeigneten Regionen. Der Aufenthalt in solch einer Einrichtung ist nur kurzfristig (sechs Wochen bis drei Monate) und ist in erster Linie als gesundheitsfördernde und nicht als erzieherische Maßnahme zu betrachten.

Aufgaben zum Selbststudium

Welche dieser Einrichtungen sind Ihnen bekannt?
Recherchieren Sie im Familien- und Freundeskreis. Beachten Sie bei Ihrer Recherche unterschiedliche Altersstufen. Welche Rückschlüsse können Sie daraus ziehen?
Informieren Sie sich im Internet über die Leistungsvielfalt des SOS Kinderdorf e. V.

1.3.2 Betreuungsformen innerhalb der Heimerziehung (§ 34 SGB VIII)

Wie schon bei den Erläuterungen der Heimarten muss hier festgestellt werden, dass es äußerst schwierig ist, die Vielfältigkeit der Betreuungsformen der Heimerziehung vollständig darzulegen. Darüber hinaus besteht die Problematik darin, die Einordnung der Wohn- und Unterbringungsformen in eine schlüssige und logische Ordnung zu bringen. Überschneidungen innerhalb der vorgenommenen Gliederung sind immer mit einkalkuliert. Um sich ein halbwegs „geordnetes Bild" machen zu können und um den Berufseinsteigern eine Systematik zur Orientierung anzubieten, wurde die im Folgenden benutzte Gliederung verwandt.

1.3.2.1 Regelbetreuung in Wohngruppen

Wohngruppe/Binnenwohngruppe

Wohngruppen befinden sich innerhalb einer größeren Einrichtung (Stammheim). Sie werden auch Binnenwohngruppen genannt. Eine einheitliche Bezeichnung sowie einheitliche strukturelle Voraussetzungen gibt es nicht. In diesen Gruppen leben zumeist bis zu zehn Kinder oder Jugendliche verschiedenen Alters und Geschlechts. Sie werden in der Regel von vier Erzieherinnen und Erziehern im Schichtdienst betreut. Schichtdienst bedeutet, dass es einen Früh-, Spät-, Zwischen- und Nachtdienst bzw. eine Nachtbereitschaft gibt. Die Nachtbereitschaft hat im Gegensatz zu dem Nachtdienst die Möglichkeit, auch zu schlafen, wenn alle Kinder und Jugendlichen zu Bett gegangen sind.

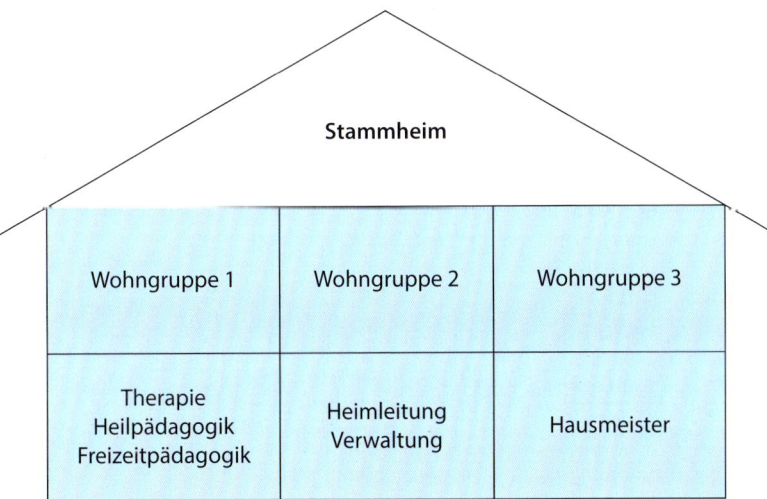

Binnenwohngruppen

Obwohl in der Mitarbeiterschaft die weiblichen Beschäftigten in der Mehrzahl sind, bemühen sich die meisten Einrichtungen darum, zumindest eine männliche Fachkraft zu beschäftigen. Wenn hier von Erzieherinnen und Erziehern gesprochen wird, so sind damit viele unterschiedliche Berufsgruppen gemeint, die in den Wohngruppen tätig sind.

Die Lebensform ist familienähnlich strukturiert. Man spricht hier auch von familienanaloger Erziehung. Die Kinder und Jugendlichen sind in Ein- oder Zweibettzimmern untergebracht und können die Zimmer nach ihren Wünschen und Bedürfnissen gestalten. Die Einrichtung, sprich Bett, Schrank, Tisch, Stuhl usw. ist zum Zimmer dazugehörig. Der Gestaltungsfreiraum bezieht sich also eher auf die Dekoration des Zimmers.

Wohnzimmer, Aufenthaltsraum, Esszimmer, Küche, Bäder, Toiletten und Nebenräume bieten den Kindern und Jugendlichen Lebens- und Entfaltungsmöglichkeiten. Den Erzieherinnen und Erziehern steht ein Bereitschaftszimmer zur Verfügung, in dem die Verwaltungsarbeiten erledigt werden, Gespräche mit Kindern und Jugendlichen geführt werden können und wo sie während der Nachtbereitschaft auch schlafen. Die meisten Wohngruppen versorgen sich selbst (einkaufen, kochen, putzen usw.).

Außenwohngruppe

Außenwohngruppen werden meist in der Abkürzungsform AWG genannt. Sie sind organisatorisch dem Heim angegliedert, befinden sich aber in der Regel entfernt vom „Stammheim". Die ersten Außenwohngruppen wurden in den 1970er-Jahren eröffnet, um die „Massierung" von Heimplätzen in großen Einrichtungen zu entzerren. Diese Dezentralisierung in der Heimerziehung sollte Kindern und Jugendlichen ein lebenswirklicheres Wohnumfeld bieten.

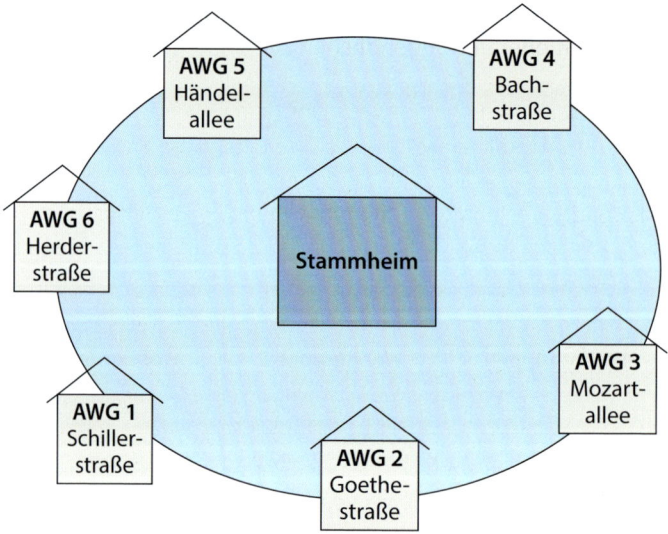

Dezentralisierung durch Außenwohngruppen

Sie haben sich bewährt und es gibt Einrichtungen, die die „Zentrale" als Lebensort für Kinder und Jugendliche völlig aufgegeben und im alten „Heim" nur noch Funktionsbereiche untergebracht haben. Die Struktur der Außenwohngruppen ist mit der der Binnenwohngruppen vergleichbar. Vier und mehr Erzieherinnen und Erzieher betreuen bis zu zehn Kinder und Jugendliche im Schicht- und Wechseldienst. Eine Hauswirtschaftskraft ist für die Zubereitung der Mahlzeiten zuständig und übernimmt in diesem Gefüge eine wichtige Rolle. Durch die Distanz zum Haupthaus ist die Autonomie dieser Gruppenform größer und die Einbindung in den jeweiligen Sozialraum eher möglich. Zehn Kinder und Jugendliche finden in einem Wohngebiet eher Freunde und Freundinnen in der Nachbarschaft und in der Schule als 50 oder 60 Kinder und Jugendliche aus einer Einrichtung mit sechs Binnenwohngruppen. Gewünscht ist, dass die Bewohner Außenkontakte wahrnehmen und nicht in erster Linie unter sich bleiben.

AWG Wittenhorst bei Rees am Niederrhein   *Esszimmer*

Familienwohngruppe

In Familienwohngruppen kommt die Familienähnlichkeit am deutlichsten zum Tragen. Die Struktur ist von der Organisation her vergleichbar mit den Außenwohngruppen. Ein Ehepaar mit oder ohne eigene Kinder, bei dem mindestens ein Partner über eine sozialpädagogische Ausbildung verfügt, wohnt mit sechs und mehr Kindern und Jugendlichen in einem Haus. Eine weitere erzieherische Fachkraft (häufig Drittkraft genannt) unterstützt das Ehepaar bei der Wahrnehmung aller erzieherischen Aufgaben. Viele heutige Außenwohngruppen waren in ihrer Gründungsphase Familiengruppen. Es ist aber offensichtlich für Träger von Einrichtungen stationärer Erziehungshilfe mühsam, geeignete Ehepaare zu finden, die sich dieser schwierigen pädagogischen Aufgabe widmen.

1.3.2.2 Sonderformen der Regelbetreuung

Kleinkindgruppe

Mitte der 1980er-Jahre wurden zunehmend auch wieder jüngere Kinder in der stationären Erziehungshilfe aufgenommen, nachdem in den Jahren zuvor dieses Klientel ambulant, teil-stationär und vor allem in Pflegefamilien betreut wurde. Diese Entwicklung lässt sich sehr unterschiedlich in einigen Regionen der Bundesrepublik Deutschland auch wieder seit Ende der 1990er-Jahre feststellen. Massive Verhaltensauffälligkeiten dieser jungen Kinder machen und machten eine intensivere pädagogische, therapeutische und heilpädago-gisch-orientierte Hilfe notwendig. Pflegefamilien sind oft überfordert mit der Aufnahme von Kindern, deren Eltern sich zu einer außerhäuslichen Unterbringung entschlossen oder die wegen eines Sorgerechtsverfahrens in einem Kinderheim untergebracht wurden. „Diese Kinder sind fast alle durch eine starke Bindungslosigkeit oder Bindungsstörung zu ihren Eltern geprägt" (Verband katholischer Einrichtungen der Heim- und Heilpädagogik, 1994,

S. 12). In den Regelgruppen sind diese kleinen Kinder völlig überfordert damit, Beziehungen zu den anderen Kindern und Jugendlichen sowie zu den Erwachsenen aufzunehmen. Auch die Erzieherinnen und Erzieher sehen sich nicht in der Lage, neben den anderen Kindern und Jugendlichen auch diesen besonderen Aufgaben der Beziehungsaufnahme gerecht zu werden. Etliche Einrichtungen richten deshalb auch in jüngerer Zeit konsequenterweise spezielle Gruppen ein, die sich auf diese Altersgruppe konzentrieren. Die Gruppenstärke ist bis auf zu sechs Kinder begrenzt und die Räumlichkeiten den Erfordernissen dieser Altersgruppe angepasst (siehe hierzu auch: Kramm, 2012, S. 2–9, Schöpflin/Schöpflin, 2012, S 10–17, Lack/Schlüter, 2012, S. 18–25 und Hiller, 2010, S. 81–85).

Jungengruppe

Jungengruppen haben oft einen konzeptionellen Hintergrund, der sich auf aggressives und/oder sexuell grenzüberschreitendes Verhalten bezieht. In den Regelgruppen ist die Arbeit vorrangig am Alltag orientiert, sodass eine intensive und fachlich besonders begleitete Hilfe kaum möglich ist. Eine Gruppe für sexuell grenzüberschreitende Jungen im Rheinland

„[...] wendet sich der Zielgruppe von Jungen zu, die in ihrer Lebensgeschichte sexuelle Traumatisierungen erlebt haben und/oder durch grenzüberschreitendes Sexualverhalten gegenüber anderen Kindern und Jugendlichen auffällig geworden sind. Das Konzept berücksichtigt nur Jungen mit dieser besonders schwierigen Vergangenheit. Sieben pädagogische Fachkräfte und ein Sonderschulpädagoge fördern die Jungen in der Aufarbeitung ihrer Vergangenheit und in ihrer Entwicklung. Schwerpunkte sind personenorientiertes, soziales, schulisches und handlungsorientiertes Lernen, Sport und Erlebnispädagogik. Im Mittelpunkt steht die konfrontative, pädagogisch-therapeutische Behandlung der Themen, die zur stationären Unterbringung geführt haben. Eine feste Anbindung an Arbeiten im Stall, Tierpflege und Heilpädagogisches Voltigieren sowie Reiten sind obligatorisch."
(Scholten u. a., 2007, S. 18)

Die Einrichtung von gleichgeschlechtlichen Gruppen in den Einrichtungen der Erziehungshilfe wurde lange abgelehnt, da ein „zusätzlich stigmatisierender Charakter" befürchtet wurde. Diese Argumentation trifft in gleicher Weise auf die Einrichtung von Gruppen von Mädchen zu (vgl. Bundesministerium der Justiz/Bundesministerium für Familie, Senioren, Frauen und Jugend, 1998, 367).

Diese Gruppen befinden sich meist nicht im sogenannten Stammheim, sondern sind wie Außenwohngruppen in Einfamilienhäusern oder großen Wohnungen beherbergt. Der Betreuungsschlüssel beträgt 1:1, das heißt, dass auf einen Jugendlichen jeweils ein Betreuer bzw. eine Betreuerin kommt.

Mädchengruppe

Die Struktur und die äußeren Bedingungen der Mädchengruppen sind mit denen der Jungengruppen vergleichbar. Genau wie hinsichtlich der Arbeit mit Jungen, stehen besonders gelagerte Themenbereiche für Mädchen in Regelgruppen eher hinten an. An der Arbeit mit Mädchen in der stationären Jugendhilfe wie auch an der gesamten Arbeit der Öffentlichen Erziehung wurde lange kritisiert, dass sie sich vorrangig an den Konzepten der Arbeit mit Jungen orientiere. Wenngleich in den 1980er- und 1990er-Jahren die Mädchenarbeit stark in den Fokus der Öffentlichkeit geraten ist, so ist es auch heute gerade für benachteiligte Mädchen in unserer Gesellschaft notwendig, im Rahmen der koedukativen Erziehung eine geschlechtsbezogene Pädagogik zu erfahren.

Mädchengruppen der stationären Jugendhilfe nehmen häufig Mädchen auf, die sexuelle Missbrauchserfahrungen haben. In diesen Gruppen sind die Mitarbeiterinnen und Mitarbeiter besonders geschult und begleiten die Betroffenen gemeinsam mit Therapeutinnen und anderen Fachkräften.

Integrative Gruppe

Diese Form der Unterbringung hat sich aus der Arbeit in etlichen Einrichtungen heraus entwickelt und sich in der Praxis durchaus bewährt. In einer Regelgruppe leben bis zu drei Kinder oder Jugendliche mit einer geistigen Behinderung. Der Unterbringungsgrund ist hier nicht in erster Linie die geistige Behinderung, sondern erzieherische Defizite im Elternhaus bzw. Verhaltensauffälligkeiten der Kinder und Jugendlichen. Gesetzliche Grundlage ist § 53 SGB XII (Eingliederungshilfe für behinderte Menschen). Die Aufnahme von Kindern und Jugendlichen mit einer geistigen Behinderung setzt voraus, dass diese besondere Arbeit auch Teil des Einrichtungskonzeptes ist. Der Gruppenzusammensetzung kommt dabei eine große Bedeutung zu. Auch müssen die pädagogischen Fachkräfte besonders qualifiziert sein.

„Die Betreuung geistig behinderter Kinder und Jugendlicher stellt spezielle Anforderungen an die pädagogischen Mitarbeiter/-innen. Insbesondere die Kombination unterschiedlicher Problemfelder (z. B. das häufig vorkommende Zusammentreffen vieler Problemfaktoren: Geistige Behinderung, Anfallserkrankung, starke Verhaltensauffälligkeit, Störung im Bereich der Sexualität) stellen hohe Anforderungen an die Kompetenz des eingesetzten Personals."
(Planungsgruppe Behindertenhilfe/Jugendhilfe im Diakonischen Werk Rheinland, 1999, S. 2)

Jugendwohngemeinschaft (JWG) (§ 34 …, sonstige betreute Wohnform)

Bis zu sechs Jugendliche verschiedenen Geschlechts wohnen in einer Gruppe. Sie werden zeitlich nicht durchgängig betreut. Ein Betreuer ist zu bestimmten Zeiten anwesend und bespricht mit den Jugendlichen einzeln oder gemeinsam anstehende Fragen und Probleme. Die Jugendlichen sind für den gesamten Versorgungsbereich weitgehend selbst verantwortlich. So kochen sie beispielsweise nach Absprache das Essen, erledigen den Einkauf, waschen ihre Wäsche und putzen ihre Zimmer wie auch die Gemeinschafträume. Die Jugendlichen befinden sich in der Regel in einer schulischen oder betrieblichen Ausbildung und gestalten ihren Alltag und ihre Freizeit weitgehend selbst.

Die Jugendlichen haben zuvor oft in Regelgruppen gewohnt und sollen jetzt in der Jugendwohngruppe weiter ‚verselbstständigt' werden. Ziel ist es, zum Ende der Betreuungsmaßnahme ein selbstständiges Leben führen zu können. Nach erkennbarer Verselbstständigung haben die Jugendlichen die Möglichkeit, in das Betreute Wohnen überzuwechseln.

Betreutes Wohnen (SBW)

Eine Steigerungsform des selbstständigen Wohnens ist das Betreute Wohnen. Hier wohnen Jugendliche allein in einer Wohnung, die sie selbst angemietet haben oder die von der Einrichtung gemietet wurde. Für viele Jugendliche ist es schwer, nach einigen Jahren des Lebens in einer Gemeinschaft allein zu wohnen. In eine Wohnung zu kommen, in der sich niemand befindet, in der niemand als Gesprächspartner zur Verfügung steht, in der keine Geräuschkulisse vorhanden ist, ist ungewohnt und häufig belastend. Mit dem Alleinsein fertigzuwerden, muss gelernt werden und bedarf der sozialpädagogischen Begleitung. Wenn Jugendliche gelernt haben, Mahlzeiten für bis zu sechs Personen zuzubereiten, so müssen sie nun lernen, nur für sich selbst zu kochen. Den Jugendlichen steht eine qualifizierte Fachkraft zur Seite, die nach Absprache in die Wohnung kommt.

In den Niederlanden nannte man diese Form des betreuten Wohnens bezeichnenderweise ,Kamertraining'. Es soll also die Fähigkeit erworben werden, allein in **einem** Zimmer zu leben.

1.3.2.3 Besondere Betreuungsformen

Diagnosegruppe/Beobachtungsgruppe/Aufnahmegruppe

Oft ist es schwer zu entscheiden, welche Unterbringungsform oder Einrichtung die richtige ist, wenn ein Kind oder Jugendlicher außerhalb des Elternhauses untergebracht werden muss. Besonders dann, wenn es sich um eine ad-hoc-Aufnahme handelt. Dem Jugendamt als zuständige Behörde sind die familiären Umstände und die Situation des Kindes oder Jugendlichen nicht hinlänglich bekannt, um eine konkrete und geeignete Maßnahme vorzuschlagen. Für solche Situationen haben Träger von Jugendhilfeeinrichtungen Gruppen eingerichtet, die es ermöglichen, eine gesicherte „Psycho-Soziale-Diagnose" oder auch „Sozial-Pädagogische-Diagnose" zu erstellen. Nach Erstellung einer solchen Diagnose wird das Kind oder der Jugendliche dann in eine Einrichtung vermittelt, die zur weiteren Hilfe geeignet erscheint.

In diesen Gruppen arbeiten besonders qualifizierte sozialpädagogische Mitarbeiterinnen und Mitarbeiter, die von psychologischen Fachkräften unterstützt werden. Die Fluktuation in diesen Gruppen ist recht hoch. Die Gruppengröße liegt bei sechs Kindern und Jugendlichen.

Jugendschutzstelle/Kindernotdienst

Schutzstellen für Kinder und Jugendliche dienen der Unterbringung in akuten Konfliktsituationen, wenn eine Unterbringung in einer Regelgruppe nicht möglich ist. Kindernotdienste und Jugendschutzstellen entlasten auch Regelgruppen, weil die Unterbringung in einer Regelgruppe längerfristig angelegt ist und durch Kurzzeitunterbringungen, manchmal nur für eine Nacht, viel Unruhe entsteht.

Mittagessen beim Kindernotdienst Berlin

Die Mitarbeiterinnen und Mitarbeiter sind wie in den Diagnosegruppen entsprechend qualifiziert, da auch hier häufig ähnliche Aufgaben anstehen. Auch die Fluktuation ist sehr hoch. Die Verweildauer ist unterschiedlich. Obwohl die Unterbringung nur vorübergehend sein soll, berichten Kindernotdienste von Unterbringungen bis über ein Jahr.

Fünf-Tage-Gruppe

In der Fünf-Tage-Gruppe werden Kinder und Jugendliche von Montag bis Freitag betreut. Am Wochenende leben die Kinder und Jugendlichen in ihren jeweiligen Elternhäusern. Die Gruppenstärke beträgt etwa sieben Kinder und Jugendliche. Der Betreuungsschlüssel ist vergleichbar mit dem in einer Regelgruppe.

Zu den Angeboten für die Kinder und Jugendlichen kommt eine intensive Elternarbeit hinzu. Diese soll es ermöglichen, dass die Kinder und Jugendlichen baldmöglichst wieder aus der stationären Betreuung entlassen werden.

Rückführungsgruppe

In den Punkten Aufbau, Struktur und Zielsetzung ist die Rückführungsgruppe vergleichbar mit der Fünf-Tage-Gruppe. Die Kinder und Jugendlichen werden mit dem Ziel aufgenommen, sie zeitnah wieder in das Elternhaus zu integrieren. Dazu ist eine intensive Arbeit mit den Kindern und Jugendlichen und auch mit den Eltern notwendig. Viele Einrichtungen bieten den Eltern an, in der Einrichtung zu übernachten, z. B. für ein Wochenende. Unter der intensiven Begleitung von Erzieherinnen und Erziehern und psychologischen Fachkräften soll erreicht werden, dass die Kinder und Jugendlichen ihre Eltern wieder als erziehungsrelevante Personen anerkennen. Die Eltern sollen ihre Kompetenzen entdecken, auf ihre Kinder angemessen einzuwirken.

Intensivgruppe

In Intensivgruppen, oft auch heilpädagogische Intensivgruppen genannt, leben bis zu sieben Kinder und Jugendliche, die starke Sozialisations- und Verhaltensstörungen aufweisen. Die Betreuung erfolgt durch mindestens fünf Erzieherinnen und Erzieher, die im Wechseldienst arbeiten und zusätzliche Heilpädagoginnen und Therapeutinnen. Diese begleiten die alltagspädagogischen Interventionen (siehe Kapitel 2.4 Alltagspädagogik) durch Einzel- und Kleingruppenangebote.

Nach Schwabe/Vust (2008, S. 8) ist in den letzten zehn Jahren ein Anstieg der Intensivgruppen zu verzeichnen. Gründe hierfür werden u. a. darin gesehen, dass die stationäre Unterbringung oft zu spät erfolge und Kinder und Jugendliche durch aggressives Verhalten in den Regelgruppen nicht mehr „tragbar" seien. Auch habe sich die Pädagogik mehr auf Partnerschaft und Partizipation bezogen und die Kinder und Jugendlichen, die Konfrontationen und Grenzsetzungen brauchen, konnten ihre „Autonomie" ausleben; sind aber durch Regelangebote jetzt nicht mehr erreichbar. Als dritten Grund führen sie den Druck der Kinder- und Jugendpsychiatrien an, die aus Kostengründen eine immer kürzer werdende Verweildauer praktizierten und diese jungen Menschen zu früh wieder in die

Heimerziehung entlassen würden. Nach Schwabe/Vust bedeutet dies für die Arbeit der Intensivgruppen:

„Eine der zentralen Aufgaben aller Intensivgruppen ist nach unserer Beobachtung die Beantwortung der Frage, wie ein halbwegs sicherer und geregelter Alltag hergestellt werden kann, oder – wem die Wortwahl lieber ist – wie berechenbare und zuverlässige Verhältnisse geschaffen werden können, in denen für Kinder, Jugendliche und Erwachsene einigermaßen klar ist, was von ihnen erwartet wird. Der Sicherheitsaspekt scheint wichtig, weil man es hier mit Kindern und Jugendlichen zu tun hat, die bisher eher viele gewalttätige Übergriffe erlebt, diese aber auch selbst schon begangen haben. Das droht sich auch im Heim zu wiederholen."

(Schwabe/Vust, 2008, S. 9)

Geschlossene Unterbringung

Kaum ein Thema der stationären Erziehungshilfen wurde in den letzten Jahrzehnten so heftig und so kontrovers diskutiert wie das Thema der „geschlossenen Unterbringung". Geschlossene Unterbringung setzt voraus, dass „ein unerlaubtes Verlassen des Gruppen- und Heimgebietes nur durch Überwindung von Eingrenzungs- und Abschließvorrichtungen möglich ist und eine evtl. Ausgeherlaubnis nur individuell erfolgt" (Hüsken, 1977, S. 378). Wenn es vor 30 bis 40 Jahren noch Heime („Erziehungsanstalten") gab, in denen insgesamt eine geschlossene Unterbringung durchgeführt wurde, so gibt es in Deutschland heute nur noch vereinzelt Gruppen mit geschlossener Unterbringung. 1986 gab es 365 geschlossene Plätze. Die Zahl hat sich weiterhin reduziert (vgl. Freigang/Wolf, 2001, S. 56).

Aus der Praxis ist zu hören: „Kinder und Jugendliche, die weglaufen, die kann man nicht erziehen". Auch wird vereinzelt berichtet, dass die Jugendlichen aufgrund der räumlichen Nähe und des Nicht-Ausweichen-Könnens eher bereit sind, zu den Erwachsenen eine Beziehung aufzubauen. Die Kritiker wenden dagegen ein, dass unter Zwang kaum eine tragfähige Beziehung im erzieherischen Setting entstehen könne. So ist es …

„[...] äußerst unwahrscheinlich, dass sich Jugendliche unter den Voraussetzungen einer geschlossenen Gruppe auf eine pädagogische oder therapeutische Beziehung zu einem Mitarbeiter einlassen, die auch noch durch die Paradoxie belastet ist, dass sie abgebrochen wird, wenn der Jugendliche sich auf sie einlässt, sich bessert und aus der geschlossenen Gruppe entlassen wird."

(Freigang/Wolf, 2001, S. 56)

Ein Fazit zur geschlossenen Unterbringung:

„Insgesamt wird die geschlossene Unterbringung in der Jugendhilfe heute von den meisten Fachvertretern abgelehnt oder sehr kritisch gesehen, von Außenstehenden und zahlreichen Vertretern der Politik, der Polizei und der Justiz häufig jedoch als einfache Lösung zum Umgang mit straffälligen Kindern und Jugendlichen empfohlen."

(Freigang/Wolf, 2001, S. 57)

Ein Beispiel für ein „niederschwelliges" Angebot der stationären Erziehungshilfe: „Zinkhütte 49", ein Wohnprojekt für Jugendliche

Viele Träger der Öffentlichen und Privaten Jugendhilfe haben Einrichtungen für Kinder und Jugendliche geschaffen, die den speziellen Problemlagen des Sozialraumes und der Klienten Rechnung tragen. Wie in Kapitel 1.1 bereits erläutert, ist eine allumfassende Beschreibung der kompletten Angebotspalette nicht möglich.

Zinkhütte 49, Innenraum

Weit über den regionalen Raum bekannt ist das Wohnprojekt Zinkhütte 49 in Mülheim an der Ruhr. In den Räumen des ehemaligen Kontors der Mülheimer Zinkhütte ist ein besonderes Angebot für Jugendliche entstanden. Es soll hier dargestellt werden als Beispiel für die Vielfältigkeit der Stationären Erziehungshilfe.

„Mit einem ungewöhnlichen Konzept pädagogischer und räumlicher Art versuchen wir Kindern und Jugendlichen (ca. 12–18 J.) **Schutz vor der Straße** oder vor Gewalt etc. zu gewähren. Die Zinkhütte bietet **Raum für Neuorientierung** und versucht mit den Kids neue Lebensentwürfe zu gestalten. Acht Jugendliche können in sieben Themenräumen ihr Bett aufschlagen. Geschlafen werden kann in einem Müllcontainer, einer Autowerkstatt, in einem Inselambiente, im Gewächshaus, im Dschungelzimmer und in einem Baustellenzimmer sowie in einem fast normalen Jugendzimmer. Mit diesem **„organisierten Chaos"** wird die Lebenswelt der Jugendlichen nachempfunden, die „Straße erlebt" haben (**akzeptierender Ansatz**).

Die gesamte innenarchitektonische Ausgestaltung wirkt spontan, zufällig, unkonventionell und **ver-rückt** („ästhetisch vertretbare Erdbeben-Innenarchitektur") – ist aber dennoch bis aufs Detail hin zielorientiert geplant und gestaltet. Junge Menschen können hier neue Lebensperspektiven entwickeln und trotz ihrer normativen Andersartigkeit **tolerante Erwachsene erleben**, die sich mit ihnen gemeinsam auf die Suche nach alternativen Wegen begeben."
(Stolz, 2009, S. 283)

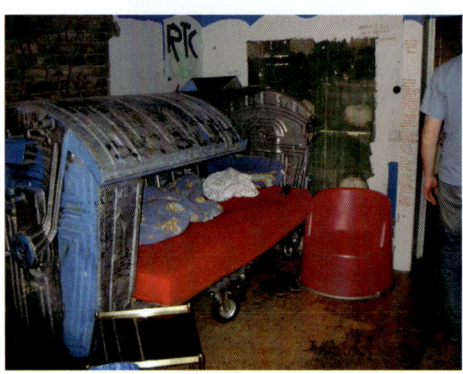

Blick in die Räume der Zinkhütte 49

1.4 Berufsprofile der pädagogischen Mitarbeiterinnen und Mitarbeiter

1.4.1 Kompetenzen und Schlüsselqualifikationen

Gibt es etwas „Besonderes" an dem Beruf der Heimerzieherin/des Heimerziehers? „Heimerziehung ist mehr als nur ein Job", so formulierte Andreas Mehringer in seinem 1976 erschienenen Buch „Heimkinder" (Mehringer, 1976, S. 137), als es um die Frage der Regelung der Arbeitszeit in den Kinderheimen ging. Vom Heimerzieher wurde damals, insbesondere was seine Arbeitszeit anbelangte, ein hohes Engagement erwartet.

Ist der Beruf der Heimerzieherin/des Heimerziehers ein besonderer Beruf? Werden ganz andere Qualifikationen von ihm erwartet als von Tätigen in anderen Berufen? Oder ist es nicht so, dass auf alle pädagogischen Berufe, also auch auf die Lehrerinnen und Lehrer, die Sozialpädagoginnen und Sozialpädagogen in anderen Bereichen der Anspruch gerichtet ist, ein besonderer Beruf zu sein, der von der Persönlichkeit des „Arbeitnehmers" mehr verlangt, als es im Berufsleben sonst üblich ist?

Die Frage ist nicht leicht zu beantworten. Festzustellen ist, dass die Heimerzieherin und der Heimerzieher es überwiegend mit schwierigen Kindern zu tun haben. Auch sind die auszuführenden Tätigkeiten in der Heimerziehung durchweg auf die Bewältigung des Alltags ausgerichtet und somit den Tätigkeiten gleichzusetzen, die Eltern in größeren Familien zu bewältigen haben. „Was machst du denn eigentlich den ganzen Tag?" Werden Heimerzieherinnen oder Heimerzieher dies gefragt, löst die Schilderung ihres beruflichen Tagesablaufes oft Verwunderung aus.

Was sicherlich für alle pädagogischen Berufe zutrifft, ist für den Beruf der Heimerzieherin/ des Heimerziehers in konkreterem Maße zutreffend. Immer ist die gesamte Person gefragt. Die Persönlichkeit des Einzelnen ist in die Berufswelt einzubringen. Damit stehen die Heimerzieherin und der Heimerzieher mit all ihren Fähigkeiten und Fertigkeiten, mit allen Vorstellungen, Meinungen und Gefühlen, eben mit der gesamten Person dem Kind oder Jugendlichen im Heim gegenüber.

Jeder Mensch benötigt Kompetenzen, um in der modernen Welt bestehen zu können. Wenn es also nicht nur um berufliche, sondern in großem Maße auch um personale Fähigkeiten geht, über die die Erziehungsperson in der Heimerziehung verfügen muss, dann ist zu fragen, über welche Qualifikationen Menschen heute verfügen sollten, damit ihr Leben gelingen kann. Man spricht hier von sogenannten **Schlüsselqualifikationen**, die in der modernen Welt von Menschen verlangt werden und zu denen methodische, soziale, kommunikative, emotionale, persönliche und spirituelle Kompetenzen gehören. Norbert Copray beschreibt diese Kompetenzen wie folgt:

- **Methodische Kompetenz:**
    - systematisches Vorgehen
    - verschiedene Denk- und Lösungsmethoden
    - Optimierung von Arbeitsabläufen
    - Zusammenführung verschiedener Teilarbeiten
    - Kenntnis von Denkfallen
    - dialektische Methoden
    - Lern- und Kreativitätstechniken
    - Bewerbungsstrategien
    - Gedächtnis- und Konzentrationstechniken
    - Entspannungs- und Fitnessmethoden

- **Soziale Kompetenz:**
    - Kontakte herstellen und halten
    - Gruppenstrukturen erkennen
    - soziale Prozesse wahrnehmen und beeinflussen
    - Team- und Partnerschaftsfähigkeit

- Kooperation und Konflikte gestalten
- verantwortliches Engagement

- **Kommunikative Kompetenz:**
  - die Wirkung der eigenen Körper- und Wortsprache auf andere einschätzen
  - den eigenen Kommunikationstyp erkennen und erweitern
  - Kommunikation initiieren und am Laufen halten
  - Statements, Vorträge und Diskussionsbeiträge gestalten
  - Argumentationsfiguren kennen und nutzen
  - Konsensverfahren anwenden
  - Problem- und Kritikgespräche führen
  - aktives Zuhören

- **Emotionale Kompetenz:**
  - eigene Gefühle erkennen
  - eigenen Gefühlsausdruck bestimmen
  - zurückliegende und aktuelle Quellen der eigenen Gefühle aufarbeiten
  - Gefühle und Stimmungen anderer wahrnehmen
  - Empathie
  - destruktive Gefühle für konstruktive Kommunikation nutzen
  - Überzeugungskraft verstärken

- **Personale Kompetenz:**
  - für sein Wohlergehen, seine Fitness und seine Gesundheit sorgen
  - realistische Zeiteinteilung
  - Selbstwahrnehmung der eigenen Stärken und Schwächen
  - situationsgerechte Bestimmung der eigenen Lebens- und Berufsziele
  - Aufspüren ungenutzter Potenziale und ihre Entfaltung
  - kreatives Leben als Stärkung mentaler Problembewältigungsfähigkeit
  - Bearbeitung schwieriger psychischer und kommunikativer Erfahrungen und Neu-
    orientierung des eigenen Lebensplans
  - Methoden zur Selbstbestärkung
  - Herausbildung der eigenen Persönlichkeit

- **Spirituelle Kompetenz:**
  - verschiedene Modelle von Lebensziel und Lebenssinn kennenlernen
  - Auseinandersetzung mit der Fragwürdigkeit menschlichen Lebens
  - freie Selbstbestimmung des eigenen Lebenshorizontes
  - Gespür für den Zusammenhang mit Natur, mit anderen Lebewesen, mit dem, was
    uns unbedingt angeht, entwickeln
  - geistige Perspektiven für das eigene Welt- und Menschenbild ausforschen
  - sich für Achtsamkeit öffnen
  - seine Mitte finden
  - sich auf den eigenen Atem einlassen
  - die eigenen Werte klären
  - meditative Wege auskundschaften
  - sich in Grundvertrauen üben
  - den Blick für das Geheimnis der Welt entdecken

- **Ethische Kompetenz:**
  - die Pluralität an unterschiedlichen Moral- und Wertvorstellungen wahrnehmen, sichten und ordnen können
  - Moralvorstellungen kritisch befragen und aus ihrer Sicht in Anwendung bringen
  - unterschiedliche Begründungsargumente und -verfahren kennen
  - Orientierung gewinnen aus eigenem und intersubjektivem Klärungs- und Verständigungsprozess für eigene Haltungen, Handlungen und Verantwortung

(vgl. Copray, 2000, S. 38)

In der Konkretisierung der Kompetenzen bezogen auf die Anforderungen an die Erziehenden in der Heimerziehung wird noch festgestellt werden können, wie viel von den hier allgemein gemachten Aussagen auch dort Gültigkeit haben.

Zum Begriff Schlüsselqualifikationen

Wenn diese beschriebenen Kompetenzen zum Erwerb von Schlüsselqualifikationen gehören, dann soll zunächst erläutert werden, welche Relevanz Schlüsselqualifikationen in der Pädagogik und in der Ausbildung zur Erzieherin/zum Erzieher haben.

Zur Erklärung hilfreich ist der sogenannte Kerschensteiner Stern, der von dem Pädagogen Georg Kerschensteiner entwickelt wurde. In einem Teilbereich wird intensiv und exemplarisch Wissen erarbeitet, welcher auch andere Teilbereiche tangiert. Qualifiziertes Wissen wird aber nur in dem einen Segment erworben. Erlernt wird bei der Wissensaneignung die Fähigkeit, *wie* man lernen muss. Es geht also darum, das Lernen zu lernen. Gefragt sind die nötigen Arbeitstechniken, um sich ohne fremde Hilfe auf künftige Veränderungen der eigenen Arbeit einzustellen. Ist die Kompetenz des Lernens erworben, weiß man auch, wie man sich andere Wissensgebiete aneignen kann.

Kerschensteiner Stern

1.4.2 Kompetenzen für den Beruf der Heimerzieherin/des Heimerziehers

Welche Eigenschaften sind für den Beruf der Erzieherin/des Erziehers wünschenswert? In einer Untersuchung von 1974, bei der Lehrkräfte von Fachschulen für Sozialpädagogik befragt wurden, hielten die Befragten folgende Eigenschaften in der vorgenommenen Rangfolge für wichtig:

- Zuverlässigkeit
- Teamfähigkeit
- Kritikfähigkeit
- Problembewusstsein
- kritisches Engagement

- Entscheidungsfreudigkeit
- Güte und Herzenswärme
- Mütterlichkeit
- Selbstlosigkeit, Bescheidenheit
- Gläubigkeit

(vgl. von Derschau, 1974, S. 103)

Der Philosoph und Pädagoge Otto Friedrich Bollnow schreibt 1979 in einem Aufsatz, dass er drei **Tugenden des Erziehers** für die besonders wesentlichen Voraussetzungen für den Erzieherberuf hält:

1. Die Liebe

Sie ist die erste der erzieherischen Tugenden. Ohne sie ist ein Zugang zu dem zu Erziehenden nicht möglich. Sie macht den „Eingriff in die Persönlichkeit des Kindes, so sehr dieser auch sachlich begründet sein mag, für das Kind erträglich." Liebe ist nach Bollnow aber nicht als eine Haltung zu verstehen, die mit einem weichlichen Nachgeben gegenüber dem Kind verbunden ist, „sondern bei aller Nachsicht den erzieherischen Anspruch unbeirrt aufrecht erhält" (Bollnow, 1979, S. 30).

2. Die Geduld

„Sie ist die Kunst des Abwarten-Könnens. Abwarten, nicht nur bezogen auf das Sich-entwickeln von Fähigkeiten der Kinder, sondern auch Geduld haben mit ihren Schwächen, Geduld mit ihren Unarten und Bosheiten, Geduld vor allem, wenn sie immer wieder rückfällig werden, auch wenn sie mit ehrlichem Herzen Besserung versprochen haben."
(Bollnow, 1979, S. 32)

3. Das Vertrauen

Gesunde Entwicklung für Kinder, insbesondere für jüngere Kinder, ist nur dann möglich, wenn dem Kind uneingeschränktes Vertrauen gegenübergebracht wir. Bollnow legt großen Wert darauf, dass dieses Vertrauen ein echtes Vertrauen ist und kein vorgegebenes, kein pädagogisches Vertrauen. „Das Vertrauen ist vielmehr nur dann wirksam, wenn es von der ehrlichen eigenen Überzeugung des Erziehenden getragen wird." Problematisch für die Haltung des Erziehenden ist die Gefahr, dass dieses Vertrauen immer wieder enttäuscht werden kann. Hier sieht Bollnow eine fast *übermenschliche* Anforderung an Erzieherinnen und Erzieher (vgl. Bollnow, 1979, S. 34).

Noch einmal und konkret: Was wird im Besonderen von Heimerzieherinnen und Heimerziehern in ihrem Arbeitsfeld erwartet? Zu dieser Fragestellung werden aus der Fachliteratur zur Heimerziehung im Folgenden unterschiedliche Begründungen dargestellt, die den Hintergrund dieses Arbeitsfeldes zum Inhalt haben.

Matthias Almstedt, 1996 und 1998

Almstedt betont in seinen Ausführungen die nachhaltige Veränderung der Heimerziehung in den letzten Jahren, die vor allem in der Schaffung kleinerer Lebenseinheiten zu sehen ist und damit für die Erzieherinnen und Erzieher in den Wohngruppen eine Menge zusätzliche Entscheidungsbefugnisse bedeutet.

„Zentrale Aufgabe der in der unmittelbaren Betreuung von Kindern und Jugendlichen tätigen Fachkräfte ist es, im Rahmen stationärer oder teilstationärer Hilfen zur Erziehung einen ‚gelingenden' Alltag zu organisieren. Die dort Tätigen müssen in der Lage sein, mit den Kindern und Jugendlichen den Alltag zu bewältigen, und zwar den ganzen Alltag, nicht nur Teilbereiche der Verwaltung und Versorgung abdecken, wie dies in spezialisierten Großeinrichtungen teilweise noch üblich ist. Um den Alltag zu gestalten, müssen sie zunächst Spezialisten für das Allgemeine sein."
(Almstedt, 1996, S. 37)

„Dazu gehört die Schaffung von Möglichkeiten zum Erwerb lebenspraktischer Fähigkeiten genauso wie die Realisierung von Angeboten im kulturellen oder erlebnispädagogischen Bereich oder die Entwicklung von Unterstützungsstrategien im Bereich schulischer und beruflicher Bildung."
(Almstedt, 1998, S. 365)

Richard Günder, 2011

Die speziellen Anforderungen an den in der Heimerziehung Tätigen sind sicherlich auch darauf begründet, dass Kinder und Jugendliche betreut werden, die aus dem „normalen Erziehungsangebot" herausfallen.

„In der Regel sind Kinder und Jugendliche von Heimerziehung betroffen, die zuvor nicht oder falsch erzogen wurden, unter schwierigen Lebensbedingungen aufwuchsen und sich daher weniger gut entwickeln konnten. Solche jungen Menschen haben ein ausgeprägtes Bedürfnis nach einer planvollen Erziehung, nach individueller Förderung und Entwicklung."
(Günder, 2011, S. 175)

Peter Flosdorf u. a., 1987

„Die Arbeitstätigkeit von Erziehern kann nicht von der Gesamtpersönlichkeit getrennt werden. Viele Funktionen der pädagogischen Mitarbeiter verlangen den Einsatz und die Präsenz seiner gesamten Persönlichkeit. Für Heimerzieher liegt z. B. in besonderer Weise die Stärke in der zwischenmenschlichen Beziehung zu den Kindern und Jugendlichen.
(Flosdorf u. a., 1987, S. 20)

Für das Arbeitsfeld Heim sind unter diesen Voraussetzungen von der Person des Erziehers vor allem folgende Persönlichkeitseigenschaften/-fähigkeiten zu nennen:

* „das Wissen um die eigenen Stärken und Schwächen mit der Überzeugung, dass Erzieher auch ein Recht auf Fehler haben
* der Besitz von eigenen Wertvorstellungen und das Akzeptieren jener der anderen
* Freude an der Arbeit und Engagement
* fachliches Können
* lebenspraktische Kenntnisse und persönliche Lebenserfahrungen
* Frustrationstoleranz"

(Flosdorf u. a., 1987, S. 20)

Mathias Schwabe, 1994

Schwabe setzt für den in der Heimarbeit Tätigen eine Liste zentraler **Basisqualifikationen** voraus.

„Diese haben das Ziel, eine jeweils konkrete Alltagssituation mit Hilfe von aufeinander bezogenen Teilkompetenzen so zu gestalten, daß Spielräume entstehen, erhalten und aufgebaut werden können. Auch die beste Ausbildung wird diese Teilkompetenzen nicht als fest verfügbare Eigenschaften vermitteln können, über deren Besitz und Anwendung der Ausgebildete verfügt und die er kontrolliert zum Einsatz bringt. Insofern sind es keine ‚Techniken'."
(Schwabe, 1994, S. 344)

Die zu integrierenden Basisqualifikationen sind:
- Wahrnehmungsarbeit
- Entscheidungsarbeit
- Vermittlungs- und Begründungsarbeit
- Aushandlungs- bzw. Konfliktarbeit
- Deeskalationsarbeit
- Rückkoppelungsarbeit
- Konsensarbeit
- Verarbeitungsarbeit
- Trauerarbeit

(vgl. Schwabe, 1994, S. 346)

Heinrich Kupffer, 1977

Kupffer beschreibt **zwölf typische Berufsmerkmale**, die in ihrer Konkretheit heute noch Geltung haben und auf die Berufspraxis konkret anzuwenden sind:
- Diagnostische Fähigkeiten und Fertigkeiten
- Kenntnis sozialer Prägemechanismen
- Kritische Offenheit für moralische Probleme
- Sorge für Gesundheit und leibliches Wohl
- Schulische Hilfen
- Hilfe bei der Berufsfindung
- Flexibilität im Umgang mit Menschen
- Kontaktpflege mit Eltern
- Fähigkeit zur Teamarbeit
- Kenntnis von Verwaltungsstrukturen
- Kenntnis von Recht und Gesetz
- Bereitschaft zur Innovation und Planung

(vgl. Kupffer, 1977, S. 11 ff.)

Die recht umfassend dargestellten Berufsmerkmale von Kupffer lassen sich um ein wichtiges Merkmal ergänzen:
- Hilfe bei der ganzheitlich-wertbezogenen Lebenshilfe

Alle Verfasser, auch über die hier aufgeführten hinausgehend, stellen heraus, dass für das Arbeitsfeld Heimerziehung neben den fachlichen Voraussetzungen vor allem die persönlichkeitsbezogenen Eigenschaften zu entwickeln sind.

Norbert Heinen und **Christel Metke** halten den **Humor** für eine wichtige Eigenschaft, über die Erzieherinnen und Erzieher verfügen sollten. Sie stellen allerdings auch fest, dass man in der pädagogischen Fachliteratur größtenteils vergeblich nach Äußerungen zum Humor sucht.

„Humor wird meist für eine Eigenschaft gehalten (‚die einen haben ihn, die anderen nicht‘), die somit nicht erlernbar erscheint. Die moderne Humorforschung geht jedoch davon aus, dass Humor durchaus erlernbar ist."

(Heinen/Metke, 2000, S. 169)

Lachen, kindliche Freude und Humor können als lebensbejahende Elemente betrachtet werden und in diesem Sinne als Hilfestellung zur positiven Lebensbewältigung dienen. Wenn es den Erziehenden gelingt, lebensbejahende Eigenschaften hervorzuheben, dann treten die Schwächen und Unvollkommenheiten zurück. Hier kann der Humor eine positive pädagogische Atmosphäre schaffen.

Erzieherberuf – ein Beruf auf Zeit

Alle Berufseinsteiger sollten sich schon beim Einstieg in die Ausbildung klarmachen, dass dieser Beruf sich zu einem „Durchgangsberuf" entwickelt hat. „Auf jeden Fall scheint die Berufstätigkeit in der Heimerziehung eher eine berufsbiographische Phase als eine das gesamte Berufsleben bestimmende Perspektive zu sein, ..." (Kupffer/Martin, 1994, S. 17).

Dieser Aspekt trifft heutzutage sicherlich für die meisten Berufe zu. Mit Blick auf die Ausführungen zu dem Aspekt Kompetenzen und Schlüsselqualifikationen soll gerade der Erwerb von Schlüsselqualifikationen innerhalb der Ausbildung den Horizont für Weiterbildung, Fortbildung und jegliche weitere Qualifizierung öffnen.

Die Komplexität der Anforderungen, die an eine Erzieherin und an einen Erzieher bei der Arbeit mit Kindern und Jugendlichen in einem Kinderheim gestellt werden, wird aus der folgenden Übersicht deutlich. Der Alltagsbezug ist wohl in keinem anderen pädagogischen Beruf so hoch wie in diesem. Die vielen Tätigkeiten, die im Alltag mit Kindern und Jugendlichen bewältigt werden müssen, pädagogisches und heilpädagogisches Handeln, die Etablierung und Fortsetzung therapeutischer Ansätze (therapeutisches Milieu) sind Bestandteile der „Alltagspädagogik" (siehe Kapitel 2.3 „Den Tagesablauf gestalten – Alltagspädagogik in der Heimerziehung").

Aufgaben zum Selbststudium

1. *Welche allgemeinen „Lebenskompetenzen" haben nach Ihrer Meinung den größten Bezug zu den Kompetenzen, die in der Heimerziehung gefragt sind?*

2. *Welche Bedeutung haben Schlüsselqualifikationen für den Beruf des Heimerziehers?*

3. *Ergänzen Sie die nachfolgende Grafik in den Feldern Fähigkeiten und Beeinflussung. Vergegenwärtigen Sie sich in einem zweiten Schritt, was für Ihre persönliche Situation förderlich oder hinderlich ist, diese Kompetenzen für den Beruf zu erwerben.*

Berufliche und persönliche Anforderungen an die Erzieherin im Kinderheim

Was ist hinderlich?

Was ist förderlich?

Über welche Fähigkeiten muss/sollte ein Heimerzieher verfügen?
Was muss ein Heimerzieher leisten?

Einfühlungsvermögen
Regeln aufstellen und durchsetzen können
Verantwortung übernehmen können
Individualität von Kindern und Jugendlichen erkennen
Kompromissfähigkeit
Offen, verständnisvollsein
Kreativität
Psychische Stabilität
Trennen können von persönlichen und beruflichen Belangen
Menschenkenntnis
Geduld und Ruhe
Vertrauenswürdigkeit
Kinder in der Gruppe, aber auch individuell fördern
Alltag strukturieren
Regeln aufstellen
Hilfestellung bei Konflikten, bei Hausaufgaben,
bei individuellen Problemen
Kontakt zu Eltern pflegen
Kontakt zum Jugendamt/zur Schule halten
Bezug zu den Kindern aufbauen (Vertrauen)
Teamarbeit
Kritikfähigkeit
Gerechtigkeitssinn
Gesetzestreue
Wertevermittlung
Emotionale Zuneigung und Bindungsfähigkeit
Gutes Allgemeinwissen
Handwerkliche Kenntnisse
Verwaltungstechnische Grundkenntnisse

(Gesammelte Meinungen von Studierenden)

Wer oder was beeinflusst und prägt unsere schulische/berufliche Situation?

Familiensituation (Eltern geschieden, Geschwister, Verwandte, Großeltern)
Eigene Persönlichkeit, Meinung von sich selbst, Zufriedenheit oder Unzufriedenheit
Freundeskreis innerhalb und außerhalb der Schule
Eigene Lebenserfahrung/Lebenslauf
Leistungsdruck/Noten/Beziehung zu Lehrerinnen und Lehrern
Klassensituation, eigene Situation in der Klasse
Freizeitbeschäftigungen/Hobbys/(Neben-) Job, finanzielle Situation, Abhängigkeit von den Eltern
Politik (allgemeine Weltsituation)
Religion/religiöse Einstellung/Schule
Medien (TV, Radio, Bücher, Zeitung)
Praktika (Ort und Zeit des Praktikums)
Umweltbedingungen/soziales Umfeld (Wohnsituation, Status, Ausländerrate, kulturelle Vielfalt)
Geschlechlechtersituation (in der Klasse/Lehrerinnen und Lehrer)

1.4.3 Berufswahlgründe für den Erzieherberuf und Belastungen im Erzieherberuf

Die Frage nach der richtigen Berufsentscheidung begleitet junge Menschen auch noch nach einer erfolgreichen Bewerbung um einen Ausbildungsplatz. Besonders dann, wenn keine konkreten Vorstellungen darüber bestehen, was einen in dem Arbeitsfeld erwartet. Für das Handlungsfeld Heimerziehung trifft dies besonders zu, da ein hohes Maß an persönlichem Engagement erforderlich ist. Wie in den beiden vorangehenden Punkten deutlich geworden ist, stellen die Komplexität des Arbeitsfeldes mit der Schwerpunktlegung auf den Bereich der Alltagspädagogik und der Umgang mit den nicht immer einfachen Kindern und Jugendlichen eine besondere Herausforderung dar.

Es scheint notwendig zu sein, das Thema Berufswahlentscheidung und Berufsmotivation auch während der gesamten Ausbildung auf unterschiedlichen Ebenen immer wieder neu zu behandeln. Castello und Nestler befragten im Jahre 2004 Mitarbeiterinnen und Mitarbeitern in Jugendhilfeeinrichtungen in Baden-Württemberg nach den Gründen für ihre Berufswahl und bekamen die folgenden Antworten:
* Wunsch, etwas Sinnvolles zu tun
* Freude an der Arbeit mit Kindern und Jugendlichen
* abwechslungsreiche Arbeit
* eigenes soziales Engagement
* persönliche Entwicklungsmöglichkeiten
* Freiheiten während der Arbeit
* Wunsch, zu helfen
* zynische Anmerkungen (Naivität, Mangel an Alternativen usw.)
* Interesse (unspezifisch)
* Talent/persönlicher Zugang zu Kindern und Jugendlichen

(vgl. Castello/Nestler, 2004, S. 269)

Diese Nennungen decken sich weitgehend mit den Berufswahlmotiven, die Studierende der Fachschule für Sozialpädagogik nennen.

Interessant ist ein weiterer Teil der Untersuchung, in der es um Nennungen zur Häufigkeit bestimmter im pädagogischen Alltag zu erledigender Tätigkeiten und die dadurch hervorgerufenen Belastungsgrade geht. An vorderster Stelle liegen Tätigkeiten, die geneigt sind, Konflikte mit Kindern und Jugendlichen auszulösen. Die Arbeit von Erzieherinnen und Erziehern allgemein, aber insbesondere in der stationären Jugendhilfe ist „konfliktgeneigt". Es bedarf keiner besonderen Anstrengung im Berufsalltag, auf Situationen zu stoßen, die potenziell zu Auseinandersetzungen mit Kindern und Jugendlichen führen können. Schon bei Betreten der Wohngruppe zu Dienstbeginn kann es geschehen, einem Kind zu begegnen, welches z. B. keine Hausschuhe trägt. Darauf angesprochen ist es möglich, dass das Kind „explodiert" weil kurz zuvor ein Konflikt aus einem anderen Anlass stattgefunden hat. Castello und Nestler haben zu Häufigkeit und Belastung verschiedener Aspekte der Arbeit in Jugendhilfeeinrichtungen Folgendes in ihrer Befragung ermittelt:

Die linke Spalte der Tabelle stellt Aspekte pädagogischer Arbeit in Kinder- und Jugendheimen in der Reihenfolge ihrer Häufigkeit als Rangliste dar – in der rechten Spalte werden sie in der Reihenfolge ihrer Belastung für die Mitarbeiter benannt.

Häufigkeit		Belastung	
1	Förderung des Sozialverhaltens	1	Intervention bei Regelverstößen
2	Intervention bei Regelverstößen	2	Interventionen bei Auseinandersetzungen
3	Beaufsichtigen von Pflichten	3	Durchführen von Sanktionen
4	Interventionen bei Auseinandersetzungen	4	Nachtbereitschaft, Wochenenddienst, Feiertagsarbeit
5	Durchführen von Sanktionen	5	Schulische Bildungsarbeit
6	Schulische Bildungsarbeit	6	Beaufsichtigen von Pflichten
7	Erstellen von Erfahrungsberichten und Erziehungsplänen	7	Erstellen von Erfahrungsberichten und Erziehungsplänen
8	Nachtbereitschaft, Wochenenddienst, Feiertagsarbeit	8	Förderung des Sozialverhaltens
9	Arbeit mit Kindern und Jugendlichen nicht-deutscher Herkunft	9	Integration von Neuaufnahmen
10	Verwaltung Taschengeld	10	Vorbereitung der Heimentlassung
11	Integration von Neuaufnahmen	11	Vorbereitung Schulaufnahmen
12	Anleitung von Praktikanten	12	Anleitung von Praktikanten
13	Vorbereitung der Heimentlassung	13	Arbeit mit Kindern und Jugendlichen nicht-deutscher Herkunft
14	Vorbereitung Schulaufnahmen	14	Verwaltung Taschengeld

(Castello/Nester, 2004, S. 270)

Aufgaben zum Selbststudium

1. Vergleichen Sie Ihre Berufswahlgründe mit denen, die in der Befragung ermittelt wurden.

2. Decken sich Ihre Erfahrungen bezüglich Belastungssituationen, die Sie bislang in Praktika gemacht haben, mit denen, die hier beschrieben worden sind?

3. Welche Perspektiven können Sie entwickeln, um mit derartigen Belastungssituationen professionell umzugehen? Formulieren Sie einen Kriterienkatalog.

Lernsituation 1: Wir suchen eine neue Erzieherin/einen neuen Erzieher

Sie sind als Erzieherinnen und Erzieher in der Außenwohngruppe Schillerstraße angestellt. Dort arbeiten zurzeit vier Mitarbeiter/-innen und eine Berufspraktikantin.

Veronika hat ihr Arbeitsverhältnis gekündigt und wird die AWG nach der Kündigungsfrist, d. h. in ca. drei Monaten, verlassen. Für diese Kollegin muss deshalb eine Nachfolge gefunden werden.

Heute steht eine Teamsitzung an, in der dieser Punkt – aber auch noch folgende weitere Punkte – auf der Tagesordnung stehen:

TOP 1: Wir suchen einen neuen Erzieher/eine neue Erzieherin.

Was/Wen brauchen wir? Welche Vorstellungen haben wir? Welche Kompetenzen, Kenntnisse, Einstellungen usw. muss er/sie mitbringen?

TOP 2: Taufe von Ortrud.

Der Religionslehrer von Ortrud hat Kontakt zu uns aufgenommen, da Ortrud noch nicht getauft ist. Im Religionsunterricht zeigt sie sich wohl sehr interessiert und engagiert. Nach einem Gespräch mit dem Lehrer will sie sich nun taufen lassen. Der Lehrer fragt, wie wir zu dieser Thematik stehen und wer sich bereit erklärt, Ortrud regelmäßig zur Kirche zu begleiten und entsprechende Fragestellungen zur Vorbereitung auf die Taufe mit ihr zu erörtern.

TOP 3: Begleitung von Ludwig zum Schwimmkurs.

Da Kurt immer noch nicht schwimmen kann, schwänzt er häufig den Sportunterricht, um Hänseleien seiner Mitschüler zu entgehen. Das hat sein Sportlehrer berichtet. Da beim DLRG-Schwimmkurs immer eine erwachsene Begleitperson bei den Übungen mit im Wasser sein muss, brauchen wir jemanden, der Kurt beim Schwimmkurs begleitet. Generell sollten wir überlegen, ob nicht das Absolvieren einer Rettungsschwimmerprüfung für alle Erzieherinnen und Erzieher des Teams sinnvoll wäre.

Aufgaben zur Bearbeitung der Lernsituation

1. Führen Sie die Teamsitzung durch. Diskutieren Sie dabei die zu bearbeitenden Tagesordnungspunkte.

2. Erstellen Sie als Ergebnis der Diskussion ein Anforderungsprofil für den Beruf der Erzieherin/des Erziehers in der AWG Schillerstraße.

3. Formulieren Sie aus dem Profil heraus eine Stellenausschreibung, die im überregionalen Teil Ihrer Regionalzeitung erscheinen soll.

Die Absolventinnen und Absolventen verfügen über

- breites und integriertes Wissen über Arbeitsfelder der Kinder- und Jugendhilfe und ihre Anforderungen.

- vertieftes Wissen über den gesetzlichen Auftrag und die Struktur der Kinder- und Jugendhilfe.

Die Absolventinnen und Absolventen verfügen über Fertigkeiten,

- ihre Berufsmotivation vor dem Hintergrund der eigenen Biografie zu analysieren.

- die Berufsrolle zu reflektieren und eigene Erwartungen und Anforderungen zu entwickeln.

- Lern- und Arbeitstechniken weiterzuentwickeln und Medien zu nutzen.

- Biografiearbeit, Berufswahlmotive, Methoden der Selbstreflexion

- Arbeitsfelder und Trägerschaften der Kinder- und Jugendhilfe

(Richtlinien und Lehrpläne zur Erprobung für das Berufskolleg in Nordrhein-Westfalen, 7605/2014, S. 42–43, Auszüge, abrufbar unter: http://www.berufsbildung.nrw.de/lehrplaene-fachschule/)

Lernsituation 2: Wir suchen eine andere Betreuungsform für Ludwig

Die Erzieherinnen und Erzieher in der Außenwohngruppe Schillerstraße sind mit einer Anfrage der für Ludwig zuständigen Sozialarbeiterin des Jugendamtes konfrontiert. In der Fallkonferenz des Jugendamtes ist die Frage nach einer anderen Unterbringungsform für Ludwig aufgeworfen worden. Die Verhältnisse in der Familie haben sich auch durch eine intensive Betreuung und Begleitung der Eltern nicht stabilisiert, sodass Ludwig wohl langfristig – wahrscheinlich bis zur Volljährigkeit – nicht wieder ins Elternhaus zurückkehren kann.

Die Mitarbeiterin des Jugendamtes möchte das Team der AWG sowie die Einrichtungsleitung in diese Überlegungen einbeziehen – einerseits, um einen für Ludwig angemessenen Übergang in eine andere Betreuungsform zu gestalten und andererseits, um die Teammitglieder an der Suche nach einer solchen zu beteiligen. Dabei könnte es sich auch um eine Betreuungsform in der gleichen Einrichtung handeln.

Der Bezugserzieher Ingo bittet seine Kolleginnen um Rat. Bei der übernächsten Team-sitzung in zwei Wochen soll darüber gesprochen werden. Das Hilfeplangespräch (HPG) wird in einem Monat stattfinden.

Aufgaben zur Bearbeitung der Lernsituation

1. Benennen Sie die zentralen Problem- und Fragestellungen, die sich aus dieser Situation ergeben.

2. Analysieren Sie die Situation von Ludwig und die hier vorliegende Problematik.

3. Entwickeln Sie ein Konzept zur zukünftigen Unterbringungssituation und zu einem möglichen Wechsel. Berücksichtigen Sie dabei die besonderen Bedürfnisse von Ludwig.

Für diese Lernsituation relevante Kompetenzbeschreibungen
Wissen

Die Absolventinnen und Absolventen verfügen über

- breites und integriertes Wissen über Arbeitsfelder der Kinder- und Jugendhilfe und ihre Anforderungen.

Fertigkeiten

Die Absolventinnen und Absolventen verfügen über Fertigkeiten,

- Erwartungen und Anforderungen an die pädagogische Arbeit von Erzieherinnen oder Erziehern in Arbeitsfeldern der Kinder- und Jugendhilfe wahrzunehmen, zu reflektieren und Konsequenzen für ihr pädagogisches Handeln zu ziehen.

Inhalte

- Arbeitsfelder und Trägerschaften der Kinder- und Jugendhilfe

- Bildungs-, Erziehungs- und Betreuungsauftrag der Kinder- und Jugendhilfe im gesell-schaftlichen Wandel

(Richtlinien und Lehrpläne zur Erprobung für das Berufskolleg in Nordrhein-Westfalen, 7605/2014, S. 42–43, Auszüge, abrufbar unter: http://www.berufsbildung.nrw.de/lehrplaene-fachschule/)

Lernfeld 2 Pädagogische Beziehungen gestalten und mit Gruppen pädagogisch arbeiten

2.1 Kinder und Jugendliche mit Verhaltensstörungen

2.1.1 Zum Begriff Verhaltensstörungen

Kinder mit sogenannten Verhaltensstörungen, sind Kinder, die Probleme machen, weil sie selbst Probleme haben. Diese Probleme bilden sich vor dem Hintergrund eines sozialen Bezugssystems aus und sie bilden sich auf diesem ab. So werden diese Kinder als emotional gestört, als erziehungsschwierig, als gemeinschaftsgefährdend, als neurotisch, als persönlichkeitsgestört, als psychopathologisch, als sozial fehlangepasst oder als verhaltensauffällig oder verwahrlost bezeichnet (vgl. Hillenbrand, 2008, S. 29). Vor einem – wie auch immer ausgestalteten – sozialen Hintergrund, welcher bestimmte Normen vorhält und formuliert, fallen somit gewisse Verhaltensweisen auf, bzw. aus dem Rahmen. So erscheint es alles andere als einfach, den Begriff „Verhaltensstörung" exakt zu definieren, gleichwohl: Er wird im Rahmen pädagogischer Hilfen benötigt und er ist sinnvoll (vgl. Hillenbrand, 2008, S. 29 f.). Der Begriff der Verhaltensstörung kann heute, trotz häufig gegenteiliger Behauptungen und widersprüchlicher anderer Begrifflichkeiten (s. o.), als Oberbegriff von fest umschriebenen Problemlagen genutzt werden (vgl. Hillenbrand, 2008, S. 30–36). Eine erste umfassende Definition zum Begriff der Verhaltensstörung kann wie folgt lauten:

> „Verhaltensstörung ist ein von den zeit- und kulturspezifischen Erwartungsformen abweichendes [...] Verhalten, das organogen und/oder milieureaktiv bedingt ist, wegen der Mehrdimensionalität, der Häufigkeit und des Schweregrades die Entwicklungs-, Lern- und Arbeitsfähigkeit sowie das Interaktionsgeschehen in der Umwelt beeinträchtigt und ohne besondere pädagogisch-therapeutische Hilfen nicht oder nur unzureichend überwunden werden kann."
>
> *(Myschker, 2005, S. 45)*

Diese Definition enthält folgende Ebenen der Begriffsbestimmung (vgl. Hillenbrand, 2008, S. 31):

- Das beschriebene Phänomen; hierbei wird das erwartete Verhalten sowie die Abweichung davon im Rahmen einer schlechten Anpassung an bestimmte kulturelle und zeitspezifische Erwartungen dargelegt.

- Die Verursachung bzw. Ätiologie; Verhaltensstörungen können organisch und/oder in Bezug auf eine Umgebung, also ein Milieu, durch dieses reaktiv verursacht sein.

- Die Klassifikation bzw. Einteilung; bei einer Person, welche Verhaltensstörungen zeigt, sind immer mehrere Bereiche betroffen. Diese können in Bezug auf ihre Auftretenshäufigkeit und Wahrscheinlichkeit sowie auf ihre Schwere differieren.

- Die Konsequenzen, welche mit einer Verhaltensstörung einhergehen; hier ist auf die die Entwicklung, auf die Lernprozesse, auf die Arbeitsprozesse und das Interaktions- und Kommunikationsverhalten der Betroffenen zu verweisen.

- Die Forderungen und Möglichkeiten von Hilfen, hierbei sind besonders pädagogische sowie therapeutische Hilfen angezeigt.

Folgende Übersicht kann diese Ebenen verdeutlichen:

Verhaltensstörung

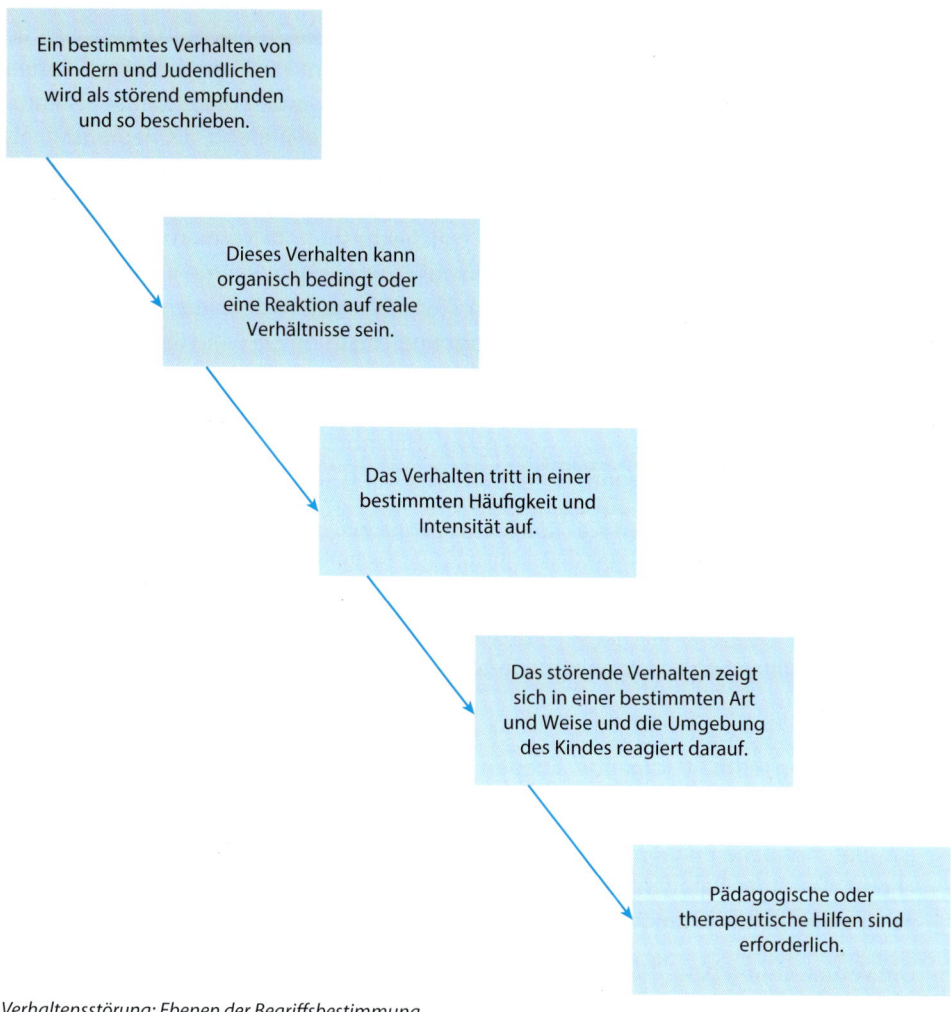

Verhaltensstörung: Ebenen der Begriffsbestimmung

Eine Verhaltensstörung ist somit in einem komplexen Geflecht unterschiedlicher Bezugsgrößen auszumachen, zu diagnostizieren und auf diesem Feld ist mit ihr zu arbeiten.

Obwohl der Begriff der Verhaltensstörung normativ geprägt ist und es somit eine Fülle an Kritikpunkten an der Entstehung und Aufrechterhaltung dieses Begriffes gibt, soll er dennoch im Rahmen der Arbeit in der Heimerziehung mit den betroffenen Kindern und Jugendlichen beibehalten werden. Diese Entscheidung geht darauf zurück, dass auch der Begriff der Norm im hohen Maße differenziert betrachtet werden muss. Hierbei kann diese Aussage für die pädagogische Arbeit handlungsleitend sein: „Welche Art von Norm verletzt wird, kann wichtige Hinweise für die Intervention geben: Möglicherweise sind die minimalen Anforderungen schon zu hoch angesetzt, oder das durchschnittliche Verhalten der Bezugsgruppe weist ein sehr enges Spektrum auf. Dementsprechend sind die erzieherischen Maßnahmen nicht so sehr auf das Verhalten eines Kindes, sondern eher auf die Veränderung der sozialen Normen zu richten" (Hillenbrand, 2008, S. 33).

Die pädagogische Tätigkeit mit Kindern mit Verhaltensstörung bezieht sich somit immer auch auf das Umfeld, auf die Familie, aber auch auf den weiteren gesellschaftlichen Rahmen. Im Nachfolgenden soll das Kind als Symptomträger im Kontext eines Umfeldes dargestellt werden, in welchem Verhaltensstörungen provoziert werden bzw. sich entwickeln können.

Aufgabe zum Selbststudium

Stellen Sie anhand des Schemas dar, wie es bei Kindern und Jugendlichen zu einer Heimaufnahme kommen kann.

2.1.2 Das Kind als Symptomträger

Der erste pädagogische Bezug, in welchem Kinder und Jugendliche groß werden, ist das Familiensystem. Häufig ist hierbei das Kind bzw. der Jugendliche mit Verhaltensstörungen der Symptomträger eines gestörten Familiensystems (vgl. Schauder, 1995, S. 5). Die Störungen, welche das Kind zeigt, können hierbei unter Umständen auf ganz bestimmte konkrete Erlebnisse und Erfahrungen zurückgehen, sodass eine Verhaltensstörung relativ häufig auch als Erlebens- oder Gefühlsstörung gekennzeichnet werden kann. „Die zu beobachtenden Symptome können aus dieser Sichtweise als verzweifelter Versuch des Kindes interpretiert werden, mit seiner schwierigen Lebenssituation zurechtzukommen" (Schauder, 1995, S. 5). Indem das Kind bestimmte Verhaltensweisen zeigt, welche von der Norm bzw. auch von familieninternen Werthaftigkeiten abweichen, weist es auf sein Problemverhal-

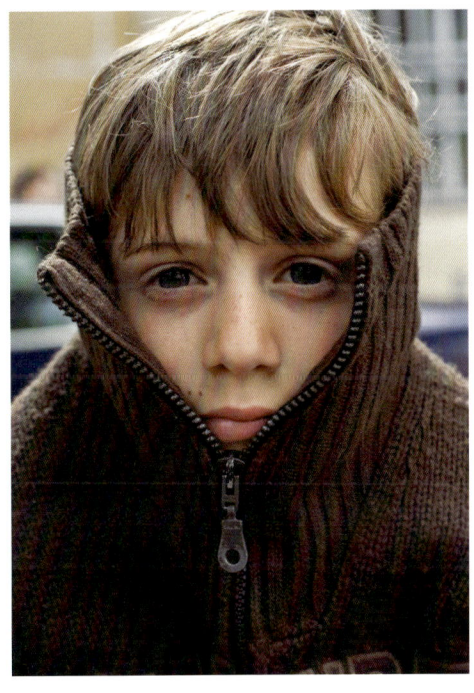

ten hin. Dem Verhalten des Kindes kommt somit in einem ersten Schritt ein bestimmter Signalcharakter zu: Mit seinen Verhaltensweisen deutet das Kind, durch eine ihm adäquate Art und Weise, auf prägnante Probleme seiner sozialen Umgebung, somit primär auf die Probleme seiner Familie hin.

Darüber hinaus haben diese kindlichen Verhaltensproblematiken aber auch eine sogenannte Ventilfunktion: Die Art und Weise der Verhaltensproblematik erfüllt für das Kind eine Entlastungsfunktion, sodass es vielleicht nur auf diese eine Art und Weise dazu in der Lage ist, die in der Familie existierenden psychischen (vielleicht aber auch physischen) Belastungen zu ertragen bzw. zu kompensieren. Vor diesem Hintergrund zeigen die Kinder häufig aggressive Verhaltensweisen, mit welchen sie ihr Gefühlschaos oder bestimmte Defizite im Rahmen ihrer Gefühlsdesorganisation zu kompensieren versuchen. Des Weiteren erlebt das Kind häufig eine

„[...] erhebliche Diskrepanz [...] zwischen den inner- und den außerfamiliär gültigen Normen und Werten. Versucht das Kind, sich seinem sozialen Umfeld außerhalb der Familie anzupassen, kommt es unweigerlich zu einem Loyalitätskonflikt den Eltern gegenüber, welcher dann über das (unangemessene) Verhalten ausagiert wird."
(Schauder, 1995, S. 6)

Häufig reagiert die betroffene Familie dann damit, die familieninternen Probleme zu verharmlosen bzw. diese zu verheimlichen. Das Kind wird hierdurch noch einmal zu einem Symptomträger, welches allein dafür verantwortlich zu sein scheint, wie und wodurch diese Probleme entstanden sind bzw. wie sie gelöst werden müssen. Das Kind ist auf sich allein gestellt und entwickelt sich nicht selten zu einem einsamen, aggressiven, drogenabhängigen und ebenfalls missbrauchenden Jugendlichen.

Eine pädagogische bzw. eine therapeutische Intervention ist dann notwendig, wenn das Kind massiv unter den Bedingungen oder seinen eigenen Verhaltensmustern leidet. Eine pädagogische bzw. therapeutische Intervention kann somit abhängig gemacht werden von einer Differenzierung der Kriterien, mit welcher eine Verhaltensstörung im Bereich des Handelns bzw. der Pragmatik umrissen werden kann (vgl. Schauder, 1995, S. 6 ff.): Kindliche Verhaltensstörungen lassen sich somit aufteilen in Bezug auf **die Frequenz, die Stabilität, die Intensität** und **die Generalität.** Hierzu im Einzelnen:

- Mit der Frequenz wird die Häufigkeit bzw. die Dichte des Auftretens bestimmter Symptomatiken beschrieben. So können z. B. die Aggressionen des Kindes nur in ganz bestimmten Konfrontationssituationen auftreten, oder aber ständig vorkommen, wenn das Kind mit einer anderen Person konfrontiert wird.

- Der zweite Faktor der Stabilität bezeichnet die Beständigkeit bzw. die Veränderungsresistenz der Störungen der Kinder und Jugendlichen: „Verhaltensweisen, denen eine schwere Angstproblematik zugrunde liegt, z. B. motorische Unruhen und Hyperaktivität aufgrund traumatisch bedingter Verlustängste sind sehr stabil, sie lassen sich nicht so ohne Weiteres modifizieren" (Schauder, 1995, S. 7).

- Im dritten verweist die Intensität auf die Heftigkeit bzw. auf die Stärke der Ausprägungen einzelner Symptome. Auch hierzu kann das Beispiel Aggressivität angeführt werden: Diese kann von einfachen körperlichen Auseinandersetzungen bis hin zu schweren Gewaltanwendungen mit ernsthaften und komplizierten Verletzungen, sogar bis hin zum Mord, reichen.

- Abschließend bezeichnet die Generalität den Verallgemeinerungs- bzw. Allgemeinheitsgrad der Symptome. Einige Verhaltensstörungen werden z. B. ausschließlich in der Familie bzw. in der peer-group vorkommen, während andere alle Lebensbereiche umfassen.

Es lassen sich in Bezug auf die Störungen, welche die Kinder und Jugendlichen zeigen, zwei größere Gruppen unterscheiden (vgl. Schauder, 1995, S. 8 ff.): die Störungen des Leistungsverhaltens sowie nicht leistungsbezogene Störungen. Diese sollen nachfolgend kurz erläutert werden.

Störungen des Leistungsverhaltens der Kinder und Jugendlichen

Diese Störungen werden häufig in der Schule, aber auch schon frühzeitig in der Kindertagesstätte oder erst relativ spät im Bereich der Berufsausbildung erkannt bzw. prägen sie sich erst oder gerade dort aus. So kann es bei den betroffenen Kindern und Jugendlichen zu einem Lernstoffrückstand bis zu einem Jahr kommen. Sie können aber auch Teilleistungsstörungen entwickeln, sodass sie in bestimmten Fächern oder Fächergruppen, wie z. B. in der Sprache oder in der Mathematik, größere Leistungsdefizite aufweisen. Im Weiteren beziehen sich die Störungen des Leistungsverhaltens aber auch auf die Leistungsverweigerung. So kommt es bei diesen Kindern und Jugendlichen relativ häufig dazu, dass sie nicht zur Schule gehen bzw. wenn sie in der Schule sind, den Unterricht permanent stören. Zudem scheinen sie nicht dazu in der Lage zu sein, ihre Hausaufgaben zu machen bzw. verweigern deren Herausgabe. Letzteres bezieht sich auf Kinder mit einer im Regelfall normalen bzw. durchschnittlichen Intelligenz. Häufig ist diese sogar überdurchschnittlich, „… sodass eine Überforderung der Kinder aufgrund von mangelnder Intelligenz ausgeschlossen werden kann" (Schauder, 1995, S. 9).

Die meisten der betroffenen Kinder und Jugendlichen mit einer ausgeprägten Störung des Leistungsverhaltens weisen weiterhin starke Konzentrations- bzw. Aufmerksamkeitsstörungen auf. Sie können dem Unterricht nicht länger als wenige Minuten folgen, eine Konzentration über mehrere Schulstunden ist meist nicht möglich und sie lassen sich leicht vom Unterrichtsgeschehen ablenken. Des Weiteren weisen sie häufig deutlich ausgeprägte Gedächtnis- und Merkschwierigkeiten auf, sodass sie nicht in der Lage sind, den Unterrichtsstoff, den sie vor Kurzem erlernt haben, wiederzugeben. All diese Erfahrungen führen dazu, dass die Kinder häufig eine Antriebsschwäche aufweisen, welche sich vor allem auf die Leistungsorientierung in der Schule bezieht. „Diese Kinder erwecken letztlich den Eindruck, mit der Schule überfordert zu sein" (Schauder, 1995, S. 9).

Die nicht leistungsbezogenen Störungen

Diese Störungen lassen sich wiederum in fünf Untergruppen aufteilen:
- die Störungen des Sozialverhaltens
- die Störung der emotionalen Entwicklung
- die Störung der körperlichen Entwicklung
- die Störungen im Bereich der Motorik
- die Störungen im Bereich der Sexualentwicklung

Störungen des Sozialverhaltens
Durch unterschiedlichste Ausprägungen der Störungen des Sozialverhaltens erweisen sich diese Kinder sehr häufig als individualistisch, als sehr egozentrisch und als nicht oder kaum gruppenbezogen oder gruppenfähig. Sie lügen, sie stehlen und sie laufen weg, sie streunen

herum, sie sind im wahrsten Sinne des Wortes in ihrer Personalität nicht zu fassen. Durch ihre verbalen und motorischen Aggressionen rufen sie zwar einerseits massiv um Hilfe, andererseits grenzen sie sich aber auch manifest aus. Die Bezugspersonen, wie z. B. Familienangehörige, gute Freunde oder auch das pädagogische Personal in Heimen, wenden sich von diesen Kindern ab, sodass es zu einer sich selbst erfüllenden Prophezeiung kommen kann, in welcher das negative Selbstbild der Kinder noch bestätigt wird. Wer sich selbst nicht mag, wird auch von anderen nicht gemocht, sodass sich ein Teufelskreis bildet, welcher in der Folge stark ausgeprägte Kontakt- und Beziehungsstörungen nach sich ziehen kann.

Störungen der emotionalen Entwicklung

Hierzu zählen vor allem ausgeprägte Formen von Angst und Ängstlichkeit. Die Kinder und Jugendlichen haben eine hohe Schulangst und Angst, von den Eltern verlassen zu werden. Zudem prägen sie unterschiedliche Ängste aus, welche sehr differenziert beschrieben werden können, wie zum Beispiel die Angst vor Dunkelheit, Krankheit, Katastrophen oder dem Tod der Eltern. In Verbindung mit den vorher dargestellten Störungen des Sozialverhaltens kommt es in Bezug auf die emotionale Entwicklung zu einer stark ausgeprägten Selbstwertproblematik, welche durch ein mangelndes Selbstvertrauen der Kinder und Jugendlichen gekennzeichnet ist. Hierdurch entstehen permanente Misserfolgserlebnisse im Leistungs- und Nichtleistungsbereich dieser betroffenen Kinder und Jugendlichen.

Die Störung der körperlichen Entwicklung (psycho-physiologische Symptome)

Betroffene Kinder und Jugendliche entwickeln psychomotorische Symptome, welche sich in Magen- oder Darmbeschwerden, aber auch vielfach in Essstörungen äußern können. Diese können soweit ausgeprägt sein, dass es neben der Appetitlosigkeit zu einer ausgeprägten Pubertätsmagersucht, aber auch zu Übergewicht kommen kann. Gerade die Störungen der Magersucht sind bei Mädchen (in den letzten Jahren verstärkt aber auch bei Jungen) wahrnehmbar. Zudem weisen diese Kinder (vor allem solche, bei denen ein sexueller Missbrauch diagnostiziert worden ist), Probleme des Einnässens und des Einkotens selbst am Tage auf. Zudem haben sie häufig Schlafstörungen, sodass sie intensive Probleme beim Ein- und/oder Durchschlafen haben.

Störungen im Bereich der Motorik

Diese Störungen können vor allem durch eine motorische Unruhe und durch eine hyperaktive Gestaltung des Lebens gekennzeichnet werden: „Die betroffenen Kinder wirken geradezu getrieben, können Momente der Stille und Ruhe nicht ertragen und befinden sich ständig in Bewegung" (Schauder, 1995, S. 11). Weitere motorische Symptome sind Daumenlutschen, Nägelkauen sowie kontrollierte oder unkontrollierte Schaukelbewegungen mit dem Kopf und die Ausprägung diverser Tics bis hin zu manifesten neurotischen Störungen (wie z. B. der Zwangsneurose).

Störungen in der Sexualentwicklung

Hierbei sind häufig extreme Versprachlichungen sowie die Ausführungen altersunangemessener sexueller Praktiken zu nennen.

„Manche Kinder verfügen über ein umfangreiches Repertoire an Fäkalbegriffen und verstehen es vorzüglich, diese Form der Sprache effektvoll einzusetzen. Insbesondere diejenigen Kinder, die sexuell missbraucht wurden, praktizieren teilweise völlig unangemessene Sexualtechniken … Teilweise üben die selbst missbrauchten Kinder auf andere einen erheblichen Druck aus, und zwingen diese zu sexuellen Handlungen. Auffällig ist, dass die besagten Kinder ein völlig gestörtes Verhältnis zur Sexualität haben und sie diese mit deutlich negativen Gefühlen verbinden."
(Schauder, 1995, S. 11 f.)

Alle diese Verhaltensstörungen existieren nun nicht additiv bei den betroffenen Kindern und Jugendlichen, sondern sind als Symptomkomplex zu beschreiben, in welchem unterschiedliche Ausprägungen und unterschiedliche Schwierigkeitsgrade der einzelnen Symptome wiederzufinden sind. Das heißt, dass sich Verhaltensstörungen nicht durch das Aufweisen einzelner Symptome, sondern durch die Bündelung und unterschiedliche Gewichtung dieser Symptome auszeichnen.

Aufgaben zum Selbststudium

1. *Stellen Sie begründete Vermutungen darüber an, wie die Verhaltensstörungen der 14-jährigen Fabiola entstanden sein könnten. Welche psychologischen und soziologischen Begründungen sind zu den Störungen und Symptomen zu finden? Schlagen Sie in der Ihnen bekannten Fachliteratur nach.*

2. *Erstellen Sie anschließend eine Tabelle, in der Sie Frequenz, Stabilität, Intensität und Generalität einer bestimmten Verhaltensstörung kennzeichnen und anschließend eine Einschätzung der Ausprägung vornehmen (ähnlich folgender Tabelle).*

Frequenz	hoch mittel gering	Stabilität	hoch mittel gering	Intensität	hoch mittel gering	Generalität	hoch mittel gering

Diskutieren Sie in einer Kleingruppe, was eine solche Vorgehensweise Ihnen in der Praxis bringen kann.

3. *Diskutieren Sie die Normabhängigkeit bestimmter Verhaltensstörungen anhand Ihnen bekannter Beispiele aus den Einrichtungen der Kinder- und Jugendhilfe.*

2.1.3 Störungen des Familiensystems als eine Ursache der Verhaltensstörungen von Kindern und Jugendlichen

Wie bereits erwähnt, liegen die manifesten Begründungen von kindlichen Verhaltensstörungen häufig in den Ausprägungen der Störungen der Eltern bzw. der gestörten Familienverhältnisse. Diese Störungen können durch folgende Kategorien beschrieben werden:

- gestörte Familienverhältnisse
- Probleme bei Trennung oder Scheidung der Eltern
- psychogene Störungen der Eltern

- Suchtprobleme der Eltern
- sexueller Missbrauch
- Misshandlungen durch die Eltern
- Vernachlässigung

Diese unterschiedlichen Kategorien werden nun kurz dargestellt (vgl. Schauder, 1995, S. 12–21):

Gestörte Familienverhältnisse

Hierzu gehören vielfältige Differenzierungen der Partnerschaftskonflikte, welche die Eltern miteinander aushandeln und ausagieren. Vielleicht ist die Partnerschaft von einer Art Hassliebe und Ambivalenz geprägt, welche wiederum die Interaktionen mit den Kindern und Jugendlichen in hohem Maße erschweren. Zudem treten häufig gewalttätige Auseinandersetzungen der Eltern untereinander auf, was dann wiederum zu einer manifesten Verunsicherung der Kinder und Jugendlichen führen kann. Obwohl die Eltern vielleicht nur noch nebeneinander her leben, kommt es immer wieder zu gewalttätigen Ausbrüchen, wobei dieser Krieg der Eltern auch zu einem Psychoterror der Kinder werden kann. Vor diesem Hintergrund übernehmen die Kinder und Jugendlichen häufig die elterlichen Verhaltensweisen, weil ihnen keine anderen Modelle zur Verfügung stehen. Dies wird dadurch erschwert, dass sich die Beziehungskonflikte der Eltern auf ihr Erziehungsverhalten auswirken: So bewirken unterschiedliche Vorstellungen von Erziehung unterschiedliche Reaktionen und unterschiedliches Erziehungsverhalten, welches zu einer anhaltenden Verunsicherung der Kinder und Jugendlichen führen kann. Da aber auch die Eltern ständig unter Spannung stehen, reagieren sie gegebenenfalls zu intensiv auf bestimmte Probleme der Kinder und Jugendlichen, sodass diese Überreaktionen die Kinder erneut verunsichern. Auf der anderen Seite ist häufig eine Vernachlässigung oder aber eine Überbehütung der Kinder feststellbar. Sie werden sich selbst überlassen oder im Gegenteil übermäßig versorgt. Beides führt dazu, dass sie nicht in der Lage sind, autonom ihr Leben zu gestalten. Besteht diese ungünstige Familiensituation über Jahre hinweg, so führt dies zu tiefgreifenden Verunsicherungen und bedingt existenzielle Ängste sowie Probleme im Selbstwertgefühl der Kinder und Jugendlichen.

Probleme bei Trennung und Scheidung

Häufig fühlen sich die Kinder verantwortlich für die Trennung ihrer Eltern. Gehen diese dann wieder eine neue Beziehung ein, treten unter Umständen Konfrontationen mit dem neuen Stiefelternteil auf, welches häufig abgelehnt wird. Kommt es nicht zu einer neuen Bindung des „übrig bleibenden" Elternteils, wird das Kind unter Umständen zum „Partnerersatz". Durch Gespräche bzw. durch die intensive Inanspruchnahme seiner Person wird es mit emotionalen Ansprüchen konfrontiert, „denen es nicht gerecht werden kann und die es total überfordern" (Schauder, 1995, S. 15). Zudem können die Kinder in Loyalitätskonflikte geraten, da der andere Ehepartner häufig zum Buhmann wird: Ihm wird die ganze Schuld für die problematische Familiensituation und die Scheidung aufgebürdet. Die Entscheidung des Kindes zwischen Vater und Mutter ist somit nicht möglich, da immer ein Elternteil dem anderen die Rolle des Versagers in diesen Beziehungskonflikten zuweist. „Das Kind muss also in dieser existenziellen Frage seine wahren Gefühle verleugnen, was zu ungünstigen Konsequenzen für die emotionale Entwicklung führen kann" (Schauder, 1995, S. 15).

Psychogene Störungen der Eltern

Die Eltern haben manchmal selbst schon intensiv ausgeprägte Verhaltensproblematiken bzw. sogar psychische Erkrankungen entwickelt, die sich innerhalb der Familie potenzieren bzw. das ganze Familiensystem als psychogen gestört erscheinen lassen. Ängstliche, unsichere oder depressive Eltern werden nicht oder nur sehr schwer dazu in der Lage sein, eine gut strukturierte Paar- bzw. Familienstruktur zu entwickeln, in welcher den Kindern und Jugendlichen ein pädagogisch gelingendes Umfeld geboten wird. Häufig haben die Eltern selbst psychopathische Krankheitsbilder ausgeprägt, z. B. schizophrene Erkrankungen, manische Depressionen und massiv ausgeprägte Suchterkrankungen. Aber auch psychosomatische Erkrankungen wie Magen- und Darmstörungen sowie massive weitere gesundheitliche Probleme (wie chronische Erkrankungen, Krebs oder multiple Sklerose) können hier genannt werden. Auch plötzlich eintretende Schicksalsschläge, z. B. ein Verkehrs- oder Arbeitsunfall oder eine massive psychische Krise können dazu führen, dass die psychische Stabilität eines Elternteils oder des gesamten Familiensystems extrem ins Wanken gerät.

Suchtprobleme der Eltern

Häufig verbunden mit den bereits genannten psychogenen Störungen der Eltern kann es zu ausgeprägten Suchtproblemen, z. B. zum Alkohol- oder Medikamentenmissbrauch. Häufig führt dies bei den betroffenen Kindern und Jugendlichen zu einem weiteren Loyalitätskonflikt: „Sie verlieren nicht selten völlig den Respekt vor den suchtkranken Erziehungspersonen, während sie diese nach außen verteidigen und eine ‚heile Familienwelt' vertreten (müssen)" (Schauder, 1995, S. 17). Häufig entwickelt sich aus dieser Suchtproblematik eine weitere: Die Eltern werden arbeitslos und geraten somit in einen Teufelskreis von Schuld- und Versagensgefühlen, welche wiederum mit Drogen bzw. Alkohol bekämpft werden. Diese sich immer schneller drehende Spirale kann es den Kindern unmöglich machen, Halt in der Familienstruktur zu finden.

Sexueller Missbrauch

Der sexuelle Missbrauch lässt sich dadurch definieren, dass Erwachsene an bzw. mit Kindern „Handlungen durchführen, die mit dem Ziel der eigenen sexuellen Erregung bzw. Befriedigung begangen werden" (Schauder, 1995, S. 18). Die Menschen, welche hierbei den sexuellen Missbrauch durchführen, kommen relativ häufig aus dem nahen Umfeld der Kinder und Jugendlichen. Nur sehr selten handelt es sich um Fremde oder Zufallsbekanntschaften. Da somit die Missbrauchenden aus dem Nahfeld des Kindes kommen, häufig sogar aus der eigenen Familie, kommt es zu einem intensiv und existenziell ausgeprägten Vertrauensverlust bei den Opfern dieser Missbrauchserfahrungen.

„Sie tendieren dazu, die Realität zu leugnen und ihren eigenen Wahrnehmungen zu misstrauen. Sie empfinden häufig eine Mitschuld, wenn sie sich nicht gar als hauptverantwortlich für die Geschehnisse erleben. In der Regel werden diese zutiefst traumatischen Erfahrungen niemals mit einer Vertrauensperson besprochen, geschweige denn psychotherapeutisch behandelt. Die Opfer bleiben sich selbst überlassen, sie schweigen: aus Angst, aus Scham oder schlicht aus Unwissenheit, Hilfe bekommen zu können. So hat ein Großteil der Mütter verhaltensauffälliger Kinder ein erheblich gestörtes Verhältnis zum anderen Geschlecht: Dies ist vor dem Hintergrund eines häufig extrem negativen Selbstbildes und eines oft völlig verkehrten Rollenverständnisses als Mutter zu sehen." (Schauder, 1995, S. 19)

Misshandlungen durch die Eltern

Das Problem der körperlichen Gewaltanwendungen im Sinne der Misshandlung bei Kindern oder Jugendlichen stellt ein weiteres zentrales Problem in der Darlegung desorganisierter Familienstrukturen dar. Es kommt zu physischen Gewaltanwendungen, also zum Verprügeln und Schlagen mit Gegenständen, aber auch zu psychischer Gewalt, z. B. durch Liebesentzug. Die Kinder scheinen hierbei keine andere Chance zu haben, als diese Situation auszuhalten: Sie „ertragen ihr Leid aus der existenziellen Angst heraus, die Eltern unwiderruflich zu verlieren" (Schauder, 1995, S. 20). Auch hierbei ist ein weiterer Teufelskreis darstellbar: Die Eltern sind mit ihrer Lebenssituation überfordert und überfordern damit wiederum ihre Kinder. Eigene Ängste der Eltern, eigene Hilflosigkeit und Frustration werden somit über möglicherweise aggressive Tendenzen und Ausbrüche an den Kindern ausreagiert. Dies führt zu Aggressionen bei den Kindern und Jugendlichen, welche dann wiederum mit Aggressionen der Eltern beantwortet werden.

Vernachlässigung

Neben einer zu intensiven physischen und psychischen Bedrohung kann auch die Vernachlässigung der Kinder durch die Eltern zu Verhaltensproblemen führen. Die Kinder sind hierbei weitestgehend auf sich allein gestellt, man lässt sie gewähren, da man sich weder von sich selbst noch von ihnen etwas für die Zukunft erhofft. Dies führt dann z. B. zur Vernachlässigung im Bereich der Hygiene, der Ernährung, aber auch der seelischen Gesundheit der Kinder. Die Entwicklungsaufgaben, die sich für die Kinder in diesen Bereichen stellen, müssen von ihnen allein bewältigt werden – dies gelingt nur selten, da das familiäre System schon in hohem Maße instabil ist und es für die Kinder und Jugendlichen keinen Rückzugsort zur Kompensation dieser Probleme zu geben scheint.

Zusammenfassend kann festgehalten werden, dass diese unterschiedlichen Verursachungsfaktoren nicht isoliert auftreten, sondern meistens miteinander im Zusammenhang stehen, sich gegenseitig bedingen und miteinander verknüpft sind und sich in ihren Ausprägungen noch potenzieren, „sodass von einem multikausalen Ansatz gesprochen werden muss" (Schauder, 1995, S. 21).

Aufgaben zum Selbststudium

1. *Stellen Sie anhand einer fiktiven Lebensgeschichte eines Kindes oder Jugendlichen mit Verhaltensstörungen mögliche Verursachungskomplexe dar.*

2. *Suchen Sie in der Ihnen bekannten Fachliteratur nach möglichen psychologischen und soziologischen Begründungsmomenten der Störungskomplexe der Eltern.*

3. *Ordnen Sie die einzelnen Verhaltensstörungen der Kinder der AWG Schillerstraße den Beschreibungen von Schauder zu.*

4. *Welche Kennzeichen der Verhaltensauffälligkeiten lassen sich festhalten?*

	Frequenz	Stabilität	Intensität	Generalität
Janina				
Gertrud				
...				

Bitte erläutern und begründen Sie Ihre Einschätzungen.

5. *Welche Ursachen der Verhaltensauffälligkeiten lassen sich aus den Kurzbeschreibungen der Kinder und Jugendlichen erkennen? Entwickeln Sie ggf. Fragestellungen, um eine Hypothesenbildung zu konkretisieren.*

2.2 Gruppenarbeit: Das Arbeiten in und mit Gruppen

Selbst mit Blick auf die erfreuliche Entwicklung der Heimerziehung in den letzten 30 bis 40 Jahren hin zu einer starken Zuwendung zum einzelnen Kind bzw. Jugendlichen (Stichwort Individualisierung) findet die Erziehung der stationären Jugendhilfe in erster Linie in Gruppen statt. Im Jahre 2005 waren ca. 62 000 Kinder und Jugendliche in Binnen- und Außenwohngruppen untergebracht und etwa 2 300 erhielten im Rahmen der erzieherischen Hilfen eine „Intensive Sozialpädagogische Einzelbetreuung" (Statistisches Bundesamt, 2008). Schon allein diese Zahlen lassen erkennen, wie wichtig das Thema „Arbeit in und mit Gruppen" für die stationäre Heimerziehung ist.

Die „Soziale Gruppenarbeit" (social group work) gehört neben der Einzelfallhilfe (case work) und der Gemeinwesenarbeit (community work), heute eher „Sozialraumorientiertes Arbeiten" genannt, zu den klassischen Methoden der Sozialen Arbeit. Offensichtlich hat die Soziale Gruppenarbeit an Bedeutung in der Fachöffentlichkeit verloren, während die beiden anderen Methoden eine bedeutende inhaltliche Weiterentwicklung erfahren haben (vgl. Hartwig u. a., 2009, S. 8). Erzieherinnen und Erzieher müssen sich in der stationären Jugendhilfe intensiv mit dem Geschehen in Gruppen auseinandersetzen. Sie müssen in der Lage sein, Gruppenabläufe zu analysieren, Handlungskonzepte zu erarbeiten und dementsprechend zu handeln. In diesem Zusammenhang wird von der **Dynamik** der Gruppe gesprochen. Dieser Begriff ...

„... beinhaltet drei verschiedene Bedeutungen, die gerne miteinander vermischt werden:

1. Er bezeichnet das Geschehen in Gruppen, die Dynamik von Veränderung und Kontinuität, mit anderen Worten: das Kräftespiel einer Gruppe.

2. Er bezeichnet die wissenschaftliche Erforschung solcher Prozesse in kleinen Gruppen, also Gruppendynamik als Disziplin innerhalb der Sozialwissenschaften.

3. Darüber hinaus wird mit Gruppendynamik ein Verfahren sozialen Lernens bezeichnet, das bei Erwachsenen soziale Lernprozesse und Verhaltensänderungen anstoßen soll."

(König/Schattenhofer, 2008, S. 12 f.)

Wir befassen uns im Folgenden mit der ersten und dritten Bedeutung und ergänzen, dass natürlich auch durch gruppenpädagogische Interventionen auch bei Kindern und Jugendlichen Lernprozesse initiiert werden sollen und können. Denn:

• „Settings in der Heimerziehung sind auf ‚Gruppe' hin angelegt.

• Obwohl Kinder und Jugendliche in der Heimerziehung prinzipiell in Gruppen leben, ist die professionelle Nutzung der Gruppendimension nicht hinreichend gewährleistet.

• Die ‚Soziale Gruppe' bietet demgegenüber optimale Lern- und Entwicklungsbedingungen für Kinder und Jugendliche, die außerhalb ihrer Ausgangsfamilien leben müssen. Es gilt, diese Bedingungen im Einzelnen genau zu (er-)kennen und methodisch zu nutzen."

(Kalcher, 2002, S. 85)

Was kann Erzieherinnen und Erziehern in der Heimerziehung helfen, Gruppenentwicklungen zu analysieren und zu verstehen? Welchen Blick müssen sie einnehmen, um nicht das einzelne Kind oder den Jugendlichen, sondern die Gruppe als soziales Gefüge zu verstehen?

Wie kann es stärker gelingen, die „Gruppenbrille" aufzusetzen? Was müssen Erzieherinnen und Erzieher über die Arbeit in und mit Gruppen wissen?

Notwendig ist, sich bewusst zu machen, dass Menschen in Gruppen Rollen und Positionen einnehmen, sich in Gruppen Beziehungen entwickeln, dass es Phasen der Gruppenentwicklung gibt und Kernaussagen der „Sozialen Gruppenarbeit" in der täglichen Arbeit zu beachten sind.

2.2.1 Rollen in Gruppen

Wir verhalten uns als Menschen in verschiedenen Gruppen unterschiedlich. Das hat damit zu tun, dass an uns ungleiche Erwartungen gestellt werden, je nachdem, wo wir uns befinden. Nicht nur die Erwartungen sind anders geartet, auch haben wir im Laufe der Zugehörigkeit zu der Gruppe bestimmte Aufgaben übernommen oder diese Aufgaben sind uns übertragen worden. Deshalb erscheint es notwendig, den Begriff **soziale Rolle** von dem Begriff Position zu differenzieren. Dazu eine soziologische Definition der sozialen Rolle:

„[1] Die Summe der Erwartungen, die dem Inhaber einer sozialen Position über sein Verhalten entgegengebracht werden.

[2] Ein gleichmäßiges und regelmäßiges Verhaltensmuster, das mit einer sozialen Position oder einem Status in einem sozialen System assoziiert wird. Während Position sich auf einen ‚sozialen Ort' in einer sozialen Struktur bezieht, der denjenigen, die ihn einnehmen, bestimmte Rechte und Privilegien einräumt, aber auch bestimmte Pflichten abverlangt, bezieht sich s. R. auf die Umsetzung dieser Rechte und Pflichten in konkretes Verhalten."

(Lexikon zur Soziologie, 1973, S. 509 und S. 572 f.)

Wenn unser Verhalten abhängig ist von den Erwartungen, die an uns gestellt werden, dann können wir Kindern und Jugendlichen in den Kinderheimwohngruppen auch unterstellen, dass sie sich in „unserer Gruppe" nicht genauso verhalten wie z. B. in ihrer Familie oder in der Schule. Unser Verhalten ist in entscheidendem Maße abhängig von dem sozialen System, in dem wir uns befinden. Das ist eine ausschlaggebende Grundannahme des „Systemischen Denkens und Handelns". Wir sind nicht so, sondern wir verhalten uns so. Oder wie Udo Lindenberg in seinem Song „Ganz anders" es ausdrückt:

„Eigentlich bin ich ganz anders
ich komm' nur viel zu selten dazu.
Du machst hier grad' mit einem Bekanntschaft
den ich genauso wenig kenne wie du."

Für unsere Systemkompetenz, also auch für unsere Handlungskompetenz in Gruppen (in „sozialen Systemen") sind nach Bateson sechs Aspekte von Bedeutung:
- Personen als die Elemente eines sozialen Systems
- subjektive Wirklichkeitsdeutungen der Beteiligten
- Regeln in sozialen Systemen
- Verhalten und Muster in Regelkreisen
- Einbettung in die Systemumwelt
- Geschichte und Entwicklungsrichtung eines Systems

(vgl. Bateson, in: Bauer/Hegemann, 2008, S. 22)

Wir halten uns als Menschen im Laufe unseres Lebens in immer mehr und immer unterschiedlichen Gruppen auf. Kommt ein Kind in eine Kindertagesstätte, stellt es fest, dass andere Erwartungen der Erwachsenen und der vielen anderen Kinder plötzlich Geltung haben. Darauf stellt sich das Kind ein und überträgt auch das im Kindergarten erworbene „neue" Verhalten in die Familie. So ergeht es auch Kindern und Jugendlichen in Heimerziehungsgruppen. Oft zeigen Kinder und Jugendliche ihr in der Familie erlerntes Verhalten, welches ggf. zur Heimunterbringung geführt hat, im Kontext des jetzt neuen „Sozialen Systems" Wohngruppe nicht. Sie sehen sich anderen Rollenerwartungen ausgesetzt. Die Eltern des Kindes und Erzieherinnen und Erzieher stellen sich dann die Frage, wie dies möglich ist. (Oft ist diese Verhaltensänderung jedoch nicht von langer Dauer.)

Unterschiedliches Verhalten in verschiedenen sozialen Gruppen bringt eine Rollenvielfalt hervor und kann zu Rollenkonflikten führen (Inter-Rollenkonflikte). Menschen müssen zunehmend lernen, solche Rollenkonflikte auszuhalten und sich gegen zu divergierende Rollenerwartungen zur Wehr zu setzen. Kinder und Jugendliche, die sich in der stationären Jugendhilfe befinden, sind hier besonders stark gefordert. Hinzu kommen Loyalitätsforderungen, die das jeweils andere Soziale System stellt.

Zu Inter-Rollenkonflikten kann es kommen, wenn innerhalb einer Rolle Konflikte auftreten. So erwarten die Erzieherinnen und Erzieher z. B. von einem Kind, welches Küchendienst hat, dass es diesen Dienst sorgfältig erledigt. Das Kind wird jedoch von anderen Kindern und Jugendlichen aufgefordert, Fußball zu spielen.

Die Anforderungen an die Berufsrolle
- stehen in Konkurrenz mit den Anforderungen zahlreicher anderer Rollen in anderen Gruppen,
- schaffen Konflikte,
- sind abzuwägen,
- stehen in anregender Wechselwirkung.

Frau Karola Vielfalt, tätig als Erzieherin in einem Kinderheim	
Gruppe	Rolle, Aufgabe
Staat	Staatsbürgerin
Familie	Mutter, Ehefrau, Hausfrau, Verwandte
Wohngemeinde	Nachbarin, Meldepflicht
Kirchengemeinde	soziale Bindungen und Kontrollen eines katholischen Kirchenmitglieds
Sportverein	Gruppenmitglied, Hallenhandball, Schatzmeisterin
Konsumgemeinde	Konsumentin und Käuferin; kritische Unterscheidung zwischen und Entscheidung über Geschäfte, Waren, Reklame …
Klassenpflegschaft	eine zwischen der Lehrerschaft und dem Kind vermittelnde Rolle

Rollenvielfalt (vgl. Wurzbacher, 1980, S. 18)

Tobias Brocher ordnet Rollen in Gruppen bestimmten Funktionen zu. Er unterscheidet zwischen „Aufgabenrollen" und „Erhaltungs- und Aufbaurollen". Die auch möglichen destruktiven Rollen nennt er „dysfunktionale Rollen". Zu den Aufgabenrollen gehören Funktionen wie Informationssuche, Meinungserkundung, Informationen geben, koordinieren, zusammenfassen, Ermutigung, Regeln bilden. Die Erhaltungs- und Aufbaurollen haben u. a. die Funktionen des Auswertens, des Diagnostizierens und des Vermittelns. In dysfunktionalen Rollen zeigen Personen Verhaltensweisen, die nicht nur keine Hilfe für die Gruppe darstellen, sondern oft ernsthaft stören. Aggressives Verhalten, Blockieren, Rivalisieren oder Clownerie könnten u. a. solches Verhalten charakterisieren (vgl. Brocher, 1967, S. 137 ff.).

Anregung für eine Gruppenarbeit

1. Schritt

Nehmen Sie die folgenden Rollenzuschreibungen als Anregung, um möglichst viele Rollen zu sammeln, die in Ihrer Gruppe, Klasse oder Kurs vorkommen. Lassen Sie Ihrer Kreativität und Fantasie freien Lauf. Lustige Zuschreibungen sind erwünscht. Verwenden Sie pro Rolle eine Karte. Legen Sie anschließend alle Karten auf den Boden, sortieren Sie nach den folgenden fünf Kriterien und entnehmen Sie die doppelten Begriffe. Überprüfen Sie in der Gruppe, ob Rollen noch nicht benannt sind.

2. Schritt

(Freiwilligkeit und ein gewisses Maß an Homogenität der Gruppe ist Voraussetzung! Gruppengröße: max. 15 Studierende) Die Gruppe steht im Halbkreis. Eine Person stellt sich vor den Halbkreis und bittet darum, die Rollen vor sich legen zu lassen, die ihr von der Gruppe zugedacht werden, aber nur solche, die hier in der Gruppe auch erkennbar geworden sind. Nach der Zuordnung hat die Person die Erklärungen für die Zuordnungen zu erbitten. Eine Diskussion kann sich ergeben.

Aufgabenorientierte Rollen (Was tun für die Sache): *die Ideenschleuder, der Kontrolleur, das fleißige Bienchen, der konstruktive Bedenkenträger, das Arbeitstier, der Pragmatiker, der Drängler, der Allrounder, der Macher, der Antreiber, der Auftragserfüller, der Impulsgeber, der Entwickler, der Ordnungssorger, der Pünktliche, der Antreiber, der Denker, der Querdenker, der Zuhörer, der Starke, der Helfer, der Interessierte, der Begabte, der Auftragserfüller, das Arbeitstier, der Entwickler, der Impulsgeber, der Pragmatiker, der Organisator, der Ruhige, der Kontrolleur, der Ratgeber, der Moderator, der Ordnungssorger, der Optimist*

Beziehungsorientierte Rollen (Was tun für die Gruppe): *der Zusammenhaltende, der „Harmoniker", der Integrierende, der Verbindende, der Bewahrer, der Vermittler, der Sympathische, der Freundliche, der Ehrliche, der Helfer, der Spaßvogel, der Empathische, der Zusammenhalter*

Analytische Rollen (Was tun für die Meta-Ebene, für die Reflexion): *der Kritiker, der Querdenker, der Durchblicker, der Troubleshooter, der Philosoph*

Ich-bezogene Rollen (Dysfunktionale Rollen): *der Abschotter, der destruktive Bedenkenträger, der detailverliebte Bremser, der Verantwortungsvermeider, die falsche Schlange, der Besserwisser, der Profilneurotiker, die Diva, die „Opferrolle", der Monologführer, der Selbstdarsteller, der Querulant, der Einmischer, der Bestimmer, der Abschotter, der Ignorant, der Rücksichtslose, der „Rechthaber", der Möchtegern, der Macho, der Laute, der Provokante, der Hinterhältige, der Gefühllose, der Austeiler, der Lügner, der Faulenzer, der Störenfried, der Aggressive, der Hektiker, der Alleskönner, der Dummschwätzer, der Klassenclown, der Dominante, der Spielverderber, der Egoist, die Tussi, der Anstifter, der Profilneurotiker, der Schleimer, die Zicke, der Querulant, der Star, der Arrogante, der Mittelpunktneurotiker, der Angeber, der Sympathische, der Freundliche, der Ehrliche, der Helfer, der Spaßvogel, der Empathische, der Vermittler, der Zusammenhalter, der Buhmann, der Trottelige, der Sündenbock, der Außenseiter*

Noch nicht zugeordnete Rollen: *der Schönling, das Nesthäkchen, das Modepüppchen, der Möchtegern-Frauenversteher, die „Quotenfrau", die Schlaftablette, der Angsthase, der Liebling, das Mauerblümchen, der Dumme, die Tratschtante, der Nichtswisser, der Extravagante, der Feind, der Ungeschickte, der Tollpatsch, der Sportliche, der Mutige, der Unsportliche, der Anbiederer, der Schwätzer, der Respektvolle, der Ausgeflippte, der Nachmacher, der Beliebte, der Freak, der Unterdrückte, der Grenzgänger, der Warmduscher, der Wehleidige*

Aufgaben zum Selbststudium

1. Stellen Sie Informationen zum „Handeln in Sozialen Systemen" zusammen, um die sechs Aspekte nach Bateson zu erläutern. Stellen Sie anschließend einen Zusammenhang zu einem Kind oder Jugendlichen her, mit dem Sie im Praktikum zu tun hatten.

2. Wählen Sie ein Kind oder Jugendlichen aus der AWG Schillerstraße, an dem Sie unterschiedliche Loyalitätsforderungen seitens Familie und AWG verdeutlichen können.

3. Erörtern Sie Beispiele aus Ihrem Praktikum, in denen Kinder und Jugendliche Inter- bzw. Intra-Rollenkonflikten ausgesetzt waren.

4. Erstellen Sie eine Übersicht zur Rollenvielfalt (s. Erzieherin Frau Karolin Vielfalt) und tragen Sie die Gruppen, denen Sie selbst angehören und Ihre vermuteten Rollenerwartungen ein.

2.2.2 Positionen in Gruppen

Eine weitere Möglichkeit für Erzieherinnen und Erzieher, Gruppenphänomene zu analysieren und Gruppenprozesse zu erkennen, ist es, Positionen und Rangordnungen in Gruppen herauszuarbeiten. Schjelderup-Ebbe beschrieb „die Hackordnung auf einem Hühnerhof als ein kontinuierliches-hierarchisches Ranggefälle" (Schjelderup-Ebbe, 1924 und 1931, zitiert nach Flosdorf, 1988b, S. 145 f.). Das stärkste Huhn wurde mit „Alpha" und das schwächste mit „Omega" bezeichnet. Die Abläufe in einer Gruppe sind demnach nicht einmalig, sondern eher typisch für Positionen und Abhängigkeiten in einer Gruppe. Schindler hat weitere „Zwischenpositionen" aufzeigen können, die er „Beta" und „Gamma" nannte.

Die Rangpositionen Alpha, Beta, Gamma und Omega werden von Flosdorf wie folgt charakterisiert und hier zusammengefasst dargestellt:

- **Rangposition Alpha**

Der Alpha ist der gruppeneigene Führer. In ihm stellt sich die Fähigkeit der Gruppe dar, ihren als gemeinsam erlebten Gegner und die ihr gestellte Aufgabe am besten bekämpfen oder bearbeiten zu können. Insofern gibt der Anschluss, die Identifikation bzw. die Gefolgschaft mit dem Alpha Sicherheit und entlastet von Angst und Unsicherheit. Er kann die Gruppe auf die der Gruppe gestellte Aufgabe hin organisieren und sie zu einer wirksamen Auseinandersetzung führen. Der Alpha kann natürlich, besonders zu Beginn einer Gruppe im Heim, dadurch zum Alpha werden, dass er die in der Gruppe vorhandenen Ängste und Aggressionen gegenüber dem Heim- oder Gruppenleiter, als dem direkten Repräsentanten des Heims, am besten auszudrücken und zu bündeln vermag.

- **Rangposition Beta**

Die Betas folgen zwar zunächst dem allgemeinen und dominanten Trend innerhalb der Gruppe, sie bewahren sich aber durch spezielle Fähigkeiten, insbesondere solche, die der Alpha nicht oder nicht in dem Maße besitzt, eine gewisse Eigenständigkeit. Sie werden zur bestimmten Zeit, in bestimmten Situationen von der Gruppe dringend gebraucht. In dem Maße, wie ein Beta für sich Gammas zu gewinnen vermag, wird er zu einer zunehmenden Bedrohung für den Alpha. In einer solchen Gruppierung erwächst dem Alpha eine bedrohliche Opposition, die ihn veranlassen wird, diese zu bekämpfen oder aber entsprechende Kompromisse zu suchen.

- **Rangposition Gamma**

Die Gammas folgen dem Führer, sie identifizieren sich mit ihm und seinen Aktionen widerspruchslos. Sie selbst gewinnen dadurch Schutz und Ansehen, zugleich aber vermitteln sie durch ihre Gefolgschaft dem Führer das Gefühl von Bedeutung und Macht, auf die er substanziell angewiesen ist: ohne Gammas kein Alpha.

- **Rangposition Omega**

Der schwächste in der Gruppe, der von allen „gehackt" wird, nimmt die Position des Omegas ein.

(vgl. Flosdorf, 1988b, S. 145 f.)

In Teamgesprächen besteht die Möglichkeit, gemeinsam „ein Bild" von den Rangordnungen zu erstellen. Wichtig für die Erzieherinnen und Erzieher ist es, sich zu vergegenwärtigen, dass dies Momentaufnahmen sind und die Analysen einer ständigen Wiederholung bedürfen.

Im Folgenden wird die Möglichkeit dargestellt, Rangpositionen grafisch darzustellen. Den Hintergrund bilden die Kinder und Jugendlichen der AWG Schillerstraße. Deutlich wird, dass gleiche Positionen mehrfach besetzt sein können. Besonders hilfreich kann eine solche

Visualisierung sein, wenn neue Kinder in der Gruppe aufgenommen werden sollen. Bei einer Verschiebung der Positionen könnten Erzieherinnen und Erzieher versuchen Einfluss zu nehmen, indem sie einen Beta so weit stützen, dass durch ihn in positiver Weise die Alpha-Position besetzt werden kann.

Rangpositionen in der AWG Schillerstraße

2.2.3 Beziehungen in Gruppen

Um Beziehungen in Gruppen darzustellen, ist die Methode des Soziogramms zu nutzen. Das Soziogramm ist die grafische Darstellung der sozialen Beziehungen in einer Gruppe. Zunächst ist es erforderlich, entsprechende Daten zu sammeln. Es geht darum, von den Kindern und Jugendlichen der Gruppe zu erfahren, wie sie zu den anderen Gruppenmitgliedern stehen, ob sie sie mögen, oder Groll ihnen gegenüber hegen. Grundsätzlich ist es gut, eine geheime Befragung durchzuführen. Fragen könnten z. B. sein:

- Neben wem möchtest du gerne bei Tisch sitzen?

- Wenn es Zweibettzimmer gäbe, mit wem würdest du gerne in einem Zimmer wohnen?

- Wenn wir einen Wochenendausflug machen, neben wem würdest du gern im Bulli sitzen?

- Wer sollte dich neben der Bezugserzieherin beim nächsten Bekleidungseinkauf begleiten?

Diese Fragen lassen sich auch umformulieren, um Ablehnungen zu ermitteln.

Die Form der geheimen Wahl ist in der stationären Heimerziehung schwierig durchzuführen, da die Heterogenität der Gruppe bezüglich Alter und Entwicklungsstand diese Möglichkeit häufig nicht zulässt. Wenn es sich um eine Gruppe handelt, in der auch Kinder und Jugendliche mit einer geistigen Behinderung leben, müssen differenziertere Datenerhebungen erarbeitet werden.

Das Team kann auch selbst einen Beobachtungsbogen erstellen, mit dem in einem bestimmten Zeitraum das Verhalten einzelner Teammitglieder beobachtet wird. Die Ergebnisse können den einzelnen Teammitgliedern bei der Erstellung eines eigenen Soziogrammes dienen. Oder die Resultate der Beobachtungen werden zusammengetragen zu einem gemeinsamen Soziogramm.

Im Soziogramm werden die Gruppenmitglieder durch Kreise und die Beziehungen durch Linien, Pfeile und Symbole dargestellt. Möglich ist auch, die weiblichen Gruppenmitglieder durch Kreise und die männlichen durch Vierecke zu kennzeichnen. Oft ist das Beziehungsgefüge in einer Wohngruppe unübersichtlich und verwirrend. Da das Soziogramm dazu dienen soll, eine „Draufschau" zu ermöglichen, dürfen zu viele Informationen nicht zu einer Unübersichtlichkeit führen.

	Beziehung ohne besondere Ausprägung
————————————	schwache Beziehung
════════════	starke, enge Beziehung
≡≡≡≡≡≡≡≡≡	enge Abhängigkeitsbeziehung
——⏌ ⎿——	konfliktbelastete Beziehung offener Konflikt
——(⏌ ⎿)——	konfliktbelastete Beziehung Konflikt verdeckt
——⊣ϟ⊢——	konfliktbelastete Beziehung mit starkem offenen Konflikt
——(ϟ⎿)——	konfliktbelastete Beziehung mit starkem verdeckten Konflikt

Symbole zur Erstellung von Soziogrammen

Jedes Soziogramm bedarf einer Legende und/oder Interpretation, wenn es Grundlage einer Aufgabenstellung ist. So wie Erzieherinnen und Erzieher im Team die verschiedenen Sichtweisen diskutieren, müssen z. B. in einer schriftlichen Arbeit eigene Deutungen dargelegt werden. Ähnlich der Darstellung der Positionen in einer Gruppe (siehe vorangegangener Abschnitt), können folgende Auswertungen bezüglich des Rangplatzes von Gruppenmitgliedern in einer Gruppe wertvolle Informationen zur Gestaltung der pädagogischen Arbeit beitragen.

„Star:	erhält die meisten Stimmen
Mitläufer:	wird nicht gewählt, wählt Star und lehnt die von der Gruppe abgelehnten Mitglieder ab
schwarzes Schaf:	erhält die meisten Ablehnungen
der Vergessene:	wählt, wird selbst aber nicht gewählt
Außenseiter:	wählt niemanden und wird auch nicht gewählt
graue Eminenz:	hat nur eine gegenseitige Beziehung zum Star

Eine weitere Erkenntnis kann die soziometrische Analyse bezüglich der Existenz von Untergruppen und der Beziehungen der Untergruppen untereinander beisteuern. Dabei können folgende Grundmodelle sozialer Untergruppen auftauchen:

das Paar	Zwei Mitglieder wählen sich gegenseitig.
Drei- oder Mehrecke	Die Mitglieder wählen sich gegenseitig.
die Kette	Jedes Mitglied hat nur mit den beiden „Nachbar-Gliedern" der Kette Beziehungen, aber nicht zu den anderen
der Stern	Sternförmige Gruppierung um einen bevorzugten Star.
die Clique	Einige Gruppenmitglieder wählen sich untereinander sehr häufig, richten wenig Wahlen nach außen und empfangen wenig Wahlen von außen."

(Blank-Mathieu, 2010, S. 227 f.)

Auch das Soziogramm bedarf einer ständigen Aktualisierung. Gerade in Wohngruppen der stationären Erziehungshilfe herrscht eine starke Fluktuation und Einflüsse von außen beeinflussen Strukturen in der Gruppe stark. Benötigt man zur Planung der pädagogischen Arbeit Informationen zur Dynamik und zum jetzigen Stand in der Gruppe, so sollte ein neues Soziogramm erstellt werden. Interessant ist der Vergleich von Soziogrammen, die in zeitlichen Abständen gemacht worden sind.

Anregungen zum Selbststudium und zur Arbeit in der Gruppe

1. *Erstellen Sie in einer Kleingruppe ein Soziogramm der AWG Schillerstraße. Wenn aufgrund der kurzen Angaben zu den Kindern und Jugendlichen Einschätzungen nur schwer möglich sind, dann können Annahmen zur Weiterarbeit formuliert werden. Diese sollten sich an den geschilderten Realitäten der AWG sowie grundsätzlich an der Praxis in AWG (oder Wohngruppen) orientieren.*

2. *Einzelarbeit: Erstellen Sie ein Soziogramm der Gruppe, in der Sie ein Praktikum absolviert haben.*

2.2.4 Phasenmodell der Gruppenentwicklung

Erzieherinnen und Erzieher sind oft enttäuscht, wenn sie feststellen, dass durch eine Neuaufnahme die ganze Gruppe nicht mehr so ist, wie sie vor Kurzem noch war. Alles ist durcheinander und eigentlich beginnt man wieder von vorne, was die Gruppe betrifft. Bislang zuverlässige Gruppenmitglieder sind nicht mehr wiederzuerkennen, sie verfolgen nur noch ihre eigenen Interessen, einige Kinder und Jugendliche, die bislang wenig miteinander zu tun hatten, schließen sich zusammen, um gegen die „Neue" anzugehen. Diese oder ähnliche Beobachtungen lassen erkennen, dass das soziale Gebilde „Gruppe" keine statische Größe ist, sondern etwas höchst Dynamisches, welches aber eine gewisse Regelhaftigkeit besitzt. Im Nachfolgenden wird das Entwicklungsstufenmodell von Saul Bernstein und Louis Lowy dargestellt (vgl. Bernstein/Lowy, 1978). Dieses Modell dient als Grundlage vieler weiterentwickelter Modelle. Die fünf Phasen lauten: Voranschluss/Orientierung, Machtkampf/Kontrolle, Vertrautheit/Intimität, Differenzierung und Ablösung/Trennung. Allerdings verlaufen diese Phasen selten linear idealtypisch in ihrer Abfolge, sie machen zeitliche Sprünge nach vorne oder wieder zurück oder setzen aufgrund spezieller Bedingungen, wie Aufnahme und Entlassung von Kindern und Jugendlichen, aus. Es ist auch nicht so, dass alle Gruppenmitglieder diese Phasen durchlaufen, es kann Untergruppen geben, die sich in verschiedenen Phasen befinden. Nicht jede Gruppe beginnt auch in der ersten Phase und viele (vielleicht die Mehrheit) der Binnen- und Außenwohngruppen kommen über die zweite Stufe nicht hinaus. Vor allem die letzte Phase wird eine Heimgruppe nicht erreichen – eine voraussehbare und geplante Auflösung ist nicht vorgesehen. Dennoch können Erzieherinnen und Erzieher dem Modell Hilfen und Anregungen entnehmen, um die Gruppenentwicklung angemessen zu analysieren und zu begleiten.

Stufe 1: Voranschluss und Orientierung

Die Gruppenmitglieder müssen sich (neu) orientieren, es werden lockere Kontakte geknüpft, es werden Informationen ausgetauscht, man gibt sich kooperativ. Des Weiteren ist teilweise widersprüchliches Verhalten zu erkennen, indem man auf Gruppenmitglieder zugeht, diese allerdings zu einem späteren Zeitpunkt abweist. Dies ist ein ganz normaler Prozess und gehört zur Gruppenfindung. Zu den Spielregeln gehören auch triviale Dinge wie beispielsweise die Kleidung, die Frisur, der Ausdruck, die Wortwahl, aber auch die Erwartungen von Mitgliedern an das Individuum. Die Erzieherinnen und Erzieher als Gruppenleiter haben in dieser Phase eine sehr wichtige Rolle. Sie vermitteln und geben dem neuen Gruppenmitglied wie auch der Gruppe Sicherheit.

Stufe 2: Machtkampf und Kontrolle, Gärung

Es geht in dieser Phase um die Ermittlung von Positionen und Rangstrukturen. Rivalitäten und Rangeleien sind in der Phase ein normales Mittel, um eine bestimmte Rolle in der Gruppe einzunehmen. Typische entstehende Fragen dieser Phase sind: „Was beanspruche ich?", „Was lasse ich von anderen zu oder wehre es ab?", „Wie möchte ich meine Beziehung zu anderen gestalten?" Durch das Ablegen einiger Unsicherheiten entstehen sehr schnell Reibungen, auf die einige Gruppenmitglieder teils aggressiv oder kritisch reagieren können. Für Erzieherinnen und Erzieher ist dies eine anstrengende, belastende und konfliktreiche Phase. Und da, wie schon angemerkt, viele Gruppen sich lange Zeit in dieser Stufe befinden, müssen die Erzieherinnen und Erzieher ihre pädagogischen Aktivitäten bezüglich der Gruppe mit Bedacht wählen. Konfliktmanagement und klare Regeln im Gruppenalltag können hier Entlastung schaffen.

3. Stufe: Vertrautheit und Intimität

Es entstehen erste Beziehungen, aber auch Abgrenzungen. Die Akzeptanz des Sich-Mögens oder Sich-Nichtmögens steigt. Die Gruppe erkennt Ansätze eines „Wir-Gefühls". Dieses äußert sich in Vergleichen mit anderen Binnen- oder Außenwohngruppen. Kinder und Jugendliche sprechen in dieser Phase auch von der Gruppe als „mein Zuhause". Neuaufnahmen sind in dieser Phase schwer zu verkraften und bedeuten einen Rückschritt in der Entwicklung der Gruppe. Für neue Mitglieder ist es dann sehr schwer, sich zu orientieren und Akzeptanz in der Gruppe zu erreichen.

4. Stufe: Differenzierung

Ein starkes „Wir- Gefühl" ist entstanden, es wird versucht, sich gegenseitig zu unterstützen. Das Helfersystem findet eine starke Ausprägung. Die Älteren helfen den Jüngeren bei der Erledigung alltäglicher Aufgaben. Es herrscht eine gute und offene Kommunikation.

Für Erzieherinnen und Erzieher ist in dieser Phase ein dem Einzelnen zugewandtes Arbeiten möglich, ohne dass Neid und Missgunst diese Aktivitäten stark behindern.

5. Stufe: Trennung und Ablösung, Abschied

Zu bestimmten Zeiten des Jahres, vor den Sommerferien oder vor Weihnachten, kommt es vermehrt vor, dass Kinder und Jugendliche die Gruppe verlassen. Das heißt, die Gruppe löst sich nicht auf, ist aber mit dem Thema Abschied konfrontiert. Diese Phase erzeugt starke Unzufriedenheit und Unruhe und bedarf manchmal einer gründlichen Planung seitens der Erzieherinnen und Erzieher. Die zurückbleibenden Gruppenmitglieder versuchen an alten Verhaltensweisen festzuhalten und brechen  Kontakte manchmal abrupt ab. Abschied und Trauer sollten bewusst zugelassen werden. Wenn es für solche „Übergänge" Rituale in der Gruppe gibt, helfen diese den einzelnen und der gesamten Gruppe.

Der folgenden Übersicht sind die dynamischen Kennzeichen, der Bezugsrahmen, Hinweise zur Programmgestaltung seitens der Erzieherinnen und Erzieher, Schwerpunkte für die Intervention des Groupworkers und zusätzliche Interventionsschwerpunkte für Gruppenerzieher im Heim zu entnehmen.

Zusammenfassende Tabelle der fünf Stufen der Gruppenentwicklung (nach Bernstein/Lowy):

Dynamische Kennzeichen	
Stufe1: **Voranschluss und Orientierung**	– Erforschung, Exploration, Untersuchung, Orientierung – Dilemma von Annäherung und Ausweichen – nicht-intim – stereotype Aktivität – Vertrauen, erste Bindung
Stufe 2: **Machtkampf und Kontrolle**	– „Hörner abstoßen" an der Realität der Gruppe – Bemühen um Status – Machtkämpfe zwischen Mitgliedern und dem Erzieher – Autonomie, Individuum und Gruppe – Beginn der Normen- und Mitgliedschaftskrise
Stufe 3: **Vertrautheit und Intimität**	– Fortbestehen der Normen- und Mitgliedschaftskrise – gegenseitiges Sich-Offenbaren – Aufeinanderbezogensein (Interdependenz) – verstärktes zwischenmenschliches Engagement – Übertragung – Sich-klarmachen, „was diese Gruppe als Lebensort für mich bedeutet"
Stufe 4: **Differenzierung**	– Zusammenhalt – gegenseitige Unterstützung – gute Kommunikation – wenig Machtprobleme – Identität
Stufe 5: **Trennung und Ablösung**	– Leugnen, Regression und Wiederholung – Rückschau und Auswertung – Auseinandergehen – stärkeres „Sich-nach-Außen-orientieren"
Programm	
Stufe1: **Voranschluss und Orientierung**	– schnelle Befriedigung ist wichtig – paralleles individuelles Spiel erkunden – Ambivalenz zwischen Mitwirkung und Profit, „Katz-und-Maus-Spiel" – Ambivalenz bei Annahme von Material – Nicht-Geben an die Gruppe
Stufe 2: **Machtkampf und Kontrolle**	– gelegentliche Programmpannen, wenig Planung möglich – aggressive Konkurrenz – Erproben von Kraft und Autorität – Versuche, die Beziehungen zu formalisieren, mittels Beiträgen, Regeln

Stufe 3: Vertrautheit und Intimität	– Tätigkeit ist offen gefühlsgeladen – Kämpfe um Aufmerksamkeit und Material – wachsende Fähigkeit, zu planen, Gruppenvorhaben auszuführen, aber oft mit Gefühlsaufruhr verbunden
Stufe 4: Differenzierung	– freiere gegenseitige Gebebereitschaft – Gruppentradition und Rituale bei den Tätigkeiten – gemeinsame Tätigkeit wird geplant und unterstützt – Pläne usw. in Beziehung zu Gemeinde, Gruppen und Außeninteressen beginnen
Stufe 5: Trennung und Ablösung	– hohe Mobilität, Reise – Probleme der Langeweile bei Routinetätigkeit – Neuinszenierung der Tätigkeiten von Stufe 1 – Außeninteressen – Interessen in Gruppen der folgenden Altersstufe – Wiederbegegnung
Schwerpunkte für die Intervention des Groupworkers	
Stufe1: Voranschluss und Orientierung	– Distanz zulassen und unterstützen – behutsam zu Vertrauen ermuntern – Erkundung erleichtern – für Programmgestaltung und Einführung sorgen
Stufe 2: Machtkampf und Kontrolle	– Aufruhr zulassen – Sicherheit von Individuen und Eigentum gewährleisten – Klärung des Machtkampfes – Tätigkeiten für Erreichen der Meisterung vorsehen
Stufe 3: Vertrautheit und Intimität	– beständiges Geben trotz Aufruhr – flexible Übernahme oder Übertragung von Verantwortung, je nach Schwanken der Gruppe
Stufe 4: Differenzierung	– der Gruppe zur Selbstständigkeit verhelfen – Gelegenheiten bieten, als Einheit in Bezug auf andere Gruppen und die Gemeinde zu handeln
Stufe 5: Trennung und Ablösung	– jeden den eigenen Weg gehen lassen – Konzentration auf die Mobilität von Gruppe und Individuen – Auswertung erleichtern – Ermöglichen von Wiederbegegnung nach Abschluss der Gruppe, um Bedürfnissen durch andere Mittel zu entsprechen

Zusätzliche Interventionsschwerpunkte für Gruppenerzieher im Heim	
Stufe1: **Voranschluss und Orientierung**	– umfassend informieren – auf Rückzugs- und Beschwerdemöglichkeiten hinweisen – unterstützen persönlicher Interessen und Aktivitäten
Stufe 2: **Machtkampf und Kontrolle**	– kathartische Aktivitäten anbieten – Konflikte zeitweise zur Entlastung ausgrenzen – Konflikte als Gruppenthemen deutlich machen – mit Konsequenzen unter Kontingenzbedingungen arbeiten – viel Zeit nehmen und präsent sein
Stufe 3: **Vertrautheit und Intimität**	– Raum und Zeit für persönliche Interessen und Beziehungen geben – Beachtung der Übriggebliebenen – gezielte individualisierende Aktivierung
Stufe 4: **Differenzierung**	– Wetteifer oder Kennenlernen anderer Gruppen – stärkere Zumutung an Belastung und Ausdauer bei Gruppenunternehmungen
Stufe 5: **Trennung und Ablösung**	– Bilanz ziehen lassen – Raum für Feedback – Anschriften austauschen – konkrete Übergangshilfen

(vgl. Flosdorf, 1988b, S. 162 ff.)

Aufgaben zum Selbststudium

1. *Stellen Sie anhand Ihrer praktischen Erfahrungen in einem Praktikum dar, in welcher Phase sich diese Gruppe befand.*

2. *Operationalisieren Sie die „zusätzlichen Interventionsschwerpunkte für Gruppenerzieher im Heim".*

2.2.5   Grundelemente der Sozialen Gruppenarbeit

Wie bereits erwähnt, ist die Soziale Gruppenarbeit eine der klassischen Methoden der Sozialen Arbeit. Das Konzept der „social group work", das in den USA entwickelt wurde und dort vorrangig für Zwecke der Beratung und Therapie „schwieriger" Kinder und Jugendlicher eingesetzt worden war, wurde nach dem Zweiten Weltkrieg von den US-Amerikanern auf Jugend- und Erwachsenenarbeit allgemein übertragen. Das Haus Schwalbach im Taunus wurde im westlichen Nachkriegsdeutschland führend auf dem Gebiet der Gruppenpädagogik. Heute allerdings ist es allenfalls noch durch die „Schwalbacher Spielkartei" bekannt.

Die von Magda Kelber (1966) – eine der wichtigsten Mitarbeiterinnen im „Haus Schwalbach" – in den 1960er-Jahren entwickelten Prinzipien der Sozialen Gruppenarbeit finden heute noch Anwendung in den Ansätzen der Gruppenpädagogik. In Verbindung mit den von Schmidt-Grunert (2002, S. 70 ff.) formulierten Leitsätzen lassen sich folgende Grundsätze festhalten.

- **Individualisieren**

Dies bedeutet, dass Kinder und Jugendliche entsprechend ihres jeweiligen individuellen Entwicklungsstands gefördert und gefordert werden sollen. Dieser Grundsatz hat für die Heimerziehung eine besondere Bedeutung.

- **Mit der Stärke arbeiten**

Ressourcen- und lösungsorientiertes Arbeiten heißt, sich an die Kompetenzen von Kindern und Jugendlichen halten und nicht in erster Linie auf die Defizite schauen. Diese Art des Vorgehens setzt bei den jeweiligen Stärken und Vorlieben der Gruppenmitglieder an, um Erfolgserlebnisse zu verschaffen und so Mut für neue Vorhaben zu machen. Das heißt, dass in die Gruppenmitglieder von vornherein Vertrauen gesetzt wird: „Du kannst etwas, das schaffst du!" (siehe auch: Bauer/Hegemann, 2008)

- **Dort anfangen, wo die Gruppe steht und sich mit ihr in Bewegung setzen**

Das heißt beispielsweise, dass die unterschiedlichen Fähigkeiten der Kinder und Jugendlichen, sich in einer Gruppe zurechtzufinden, berücksichtigt werden müssen. Da die Gruppen in der Heimerziehung in der Regel sehr heterogen zusammengesetzt sind, ist diese Forderung in der Realität nur schwer umsetzbar. Ansatzpunkte sind da gegeben, wo sich die Gruppe insgesamt als „Lebensgemeinschaft" versteht. Die Gruppe ist Lebensmittelpunkt für die Kinder und Jugendlichen und die Erzieherinnen und Erzieher gehören mehr zur Gruppe als Gruppenleiter in anderen Kontexten. Somit besteht die Chance, sich mit ihr in Bewegung zu setzen.

- **Raum für Entscheidungen geben**

Erziehung zur Selbstständigkeit und Partizipation füllen diesen Grundsatz aus. Die Mitglieder der Wohngruppe sollten an allen sie betreffenden Fragen in einem hohen Maße beteiligt werden. Hier gibt es im Alltagshandeln viele Möglichkeiten. Regeln müssen als veränderbar erlebt werden. Unterschiedliche Meinungen der Kinder und Jugendlichen untereinander, aber auch mit den Erzieherinnen und Erziehern, müssen ausgehandelt werden.

- **Notwendige Grenzen positiv nutzen**

Das Zusammenleben in einer Kinderheimwohngruppe ist geprägt von Regeln. Diese sind notwendig, denn eine Gruppe jedweder Art kommt selbstredend nicht ohne Regeln für das Zusammenleben aus. Das Erkennen und Respektieren von begründeten Grenzen der Entscheidungsbefugnisse kann den Wachstumsprozess der Gruppe fördern.

1. Nehmen Sie zunächst zu den folgenden Zitaten Stellung. Wie wird der Einzelne gesehen? Wie die Gruppe?

   a) „Jeder, sieht man ihn einzeln, ist leidlich klug und verständig. Sind sie zusammen, gleich wird euch ein Dummkopf draus." (Schiller)

   b) „Eine große Gruppe, aus lauter trefflichen Menschen zusammengesetzt, gleicht an Moralität und Intelligenz einem großen, dummen und gewalttätigen Tier." (C. G. Jung)

2. Welche der Prinzipien der Sozialen Gruppenarbeit könnte für die Arbeit mit Gruppen in Kinderheimwohngruppen (auch Tagesgruppen) eine besondere Wichtigkeit haben? Welche spielen eine eher untergeordnete Rolle?

2.3 Den Tagesablauf gestalten: Alltagspädagogik in der Heimerziehung

Der Gestaltung des Alltags in den Gruppen der stationären Erziehungshilfe wird in der Praxis und in der Theorie nicht die Beachtung geschenkt, die notwendig wäre. Alltagshandeln ist wenig spektakulär (vgl. Spiegel, 2003, S. 97). Viele der alltäglichen Arbeitsvollzüge sind vergleichbar mit denen, die auch in Familien vorkommen. Kinder wecken, mit ihnen frühstü-

cken, sie zur Schule schicken, sie wieder von der Schule in Empfang nehmen, mit ihnen zu Mittag essen usw. Alles das sind wir gewohnt und läuft meist automatisch ab. Warum müssen wir uns in der Heimerziehung mit diesem Thema auseinandersetzen? Warum bedarf es einer „Pädagogisierung" des Alltagshandelns? Vier Gründe sind hier zu nennen:

- Bei Kindern und Jugendlichen, die der stationären Erziehungshilfe bedürfen, zeigen sich in der Regel Entwicklungsdefizite und Verhaltenauffälligkeiten.

- Betreuungsformen der Heimerziehung sind „unnatürliche" Erziehungsgebilde. Wenn bis zu zehn Kinder und Jugendliche unterschiedlichen Alters und unterschiedlicher Herkunft zusammenleben, bedarf es ein Mehr an Planung und Strukturen.

- Diese jungen Menschen werden von professionellen Erziehenden betreut. Es sind nicht die Eltern, sondern Fachkräfte, die für ihre Tätigkeiten entlohnt werden.

- Es gibt einen gesetzlich formulierten Erziehungsauftrag, der diese Erziehung zu einer „öffentlichen Erziehung" macht.

Im alltäglichen Handeln gibt es viele Situationen und Gelegenheiten, die auf Kinder und Jugendliche einwirken, sodass es fahrlässig wäre, diese nicht zur positiven Entwicklung zu nutzen. Schon Makarenko schreibt: „Es gibt in der Erziehung keine Kleinigkeiten" (Makarenko, 1949, S. 30). Und tatsächlich sind die im Alltag zu gestaltenden Vorgänge oft Kleinigkeiten, häufig sogar Banalitäten. Welche Auswirkungen hat es z. B. beim Mittagessen, wer wo sitzt? Sitzt die Erzieherin neben dem Kind, welches der Hilfe bedarf oder welchem es schwerfällt, in Ruhe seine Mahlzeit einzunehmen oder sitzt sie neben ihrer Kollegin und spricht schon über Termine am Nachmittag? Wenn die Erzieherin ohne viel Aufhebens ihre Hand auf den Arm des Kindes legen kann, so wird das eine beruhigende Wirkung haben – eine Kleinigkeit!? Wie schon in der Einführung erwähnt: Alltag orientiert sich hierbei am Kleinen, am scheinbar Unscheinbaren, an den Vollzügen, die immer wieder neu und gegebenenfalls anders gelebt und erfahren werden. Diese kleine Geste der Erzieherin am Mittagstisch wird von dem Kind anders erlebt werden, wenn sie eingebettet ist in den Kontext von Annahme und Sicherheit.

Es lohnt sich für Heimpädagogen, sehr darauf zu schauen, was sie selbst in ihrem pädagogischen Alltagsgeschäft alles tun können, um Kinder und Jugendliche positiv zu beeinflussen. Erzieherinnen und Erzieher sind häufig beeindruckt von den Schilderungen der Psychologen und Therapeuten, wenn diese aus ihren Beratungs- und Therapiestunden berichten. Wenn sie diese Geschehnisse mit denen vergleichen, die sie selbst in ihrem „normalen Alltag" erleben, dann finden sie die Darstellungen der anderen „Profis" häufig faszinierender. Bei näherer Betrachtung sind es aber die gleichen Phänomene, die sich auch im alltäglichen Handeln in der Gruppe beobachten lassen. Therapie darf nicht losgelöst werden von der sonstigen Wirklichkeit von Kindern und Jugendlichen. Sie muss eingebunden sein in den Alltag und darf (und muss) dort mit „Mitteln der Pädagogik" fortgeführt werden. Erzieherinnen und Erzieher sind gefordert, selbstbewusst aus ihrer eigenen Profession heraus darzulegen, wie durch die Gestaltung des Tagesablaufes in all seinen Facetten Kinder und Jugendliche gefördert werden können. „So ist Pädagogik mehr als Therapie" (Wolf/Freigang, 1982, S. 64). Berechtigterweise fragt Springer (2000, S. 17): „Warum der Umweg über inszenierte Settings jenseits des Alltags mit der Ungewissheit, ob der Transfer in die oft ‚stabilen' Alltagsstrukturen gelingt?" Denn: „Der Alltag ist der Ort fundamentaler gesellschaftlicher Erfahrungen für Kinder und Jugendliche" (Springer, 2000, S. 17).

Den Alltag zu gestalten bedeutet auch, dass das gesamte Handeln nicht zufällig, sondern aus einer durchdachten Konzeption der Gruppe abzuleiten ist. „Dass die Erziehung schwieriger Kinder sich nicht auf Alltäglichkeit allein verlassen kann, liegt auf der Hand. Es bedarf besonderer Anstrengungen, die über die Schludrigkeit des Alltags hinausweisen" (Wolf/Freigang, 1982, S. 58a). Absprachen sind notwendig, damit z. B. Sitzordnungen sich nicht zufällig ergeben. In solch eine Konzeption sind alle Mitarbeiterinnen und Mitarbeiter einbezogen – auch die Hauswirtschaftskraft. Alle sind Gestalter dieses **alltagspädagogischen Milieus.**

2.3.1 Strukturen von Alltäglichkeit

Im folgenden Abschnitt sollen einzelne Aspekte der Alltäglichkeit konkretisiert werden, damit sie anschließend leichter mit pädagogischem Handeln in Verbindung zu bringen sind. Sie sind auszugsweise einem Beitrag von Hans Thiersch (vgl. 1978, S. 13 f.) entnommen, der als Begründer der alltagsorientierten Sozialpädagogik in Deutschland gilt:

- Alltäglichkeit ist überschaubar.

- Alltäglichkeit ist der Raum, den ich kenne, sind die Menschen, die mir bekannt sind, mit denen ich zu tun habe, sind Erfahrungen, die ich selbst, oder die, die ich kenne, gemacht haben.

- Alltäglichkeit ist komplex; in ihr muss erledigt werden, was anfällt.

- Im Alltag dominieren jene Geschäfte, durch die, in sich immer wiederholendem Gleichmaß, die Reproduktion von Arbeitskraft und Lebenssinn sich garantiert; die Sorge also für elementare Voraussetzungen der Alltäglichkeit:
  - für den Raum, in dem ich leben kann
  - für Essen und Trinken

- In der Alltäglichkeit wichtig sind:
  - das Zusammensein
  - das Sich-Aushalten
  - das Sich Vergewissern seiner selbst und der anderen im Handeln und Reden
  - die Verarbeitung gemeinsamer Erlebnisse
  - Erfahrungen und Unternehmungen

- Die Alltäglichkeit ist vor allem die Gliederung des individuellen Lebens der Menschen im Rahmen jeden Tages.

- In der Alltäglichkeit bilden sich – zur Entlastung – Routinen und Gewohnheiten, man braucht nicht immer wieder neue Begründungen und Überlegungen; Selbstverständlichkeiten müssen nicht immer wieder neu entdeckt und artikuliert werden.

- Alltäglichkeit ist die Welt, die mir vertraut ist, auf die ich mich verlasse, in der ich mich nicht immer neu rechtfertigen muss, in der ich zu Hause bin.

- In den Selbstverständlichkeiten meines komplexen, überschaubaren und pragmatischen Alltags, sind mein Lebenssinn und damit meine Identität begründet.

- Solche Alltäglichkeit – meine alltägliche Wirklichkeit – gliedert sich gleichsam in verschiedene Zonen, in Alltagswelten:
  - Familie
  - Schule
  - Kindergarten
  - Kinderheim
  - Beruf
  - Öffentlichkeit

- Die Vermittlung zwischen diesen Alltagswelten ist mühsam.

- Mit dem Wechsel von einer „Alltäglichkeit" in eine andere „Alltäglichkeit" können sich für das Individuum Probleme und Schwierigkeiten ergeben (z. B. Eintritt des Kindes in den Kindergarten oder in die Schule).

Anregungen zum Selbststudium und zum Arbeiten in einer Gruppe

1. Bringen Sie zunächst allein Ihre bisherigen Gedanken und Überlegungen zum Thema Alltag in Verbindung mit den Überlegungen von Thiersch.

2. Diskutieren Sie in einer Kleingruppe, wo Sie Übereinstimmungen feststellen und wo es Ihnen schwerfällt, sich auf die Thesen von Thiersch einzulassen.

3. Wo stellen Sie für sich fest, dass der Übergang von einer Zone der alltäglichen Wirklichkeit in die andere schwer fällt?

4. Stellen Sie sich anschließend diese ‚Übergangsschwierigkeiten' vor und geben Sie sich untereinander Rat, was diese Wechsel erleichtern könnte.

2.3.2 Tätigkeiten der Erzieherinnen und Erzieher im Alltag – Bestandsaufnahme

Erzieherinnen und Erzieher, die schon lange Jahre in Einrichtungen der stationären Erziehungshilfe tätig sind, benötigen selten eine Liste der Tätigkeiten, die im Tagesablauf verrichtet werden müssen. Berufsanfänger und insbesondere Praktikantinnen und Praktikanten sind oft erschlagen von der Fülle an Aufgaben und Aktivitäten, die der Alltag in einer Kinderheimwohngruppe bereithält. Obwohl nie ein Tag so verläuft wie der andere – und dies macht für viele Mitarbeiterinnen und Mitarbeiter den Reiz dieses Arbeitsfeldes aus – gibt es Arbeitsabläufe, die sich immer wiederholen. Diese Wiederholungen ermöglichen es, gewisse Routinen zu entwickeln, die für die tägliche Arbeit unbedingt notwendig sind.

Im Alltag ist es nicht möglich, organische Arbeitsabläufe zu splitten und zu trennen. Zur Planung, Vorbereitung und Reflexion pädagogischer Arbeit ist dies jedoch notwendig. Es wird in den folgenden Abschnitten darum gehen, für möglichst konkret beschriebene Handlungen pädagogisch-psychologische sowie didaktisch-methodische Begründungen zu entwickeln. Diese Aufgabe ist eine spannende und interessante Angelegenheit. Erzieherinnen und Erzieher sind häufig überrascht, wenn ihnen wieder bewusst wird, welche pädagogischen Wirkungen ihr alltägliches Handeln hat. Wenn dieses in Fallbesprechungen und Beratungsgesprächen erarbeitet wird, steigt auch die Chance, dass dieses erzieherische Tun nicht nur zufällig geschieht, sondern Teil der professionellen Tätigkeit von Erzieherinnen und Erziehern ist und bleibt.

Bevor die nachfolgende differenzierte Auflistung der Alltagstätigkeiten gelesen wird, betrachten Sie bitte zunächst die folgende Aufgabenstellung.

1. Tragen Sie zunächst in einer Kleingruppe alle Tätigkeiten zusammen, die Ihrer Meinung nach im Tagesablauf einer Wohngruppe zu erledigen sind.

2. Lesen Sie anschließend die folgend aufgeführten Tätigkeiten und ergänzen Sie die Liste.

Wecken

- Einteilung in Weckdienste oder selbst wecken
- unterschiedliche Weckgewohnheiten beachten: Türe langsam und leise öffnen; sachtes Wachschütteln des Kindes; nach Aufwachen des Kindes Licht anmachen bzw. Rollladen hochziehen
- wecken zu unterschiedlichen Zeiten, insbesondere den Küchendienst (Brötchendienst) rechtzeitig wecken
- nach dem Wohlbefinden der Kinder und Jugendliche erkundigen
- Kontrolle des Weckdienstes
- nachschauen, ob alle Kinder und Jugendliche aufgestanden sind
- evtl. noch Bekleidung herauslegen
- Zimmer lüften
- Betten machen, ggf. auffordern zum Betten machen
- für Ruhe sorgen, damit die Kinder und Jugendlichen, die unter Umständen länger schlafen können, nicht gestört werden

Überprüfen und Auffordern zum morgendlichen Waschen

- ggf. Kleinkinder anziehen und waschen (wickeln), ggf. Hilfestellung leisten
- Kontrolle verschiedener Dienste und Tätigkeiten; waschen, Zähne putzen, anziehen, Bäder kontrollieren, Zimmer kontrollieren
- Aufforderung, pünktlich fertigzuwerden

Frühstücksvorbereitungen

- Küchendienst zum Brötchen-/Milchholen auffordern
- Einkaufsgeld mitgeben, Kontrolle, Quittung
- Brot aufschneiden/Wurst, Käse usw. aufschneiden
- Kaffee, Kakao, Tee kochen
- Tisch decken

Gemeinsames Frühstück

- gemeinsames Beginnen
- Gespräche führen, Mut zusprechen vor Klassenarbeiten, Erinnerung an wichtige Termine/Dienste, die am Tag noch erledigt werden müssen
- kontrollieren, ob alle Kinder und Jugendliche essen
- Kleinkindern Brote machen, ggf. füttern

- Essmanieren bei Tisch beachten, für Ruhe sorgen
- Schulbrote zubereiten
- kontrollieren, dass alle Kinder und Jugendliche ein Schulbrot mitnehmen

Küchendienst auffordern, abzuräumen und evtl. zu spülen

Verabschiedung zur Schule
- nach dem Schulschluss erkundigen
- Kontrolle der Schultaschen, ggf. Sporttaschen
- Milch-/Kakaogeld austeilen
- Busgeld mitgeben, ggf. an Fahrkarte erinnern
- auf ordentliche Bekleidung achten, ggf. Anziehen kontrollieren (wettergerecht)
- Kleinkindern beim Anziehen helfen
- Kinder und Jugendliche rechtzeitig zur Schule/Kindergarten schicken, ggf. zur Haltestelle bringen
- Umsicht bei Verkehrssicherheitsfragen, z. B. Helm tragen
- Verabschiedung

Hauswirtschaftliche Tätigkeiten
- Tisch abräumen, Stühle hochstellen, Raum fegen
- Küche aufräumen, Geschirr spülen
- ggf. Geschirrspülmaschine ein- und ausräumen
- Sanitärräume reinigen
- Betten machen, Räume lüften
- Bettnässerbetten abziehen und Wäsche waschen, trocknen, zusammenlegen
- Wäsche sortieren, waschen, trocknen, auffalten, einräumen
- Schränke aufräumen, kontrollieren
- Kontrolle der Kinderzimmer (grobes Aufräumen der Zimmer)
- Putzen des Dienstzimmers
- Staubsaugen, Blumen gießen
- Einkäufe tätigen (Lebensmittel, Bekleidung usw.), Besorgungen für das Mittagessen
- Essensplan mit der Hauswirtschaftskraft besprechen

Verwaltungsarbeiten
- Kasse abrechnen, mit Quittungen belegen
- Eintragungen ins Teambuch
- Berichte schreiben
- evtl. Abgabe des Tagesberichtes beim Heimleiter und kurze Besprechung der Vorkommnisse
- evtl. Arzt oder sonstige Termine festlegen
- Gespräche/Telefonate mit Ämtern/Schulen/Eltern führen
- Anträge stellen

Kaffeepause mit Kolleginnen und Kollegen, einschließlich Hauswirtschaftspersonal

Dienstübergabe
- Klatsch & Tratsch (zwischenmenschliche Beziehungen pflegen)
- Austausch über die wichtigsten Vorkommnisse:
  - Verhalten der Kinder
  - Aktivitäten der Kinder/der Gruppe
  - besondere Vorkommnisse (Anrufe, Besuche)
  - Ergebnisse der Wahrnehmung von Terminen (Hilfeplangespräch, Ärzte)
  - Schule, Kindergarten
  - Eckpunkte und Termine zum Folgedienst erwähnen, besprechen und planen
  - Besprechung von Aufgaben, die am Tag noch anfallen
  - Planungen

Teilnahme an Dienstbesprechungen/Erzieherkonferenzen
- evtl. Teamberatungen/Supervisionen
- Erziehungsplanungsgespräche
- Dienstpläne erstellen

Sonstige Tätigkeiten am Vormittag
- Behördengänge tätigen
- Beaufsichtigen der anwesenden Kinder und Jugendlichen
- Beschäftigen, Fördern der nicht schulpflichtigen Kinder
- Vorbereitung evtl. stattfindender Feste
- Ferienfahrten organisieren
- Kinder von der Kindertagesstätte abholen
- Lebensmittel aus dem Vorrat holen
- sich um Kinder und Jugendliche kümmern, die aus der Schule kommen
- Schultag reflektieren
- kontrollieren, dass Kinder und Jugendliche sich umziehen

Mittagstischvorbereitung
- selbst kochen, der Hauswirtschaftskraft behilflich sein oder Essen aus der Großküche holen, umfüllen in Schüsseln
- Essen warmstellen, bis die Kinder aus der Schule kommen
- Essen für die Kinder, die später aus der Schule kommen, zurück- und warmstellen
- Mittagstisch decken
- Getränke bereitstellen

Mittagessen
- Kinder zum Essen zusammenrufen, zu Tisch bitten
- zum Händewaschen auffordern
- darauf achten, dass keine Handys mit an den Tisch genommen werden
- Kinder zur Ruhe kommen lassen, „Guten Appetit" wünschen
- Tischgebet (evtl. mit einem Gebetswürfel)

- Essen verteilen/Kinder nehmen sich ihre Portionen selbst
- darauf achten, dass alle Kinder und Jugendliche versorgt sind und essen
- später eintreffende Kinder begrüßen, zum Händewaschen auffordern, zum Essen bitten
- auf Essmanieren achten und für Ruhe sorgen
- Tischgespräch/Kinder über Erlebnisse berichten lassen, ggf. nachfragen
- Tisch abräumen lassen (einzeln oder Küchendienst)
- Nachmittag mit den Kindern planen
- Termine bekanntgeben oder daran erinnern
- Verabredungen abklären
- Fahrdienste regeln und Begleitung abklären

Küchendienst
- Kinder zum Dienst auffordern und ihre Arbeit kontrollieren (Tisch abdecken und spülen)
- ggf. Spülmaschine ein-/ausräumen
- eigene Übernahme von Aufgaben
- Küche und Esszimmer putzen

Mittagsschlaf für die Kleinkinder organisieren
Kinder/Jugendliche zum Zähneputzen anhalten

Kurze Pause nach dem Mittagessen

ggf. Dienstübergabe (siehe vormittags)

Lernzeit
- Betreuung der Kinder und Jugendlichen bei den Hausaufgaben
- mit den Kindern und Jugendlichen üben
- Nachhilfe geben
- auf Ruhe bei den Hausaufgaben achten
- darauf achten, dass die Kinder und Jugendlichen bis zum Ende der Hausaufgabenzeit in der Gruppe bleiben

Freizeitaktivitäten
- auf Aktivitäten im Hause hinweisen
- besondere Beschäftigungen mit Kleinkindern
- Fahrräder reparieren
- Wohnräume gestalten
- Vorbereitungen für Feste (Geburtstag usw.)
- Fernsehprogramm gemeinsam auswählen
- Spieleabende vorbereiten
- Spaziergänge (Eis essen gehen usw.)
- Musikangebote
- Radtouren
- Aktivitäten außerhalb des Heimes anregen und fördern (Probestunden wahrnehmen, Finanzierung abklären, Hin- und Rückweg organisieren, Testphase bieten)

Sonstige Tätigkeiten am Nachmittag

- Hofdienste
- Haustiere versorgen
- Gartenarbeit
- Bügeln/Waschen
- Müll entsorgen
- Schuhe putzen
- Behördengänge/Telefonate/Hilfeplangespräch
- Aufräumen der Gruppe
- kleinere Reparaturen in der Gruppe
- Verschönerungen in der Gruppe
- Elternkontakte, Besuche von den bzw. der Eltern
- Arzt-, Apothekenbesuche/Therapien (Krankenkassenkarte mitgeben)
- Friseur
- Einkauf mit Kindern
- Taschengeld ausgeben, Ausgaben besprechen und in die entsprechende Liste eintragen
- Bekleidung mit Kindern und Jugendlichen durchsehen, Einkaufsliste erstellen
- Bekleidung mit Kindern und Jugendlichen einkaufen, ggf. Bekleidungsgeld ausgeben
- Kinobesuche anregen, organisieren
- Gespräche mit Kindern und Jugendlichen führen
- Jugendliche beim Erwerb des Führerscheins begleiten
- Briefe schreiben (an Eltern, Verwandte, ...)
- Vorstellungsgespräche/Bewerbungen schreiben
- Kurse (VHS usw.)
- Konfirmanden-, Kommunions-, Firmunterricht

Lebensmitteleinkäufe tätigen

- Einkaufsdienst organisieren
- Einkaufsgeld ausgeben
- Einkaufszettel anfertigen
- Einkauf mit Kindern
- Quittungen sammeln und ordnen

Tätigkeiten vor dem Abendessen

einige Kinder ans Duschen erinnern

Vorbereitung des Abendessens

- Küchendienst für den Abend auffordern, das Abendbrot herzurichten
- Reste vom Mittagessen verwerten
- Aufteilen der Speisen
- auf Atmosphäre achten
- Fernsehen der Kinder und Jugendlichen beenden

Gemeinsames Abendessen (siehe auch Mittagessen)

- darauf achten, dass keine „gruppenfremden" Personen in der Gruppe sind und dass Fernseher, Radios und Handys ausgeschaltet sind
- (Tischdecken siehe Frühstück)
- an zu erledigende Ämter erinnern

Hauswirtschaftliche Aufgaben nach dem Abendbrot

- Küchendienst
- Tisch abräumen
- Boden fegen
- Mülleimer leeren
- Spülmaschine anstellen
- Frühstückstisch für den nächsten Morgen decken

Sonstige Tätigkeiten am Abend

- Ausgang von Kindern und Jugendlichen klären (Festlegen der „Ausgangszeit")
- Tisch für das Frühstück decken
- Kontrolle, dass die Kinder und Jugendliche ihre „Ämter" sorgfältig erledigen
- Schultasche packen lassen
- über das Fernsehprogramm abstimmen
- Teilnahme an Schulpflegschaftssitzungen
- Medikamente austeilen und in die entsprechende Liste eintragen
- Gruppenräume putzen
- Näharbeiten
- Eintragungen in das Gruppentagebuch

Zubettgehsituation

- kleinere Kinder auf das Schlafengehen vorbereiten
- überprüfen, ob Hygieneartikel ausreichend vorhanden sind
- Kinder baden, Haare der Kinder fönen
- Körperhygiene überwachen, Nägel schneiden
- Geschichte vorlesen
- Tagesreflexion
- Nachtgebet
- Sachen für den nächsten Tag herauslegen
- Kindern und Jugendlichen eine gute Nacht wünschen

Älteren Kindern und Jugendlichen Aktivitäten für die Abendphase anbieten

- Gespräche mit älteren Kindern und Jugendlichen führen
- mit älteren Kindern und Jugendlichen fernsehen
- Spiele spielen

Nachtbereitschaft

- Außentüre abschließen
- Gruppentüre abschließen

Nehmen Sie folgende Einschätzungen vor:

a) Wie hoch ist die Arbeitsbelastung für die Erzieherinnen und Erzieher in den (oben dargestellten) einzelnen Phasen des Alltags (von 1 = hoch, 2 = mittel bis 3 = niedrig)?

b) Hinter vielen der aufgelisteten Tätigkeiten der Erzieherinnen und Erzieher stehen Verrichtungen, die Kinder und Jugendliche im Tagesablauf zu erledigen haben. Aufgabe der Erziehenden ist es, die Kompetenzen der Kinder und Jugendlichen zu fördern, damit eine eigenverantwortliche Durchführung dieser Handlungen möglich wird. Wählen Sie einzelne Aufgaben und Pflichten aus und schätzen Sie ein, wie wichtig diese Tätigkeiten für den Erwerb von Selbstkompetenz (SeK) und Sozialkompetenz (SoK) bei Kindern und Jugendlichen sind (von A = hoch, B = mittel bis C = niedrig).

2.3.3 Handlungskonzepte der Alltagspädagogik

Vorgabe des Handelns in allen Bereichen der Heimerziehung ist, wie schon erwähnt, der § 34 SGB VIII, KJHG. Demnach sind „[…] Kinder und Jugendliche durch eine Verbindung von Alltagserleben und pädagogischen und therapeutischen Angeboten in ihrer Entwicklung (zu) fördern […]" Und weiter heißt es, die Hilfe soll „eine auf längere Zeit angelegte Lebensform bieten und auf ein selbstständiges Leben vorbereiten."

Wenn wir im folgenden Abschnitt der Frage nachgehen, welche Handlungskonzepte geeignet sind, diesem gesetzlichen Auftrag gerecht zu werden, dann ist zunächst Bezug zu nehmen auf die Ausführungen der Alltagspädagogik allgemein, auf die Bestandsaufnahme der anfallenden Tätigkeiten und es sind Zielvorstellungen des pädagogischen Handelns in den Blick zu nehmen. Welche Qualifikationen, welche Kompetenzen müssen und sollen Kinder und Jugendliche in Einrichtungen der stationären Erziehungshilfe erwerben? Folgende Kompetenzen, die z. B. im Bereich der Suchtprävention Geltung haben, treffen auch für das Arbeitsfeld der stationären Erziehungshilfe zu.

Erforderlich ist eine umfassende Förderung der Lebens- bzw. Handlungskompetenz. Dazu gehören:

1. Die Förderung von Selbstwert und Vertrauen
2. Die Förderung der Kontakt- und Kommunikationsfähigkeit
3. Die Förderung der Konfliktfähigkeit
4. Die Förderung der Genuss- und Erlebnisfähigkeit
5. Die Unterstützung bei der „Sinnsuche" bzw. „Sinnerfüllung"

(vgl. Leitlinien zur Prävention von Missbrauchsverhalten und Sucht, Bundeszentrale für gesundheitliche Aufklärung, 1993)

Drei unterschiedliche Konzepte bieten sich an, die nicht wahlweise oder alternativ umgesetzt und angewandt werden sollen und können, sondern sich in der Alltagsarbeit ergänzen. Die erste Herangehensweise stellt die Analyse des alltäglichen Handelns sowie die Verbindung der individuellen Pädagogik mit dem Alltagshandeln in den Vordergrund der

Überlegungen (vgl. Günder, 2011, S. 204–208). Das zweite Konzept ist das der pädagogischen Milieugestaltung und stützt sich auf die Ausführungen von Heitkamp (vgl. 1984, S. 146–148). Der dritte Ansatz hat einen sozialräumlichen Bezug. Er geht davon aus, dass die Alltagsgestaltung der Gruppe sich auch auf den Sozialraum bezieht, ja ihn einbezieht in pädagogische Maßnahmen.

1. Alltagsanalyse und pädagogische Struktur (Günder)

Die Komplexität der Anforderungen, die auf die Erzieherinnen und Erzieher im Alltagsgeschehen einwirken, stellt eine enorme Belastung dar. Günder (vgl. 2011, S. 204 ff.) stellt an den Anfang einer Intervention zunächst eine sorgfältige Analyse. Diese darf allerdings nicht dazu führen, dass Lösungen angestrebt werden, die eine „Rückkehr zur zentralen Versorgung darstellen, denn deren negative Auswirkungen auf die Selbstständigwerdung der Kinder sind hinlänglich bekannt" (Günder, 2011, S. 204 f.). Der Alltag muss bewältigt werden, er muss weitgehend reibungslos organisiert sein. „Hektik und Chaos im Gruppenalltag hindern nicht nur die Vorgänge der gezielten pädagogischen Förderung, es werden als Folge neue Defizite und Auffälligkeiten bei den Kindern zu verzeichnen sein" (Günder, 2011, S. 205). Das heißt also, dass die bloße Erledigung alltäglicher Aufgaben nicht die notwendigen pädagogischen Tätigkeiten überlagern darf. Es muss immer Raum und Zeit sein, Kinder z. B. beim wöchentlichen Großeinkauf zu beteiligen. Auch wenn es schneller gehen mag, sollten Erzieherinnen und Erzieher diese Aufgabe nicht allein erledigen. Auch das Bettenmachen am Morgen hat die diensthabende Erzieherin oft schneller selbst erledigt, als sich darum zu bemühen, das Kind zu dieser Tätigkeit anzuleiten und zu unterstützen.

Überlastungssituationen von Erzieherinnen und Erziehern haben ihre Ursachen in den Bedingungen und in der Organisation des Alltaggeschehens. Diese lassen sich nach Günder durch folgende Handlungen zwar nicht ganz vermeiden, aber doch reduzieren.

Vorausschauende Planung

So verschieden und unterschiedlich Abläufe in den einzelnen Gruppen auch sein mögen, so gibt es, wie in allen anderen Alltagen, immer wiederkehrende Vorgehensweisen, die vorhersehbar sind und die sich planen lassen. Aufstehzeiten, Mahlzeiten, Hausaufgabenzeiten und auch das Zubettgehen sind meist geregelt und die Abweichungen kalkulierbar. Auch über den einzelnen Tag hinausgehende Tätigkeiten
lassen sich mit einem gut organisierten Zeitmanagement (Bestandsaufnahme, Check-, Prioritäten- und To-do-Listen) vorbereiten. Urlaube von Mitarbeiterinnen und Mitarbeitern, Gesprächsrunden, Fortbildungen, Arbeitskreise, Termine der Kinder und Jugendlichen bei Ärzten, Therapeuten und Wochenendbesuche bei den Eltern, Bekleidungseinkäufe usw. lassen sich meist im Voraus festlegen (vgl. Günder, 2011, S. 205 f.).

Verbindliche Absprachen treffen

Geplantes muss eingehalten werden! Zur gelungenen Teamarbeit gehört, dass sich alle Mitarbeiterinnen und Mitarbeiter an gemeinsame Beschlüsse halten. Davon auszugehen, der andere wird es schon gemacht haben (TEAM = Toll! Ein anderer macht's), kann auch bei positiver Grundstimmung der Teamarbeit zu Irritationen führen. Überlastungen Einzelner können vermieden und besondere Fähigkeiten und Vorlieben zur Erledigung bestimmter Aufgaben berücksichtigt werden. Wenn diese Aspekte in der Zusammenarbeit beachtet werden, führt dies zu einer größeren Arbeitszufriedenheit, die sich wiederum auf die Alltagsarbeit positiv auswirkt. Erfahrungsgemäß wirken sich Reibungen in der Teamarbeit stärker auf die pädagogische Arbeit mit Kindern und Jugendlichen im Alltag aus als z. B. der Umgang mit schwierigen Erziehungssituationen an sich (vgl. Günder, 2011, S. 206).

Orientierung auf das Wesentliche

Diese Überlegung geht über das Erstellen einer „Rankingliste" hinaus. Es geht nicht darum, was in welcher Reihenfolge erledigt werden muss, sondern um die Frage, ob es überhaupt zu den originären Aufgaben im Gruppenalltag dazugehört. Diese Frage ist nicht immer leicht zu entscheiden. Sie stellt sich z. B. dann:

„ […] wenn Weihnachtsfeiern für das ganze Haus, Sommerfeste oder dergleichen vorzubereiten sind. Wenn in solchen Situationen pädagogische Belange zu kurz kommen, ist kritisch zu überlegen, welchen Sinn solche Aktionen haben, ob sie nur aus Gründen der Tradition durchgeführt werden und vielleicht ganz auf sie verzichtet werden kann."

(Günder, 2011, S. 206)

Trägervertreter und Einrichtungsleitungen werden hierzu gegebenenfalls eine andere Perspektive entwickeln als die Erzieherinnen und Erzieher der Gruppe. Im Qualitätsmanagement würde die Frage gestellt, ob dieser Aufgabengabenbereich zum „Kernprozess" gehört, ein notwendiger „Unterstützungsprozess" ist oder ob dieser Aufgabenkreis ausgelagert werden muss. Zur Klärung ist es notwendig, die Belange von Kindern und Jugendlichen in den Mittelpunkt zu stellen. Als Entscheidungshilfe kann auch das „Kieselprinzip" dienen:

„Stellen Sie sich das Kieselprinzip als folgendes Bild vor: Sie nehmen einen großen Glaskrug und füllen ihn zu etwa 40 % mit Wasser. Dann schütten Sie eine große Portion Sand hinzu und kippen anschließend Kieselsteine darauf. Nun ist der Krug bereits recht voll. Doch sie müssen noch weitere große Steine unterbringen. Aber schon beim zweiten droht der Krug überzulaufen."

(Knoblauch/Wöltje, 2006, S. 61)

Wenn man in das Alltagshandeln viele nicht so wesentliche Tätigkeiten integriert, dann bleibt kein Platz mehr für die „Kieselsteine", die eigentlich wichtiger wären.

Entwicklung von Handlungsstrategien

Für unvorhersehbare Situationen ist es hilfreich, auf einen „Plan B" zurückgreifen zu können. Akutaufnahme eines Kindes, Entweichung eines Kindes, Anruf der Schule, dass ein

Jugendlicher sofort abgeholt werden muss oder ein Kind verletzt sich so stark, dass es der ärztlichen Hilfe bedarf, das alles sind Alltagskonstellationen, die nicht dauernd vorkommen, aber geschehen können. Wenn sich das Erzieherteam darauf vorbereitet, indem die Situationen dargestellt und intensiv diskutiert werden, dann besteht die Chance, dass sie keine so große Hektik mehr auslösen.

„In Rollenspielen lassen sich meist adäquate Handlungsmuster für die Beherrschung solcher Situationen erkennen. Es empfiehlt sich auch im Voraus zu vereinbaren, welche Umstände vorliegen können, damit es gerechtfertigt ist, andere KollegInnen aus ihrer Freizeit heraus um Mithilfe zu bitten."

(Günder, 2011, S. 207)

Dienstplanmäßig lässt sich solch eine Rufbereitschaft bei vier Mitarbeiterinnen und Mitarbeitern pro Gruppe vereinbaren. Gerade für Berufsanfängerinnen und Berufsanfänger ist es sehr erleichternd zu wissen, dass sie im Bedarfsfall auf eine solche Hilfe zurückgreifen können. Oft reicht eine kurze Besprechung am Telefon schon aus, um der Gruppensituation die Dramatik und Hektik zu nehmen. Von Spiegel (2003) weist in diesem Zusammenhang bezüglich der Gestaltung des alltäglichen Handelns auf die Entwicklung von Routinen hin.

„Eine probate Methode, solche (unvorhersehbaren) Ereignisse zu kontrollieren, ist die Entwicklung von Routinen, also von Schemata und Handlungsabläufen für Situationen, die in Variationen wiederkehren und die auf diese Weise einfacher zu bewältigen sind."

(von Spiegel, 2003, S. 100)

Denn trotz der Verschiedenheit der individuell zu gestaltenden Erziehungssituationen gibt es viele vergleichbare und ähnliche Aspekte. „Und auch das methodische Repertoire der Fachkräfte ist individuell begrenzt und wird lediglich variiert" (von Spiegel, 2003, S. 101).

Vermeidung von Überbelastung

Wie bereits erwähnt, ist eine gelingende Teamarbeit die beste Voraussetzung, um Überbelastungen zu vermeiden. Eine ehrliche und offene Aussprache kann helfen, Belastungssituationen zu verringern. Koordination der Aufgaben und kooperatives Handeln bedeutet in diesem Zusammenhang, die anfallenden Aufgaben so zu verteilen, dass jeder mit seinen individuell ausgeprägten fachlichen „skills" zum Einsatz kommt (vgl. hierzu auch Kap. 6.2 Teamarbeit).

„Die täglichen Arbeiten können auch so eingeteilt werden, dass die persönliche Vorliebe und Kompetenz Berücksichtigung finden kann. Wenn die Erzieherin, die nicht gerne kocht, nur für ein einfaches Essen sorgt, ist dies jedenfalls besser als ein mit einem Überlastungsgefühl entstehendes pädagogisches Unvermögen."

(Günder, 2011, S. 207)

Verdeutlichung von eigenen Ansprüchen und denen der Gruppe

Erzieherinnen und Erzieher in den Einrichtungen der stationären Erziehungshilfe benötigen ein berufliches Selbstverständnis, welches sich durch eine pädagogische Professionalität begründet. Ihr alltagspädagogisches Handeln bedarf keiner grundsätzlichen Rechtfertigung gegenüber anderen Professionen. Dies muss selbstbewusst nach außen getragen werden und Aussprüche wie dieser: „So gut möchte ich es auch mal haben, mit Kindern ein wenig Hausaufgaben zu machen, mit ihnen Eis essen zu gehen und dafür auch noch ein Gehalt beziehen", sollten eigentlich der Vergangenheit angehören und dürfen nicht ernst genommen werden. Aus dieser Haltung heraus lassen sich eigene Ansprüche an die Arbeit formulieren, auch bei anderen Hindernissen:

> „Wenn von der Seite der Verwaltung oder der Heimleitung zu starke Anforderungen in organisierter Hinsicht verlangt werden, so ist diesen Personen gegenüber klar aufzuzeigen, wann pädagogische Ansprüche gefährdet erscheinen."
> (Günder, 2011, S. 207)

Ansprüche werden auch häufig von Ärzten und Therapeuten gestellt, die im Alltag so nicht umzusetzen sind oder aus Sicht der Heimpädagogen nicht angemessen oder angebracht erscheinen. Hier sollte deutlich Position bezogen werden, um ggf. nicht erfüllbare Erwartungen zurückzudrängen.

Verbindung von individueller Pädagogik und Alltagspädagogik

Das Organisieren des Alltags und der gesamten alltäglichen Verrichtungen ist als Voraussetzung zu betrachten, um gruppenpädagogische Interventionen und gezielte individuelle Förderungen durchzuführen.

> „Die einzelnen Handlungen im Alltag bestimmen das vorhandene Milieu, welches erst zum therapeutischen Milieu wird, wenn die eingebetteten Handlungen sich an pädagogischen Vorstellungen orientieren."
> (Günder, 2011, S. 207 f.)

Man kann das eine nicht von dem anderen trennen. Pädagogische Alltagsgestaltung ist die Integration von alltäglichen Handlungen und pädagogischem Tun. Wenn Erzieherinnen und Erzieher Kinder zu Bett bringen, dann gehört dazu auch die „Bettkantensituation" mit den hinlänglich bekannten „Bettkantengeschichten" (ZDF-Fernsehserie 1983 bis 1990): Zu Beginn jeder Folge macht ein Kind eine böse Erfahrung. Es wird von anderen Kindern schikaniert, von einem Lehrer ungerecht behandelt, muss plötzlich woanders übernachten oder anderes. Vater oder Mutter erinnern sich, in der eigenen Kindheit etwas Ähnliches erlebt zu haben. Die Geschichte hat immer ein Happy End. Das Reflektieren des

Tages ist eine mögliche Form, die Ruhe- und Einschlafphase einzuleiten. Erzieherinnen und Erzieher haben das Kind aufmerksam über den Tag hin begleitet und konnten eine „Sensibilität entwickeln für das Aufspüren von Situationen, in denen individuelle Begegnungen zur pädagogischen Situation werden können" (Günder, 2011, S. 208). Und solche Situationen ergeben sich über den ganzen Tag hinweg. Notwendig ist, dass Mitarbeiterinnen und Mitarbeiter sich durchgängig bewusst sind über die Be- und Empfindlichkeiten der Kinder und Jugendlichen und die für sie in Hilfeplangesprächen vereinbarten Zieldimensionen. Diese müssen nicht im Detail präsent, aber abrufbereit sein, wenn sich Gelegenheiten im Alltag bieten, sie umzusetzen.

„Eine Verhaltensänderung wird nicht in erster Linie durch eine geplante Korrektur im Sinne therapeutischen Handelns erreicht. Eine Modifizierung des Verhaltens erreicht der Erzieher durch das modellartige Zusammenleben mit Kindern und Jugendlichen und besorgt so ein Wachstum und eine Reife der Persönlichkeit der ihm anvertrauten jungen Menschen."
(Heidemann, 1987, S. 275)

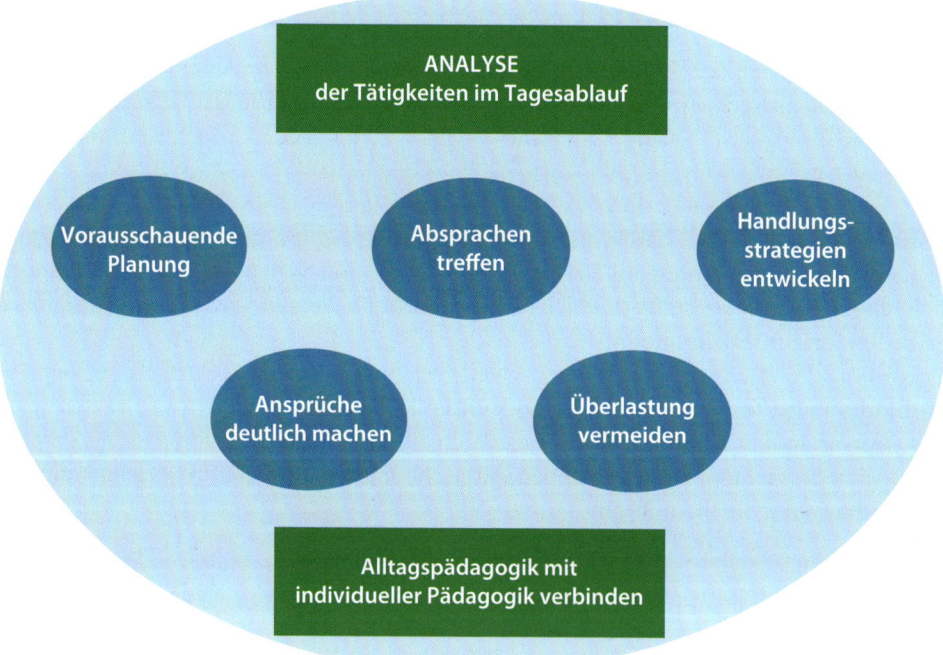

Alltagsanalyse und pädagogische Struktur

2. Das Konzept der pädagogischen Milieugestaltung

Die pädagogische Milieugestaltung greift den Konzeptanteil des letzten Abschnittes auf, indem verstärkt die Alltagspädagogik mit der individuellen Pädagogik, der Gruppenpädagogik und heilpädagogisch-therapeutischen Ansätzen durchsetzt wird. Heitkamp stellt in seinem Konzept das pädagogische Handeln in den Vordergrund und fordert, sich von den „[...] in den 60er-Jahren in Deutschland eingeführten ‚Milieutherapie-Modellen', die sich als pädagogisch-therapeutische Inseln mit größtmöglichem Schonraum für die Kinder und weitgehender Isolierung von der Außenwelt verstehen […]" (Heitkamp, 1984, S. 146) abzusetzen. Er problematisiert in seinen Ausführungen, wie denn dieses Konzept genannt werden kann. „Konzept der pädagogischen Milieutherapie" oder „Konzept des pädagogisch-therapeutischen Milieus"? Wir greifen das Ringen um die Entwicklung des Begriffes auf und bleiben deutlicher im pädagogisch-erzieherischen Ansatz mit der Bezeichnung „Konzept der pädagogischen Milieugestaltung. Wie schon erwähnt, soll damit auch der Professionalisierung der Heimerziehung Rechnung getragen werden, indem wir die Alltagsorientierung der Pädagogik in den Mittelpunkt stellen und deutlich machen, dass diese zwar therapeutische Wirkung hat, aber eben keine Therapie ist. Erzieherinnen und Erzieher in den Einrichtungen der Jugendhilfe sind keine Therapeuten, sondern Pädagogen.

Heitkamp (vgl. 1984, S. 147) hat **zehn allgemeine Leitlinien** formuliert, die dieses Konzept kennzeichnen. Im Folgenden werden die Leitlinien aufgeführt und kurz erläutert:

1. Die Erziehung findet in einem relativen Schonklima, bei einer für das Kind individuell notwendigen Abschirmung von der Außenwelt statt, wobei diese in zunehmendem Maße in den Erziehungsprozess einzubeziehen ist.

Kinder und Jugendliche finden häufig in stationärer Erziehungshilfe Aufnahme, weil sie mit den sie umgebenden Realitäten überfordert sind. Es kann sein, dass sie in ihrer Freizeit durch Kaufhausdiebstähle auffällig geworden sind. In der neuen Umgebung würde man den Ausgang stark reglementieren, aber immer darauf achten, Einkaufen unter Begleitung zu ermöglichen. Mit dem Kind oder Jugendlichen ist dieses klar zu vereinbaren, das heißt, es sind Grenzen zu setzen und Möglichkeiten des Handelns aufzuzeigen.

2. Es werden stabile affektive Beziehungen zwischen Erzieher und Kind zum Aufbau eines angstfreien Lebens- und Entscheidungsraumes bereitgestellt.

Erzieherinnen und Erzieher wenden sich dem Kind insbesondere auf der Gefühlsebene zu. Sie bieten sich als Personen an. Grenzen ergeben sich durch den Schicht- und Wechseldienst in den Wohngruppen. Gerade in der ersten Zeit des Heimaufenthaltes haben Kinder und Jugendliche Probleme damit, einzuordnen, wann sie sich mit ihren gefühlsmäßigen Bedürfnissen an wen wenden können. Bei längerer Anwesenheit in der Gruppe ist zu beobachten, dass insbesondere Kinder sich mit ihrem Gefühlsleben bei ihren Bezugserzieherinnen gut aufgehoben fühlen. Ausdruck findet dies z. B. auch in körperlichen Umarmungen bei Begrüßungen und durch Schilderung von freudigen und weniger erfreulichen Erlebnissen der vergangenen Tage. Kinder und Jugendliche in Gruppen müssen darüber hinaus die Erfahrung machen können, dass sie ohne Angst in der Gruppe leben können. Für Kinder, die aufgrund von körperlichem Missbrauch seitens der Eltern in der Gruppe sind, ist es eine im wahrsten Sinne des Wortes heilsame Erfahrung, nicht geschlagen zu werden. Aber auch Grenzsetzungen werden in solch einem möglichst angstfreien Klima besprochen und verdeutlicht.

3. Möglichkeiten zur Distanz und Entlastung von in der Vergangenheit überfordernden familialen Ansprüchen sind vorhanden.

Ansprüche an Kinder und Jugendliche werden kind- und jugendlichengerecht gestellt und formuliert. Man begegnet dem Kind auf Augenhöhe. Es wird ernst genommen in seiner

Leistungsbereitschaft und der Fähigkeit, Erwartungen auch zu erfüllen. Es findet Unterstützung durch die Erziehenden, wenn es zunächst keinen Kontakt zu den Eltern pflegen möchte. Hier stellen sich Erzieherinnen und Erzieher vor das Kind und nehmen eine „anwaltliche Rolle" ein. Ohne den Eltern gegenüber Beschuldigungen auszusprechen, beziehen sie eindeutig Stellung für die Position des Kindes oder des Jugendlichen. Wird dies von den Kindern und Jugendlichen positiv aufgenommen, stärkt das die „exklusive Beziehung, […] die wiederum die Verarbeitung der Trennung erleichtert" (Wieland u. a., 1992, S. 107).

4. Das Kind wird akzeptiert, das heißt angenommen, wie es ist. Es werden ihm eigene Willensentscheidungen zugestanden. So können Verteidigungshaltung und übertriebene Selbstdarstellung abgebaut werden.

Eine der anspruchsvollsten Anforderungen an den Erziehenden ist es, Kinder und Jugendliche (und Menschen generell) so anzunehmen, wie sie sind. Es ist zu lernen, zwischen problematischen, d. h. sozial unerwünschten Verhaltensweisen des Kindes und dem Kind als Person selbst zu unterscheiden. Das Kind ist nicht so, es verhält sich so! Um zu lernen, so zu denken, also eine solche Haltung zu entwickeln, ist es ratsam, auch so zu schreiben. Der Alltag bietet viele Möglichkeiten, Kinder und Jugendliche mitbestimmen zu lassen, sie an den sie betreffenden Fragestellungen zu beteiligen (siehe hierzu auch das Kapitel zur Partizipation). Das müssen keine ‚großartigen' Dinge sein. Gerade für Kinder gibt es keine Kleinigkeiten. Alles, was Kindern begegnet, ist von Wichtigkeit. Kinder und Jugendliche echt zu beteiligen, stärkt ihr Selbstwertgefühl nachhaltig (vgl. Lange, 1997, S. 119 ff.).

5. Eine stets offene und vertrauensschaffende Kommunikation ist selbstverständlich für alle am Erziehungsprozess mitwirkenden Personen. Halbwahrheiten haben in solch einem Klima keinen Raum.

An diesem pädagogischen Klima sind alle Personen beteiligt. Wie schon erwähnt, gehören dazu auch Hauswirtschaftskräfte, Hausmeister, besondere Betreuungskräfte, wenn sie auch nur stundenweise beschäftigt sind, Verwaltungsangestellte und natürlich auch Praktikantinnen und Praktikanten jedweder Ausbildungsform und Stufe. Kommunikation in der Erziehung ist ein extrem wichtiges „Erziehungsmittel" und es muss darauf geachtet werden, dass respektvoll und angemessen miteinander gesprochen wird. „Halbwahrheiten" können durch Ironie (in der Praxis seltener anzutreffen als Sarkasmus) entstehen. Ironische Bemerkungen müssen von Kindern und Jugendlichen immer verstanden werden können. „Ich kenne das Kind schon lange, es versteht mich schon!", ist eine zu einfache Erklärung. Wenn Kindern auch mal im Scherz angedroht wird, bei einer nochmaligen Regelverletzung dürfe es am Wochenende nicht zu den Eltern fahren, so sollten sich Erziehende immer fragen, ob nicht doch etwas von der Botschaft hängen bleibt.

6. Das Kind wird durch sensiblen Umgang mit Gewährenlassen im Sinne von „Erfahrungen sammeln" und Konsequenz im Sinne von „Grenzziehung" zum Aufbau von Selbstkompetenz motiviert.

Die Erfahrungen, die im alltäglichen Handeln gemacht werden können, bewegen sich in einem Schonklima von „Ausprobieren-Können" und „Grenzerfahrungen sammeln durch Alltagssituationen". Nicht Personen setzen diese Grenzen, sondern Gegebenheiten des täglichen Lebens. Will das Kind im Alltag Aufträge übernehmen und überschätzt sich, wird es diese Überforderung erfahren. Gelingt es Erzieherinnen und Erziehern durch das Arrangieren des Umfeldes, Situationen so zu gestalten, dass die Erledigung von Aufgaben gelingt, wird das Selbstwertgefühl des Kindes gestärkt.

7. Dem Kind werden Freiräume zum Sammeln eigener, alters- und entwicklungsadäqua-ter Erfahrungen geboten. Folgen eigener Entscheidungen sollen verantwortlich erlebt und durchgestanden werden, wobei ihm ausreichend Möglichkeiten zur Reflexion geboten wer-den müssen.

Aufgaben, mit denen Kinder und Jugendliche im alltäglichen Ablauf betraut werden, müssen immer zu bewältigen sein. Auch Freiräume sind für die positive Entwicklung ein-zuräumen und zu gestalten. Selbst wenn Kinder aus ihrer bisherigen Erfahrung Handlun-gen anders vollzogen haben, also in ihrem Elternhaus Alltagshandlungen anders durch-geführt haben, so müssen sie behutsam an neue Erfahrungen herangeführt werden.

8. Die fortwährende Entwicklung des Kindes wird kontinuierlich unter Berücksichtigung der Belastungen in den Teillebensbereichen (Wohnen, Spielen, Arbeit, Schule, Familie) so gestaltet, dass möglichst immer nur in einem dieser Bereiche Veränderungen stattfinden.

Der kontinuierliche Austausch mit der Schule, aber auch mit dem Elternhaus, muss dafür Sor-ge tragen, dass Über-, aber auch Unterforderungssituationen vermieden werden. So kann eine gute Abstimmung mit dem Klassenlehrer ermöglichen, Anforderungen im schulischen Bereich zurückzustellen, wenn der Jugendliche gerade „Stress" mit seinen Eltern hat oder in der Gruppe Auseinandersetzungen mit anderen Gruppenmitgliedern ihn stark fordern und belasten. Andererseits können auch Ansprüche in der Gruppe zurückgenommen werden, damit der Jugendliche sich stärker auf die Leistungen in der Schule konzentrieren kann. Beispiel: Ein Jugendlicher hatte in den ersten Wochen seines Aufenthaltes in der Gruppe enorme Schwierigkeiten, sich in der Gruppe und in der Schule mit den vielen neuen Regeln zurechtzufinden. Er war sichtlich überfordert, da er mehr als ein Jahr sich selbst überlassen war. Verwahrlosung war in Ansätzen erkennbar. Seine „Marotte" war es, immer einen Hut zu tragen. Er ging sogar mit dem Hut auf dem Kopf zu Bett. Ihm dieses in der Gruppe zu gestat-ten, war machbar. In der Schule war es schwieriger. Nach einem intensiven gemeinsamen Gespräch mit dem Klassenlehrer, konnte der Jugendliche auch dort den Hut während des Unterrichtes auflassen. Nach 14 Tagen verzichtete der Jugendliche auf das Tragen des Hu-tes, zunächst in der Schule und dann auch während der Mahlzeiten in der Gruppe.

9. Die gesamte räumliche und personale Umwelt wird aktiv gestaltet und in den Erziehungsprozess bewusst einbezogen. Dabei ist ein sensibles Umgehen mit allen täglichen Abläufen erforderlich.

Alles was auf Kinder und Jugendliche im Alltag einwirkt, was sie in positiver wie in nega-tiver Hinsicht beeinflusst, muss bedacht und gestaltet werden. Die Kinder und Jugendli-chen werden von gut ausgebildeten und erfahrenen Mitarbeiterinnen und Mitarbeitern begleitet. Diese werden in ihrer Arbeit unterstützt von heilpädagogischen und thera-peutischen Fachkräften. Supervision, Fallberatung, Coaching und auch Weiterbildun-gen gehören zum Standard. Auf die Gestaltung der räumlichen Umwelt wird später im Kapitel 2.3.5 eingegangen.

10. Soweit möglich, wird die Kontinuität der Beziehungen gewährleistet. Notwendige Ablö-sungen werden behutsam und rechtzeitig eingeleitet.

Erziehungsarbeit ist Beziehungsarbeit! Pädagogische Milieugestaltung baut zu einem entscheidenden Teil auf den personalen Einflussfaktor. Ohne eine kontinuierliche Beziehungsarbeit werden sich Kinder und Jugendliche nicht auf Veränderungen ihres Verhaltens einlassen. Wie schon erwähnt, ist es nicht einfach, diese Kontinuität in den Kinderheimwohngruppen sicherzustellen. Erzieherinnen und Erzieher sind Arbeitnehmerinnen und Arbeitnehmer und somit auch abhängig Beschäftigte, die unter bestimmten Voraussetzungen auch ihren Arbeitsplatz wechseln. Oft sind private und persönliche Gründe für einen Wechsel ausschlaggebend. Wichtig ist, dass dieses „Weggehen" für Kinder und Jugendliche nachvollziehbar wird. Sie müssen es verstehen können, auch wenn sie es sehr bedauern und traurig sind. Wenn sie sich die Frage stellen: „Was hat das mit mir zu tun?", muss ihnen das Gefühl genommen werden, sie seien Schuld, sie seien zu schwierig, um es auf längere Zeit mit ihnen aushalten zu können.

In einem Aufsatz mit dem Titel „Menschlichkeit als Methode" schreibt Anne Frommann, dass Kinder und Jugendliche:

„[...] Tag für Tag, deutlich oder undeutlich, mit Worten oder Taten, auf erträgliche oder unerträgliche Weise ihre Fragen [stellen]: Bedeute ich euch etwas? Was bietet ihr mir? Interessiert ihr euch für mich und mein Schicksal? Kann ich mir bei euch einiges leisten? Haltet ihr mich aus? Geht ihr mich etwas an? Kann ich mich nach euch richten? Wo gehöre ich hin? Wer bin ich? Was wird aus mir? Diese Fragen müssen Erzieherinnen und Erzieher als erfahrene und souveräne Fachkräfte und als Personen mit einer dem Kind zugewandten positiven Grundhaltung beantworten."
(Frommann, 1987, S. 27 f.)

Ob sich all dieser Aufwand auch aus finanzieller Sicht rechtfertigt? Anne Frommann liefert ein überzeugendes Argument aus der Sicht der Kinder:

„Sie müssen in einem kleinen, vorübergehenden Paradies gelebt haben, um vertrauen zu können und um die Wirklichkeit zu erkennen. [...] Kinder müssen sich manchmal allmächtig gefühlt haben, um Grenzen hinnehmen zu lernen und um nicht Begrenzendes nur zu hassen und zu fürchten. Ein bisschen Reichtum müssen sie erleben, um den Druck der Realität erträglicher zu finden."
(Frommann, 1987, S. 545)

Anregungen zur Gruppenarbeit

1. Initiieren Sie ein Planrollenspiel, in dem das Team der AWG Schillerstraße folgende Frage zu klären hat:

   – Der Frühdienst wird von der Einrichtungsleitung informiert, dass am Nachmittag ein 13-jähriges Mädchen aus Syrien als „unbegleitetes Flüchtlingskind" aufgenommen werden muss.
   – Konstruieren Sie weitere Akut-Situationen, die sich in der Praxis ergeben können und entwickeln Sie im Planrollenspiel Lösungsstrategien.

   Fassen Sie diese Ergebnisse in einer Checkliste zusammen.

2. Diskutieren Sie in einer Kleingruppe, wie die Fragen von Kindern und Jugendlichen, die Anne Frommann formuliert hat, mit alltäglicher Pädagogik in Verbindung zu bringen sind und durch Alltagshandeln Beantwortung finden können.

3. Das Konzept der Milieubildung mit sozialräumlich-integrativer Vernetzungsarbeit

Wenn im Rahmen von Heimerziehung die Rede von Sozialraumorientierung ist, dann wird in erster Linie Bezug auf die Unterbringung von Kindern und Jugendlichen in ihrem bisherigen Lebensumfeld genommen. Sie sollen ortsnah in einem Kinderheim leben, damit eine Rückführung ins Elternhaus ohne neue Ein- und Umgewöhnung möglich ist. Sie besuchen die gleiche Schule oder die Kindertagesstätte, bleiben in ihrem Freundeskreis und nutzen alle Freizeitangebote wie vor der Unterbringung. So haben sie die Möglichkeit, ihr bisheriges soziales Umfeld zu bewahren und es bleibt die sozialräumliche Nähe zum Herkunftsmilieu.

Wir beziehen uns bei dem „Konzept der Milieubildung mit sozialräumlich-integrativer Vernetzungsarbeit" auf einen Sozialraumbezug abseits der Institution, das heißt abseits der Einrichtung, damit die Alltagsgestaltung Ressourcen des sozialen Umfeldes nutzt. Dies kann sich auf andere Einrichtungen und Dienstleister im sozialen, schulischen, therapeutischen, medizinischen oder sonstigen Sinn beziehen. Gemeint sind aber auch personale Bezüge. So könnte eine Außenwohngruppe auf die Mithilfe von Nachbarn zurückgreifen, wenn z. B. Kinder zum Kommunionunterricht gebracht werden müssen. Im Gegenzug kann die Außenwohngruppe Angebote der Gesamteinrichtung den Nachbarn zur Nutzung überlassen.

Sozialraumorientierung

Oft wird diese Herangehensweise vernachlässigt, weil man schon froh ist, wenn durch negative Aktivitäten der Kinder und Jugendlichen nicht Unfrieden in der Nachbarschaft herrscht. Dennoch ist es im Interesse der Kinder und Jugendlichen notwendig, mit vielen Partnern im Sozialraum zusammenzuarbeiten.

„Der sozialräumliche Ansatz in Kooperation mit Bürgern, anderen Institutionen, Kirchengemeinden […] verbunden mit gegenseitiger Raum- und Ressourcennutzung, erfordert eine präzise und sorgfältige Planung und Kooperation."
(Krumm-Tzoulas, 2009, S. 59)

2.3.4 Standardsituationen im Alltag: Aufstehen – Mahlzeiten – Zubettgehen

Für die Kinder und Jugendlichen ist es bedeutsam, dass die Erzieher von den Anforderungen des Alltags wissen und diese in den Erziehungsprozess einbinden. Die bewusste Gestaltung der einzelnen Phasen des Tages soll somit helfen, das Feld der Erziehung zu strukturieren und Unter- bzw. Überforderungssituationen zu vermeiden.

Die im Folgenden aufgeführten Gedanken aus dem Buch von Trieschman u. a. sollen dafür sensibilisieren, dass Kinder – und häufig auch Jugendliche – Alltagssituationen in besonderer Weise erleben, anders als wir Erwachsenen. Sie geben wertvolle Hinweise zur Gestaltung dieser drei wichtigen Phasen des Alltags.

1. Das tägliche Aufstehen

„Die meisten Erwachsenen wachen morgens um die gleiche Zeit auf, erheben sich, ziehen sich an, räumen auf, nehmen das Frühstück ein und beginnen ihre Tagesarbeit. Dies wird alles ohne besondere Aufmerksamkeit durchgeführt. Wenn unser Wecker einmal nicht abliefe, so würden wir wahrscheinlich doch zeitig erwachen; wenn wir uns einmal nicht so wohl fühlten wie im Allgemeinen, etwa nach einer ruhelosen Nacht, so könnten wir dennoch den Anforderungen des Alltags genügen. Im Gegensatz dazu finden es die meisten Kinder, die der Heimerziehung bedürfen, sehr schwierig, morgens aufzuwachen, aus dem Bett zu steigen, sich anzukleiden, zu frühstücken und sich auf den Schulweg zu begeben. Jede einzelne dieser Aktivitäten kann für diese Kinder ein Hindernis bedeuten, welches sie nur schwer überwinden können. Wenn ein Kind endlich die Schule erreicht, hat es womöglich schon mehrere Zänkereien mit anderen Kindern und eine Auseinandersetzung mit einem Erwachsenen hinter sich. Es ist nicht schwierig, sich vorzustellen, wie der Rest des Tages durch diesen schlechten Anfang beeinträchtigt wird.

Der Hauptgrund dafür, dass unsere Kinder morgens oft diese Schwierigkeiten haben, liegt womöglich darin, dass sie zu dieser Tageszeit am wenigsten dazu fähig sind, mit anderen Menschen, mit Dingen und Aufgaben fertigzuwerden. Während der Zeit des Erwachens schreiten die Kinder von Körperbewusstsein, inneren Gedanken, Traumresten und Einkapselung zur äußeren Welt, zu der direkten Konfrontierung mit den Aufgaben des Sichankleidens, Frühstückens und Zur-Schule-Gehens. In einfacheren Worten: Die Kinder müssen aufhören, sich nach innen zu wenden und wieder anfangen, sich den Anforderungen von außen zu stellen.

Das Erwachen

Nach zehn Stunden Schlaf, Isolierung und Unbeteiligtsein findet ein Kind es schwierig, sich den Aufgaben des neuen Tages zu stellen. Es kann durchaus passieren, dass Aufwachen bedeutet, sich wieder dem Erzieher gegenüber zu sehen, der einen am Abend vorher bestraft oder physisch gebändigt hat; es kann bedeuten, dass man sich wieder mit dem feindseligen Zimmergenossen auseinandersetzen muss, der einem ‚an den Kragen will'. Das Erwachen macht der warmen

Geborgenheit des Bettes ein Ende und verlangt, dass man sich der kalten Realität und den Aufgaben der Umwelt stellen muss. Es ist klar, dass zu dieser Zeit jede Einstellung und Handlung des Erziehers besonders bedeutungsvoll ist, denn diese Kinder steigen fast immer ‚mit dem falschen Fuß zuerst' aus dem Bett.

Während dieser Anlaufphase sollte sich der Erzieher langsam und vorsichtig herumbewegen und nicht sehr laut mit den Kindern sprechen, damit jedes allmählich und ungestört zu sich selbst finden kann. Manche Kinder wachen verstört auf nach einem Albtraum, sind aber schon sehr bald wieder ‚auf vollen Touren' [...] Viele Kinder erwachen langsam, in Phasen, sie schlafen ein und erwachen mehrmals, ehe sie ganz aufwachen. Der Erzieher tut gut daran, die Kinder sanft darauf aufmerksam zu machen, dass die Tagesordnung eingehalten werden muss, dass leise gesprochen wird, bis alle wach sind usw. Der Erzieher geht von Raum zu Raum und teilt sich dem Kind sprachlich angemessen oder nur durch Zeichen und Handlung mit. Dieser Kontakt reicht von einer Bemerkung über das Wetter, oder über das, was man vom Fenster draußen sehen kann, bis zu einem Rat darüber, was man an diesem Tag am besten anzieht. Die Unterhaltung könnte sich auch auf den gestrigen Tag beziehen, auf etwas, was das Kind am gestrigen Tag geleistet hat. Aber der frühe Morgen ist nicht die geeignete Zeit, einen unangenehmen Vorfall zur Sprache zu bringen. Das Gespräch sollte leicht und angenehm sein und nicht etwa tiefsinnig oder problemträchtig. Es sollte sich um die Realitäten der Umgebung, der anderen Kinder, der Tagesroutine und der Aktivitäten drehen. Ein Ergebnis solch gedämpfter Unterhaltung wird darin bestehen, dass das Kind sich auf den Erzieher konzentriert. Sein Interesse am Kind, das in seiner Zuwendung zum Ausdruck kommt, wird ihm im Laufe des Tages helfen, das Kind zu leiten, es vom Schlaf zum Wachzustand und zur gemäßigten Interaktion mit anderen Kindern und Dingen zu führen.

Sich dem Kind ohne sprachliche Äußerungen zu nähern und ihm so sein Interesse zu bekunden, ist für die frühen Morgenstunden eine gute Taktik. Dies kann z. B. dadurch geschehen, dass man in dem Zimmer des Kindes die Vorhänge aufzieht, ein paar Wäschestücke in seinen Schrank räumt, die Kleidung auf dem Bett zurechtlegt oder ein Spielzeug an seinen Platz legt. Die beste Art, dem Kind beim Aufstehen zu helfen, scheint darin zu bestehen, dass man vermeidet, es anzutreiben oder zu hetzen. Große Lebendigkeit und Energie hebt man besser für später am Tag auf. Die Aufstehzeit sollte ruhig und routinemäßig verlaufen, damit die Kinder allmählich ihr eigenes Tempo und ihren eigenen Energiegrad erreichen, mit denen sie die Tagesaufgaben erledigen wollen. Einige Kinder kommen schneller zum völligen Wachzustand als andere. Die meisten Kinder erwachen jedoch nur in langsamen Schritten. In gewissem Sinne hat jedes Kind seinen eigenen Zeitrhythmus, mit dem es in den Tag tritt und es scheint Schwierigkeiten zu verursachen, wenn ein Erzieher dieses Tempo zu beschleunigen oder zu verlangsamen sucht."
(Trieschman u. a., 1978, S. 142–144)

Ankleideroutine

„Die erste größere Aufgabe des Tages ist das Anziehen. Dieselben Körperbelange, die am Vorabend das Auskleiden bestimmten, sind am Morgen wieder da und dies kann eine starke Phase des Widerstandes seitens der Kinder bedeuten. [...] Kinder reagieren unterschiedlich auf die verschiedenen

Hilfen, die der Erzieher zu diesem Zeitpunkt anbieten kann. […] Der frühe Morgen ist keine ideale Tageszeit für Aktivitäten, die von der ganzen Gruppe zusammen ausgeführt werden müssen. Die meisten Kinder können sich früh am Morgen noch nicht allem gleichzeitig zuwenden. Einfache Spiele können jedoch dem Kind helfen, sich zum Ankleiden zu entschließen. Eines, worauf die Kinder zu dieser Tageszeit besonders positiv ansprechen, besteht darin, dass man die Zeit misst, die sie brauchen, um ein bestimmtes Kleidungsstück anzulegen. […] Während des Anziehens kann der Erzieher auf viele Arten Interesse bekunden, etwas lehren oder eine helfende Hand reichen, Letzteres vor allem dann, wenn ein Kind glaubt, es sehe nicht gut aus. Ein Kamm oder ein Gürtel können angeraten oder zu lange Hosenbeine umgeschlagen werden. Oft hilft es, ein Kind darüber zu beraten, ob ein bestimmtes Hemd über oder in der Hose getragen werden soll. Bei solchen Gelegenheiten kann man auch gut seine Freude darüber zum Ausdruck bringen, dass das Kind wächst, vor allem aber immer dann, wenn es eine größere Nummer braucht für seine Schuhe oder Bekleidung. Und noch eine Bemerkung zum Thema anziehen: Viele Heimkinder haben eine besondere Vorliebe für ein bestimmtes Bekleidungsstück, welches sie von zu Hause oder von der Pflegefamilie mitgebracht haben. Es kommt vor, dass sie dieses Teil nicht aus den Augen lassen und es auch dann noch nicht aufgeben wollen, wenn es schon gänzlich abgetragen ist. Der Erzieher kann hier helfen, indem er dafür sorgt, dass dieses Kleidungsstück gewaschen und gepflegt und in möglichst gutem Zustand erhalten wird. Es wäre ein grober Fehler, glaube man, dem Kind einen Gefallen zu erweisen, indem man das Stück wegwirft und es durch ein neues ersetzt."

(Trieschman u. a., 1978, S. 145–149)

Frühstückszeit

„Im Folgenden ein paar Hinweise für das Frühstück selbst: Einige Kinder sagen, sie seien nicht hungrig oder sie weigern sich zu essen. In solchen Fällen hilft es oft, wenn man etwas vorschlägt, was ein Kind jederzeit essen kann, Tee und Toast, Milch und Cornflakes, Kakao etc. Dieser Vorschlag vermindert den Widerstand, da die Kinder dies mehr als ein Imbiss, denn mehr als eine Mahlzeit betrachten. […] Gar nicht so selten trifft man Kinder, die um diese Tageszeit absolut nichts zu sich nehmen wollen. Im Allgemeinen kann man das ruhig gelten lassen. In Anbetracht der Reichlichkeit der Nahrungsmittel, die im Laufe des Tages noch angeboten werden und der Tatsache, dass das Kind früher oder später Hunger haben wird und ohnehin essen wird, lohnt es sich nicht, eine große Sache daraus zu machen, dass es frühstücken muss.

Das Frühstück ist im Allgemeinen ein guter Anzeiger dafür, wie der Rest des Tages verlaufen wird. Die erste Mahlzeit des Tages ist für die Kinder das erste gesellschaftliche Beisammensein und der Erzieher, der sorgfältig beobachtet, kann jetzt schon feststellen, welches der Kinder er für den Rest des Tages besonders im Auge behalten sollte."

(Trieschman u. a., 1978, S. 149–152)

Fertigmachen für den Schulweg

„Wenn die Tagesroutine an diesem Punkt angelangt ist, beginnen die Erzieher, ausgeprägtere Forderungen an die Kinder zu stellen. Wegen des Zeitfaktors allein ist der Erzieher nun gezwungen, die Kinder zu mahnen, ihr Frühstück zu beenden, ihre Schuhe und Oberbekleidung zu holen, usw. Es ist daher entsprechend wichtig, den Kindern klarzumachen, wie viel oder wenig Zeit ihnen noch bleibt. Ohne Voranmeldung plötzlich auszurufen, dass es nun Zeit für die Schule ist, kann zum Chaos führen. […] Kinder äußern vielleicht auch somatische Beschwerden, um dem bevorstehenden Schulbesuch zu entgehen. In diesem Augenblick, vielleicht häufiger als an jedem anderen Punkt der morgendlichen Arbeit, muss der Erzieher eine schnelle Entscheidung darüber treffen, ob er das Kind zur Schule gehen lässt oder nicht."

(Trieschman u. a., 1978, S. 153)

2. Die Mahlzeiten

„Die Mahlzeiten geben einzigartige Gelegenheiten für nahes Zusammenwirken zwischen Kindern und Erziehern im Heim. Das Essen vollzieht sich oft in informellen Gruppierungen und bei besonderer Entspanntheit. Man sitzt um den Tisch und unterhält sich über Pläne, teilt Sorgen miteinander, erfreut sich der gegenseitigen Gesellschaft. Aber selbst in ‚normalen' Familien gibt es hier große Variationsbreiten, besonders hinsichtlich der Rolle der Kinder bei Tisch. Die Vorkommnisse und Einstellungen bei Tisch werden umso komplizierter, je mehr es im Kreise der Familie/Gruppe gestörte Mitglieder gibt. In solchen Gruppen können die Tischzeiten den Tiefpunkt des Tages darstellen, da sich Kinder und Erwachsene nun auf engem Raum nahe sind. Anstatt den Mahlzeiten mit Freude entgegenzusehen, werden sie bei diesen Gruppen mit Schrecken erwartet."

(Trieschman u. a., 1978, S. 157)

Die Anforderungen während der Mahlzeit

„Der wohl bekannte alltägliche Vorgang des Zutischsitzens ist, genau betrachtet, ein komplexer Akt, besonders für Kinder mit geschädigtem Ego. Ihre Probleme spitzen sich dadurch zu, dass sie sich im Heim in Gesellschaft anderer gestörter Kinder befinden, um nur einen Unterschied herauszuheben, der zwischen Heim und Familie besteht.

Während Mahlzeiten eine Fülle erzieherischer Möglichkeiten bieten, kann das Hauptproblem darin bestehen, das Kind überhaupt an den Tisch zu bringen. Die erste Anforderung besteht darin, dass es seine angenehme Betätigung abbrechen soll [...] Der Erzieher ist klug, wenn er versucht, eine große Konfrontierung zu vermeiden und sich stattdessen Übergangsaktivitäten oder bestimmter Spiele zu bedienen. So kann es ihm besser gelingen, die Kinder von einer Tätigkeit zur anderen zu leiten. Während wir im allgemeinen Beweglichkeit anstreben, erscheint uns doch, dass feste Mahlzeiten unerlässlich sind, da sie geregelte Anhaltspunkte darstellen, um die herum sich dreimal täglich die Tätigkeiten der Kinder gruppieren. Die Gewissheit, regelmäßig etwas zu essen zu bekommen – die viele Kinder vorher nie gekannt haben – bietet starke emotionale Unterstützung. Die Austauschbarkeit von Nahrung und Liebe in unserer Kultur sorgt für die positiven Werte und Aspekte auch bei der Ernährung der Heimkinder. [...]

Die zweite Anforderung, die bei Tisch an das Kind gestellt wird, besteht im Annehmen, Handhaben und Weiterreichen und Essen der Nahrungsmittel. Für viele Kinder bedeutet das reine Entgegennehmen des Essens einen angsterregenden Vorgang. Unbewusste Zusammenhänge mit dem Abhängigsein von Erwachsenen werden hier lebendig. Die Lebensphilosophie und Atmosphäre des Heimes hinsichtlich der Begriffe ‚Geben', ‚Ernähren' und ‚Nehmen' kommen ins

Spiel, wenn das Kind vom Erwachsenen die Nahrung entgegennimmt. Im Wesentlichen fragt das Kind wortlos: ‚Du gibst mir dies alles – und was erwartest du, was ich dafür tun soll?'

Die letzte Anforderung an das Kind besteht darin, dass es Mahlzeiten beenden soll. Einige Kinder finden großes Vergnügen an Tischspielen. […] Andere Kinder sind immer langsam darin, eine Mahlzeit zu beenden. Dagegen gibt es einige, die fertig sind, noch ehe der Erzieher seinen ersten Bissen zu sich genommen hat. Der vorsichtige Gebrauch von Tischspielen, Unterhaltung oder kleinen Tischroutinen dürfte helfen, diese zeitlichen Unterschiede auszugleichen. […]

Der Erzieher muss sich hinsichtlich der Tischsitten ganz bestimmte Ziele setzen. Er möchte erreichen, dass die Kinder an den Tisch kommen und gerade so viel oder so wenig zu sich nehmen, wie ihnen am besten bekommt. Er möchte in der Lage sein, gleichzeitig seine eigene Mahlzeit zu sich zu nehmen. Es liegt ihm daran, dass dies alles mit einem Minimum an Aufregung, Unterbrechung oder Durcheinander zustande kommt. Er möchte Kinder ferner Tischmanieren lehren und sie vielleicht an Gerichte gewöhnen, die ihnen bisher unbekannt waren. Es kann auch sein, dass er diese Gelegenheit, bei der er seine Gruppe ganz beieinander hat, dazu nutzen möchte, weitere Tagespläne oder Schwierigkeiten, die sich neuerlich in der Gruppe gezeigt haben, zu besprechen. Um solche Ziele annähernd erreichen zu können, muss am Tisch einigermaßen Ruhe und Ordnung herrschen. […]

‚Ansteckung' kann bei Tisch eine große Rolle spielen. Um Probleme von vornherein zu mindern, sollten daher die Plätze sorgfältig angewiesen werden. Dabei muß berücksichtigt werden, welchen Einfluss die Kinder aufeinander haben, wer sich leicht beeinflussen lässt, wer besonnen ist usw. Wenn beispielsweise ein oder zwei Kinder besonders guten oder führenden Einfluss auf die Gruppe haben, sollten sie so gesetzt werden, dass sich ihr Einfluss maximal geltend machen kann. Es muss auch bedacht werden, wie weit oder kurz die Entfernung eines jeden Kindes vom Erzieher sein sollte; manche Kinder brauchen verstärkt seine Hilfe.

Der Hauptzweck, Kinder bei Tisch zu erziehen, besteht nicht darin, sie ‚gesellschaftsfähig' zu machen, sondern ihnen Fertigkeiten zu vermitteln, die ihre Persönlichkeit stärken. Dass ein Kind lernt, andere freundlich um das Anreichen der Schüsseln zu bitten, anstatt lauthals danach zu verlangen oder quer über den Tisch zu reichen, ist darum wichtig, weil es auf diese Weise für sich selbst weniger Widerstand und negative Reaktionen verursacht. Ein anderes Beispiel liegt im richtigen Gebrauch des Bestecks. Jede Fertigkeit, die das Kind lernt, fördert sein Ich und damit seine Reife und sein soziales Verhalten. […]

Vieles wird durch Vormachen gelehrt; der Erzieher bittet z. B. betont höflich um das Anreichen des Salzes, der Schüsseln usw. und vergisst dabei nicht ein deutliches ‚Bitte' und ‚Danke'."
(Trieschman u. a., 1978, S. 158–166)

3. Das Zubettgehen

„Die Skala des ‚unartigen', gestörten und störenden Verhaltens während des Schlafengehens ist erstaunlich weit und bunt. Große und kleine Schmerzen, eben entdeckte lockere Zähne, Durst, Tränen der Trauer und Zornesausbrüche sind nur ein Teil dessen, was vorkommen kann. […]

Hier muss unterschieden werden zwischen Widerstand gegen das Zubettgehen und Widerstand gegen das Einschlafen. Das Kind, das Schwierigkeiten macht, wenn es aufgefordert wird, eine angenehme Abendbeschäftigung aufzugeben, stellt andere erzieherische Aufgaben als das Kind, das noch viele Male aufstehen will (um zu trinken, um zur Toilette zu gehen usw.), nachdem es bereits im Bett ist. Radiohören, Unterhaltung und Lichtanlassen sind nur einige Beispiele für das Herausschieben des Einschlafens. Widerstand gegen das Ausziehen und Raufereien unter den Kindern sind dagegen Beispiele für das Nicht-zu-Bett-gehen-Wollen. Feinere Abwandlungen dieses abendlichen Kampfes hängen von den jeweiligen Gepflogenheiten des Schlafengehens ab, wenigstens zu einem Teil. Die Phasen des Ausziehens, Badens, Reinigens oder Lichtausmachens stellen klare Demarkationslinien dar. Sich die Kenntnis verschaffen, wann und wo ein Kind beginnt, während der abendlichen Vorbereitungsstufen schwierig zu werden, ist ein Schritt zu pädagogisch geplantem Eingreifen. [...]

Da albernes sowohl als auch ängstliches Verhalten um diese Tageszeit besonders ansteckend wirkt, ist es wichtig zu wissen, wer wen beeinflusst. [...]

Schwieriges Verhalten ist manchmal auch so geartet, dass es niemand anderen mit einbezieht. Ein Kind starrt z. B. durch das Fenster ins Dunkle, bis es dort seinen Ärger in Form eines erschreckenden Monsters wahrzunehmen glaubt. [...]

Für Kinder, die zur Bettgehzeit besonders ängstlich werden, ist es gut, wenn der Erzieher von vornherein angstreduzierende Tätigkeiten in die Abendroutine mit einbaut: eine persönliche Unterhaltung mit dem Kind, ein Gesellschaftsspiel für zwei Kinder im gleichen Schlafzimmer usw. Vor dem Schlafengehen zeigen sich oft nicht nur erhöhte Ängstlichkeitsreaktionen, sondern durchaus auch Zeichen größerer Reife, fortschreitender Entwicklung. Das kann sich im Verhalten oder auch in Worten (Gesprächen an der Bettkante) äußern. Eine größere Vertrauensfähigkeit kann sich z. B. darin zeigen, dass sich das Kind vom Erzieher zudecken lässt. [...]

Für das Kind ist die Vorbereitung auf das Schlafengehen eine Zeit, die besondere Anforderungen an seine Persönlichkeit stellt. Angenehme Betätigungen müssen abgebrochen werden, und das Zubettgehen, das für viele Kinder ein sehr unangenehmer und anstrengender Vorgang ist, beginnt. Die Kinder müssen nicht nur ihre Beschäftigung aufgeben, sondern auch die Welt der Erwachsenen, mit der sie am Tage verbunden sind, verlassen; sie müssen weiteres Vergnügen auf morgen verschieben. Es ist eine Zeit, die dem Kind viel Gelegenheit zu Frustration und Aggression bietet. Die Kleider müssen abgelegt, Duschen genommen und Zähne gebürstet werden. Für viele erziehungsschwierige Kinder sind dies anspruchsvolle Forderungen.

Sorge um die Intimsphäre, Entkleiden und das tun, was der Erwachsene erwartet, das alles führt leicht zu Konflikten und zu temperamentvollen Widerständen seitens der Kinder. [...]

Das zurückhaltende Kind schläft im Allgemeinen leicht ein; das kommt daher, dass es ohnehin mehr auf innere Reize eingestellt ist und also keinen großen Übergang zu vollziehen hat. Das motorisch unruhige, aggressive Kind hat dagegen oft große Schwierigkeiten. Es ist auf der Flucht vor Impulsen, und es fällt ihm schwer, sich auf den Schlaf ein- und umzustellen. [...] Die Erfahrungen haben gelehrt, dass sie es bei dem umgekehrten Übergang leichter haben; sie wachen müheloser auf als die zurückhaltenden Kinder. Beide Gruppen brauchen Hilfestellung, um ohne seelischen Gleichgewichtsverlust umschalten zu können. [...]

Die Beziehung zwischen Erzieher und Kind ist bei weitem der wichtigste Faktor in allem, was am Abend dem kindlichen Ego dienen kann. Den körperlichen Bedürfnissen des Kindes entsprechen, ist auch eine Art der Hilfeleistung. Die Versicherungen und Ermutigungen, die vom

Erzieher ausgehen, sind lebenswichtig und können sowohl in Worten als auch in Taten zum Ausdruck kommen. Entspannte Unterhaltung, ruhiges Planen für den nächsten Tag, [...] eine zweite Wolldecke, ein Betthupferl, das Zudecken – dies alles sind Formen, dem Kind direkt zu helfen, mit Reizen und Angstgefühlen besser fertig zu werden. Wesentlich ist, dass der Erzieher dem Kind gegenüber Wärme und Geborgenheit ausstrahlt. [...]

Im einfachsten Sinne geht es darum, das Schlafengehen möglichst problemfrei ablaufen zu lassen, seine Phasen (für Kinder und Erwachsene) bekannt und vorhersehbar zu machen und dadurch viele potenzielle Schwierigkeiten zu entschärfen. Routine entschärft Angstgefühle dadurch, dass das abendliche Vorbereiten fürs Bett und das Einschlafen strukturierte, vertraute wenn auch nicht rigide eingehaltene Gewohnheiten werden. Die Kinder wissen so von vornherein, dass, egal was sonst geschehen mag, die Abendbeschäftigungen zu einem bestimmten Zeitpunkt aufhören müssen, dass sie ihre Dusche zu nehmen haben und dass noch eine Geschichte vorgelesen wird, nachdem die Lichter ausgemacht worden sind. [...]

Auch wenn die Kinder ein besonderes Spielzeug, ein Stofftier [...] mit ins Bett nehmen, wenn sie das Nachtlicht überprüfen, schauen, ob die Tür abgeschlossen ist oder ein Gebet sprechen, sind dass alles gesunde Anzeichen dafür, dass das Kind versucht, sich selbst zu helfen."
(Trieschman u. a., 1978, S. 173–182)

2.3.5 Indirektes Arrangement

„Die Umgebung, in der der Mensch sich den größten Teil des Tages aufhält, bestimmt seinen Charakter."
(Thomas von Aquin, ital. Philosoph und Theologe, ca. 1225–1274)

Der Begriff „Indirektes Arrangement" soll hier als Pendant zur „Direkten Intervention" in konkreten Erziehungssituationen verstanden werden. Während Erzieherinnen und Erzieher beim „Indirekten Arrangement" eher vorbereitend und gestaltend tätig werden, agieren sie in den meisten Alltagssituationen direkt. Sie loben, sie geben Hinweise, setzen Grenzen, ermahnen, spenden Trost, helfen bei den Hausaufgaben, bitten um Ruhe und um Beachtung der Essmanieren bei Tisch – die Aufzählung könnte beliebig lange fortgesetzt werden. „Indirektes Arrangement" bedeutet hier das Arrangieren des Wohnumfeldes des Kindes und des Jugendlichen. Das betrifft in erster Linie die räumliche Gestaltung der Einrichtung, der Wohngruppe und der Zimmer der Kinder und Jugendlichen. Gemeint sind aber auch die vorbereitenden Regelungen, die getroffen werden, um Alltagssituationen pädagogisch zu beeinflussen. Wenn Regeln zu (guten) Gewohnheiten werden und daraus eine Gruppenkultur erwächst, dann ist zu erkennen, dass Kinder und Jugendliche Alltagshandlungen internalisiert haben. So kann die Sitzordnung bei Tisch helfen, Konflikte zu reduzieren. Auch Platzdeckchen können die Funktion

Tischsituation, AWG Wittenhorst, Evangelisches Kinderheim Wesel

gewinnen, den eigenen Bereich bei Tisch klarer zu fassen und ihn nicht zu überschreiten. Was „über dem Tisch" geregelt ist, hat auch Wirkung für das Geschehen „unter dem Tisch". Wenn Grenzen durch Sets gesetzt sind, dann hat das auch positive Wirkung auf Rangeleien wie Treten und Strampeln unter dem Tisch. An diesem Beispiel wird deutlich, wie direkte Interventionen (anleiten, Hilfestellungen geben, loben, ermahnen usw.) mit indirektem Arrangement verbunden werden. Die eigene Gestaltung von Sets durch Kinder würde weitere positive Auswirkungen auf das Essverhalten bringen.

Festzuhalten ist, dass das hier erläuterte „Indirekte Arrangement" über die reine Raumgestaltung hinausgeht. In der Elementarpädagogik wird die Gestaltung des Raumes als dritter (oder erster) Erzieher bezeichnet. Bettelheim nennt seine Milieugestaltung „stumme Botschaften" und es soll zum Ausdruck gebracht werden, dass ästhetisch gestaltete Räume qualitative Sinneswahrnehmungen ermöglichen („räumliche Botschaften") (vgl. Krumenacker, 1998, S. 135). Die Milieugestaltung hat in den letzten Jahren zudem eine besondere Beachtung in der Demenzforschung gefunden. An Demenz erkrankte Menschen sind besonders auf die Gestaltung ihres Wohnumfeldes angewiesen. Die indirekte Wirkung auf Patienten und Klienten in besonderen Pflege- und Behandlungseinrichtungen ist deutlich festzustellen. Im Folgenden sollen einige konkrete Hinweise gegeben werden, die zur Ausgestaltung des „indirekten Arrangements" dienlich sind.

Räume

Die Gestaltung der Räume gehört im Qualitätsmanagement zur Strukturqualität. Einrichtungen sind gehalten, die baulichen Gegebenheiten entsprechend herzurichten, um den Bedürfnissen von Kindern und Jugendlichen gerecht zu werden. Sie müssen den Gewohnheiten und Wünschen der Bewohner entsprechen. Zu berücksichtigen ist auch, dass „[…] Gebäude, Räume und Ausstattungen sich aber auch den ihnen zugedachten pädagogischen Aufgaben funktional erweisen und mithin den Anforderungen, die Mitarbeiter an sie stellen, entsprechen" (Krumenacker, 1998, S. 135).

Die in den 1960er-Jahren gebauten Einrichtungen hatten häufig Flachdächer und nicht selten „Krankenhauscharakter". Bis zu 25 Meter lange Flure bestimmten das Bild, wenn man die Gruppe betrat.

Diese langen Gänge animierten Kinder und Jugendliche zum hastigen Durchlaufen bis hin zum Rennen. Die Wände waren in der Erstausfertigung noch mit PVC-Platten versehen, damit der Schmutz schnell beseitigt werden konnte. Links und rechts befanden sich gleichmäßig verteilt gleichförmige Türen zu den einzelnen Zimmern. Durch kreative Gestaltung ist es möglich, die Länge der Flure optisch zu unterbrechen, verhindern lässt sich die negative Auswirkung des Grundrisses grundsätzlich nicht (vgl. Mahlke, 1988, S. 31). So auch nicht die Beeinträchtigung der Kommunikation, wie aus den Skizzen der nachstehenden Abbildung hervorgeht.

Binnenwohngruppe 2 des Evangelischen Kinderheimes Wesel

Die Gestaltung der Wohnräume für die Kinder und Jugendlichen muss besondere Aufmerksamkeit erfahren. Die Zimmer haben die Grundbedürfnisse nach Wohlbefinden und Geborgenheit sicherzustellen. „Für den Menschen ist das Haus, der Raum, das Bett das Nest der Welt, seine Zuflucht erster Ordnung" (Mahlke, 1988, S. 25 f.). Wenn Zweibettzimmer zu gestalten sind, so kommt der individuellen Rückzugsmöglichkeit und der Beachtung der Intimsphäre eine besondere Bedeutung zu. Auch in kleinen Räumen werden durch Nutzung der dritten Dimension (Hochbetten) „[…] Ecken und Nischen geschaffen und insbesondere das Bett wird als nicht oder wenig einsehbarer, die Intimsphäre wahrender Rückzugsbereich eingerichtet […]" (Mahlke, 1988, S. 27) (Siehe zu diesem Abschnitt auch: Kap. 3.1.3 Bestandteile einer familienähnlich strukturierten Heimerziehung, 5. Bestandteil: Abgeschlossene Wohneinheiten).

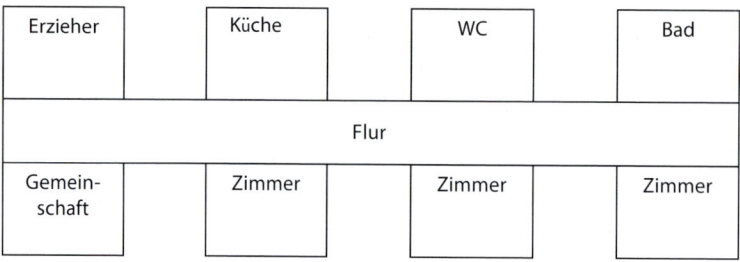

Skizze 1: Autoritäre Raumstruktur. Der Flur reiht die Räume nur aneinander, ohne kommunikativen Bezug, und erzeugt Unruhe.

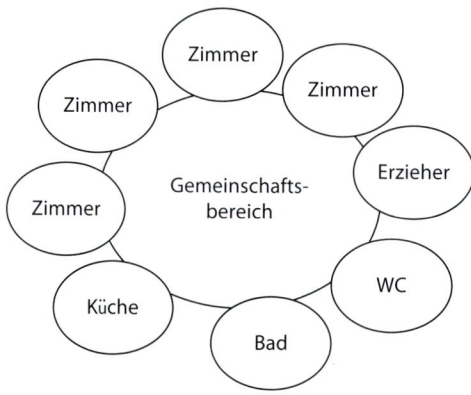

Skizze 2: Kommunikative Raumstruktur, die Gruppe hat einen zentralen Ort.

Raumstruktur und Kommunikation (Wohlfart/Schilling, 2003, S. 45)

Einrichtungsgegenstände und Mobiliar

Während die bauliche Grundsubstanz in den meisten Fällen nicht oder nur in geringem Maße veränderbar ist, so ergeben sich stärkere Einflussmöglichkeiten seitens der Erzieherinnen und Erzieher auf Einrichtungsgegenstände und vor allem auf Dekorationen und Accessoires. In vielen Einrichtungen werden Mitarbeiterinnen und Mitarbeiter, aber auch Kinder und Jugendliche bei der Entscheidung, welches Mobiliar angeschafft oder erneuert wird, mit einbezogen. Das Mitwirken von Kindern und Jugendlichen in diesem Entscheidungsprozess ist häufig wegen der niedrigen Verweildauer in der Einrichtung schwierig, sollte aber immer bedacht werden. Dass Erzieherinnen und Erzieher mitentscheiden, sollte selbstverständlich sein. Einrichtungen gehen auch dazu über, die Etatmittel für diese Zwecke in die Verantwortung der Gruppenleitung zu legen und dann ist das Team der Wohngruppe in der Lage, im Zusammenwirken mit den Kindern und Jugendlichen das erforderliche Inventar auszusuchen. Zum Konzept einer Einrichtung in den Niederlanden gehört es z. B., jeden Jugendlichen in ein völlig renoviertes Zimmer mit neuen Möbeln einziehen zu lassen. Das Zimmer ist frisch gestrichen, hat einen neuen Bodenbelag, neue Gardinen und Vorhänge. Das Mobiliar kann der Jugendliche aus einem vorhandenen „Möbellager" aussuchen und mit Geldmitteln bis zu einer bestimmten Summe hinzukaufen. Ein Neubeginn in Gänze wird damit signalisiert.

Wenn auch nicht jede Einrichtung eine Neuaufnahme in dieser Art und Weise ermöglichen kann, so sind (auch aus diesem Grund) an die Qualität des Mobiliars in Punkto Stabilität und Design besondere Anforderungen zu stellen. Der Abnutzungsgrad ist in Einrichtungen größer, da die Identifikation mit dem Eigentum der Institution nicht so groß ist wie mit den eigenen Möbeln. Hinzu kommt, dass aggressive Kinder und Jugendliche ihre Angriffe auch gegen Sachen richten. Demnach leidet das Mobiliar häufig auch unter mutwilligen Zerstörungen. Preiswerte Discounter-Möbel sind weniger widerstandsfähig als die Einrichtungsgegenstände, die von Herstellern des Objektsegmentes angeboten werden. Sie sind dann qualitativ hochwertig, aber in der Gesamtheit der Gruppe oder Einrichtung eher uniform (Einheitsmöbilisierung) und es entsteht der doch zu vermeidende Anstaltscharakter.

Evangelisches Kinderheim Wesel

Dekorationen, Accessoires

Wenn wir Räume betreten, so erleben wir eine Wirkung. Selbst wenn wir diese Wirkung nicht eindeutig beschreiben können, nehmen wir sie dennoch wahr. In den beiden vorangegangenen Abschnitten ging es im weitesten Sinn um Architektur, Raumordnungen und um Mobiliar, jetzt wenden wir uns der Gestaltung „im Kleineren" zu. Und hier sind die Gestaltungsmöglichkeiten der Erzieherinnen und Erzieher deutlich zu spüren. Zu merken ist, ob sich Mitarbeiterinnen und Mitarbeiter in „ihrem Arbeitsbereich" wohlfühlen und sie aktiv ihre Umgebung gestalten.

Nach dem 1. Axiom von Paul Watzlawick: „Man kann nicht nicht kommunizieren" lässt sich bezüglich unseres Themas auch sagen: „Man kann nicht nicht raumgestalten" (vgl. Wohlfart/Schilling, 2003, S. 36). Ob Erzieherinnen und Erzieher ihre Einflussnahme nutzen, um die Umgebung der Kinder und Jugendlichen zu arrangieren, lässt sich an vielen „Kleinigkeiten" messen. Im Folgenden sollen einige Beispiele dazu anregen, weitere „Gestaltungsmittel" für das Alltagshandeln aufzuspüren. Jeder professionell Erziehende hat seine eigenen privat-persönlichen Schwerpunkte in der Ausformung seines Alltages, die er mit in die Arbeit einbringen kann (und muss). Dass diese Einfluss haben auf Kinder und Jugendliche, dürfte hinlänglich begründet worden sein. Es geht im Rahmen von Teamarbeit darum, diese einzelnen Wesensgehalte zusammenzutragen, zu diskutieren und zu versuchen, sie in das pädagogische Alltagshandeln der gesamten Gruppe zu integrieren.

Aspekte	Fragestellungen	Gestaltungsmittel
Atmosphärische Aspekte	• Welche Atmosphäre möchte ich in den Räumen erzeugen? • Welche Gefühle erzeugen? • Wie sollen sich die Menschen in den Räumen bewegen, aufhalten, arbeiten?	• Farbharmonie • Lichtführung • Raumproportionen • Materialauswahl • Verarbeitung
Konzeptionelle Aspekte	• Welche Bedürfnisse hat die Klientel? • Welche Ziele verfolgen wir mit der Arbeit? • Welche Prozesse geschehen in den Räumen? • Welche Anforderungen an die Raumgestaltung lassen sich daraus ableiten?	• Differenzierung in Funktionsbereiche und deren Abstimmung in den Raumfolgen • Farbgestaltung • Positionieren der „Möbel" bzw. Raumelemente im Raum und zueinander • Strukturieren von Verkehrs- und Verweilzonen
Funktionale Aspekte	• Was muss wo untergebracht werden? • Welche praktischen Abläufe erleichtern den Alltag? • Welche Vorschriften sind zu beachten? (Brandschutz, Arbeitssicherheit usw.)	z. B. • Schmutzecken vermeiden • Nischen optimal ausnutzen • Regale, Schränke und Stauraum sinnvoll plazieren • Ausreichend Stauraum einplanen

Aspekte der Raumgestaltung (Wohlfart/Schilling, 2003, S. 44)

Lernsituation 1: Janina verlässt die Gruppe – wer wird neu in die Gruppe kommen können?

Janina, die seit mehr als drei Jahren in der AWG Schillerstraße lebt, wird die Gruppe bald verlassen und in die Jugendwohngemeinschaft wechseln. In der AWG soll deshalb bald ein weiteres Kind oder ein weiterer Jugendlicher aufgenommen werden.

Die Erzieherinnen und Erzieher werden bei künftigen Anfragen vor die Frage gestellt, welches Kind oder welcher Jugendlicher gut in die jetzige Gruppe passen würde. Deshalb wollen sie fachlich fundierte Vorstellungen entwickeln, damit sie den Kindern und Jugendlichen der AWG gerecht werden, aber auch der „Neuaufnahme" eine Integration und schnelles Einleben ermöglicht wird. Auch die Leitung der Einrichtung erwartet, dass das Team bei zu erwartenden Anfragen Stellung beziehen kann.

Die Gruppe war relativ lange stabil. Durch den Einzug von Fabiola wurde mehr Unruhe in die Gruppe und das Gruppengefüge durcheinander gebracht.

Thema in den Teamsitzungen der letzten Wochen war immer wieder die Frage, ob man den gesetzlichen Aufsichtspflichtbestimmungen in Zeiten einer solch unruhigen Gruppe gerecht werde. Nach Fabiolas Einzug nahmen die Widerstände gegen bislang gewohnte Abläufe in der Gruppe spürbar zu. Fabiola wurde hier als Rädelsführerin ausgemacht, welche die anderen mitzieht. Zwei Kinder sind in letzter Zeit schon abgängig gewesen.

Aufgaben zur Bearbeitung der Lernsituation

1. Benennen Sie die zentralen Problem- und Fragestellungen, die sich aus dieser Situation ergeben.

2. Analysieren Sie die Situation in der Gruppe und die hier vorliegende Problematik.

3. Entwickeln Sie ein gruppenpädagogisches Konzept zum Umgang mit den Kindern und Jugendlichen in der Gruppe. Berücksichtigen Sie dabei insbesondere das Anliegen der Einrichtungsleitung, welches Kind oder welcher Jugendlicher neu aufgenommen werden könnte und welche „Konstellation" in der jetzigen Gruppenphase eher ungünstig wäre.

Für diese Lernsituation relevante Kompetenzbeschreibungen
Wissen

Die Absolventinnen und Absolventen verfügen über

- breites und integriertes Wissen über Gruppenpsychologie sowie über die Gruppenarbeit als klassische Methode der Sozialpädagogik.

- grundlegendes und exemplarisch vertieftes Fachwissen über Bedingungsfaktoren von Gruppenverhalten und -einstellungen aus der Sicht verschiedener Vielfaltaspekte (z. B. Geschlecht, Entwicklungsstand, soziale Herkunft, Kultur, Religion).

- exemplarisch vertieftes fachtheoretisches Wissen über didaktisch-methodische Ansätze und konzeptionelle Ansätze zur Erziehung, Bildung und Betreuung in Kleingruppen in den klassischen Arbeitsfeldern der Kinder- und Jugendhilfe.

Fertigkeiten

Die Absolventinnen und Absolventen verfügen über Fertigkeiten,

- Gruppenverhalten, Gruppenprozesse, Gruppenbeziehungen und das eigene professionelle Handeln systematisch zu beobachten, zu analysieren und zu beurteilen.

- Ressourcen des einzelnen Gruppenmitgliedes festzustellen und in die Planung der Gruppenarbeit einzubeziehen.

- gruppenpädagogische Prozesse methodengeleitet zu analysieren, zu reflektieren, weiterzuentwickeln und zu vertreten.

- Bedingungen in Gruppen zu schaffen, in denen sich das einzelne Gruppenmitglied in der Gruppe selbstwirksam erleben kann.

Inhalte

- gruppenpädagogische Grundlagen

- Beobachtung und Dokumentation von Gruppenprozessen

- didaktisch-methodische Handlungskonzepte der Gruppenarbeit in den Arbeitsfeldern der Kinder- und Jugendhilfe

(Richtlinien und Lehrpläne zur Erprobung für das Berufskolleg in Nordrhein-Westfalen, 7605/2014, Seite 44–47, Auszüge, abrufbar unter http://www.berufsbildung.nrw.de/lehrplaene-fachschule/)

Lernsituation 2: Streit zwischen den jüngsten Kindern der Gruppe

Ludwig hat vor einigen Tagen aus dem Zimmer von Kurt zwei CDs entwendet und wurde von Kurt dabei beobachtet. Kurt hatte sich vorher schon beschwert, dass er Sachen aus seinem Zimmer vermisse. Als Kurt nun konkret den Diebstahl von Ludwig mitbekommen hatte, beschimpfte er ihn lautstark. Er drohte ihm mit körperlicher Gewalt und konnte nur mit Mühe von der diensthabenden Erzieherin davon abgehalten werden, Ludwig zu schlagen. Dabei gab Ludwig an, dass er sich die CDs nur ausleihen wollte. Gestern ist Kurt in Ludwigs Zimmer gegangen, um nachzusehen, ob Ludwig nicht noch weitere Dinge entwendet hat. Ludwig war sehr traurig über das Misstrauen von Kurt und hat anschließend geweint.

Die Erzieherinnen und Erzieher stellen nach der Aufnahme von Ludwig fest, dass es vermehrt Streitigkeiten unter den Kindern und Jugendlichen der AWG gibt. Bei den Mahlzeiten wird zum Beispiel wieder um die Sitzplätze gestritten, was lange Zeit ohne

Probleme gehandhabt wurde. Viele Regeln des Zusammenlebens werden wieder infrage gestellt und die Streitigkeiten untereinander nehmen zu. Ludwig fordert, obwohl er der jüngste in der Gruppe ist, Rechte für sich ein, die bislang von den anderen Gruppenmitgliedern ohne viel Aufhebens untereinander geregelt wurden. Die Situation bei den Mahlzeiten ist ein Beispiel. Auch das Schauen des vorabendlichen Fernsehprogramms gestaltet sich zunehmend schwieriger. Selbst Karola, die sich bislang weitgehend aus allem herausgehalten hat, mischt sich immer mehr in Konflikte ein.

Übernächste Woche findet ein pädagogischer Teamtag statt. Thema soll hier nicht die Teamarbeit als solche sein. Der Mitarbeiter des Gruppenergänzenden Dienstes (GED) soll mit den Erzieherinnen und Erzieher Konzepte zu den zur Zeit anstehenden Fragestellungen und Problemen bei Kindern und Jugendlichen sowie der gesamten Gruppe entwickeln, da die Erzieherinnen und Erzieher nicht nur auf die „Aktionen" der Kinder und Jugendlichen reagieren, sondern mit einer Handlungsstrategie agieren wollen. Der Mitarbeiter vom GED hat das Team gebeten, entsprechende Vorüberlegungen anzustellen und diese kurz schriftlich zusammenzufassen.

Aufgaben zur Bearbeitung der Lernsituation

1. *Benennen Sie die zentralen Problem- und Fragestellungen, die sich aus dieser Situation ergeben.*

2. *Analysieren Sie die Situation in der Gruppe und die hier vorliegende Problematik.*

3. *Entwickeln Sie ein gruppenpädagogisches Konzept zum Umgang mit den Kindern und Jugendlichen in der Gruppe. Berücksichtigen Sie dabei die besonderen Bedürfnisse von Ludwig.*

Für diese Lernsituation relevanten Kompetenzbeschreibungen
Wissen

Die Absolventinnen und Absolventen verfügen über

- breites und integriertes Wissen über Gruppenpsychologie sowie über die Gruppenarbeit als klassische Methode der Sozialpädagogik.

- vertieftes Wissen zum Konfliktmanagement.

Fertigkeiten

Die Absolventinnen und Absolventen verfügen über Fertigkeiten,

- Gruppenverhalten, Gruppenprozesse, Gruppenbeziehungen und das eigene professionelle Handeln systematisch zu beobachten, zu analysieren und zu beurteilen.

- Ressourcen des einzelnen Gruppenmitgliedes festzustellen und in die Planung der Gruppenarbeit einzubeziehen.

- gruppenpädagogische Prozesse methodengeleitet zu analysieren, zu reflektieren, weiterzuentwickeln und zu vertreten.

- Bedingungen in Gruppen zu schaffen, in denen sich das einzelne Gruppenmitglied in der Gruppe selbstwirksam erleben kann.

- Konflikte zu erkennen und Kinder, Jugendliche und junge Erwachsene darin zu unterstützen, diese selbstständig zu lösen.

Inhalte

- pädagogische Beziehungsgestaltung

- gruppenpädagogische Grundlagen

- Beobachtung und Dokumentation von Gruppenprozessen

(Richtlinien und Lehrpläne zur Erprobung für das Berufskolleg in Nordrhein-Westfalen, 7605/2014, Seite 44–47, Auszüge, abrufbar unter http://www.berufsbildung.nrw.de/lehrplaene-fachschule/)

Lernsituation 3: Bekleidungseinkauf mit Gertrud

Luzzi absolviert ihr zweites Blockpraktikum im Rahmen ihrer Erzieherausbildung in der AWG Schillerstraße. Sie ist ein sportlicher Typ, kleidet sich recht modisch, ist zwanzig Jahre alt und genießt schon allein wegen ihrer modischen Kleidung vor allem unter den Mädchen hohe Anerkennung. Bevorzugt trägt sie Sachen einer bestimmten, auch bei Jüngeren angesagten Bekleidungsmarke.

In der letzten Teamsitzung wurde abgesprochen, dass Luzzi die anstehenden Bekleidungseinkäufe mit Gertrud tätigen soll. Gertrud hat zu Luzzi ein gutes Verhältnis entwickeln können. Schon im ersten Praktikum waren sie einmal gemeinsam einkaufen. Luzzi hat mit Gertrud die Erfahrung gemacht, dass sie sich nicht gut entscheiden konnte und auch stark von der Meinung der anderen Mädchen der Gruppe und auch der Schulklasse beeinflusst wurde. Auch Luzzis Kleidungsstücke üben eine starke Anziehungskraft auf sie aus. Gegenüber Luzzi äußerte sie auch, dass sie dann eher zur Topp-Clique der Schule gehören würde, wenn sie sich so kleiden könnte.

Gertrud hatte im August noch 105 Euro auf ihrem Bekleidungskonto. In den nächsten zwei Wochen (bis Mitte November) soll der Bekleidungseinkauf stattfinden.

Im nächsten Jahr wird Gertrud konfirmiert. Dieser Feier sieht Gertrud mit viel Freude entgegen. Zu der Pfarrerin hat sie eine gute Beziehung und sie engagiert sich auch in einer kirchlichen Jugendgruppe. Natürlich möchte sie zur Konfirmation gut gekleidet gehen. Das hat sie bei dem letzten Gruppengespräch gesagt und die Frage gestellt, ob denn das Geld für die „Winterbekleidung" und für die „Konfirmationsgarderobe" reichen werde. Notfalls würde sie von ihrem Taschengeld etwas dazu geben. Überlegt hat sie auch, Camilla, die in einer anderen Außenwohngruppe der Einrichtung wohnt, beim Austragen von Werbezetteln zu helfen.

Aufgaben zur Bearbeitung der Lernsituation

1. Benennen Sie die zentralen Problem- und Fragestellungen, die sich für den Bekleidungseinkauf für Gertrud ergeben.

2. Stellen Sie Ihr aktiviertes Wissen bezogen auf Problem- und Fragestellungen dar.

3. Erstellen Sie ein alltagspädagogisches Konzept für den Einkauf unter besonderer Berücksichtigung angemessener Zielsetzungen für Gertrud.

Für diese Lernsituation relevante Kompetenzbeschreibungen
Wissen

Die Absolventinnen und Absolventen verfügen über

- vertieftes Wissen über das Bild vom Kind, Jugendlichen und jungen Erwachsenen im unterschiedlichen gesellschaftlichen, historischen und kulturellen Kontext.

- exemplarisch vertieftes Wissen über Modelle der partizipativen pädagogischen Arbeit.

- vertieftes Wissen um rechtliche Rahmenbedingungen sozialpädagogischen Handelns.

Fertigkeiten

Die Absolventinnen und Absolventen verfügen über Fertigkeiten,

- Kinder, Jugendliche und junge Erwachsene in ihrer Individualität und Persönlichkeit als Subjekte in der pädagogischen Arbeit wahrzunehmen, einzuschätzen und in ihrer Kompetenzerweiterung zu unterstützen.

- professionelle Beziehungen nach den Grundsätzen pädagogischer Beziehungsgestaltung aufzubauen.

- Konflikte zu erkennen und Kinder, Jugendliche und junge Erwachsene darin zu unterstützen, diese selbstständig zu lösen.

Inhalte

- Kommunikation und Gesprächsführung

- rechtliche Rahmenbedingungen sozialpädagogischer Gruppenarbeit wie Aufsicht, Kinder- und Jugendschutz, Gesundheitsschutz, Datenschutz.

(Richtlinien und Lehrpläne zur Erprobung für das Berufskolleg in Nordrhein-Westfalen, 7605/2014, Seite 44–47, Auszüge, abrufbar unter http://www.berufsbildung.nrw.de/lehrplaene-fachschule/)

Lernsituation 4: Konzeptionsentwicklung zu einzelnen Phasen des Tagesablaufes im Rahmen der Alltagspädagogik

Zwei Mitglieder des Teams der AWG Schillerstraße haben im letzten halben Jahr an einer Fortbildung zum Thema „Alltagspädagogik" teilgenommen. Die Einrichtungsleitung hat angeregt, das Konzept zur Alltagspädagogik der AWG zu überarbeiten und dem Team zwei Teamtage dafür zur Verfügung gestellt.

Aufgaben zur Bearbeitung der Lernsituation

Es soll ein Handlungskonzept anhand des vorhandenen und erworbenen Alltagswissens entwickelt und verschriftlicht werden, welches pädagogische, psychologische sowie didaktisch-methodische Überlegungen zum Ablauf in der Wohngruppe Schillerstraße umfasst. Es wird gewünscht, dass auf die folgenden vier Phasen des Alltags differenziert eingegangen wird:

1. *Wecken und Frühstücken*

2. *Mittagessen*

3. *Freizeit der Kinder und Jugendlichen (die Zeit nach der Lernzeit bis zum Abendbrot)*

4. *Abendessen und Zubettgehen*

Für diese Lernsituation relevante Kompetenzbeschreibungen
Wissen

Die Absolventinnen und Absolventen verfügen über

- vertieftes Wissen über das Bild vom Kind, Jugendlichen und jungen Erwachsenen im unterschiedlichen gesellschaftlichen, historischen und kulturellen Kontext.

- breites integriertes Wissen über die Bedeutung der pädagogischen Grundhaltung für die Gestaltung von Bildungssituationen.

- vertieftes Wissen um rechtliche Rahmenbedingungen sozialpädagogischen Handelns.

Fertigkeiten

Die Absolventinnen und Absolventen verfügen über Fertigkeiten,

- Bedingungen in Gruppen zu schaffen, in denen sich das einzelne Gruppenmitglied in der Gruppe selbstwirksam erleben kann.

- Alltagsleben und Lebensräume von Gruppen auf der Grundlage von pädagogischen Konzepten zu gestalten.

- anregende Erziehungs-, Bildungs- und Lernumwelten zu entwickeln und hierbei die jeweiligen Gruppenzusammensetzungen zu berücksichtigen.

- Partizipationsstrukturen für Kinder, Jugendliche und junge Erwachsene konzeptionell zu verankern.
- die demokratischen Beteiligungs- und Mitwirkungsrechte von Kindern, Jugendlichen und jungen Erwachsenen umzusetzen.

Inhalte

- Erklärungsmodelle für erzieherisches Handeln
- Beobachtung und Dokumentation von Gruppenprozessen
- Gestaltungsmöglichkeiten der Lebensräume und des Alltagslebens von Gruppen in Arbeitsfeldern der Kinder- und Jugendhilfe
- Modelle und Methoden der partizipativen pädagogischen Arbeit
- rechtliche Rahmenbedingungen sozialpägogischer Gruppenarbeit wie Aufsicht, Kinder- und Jugendschutz, Gesundheitsschutz, Datenschutz.

(Richtlinien und Lehrpläne zur Erprobung für das Berufskolleg in Nordrhein-Westfalen, 7605/2014, Seite 44–47, Auszüge, abrufbar unter http://www.berufsbildung.nrw.de/lehrplaene-fachschule/)

Lernfeld 3 Lebenswelten und Diversität wahrnehmen, verstehen und Inklusion fördern

3.1 Das Familienprinzip in der Heimerziehung

Das Bild der Familie hat sich in unserer Gesellschaft in den letzten Jahrzehnten rapide gewandelt. Die klassische Form der Familie, in der als Eltern Mutter und Vater zur Verfügung stehen, die ihre Kinder gemeinschaftlich erziehen, ist heute immer weniger anzutreffen. Patchwork-Familien entstehen und sie weichen von der „Idealform" der Familie ab.

Etwa 200 000 Paare lassen sich allein in Deutschland jedes Jahr scheiden. Finden die alleinerziehenden Eltern nun neue Partner, entstehen neue Familien. Genauso gibt es alleinerziehende Mütter und Väter, geschlechtliche Paare mit Kindern, Pflege- und Adoptivfamilien oder Paare, die durch anonyme Samenspenden Kinder bekommen haben.

„Hinter den rückläufigen Familienzahlen in West- und Ostdeutschland stehen unterschiedliche Entwicklungen der einzelnen Familienformen. Während die Zahl traditioneller Familien (Ehepaare) sank, stieg die Zahl alternativer Familienformen (Alleinerziehende und Lebensgemeinschaften). Die wachsende Bedeutung alternativer Familienformen führte zu einer Verschiebung der Familienstrukturen, bei der allerdings nach wie vor die Ehepaare mit Kindern deutlich überwiegen. 2006 waren gut drei Viertel (77 %) der in Westdeutschland lebenden Familien Ehepaare (1996: 84 %). Alleinerziehende Mütter und Väter machten 17 % aller Familien aus (1996: 13 %). 6 % aller Familien waren Lebensgemeinschaften mit Kindern (1996: 3 %)."

(Statistisches Bundesamt, Datenreport 2008, S. 35)

Kinder leben heute in unterschiedlichsten familiären Kontexten und haben, wenn sie – aus welchen Gründen auch immer – in Einrichtungen der Jugendhilfe aufgenommen werden, sehr differenzierte Sozialisationserfahrungen gemacht. Balloff (2004) hat versucht, die möglichen Lebensformen von Kindern und Jugendlichen aus Sicht des Familienrechtlers heraus zu erfassen und stößt hier und da an begriffliche Grenzen.

„Kinder stehen häufig in unterschiedlichen familienrechtlichen Beziehungen zu Erwachsenen:

- Sie können in einer Ehe geboren werden und mit beiden Elternteilen zusammenleben.

- Sie können außerhalb einer Ehe geboren sein, aber dennoch mit beiden Eltern zusammenleben.

- Sie können zwar in einer Ehe geboren sein, aber dann nur mit einem Elternteil und einer neu hinzukommenden erwachsenen Person zusammenleben. Ist diese ein neuer Ehepartner, dann ist das Kind Stiefkind, auch wenn das BGB den neuen Erwachsenen nicht Stiefelternteil, sondern „Ehegatten des Elternteils" nennt.

- Ist der neue Erwachsene kein Ehegatte, sondern ein nichtehelicher Lebenspartner, dann fehlt uns schon die Sprache, um dem Kind einen entsprechenden Namen zu geben.

- Gleiches gilt, wenn das Kind außerhalb der Ehe geboren ist und jetzt nicht mit beiden leiblichen Elternteilen, sondern nur mit einem und einem weiteren Erwachsenen anderen Geschlechts zusammenlebt. Heiratet dieser den leiblichen Elternteil, so handelt es sich wieder um ein Stiefkind.

- Heiratet er den Elternteil nicht, so ist das Kind kein Stiefkind.

- Lebt der neue Erwachsene desselben Geschlechts wie der leibliche Elternteil in einer eingetragenen Lebenspartnerschaft (eLP) zusammen, dann ist das Kind ein Quasistiefkind.

- Lebt der Elternteil mit dem Partner zusammen, ohne eingetragen zu sein, liegt eine Art nichtehelicher Lebensgemeinschaft vor.

- Ferner können Kinder von einem Ehepartner adoptiert worden sein. Dann sind sie Adoptivkinder mit einer Stellung wie Kinder unter Nr. 1.

- Sie können auch nur von einer Person adoptiert worden sein, die sich dann einen neuen Partner dazunimmt, sodass wir es mit Fällen der Nr. 3 bis 8 zu tun haben.

- Schließlich können Kinder Pflegekinder eines Ehepaares oder eingetragenen Lebenspartners, gegengeschlechtlicher oder gleichgeschlechtlicher nichtehelicher Lebenspartner sein.

- Kinder können auch Pflegekinder einer Einzelperson sein, die sich nach Pflegeschaftsaufnahme einen Partner nach Nr. 3 bis 8 dazuholt."

(Balloff, 2004, S. 79)

Ein halbwegs einheitliches Bild von Familie zu zeichnen, fällt schwer. Dennoch ist es notwendig, sich der positiven Aspekte von Familie zuzuwenden, um für Kinder und Jugendliche Settings außerhalb der Herkunftsfamilie zu gestalten, die ihre Bedürfnisse nach Sicherheit, Geborgenheit, Zuwendung, aber auch nach Freiräumen und Gestaltungsmöglichkeiten annähernd erfüllen.

3.1.1 Positive Aspekte von Sozialisation in der Familie

In den 1970er-Jahren beschäftigte sich die Fachöffentlichkeit stark mit der Thematik der familienähnlich strukturierten Heimerziehung. Die Reformbewegung sowie die stärkere Orientierung zum Ausbau der ambulanten Hilfen ließen Verantwortliche in den Einrichtungen der öffentlichen Ersatzerziehung Wege suchen, Kinder und Jugendliche ihren Bedürfnissen entsprechend unterzubringen. Von der Anstaltserziehung zu einer modernen Heimerziehung, das war eine Leitlinie dieser Bemühungen.

Die Vorteile einer Erziehung in einer Familie, aber auch in einer familienähnlichen Familienstruktur gegenüber der damals vorherrschenden durchschnittlichen Heimerziehung, sah Sauer (vgl. 1979, S. 167) vor allem in folgenden Aspekten:

- Sie ermöglicht übersichtliche, stabile und intime Beziehungen.

- Sie erlaubt eine vergleichsweise dichte Kommunikation.

- Sie vermittelt das Gefühl von Geborgenheit und Sicherheit.

- Sie schafft ein Klima des Angenommenseins von Kindern und Erwachsenen.

- Sie schafft die Voraussetzungen zur Befriedigung eigener grundlegender Bedürfnisse.

- Sie ermöglicht den Kindern und Jugendlichen die Chance einer einigermaßen erfolgreichen Sozialisation.

- Sie ermöglicht den Erziehungsbeginn bei „Stunde null".

Selbst wenn alle strukturellen Voraussetzungen geschaffen sind und auch Erzieherinnen und Erzieher sich außerordentlich stark bemühen, Beziehungen zu den Kindern und Jugendlichen aufzubauen, wird die in der Ursprungsfamilie erlebte Beziehungsdichte nicht erreicht werden können.

„Darin liegt eine besondere Chance der Heimerziehung: die in der Familie oftmals als einengend erlebten dualen Beziehungen zwischen Mutter und Kind oder Vater und Kind sowie die emotional stark besetzten Erlebnisse und daraus entstandenen Konflikte zu versachlichen und zu entspannen, wodurch die Einschätzungsmöglichkeit und die Einsichtsfähigkeit verbessert und die Handlungsspielräume des Kindes vergrößert werden können."
(Heitkamp, 1984, S. 143)

Nach diesen grundsätzlichen Überlegungen empfiehlt es sich, in der Heimerziehung immer nur von Familienähnlichkeit zu sprechen und nicht von Familiengruppen oder gar von Familie. „Es ist zwar möglich, einen Heimbetrieb im besten Falle konsequent zu organisieren, aber nicht institutionell organisch zu strukturieren" (Wyss, 1978, S. 112).

Die Reformbemühungen in den letzten 20 bis 30 Jahren haben einen „beeindruckenden Ausdifferenzierungsprozess in der Heimerziehung" ergeben (vgl. Wolf, 2007, S. 2). Bezüglich einer familienähnlich strukturierten Erziehung waren (und sind) dazu Entwicklungen förderlich und teils notwendig, die im Folgenden kurz dargestellt werden.

Aufgaben zum Selbststudium

1. *Vergegenwärtigen Sie sich die dargestellten Vorteile der Erziehung in einer Familie.*

2. *Welche davon können Sie aus eigenem Erleben als positiv darstellen?*

3. *Gibt es Aspekte, die Sie auch kritisch sehen?*

4. *Welche Vorteile bringen die Kenntnisse und Erfahrungen eines Erziehungsbeginns „von Punkt null" für die Erziehungsplanung? Stellen Sie Bezüge zur Arbeit mit den Eltern her.*

3.1.2 Voraussetzungen für familienähnliche Erziehung in Einrichtungen der stationären Jugendhilfe

Entformalisierung

Entformalisierung bedeutet, dass die für eine Organisation, wie Einrichtungen der stationären Erziehungshilfe sie darstellen, notwendigen formalen Strukturen aufgebrochen werden müssen. Das Zusammenleben zwischen Kindern und Erwachsenen darf nicht ausschließlich nach formalisierten Regeln und Erwartungen ablaufen. So hilfreich wie Regeln im Alltagshandeln auch sein mögen, so müssen sie immer wieder auf ihre „Alltagstauglichkeit" hin überprüft werden (vgl. Rößler/Tüllmann, 1988, S. 78 ff.).

Das notwendige Etatdenken von Verwaltungen ist im Erziehungsprozess oft hinderlich bis kontraproduktiv. Werden Kinder und Jugendliche zum Sparen angehalten, so fließt das Ersparte in den allgemeinen Haushalt ein. Kinder lernen das Sparen nicht dadurch, dass in abstrakter Form Geld angesammelt wird, sondern durch das Sparen für etwas. Möglich muss sein, die Kinder und Jugendlichen zu einem Verzicht auf Besonderes anzuhalten, damit z. B. eine Kurzreise mit der gesamten Gruppe an einem verlängerten Wochenende möglich wird.

Entspezialisierung

Die immer mehr arbeitsteilig funktionierende Arbeitswelt führte auch im Bereich der Jugendhilfe zu einer Spezialisierung in pädagogischen Teilbereichen.

„Pädagogen erzogen, Therapeuten therapierten, Reinigungskräfte säuberten die Räume, Köchinnen kochten das Essen, Waschfrauen wuschen die Wäsche, Gärtner bestellten den Garten, besondere Fachleute spezialisierten sich auf den Umgang mit Geld, andere auf den günstigen Einkauf von Lebensmitteln, die nächsten bildeten sich als Experten für die Freizeitgestaltung der Bewohner heraus, und sogar die religiöse Erziehung lag mehr oder weniger in der Hand von Spezialisten."
(Rößler/Tüllmann, 1988, S. 73 ff.)

Nicht nur wie hier im „Rauhen Haus" in Hamburg hatte man erkannt, dass diese Form der eher industriellen Fertigung sich nicht eignete für die Erziehung und Betreuung von Kindern und Jugendlichen. Die Erzieherin, die im Gruppendienst direkt mit den jungen Menschen arbeitet, wurde mit mehr Kompetenzen ausgestattet. Wichtige Arbeitsbereiche wurden ihr übertragen. Auch in vielen anderen Einrichtungen wurde z. B. ein freizeitpädagogisches Konzept umgesetzt, welches den Gruppenerzieherinnen ermöglichte, stärker Freizeitangebote umzusetzen, die einen alltagspädagogischen Bezug hatten. Dies bezog und bezieht sich auch auf den heilpädagogisch-therapeutischen Bereich. Es bleiben immer noch ausreichend Tätigkeiten, die den „Spezialisten" bleiben. Hauswirtschaft und Haustechnik werden selbst in Außenwohngruppen von Hauswirtschaftskräften und handwerklich ausgebildeten Handwerkern übernommen. Therapeutische und heilpädagogische Angebote werden in der Regel von externen Fachkräften durchgeführt – so wie für Kinder und Jugendliche, die eben nicht in einer Einrichtung leben (vgl. Rößler/Tüllmann, 1988, S. 73 f.).

In den 1960er- und 1970er-Jahren gab es durchweg Gruppen für Vorschulkinder, Gruppen für jüngere und für ältere Schulkinder, Gruppen für Jugendliche, Gruppen für Lehrlinge und noch weitere Differenzierungen. Folge war, dass Kinder und Jugendliche, wenn sie älter wurden, automatisch die Gruppe wechseln mussten und somit eine Beziehungsaufnahme zu anderen Gruppenmitgliedern wie auch zu den Erwachsenen sehr erschwert wurde. (vgl. Rößler/Tüllmann, 1988, S. 73). Zur Umsetzung einer Altersheterogenität in den Betreuungsformen war eine Entspezialisierung unabdingbare Voraussetzung.

Dezentralisierung

Vor allem die Einrichtung von Außenwohngruppen in den 1970er-Jahren hat einen deutlichen Schub zur Entwicklung der Dezentralisierung gebracht (siehe Kapitel 1.3.2). Wenn in großen Einrichtungen der Heimerziehung (oft auch Anstalten genannt) früher oft 50, 100 oder mehr Kinder und Jugendliche untergebracht waren, konnten familienähnliche Strukturen nur schwerlich entstehen. 100 Kinder oder Jugendliche in einer Einrichtung können nicht gleichermaßen Freunde oder Freundinnen im sozialen Umfeld finden. Die Folge war, dass eher Bekanntschaften und Freundschaften innerhalb des Kinderheims entstanden. Auch kann die dezentrale Form besser gewährleisten, dass Kinder und Jugendliche sowie die dazugehörenden Erzieherinnen und Erzieher eine **autonome Haushaltsgemeinschaft** bilden können. Dezentralisierung setzt ein hohes Maß an Eigenverantwortlichkeit der Mitarbeiterinnen und Mitarbeiter in den jeweiligen Einrichtungsformen voraus. Leitungskräfte haben diese Anforderungen wertzuschätzen und zu unterstützen durch Vertrauen in die Tätigkeit der Fachkräfte sowie durch Begleitung, Beratung und Supervision der Arbeit.

Individualisierung

Öffentliche Ersatzerziehung findet in Organisationen und hier vornehmlich in Gruppen statt. Aufwachsen in Gruppen kann auch bedeuten, dass sich das einzelne Kind häufig den Interessen anderer anpassen muss. Im Rahmen der Sozialerziehung und des Erwerbs sozialer Kompetenzen ist dies ein wünschenswertes Ziel. Qualifikationen werden erworben, die dem im SGB VIII genannten Recht auf Förderung zuzuordnen sind, einen jungen Menschen zu einer eigenverantwortlichen und gemeinschaftsfähigen Persönlichkeit zu verhelfen. Zur Förderung seiner Entwicklung gehört aber entscheidend das Recht auf Individualität. Dieses muss auch von stationären Einrichtungen der Erziehungshilfe eingelöst und umgesetzt werden. Individualisierung bedeutet im Alltagshandeln, dem Kind und Jugendlichen seinem Alter, seinem Entwicklungsstand und seinen Bedürfnissen entsprechend zu begegnen. Auch im Freizeitbereich sind diese Ansprüche einzulösen.

Das Prinzip der Individualisierung steht der Tendenz zur Generalisierung entgegen. Nicht alle machen das Gleiche, sondern der Einzelne kommt zu seinem Recht. In Einrichtungen mit mehreren Gruppen und einer Gruppenstärke von bis zu zehn Kindern und Jugendlichen ist dies nicht immer leicht einzulösen. Rößler und Tüllmann formulieren zum Individualisierungsprinzip für das schon erwähnte „Rauhe Haus" in Hamburg:

„Der Grundgedanke unserer Arbeit zielt darauf ab, eine flexible Organisation zu ermöglichen, die jeweils neue Wohn- und Interaktions- und Handlungsformen schafft, die sich orientieren

- an bewusst geäußerten Absichten und Interessen,

- an den aus der Vorgeschichte abschätzbaren Wünschen, Bedürfnissen und Notwendigkeiten,

- an der Möglichkeit, gesellschaftliche Bedingungen und Forderungen zu nutzen und zu erfüllen,

- an den vom Gemeinwesen bereitgestellten Hilfemöglichkeiten [...]"

(Rößler/Tüllmann, 1988, S. 80 f.)

1. Erstellen Sie eine Liste der beruflichen Tätigkeiten, mit denen eine Erziehungsfachkraft in einer Außenwohngruppe in ihrem beruflichen Alltag konfrontiert werden kann.

2. Welche Rahmenbedingungen in Binnenwohngruppen müssen gegeben sein, um dem Anspruch des Prinzips der Individualisierung gerecht zu werden?

3. Versuchen Sie darzustellen, welche Grenzen sich aus Sicht des Kindes ergeben können.

3.1.3 Bestandteile einer familienähnlich strukturierten Heimerziehung

Heute ist festzustellen, dass die meisten Bestandteile einer familienähnlich strukturierten Heimerziehung in den Einrichtungen in unterschiedlichen Ausprägungen umgesetzt sind. Diese Elemente lassen sich am besten nachvollziehen, wenn man auf die Entwicklung der Heimerziehung nach 1945 schaut. Nach Ende des Zweiten. Weltkrieges mussten durch viele im Krieg zu Tode gekommene Menschen Waisenkinder untergebracht werden. So fand zunächst die „Anstaltserziehung" der 1920er-Jahre bei dem Wiederaufbau ihre Fortsetzung. 30 bis 40 Zöglinge in einer Gruppe konnten als normal gelten. Bilder von Schlafsälen, wie in Kinderfilmen aus dieser Zeit, prägten sich ein und sind auch heute häufig nur mit viel Mühe aus den Köpfen von Menschen zu verdrängen, die wenig oder gar nichts mit Heimerziehung zu tun haben. Vor diesem Bild sind auch junge Studierende der Fachschule für Sozialpädagogik nicht geschützt. Zu den Schlafsälen kam ein völlig unzureichender Personalschlüssel hinzu. Für diese 30 bis 40 Zöglinge war oft nur eine nicht hinreichend geschulte Erziehungskraft zuständig. In dem Mitte der 1970er-Jahre veröffentlichten Buch „Heimkinder" von Andreas Mehringer schreibt er als Zeitzeuge:

„In den dreißig Jahren seit 1945 ist nun die Heimerziehung in all ihren Teilen ein gutes Stück vorangekommen Die schrecklichen FE-Kästen gibt es nicht mehr, die meisten Kinderheime haben familienähnliche Kleingruppen, die meisten Säuglingsheime wurden aufgelöst. Wer darüber klagt, daß wir noch zu wenig erreicht haben, muß bedenken, von wie weit her wir kommen. Wir standen im Jahre 1945 erst am Beginn der Neuentwicklung von der Anstalt zum Heim. Das Heimkind der Geschichte ist das Anstaltskind."
(Mehringer, 1976, S. 30)

Andreas Mehringer gilt in der deutschen Nachkriegsgeschichte der Heimerziehung als der „Vater des Familienprinzips". Er übernahm 1945 die Leitung des städtischen Münchner Waisenhauses und nutzte die „Chance der Ruine", um seine Vorstellungen von einem kind- und menschengerechteren Leben und Wohnen in Öffentlicher Erziehung umzusetzen. Auf ihn lassen sich viele Gedanken und Ansätze, die in den folgenden Erläuterungen enthalten sind, zurückverfolgen.

Exkurs: *Die Bücher von Andreas Mehringer „Heimkinder" und „Eine kleine Heilpädagogik" (2008 in der 12. Auflage erschienen) gehören nach wie vor zur empfehlenswerten Fachliteratur für Ausbildung, Studium und Praxis. Sie lassen sich leicht lesen und vermitteln ein tieferes*

Verständnis zur Geschichte der Heimerziehung seit 1945. In einer in der Fachöffentlichkeit viel beachteten kritischen Stellungnahme wurden antisemitische Meinungen und Äußerungen Mehringers publiziert, die seiner Dissertation zu entnehmen sind (siehe Schrapper, 2005). Schrapper fordert in seinem Artikel zu einer kritischen Einschätzung auf, weist aber auch auf die nicht zu leugnenden Verdienste Mehringers hin.

1. Bestandteil: Kleine überschaubare Gruppen

Feste Aussagen über die Anzahl der Kinder in Wohngruppen lassen sich schwerlich finden. In den meisten Gruppen leben acht bis zwölf Kinder und Jugendliche. Diese Zahl deckt sich mit der, die in den meisten Veröffentlichungen auch genannt wird. In Intensivgruppen leben oft bis zu sechs Kinder und Jugendliche. Die oft traumatisierten und vernachlässigten Kinder und Jugendlichen rechtfertigen die reduzierte Anzahl hinreichend.

Es ist nicht davon auszugehen, dass in absehbarer Zeit die Belegungszahl pro Gruppe reduziert wird, da der Kostendruck sich permanent erhöht. Aus pädagogischer Sicht wäre eine Minderung der Gruppenbelegung zu fordern, damit eine zunehmende Überforderung des pädagogischen Fachpersonals verhindert wird. In vielen Regelgruppen werden zusätzliche Fachkräfte auf Honorarbasis zur Betreuung einzelner Kinder und Jugendlicher eingestellt. Dies erscheint mit Blick auf die Gesamtfluktuation des Personals fachlich nur schwer vertretbar (siehe auch 4. Bestandteil).

Die Frage nach der Anzahl von Kindern in einer Gruppe hat eine lange Tradition. So schrieb Heinrich Pestalozzi in seinen Briefen an einen Freund über seine Anstalt in Stans schon 1799:

> „Ich konnte wegen ihrer Menge vieles nicht dulden, das in einer kleinen Haushaltung leicht geduldet werden kann; aber ich zeigte ihnen in jedem Fall den Unterschied heiter und berief mich dann immer auf sie selber, ob diese oder jenes unter Umständen, wie sie selber sähen, möglich oder zu leiden wäre."

(Pestalozzi, 1947, S. 27 f.)

Wyss überschreibt als Schweizer das Kapitel in seinem Buch, in dem es um „zwangsläufige Strenge" geht, mit: „D'Mengi macht d'Strengi" (Wyss, 1978, S. 56). In diesem Zusammenhang kommt der Frage nach der Fluktuation der Kinder und Jugendlichen eine besondere Bedeutung zu. Rünger formulierte schon 1973, dass „der Wechsel in der Belegung jeder Gruppe, d. h. die jährlichen Zu- und Abgänge niemals ein Drittel der Gesamtzahl überschreiten sollte" (Rünger, 1973, S. 165). Würde diese Zahl überschritten, könne der „tragende Stamm seiner pädagogischen Prägekraft" beraubt werden. Inhaltlich hat diese Aussage auch heute für das Wohnen und Leben in Regelgruppen noch die gleiche Relevanz. Das Entstehen einer „Gruppenkultur" ist entscheidend davon abhängig, wie Kinder

Werte für die eigene Gruppe annehmen und leben können. Und das braucht Zeit des gemeinsamen Erlebens in einer Wohngruppe.

Auf die Relevanz der Fluktuation von Kindern und Jugendlichen in einem Kinderheim weisen Freigang und Wolf hin:

„Wenn Kinder und Jugendliche etwa durchschnittlich zwei Jahre in einem Heim leben, bedeutet das einen Wechsel von fünf Kindern pro Jahr in jeder Gruppe, bei 50 Plätzen eines mittelgroßen Heimes bedeutet dies in jedem Jahr die Aufnahme von 25 Neuen."
(Freigang/Wolf, 2001, S. 66)

2. Bestandteil: Vertikale Gliederung (Altersheterogenität)

Die Forderung nach einer vertikalen Gliederung bezieht sich weitgehend auf die Überlegungen, die bei der Darstellung der Entspezialisierung erläutert wurden. Eine jahrgangsmäßige Zuordnung in Gruppen nimmt wenig Rücksicht auf den Entwicklungs- und Reifestand von Kindern und Jugendlichen und es ist für die Aufnahme von Beziehungen nicht förderlich, Kinder nur deshalb den Lebensort wechseln zu lassen, weil sie älter werden. Demgegenüber fordern verschiedene Altersstufen in einer Gruppe Rücksichtnahme, Hilfeleistung und Schutzverhalten heraus, sie geben Leitbilder, aber auch abschreckende Beispiele, verdeutlichen die Perspektive und vermitteln insofern Verlässlichkeit. Mehringer spricht von „Ich-auch-Kindern", wenn in Gruppen eine Altershomogenität anzutreffen ist. „Gleiche Kinder haben zu gleicher Zeit immer das gleiche Pflegebedürfnis, die gleichen Bestrebungen, Wünsche – und sie konkurrieren damit" (Mehringer, 1976, S. 64).

Wenn in einer Heimgruppe eine gewisse Grundsubstanz an „Wir-Gefühl" und sozialem Verhalten vorhanden ist, so können die Erzieherinnen und Erzieher auf das sogenannte Helfersystem Bezug nehmen. Die Älteren helfen den Jüngeren, die „Stärkeren" den „Schwächeren". Ältere und Jugendliche übernehmen Verantwortung für andere und somit kann die Sozial- und Gemeinschaftsfähigkeit gefördert werden. Erzieherinnen und Erzieher müssen dabei aber darauf achten, Kinder und Jugendliche mit solchen Aufgaben nicht zu überfordern.

3. Bestandteil: Koedukation

Geschlechtertrennung in Erziehungs- und Bildungsinstitutionen war über Jahrhunderte hinweg vorherrschend. In den 1960er- und 1970er-Jahren wurde Koedukation in der Erziehungshilfe und in der Heimerziehung immer mehr zur „Normalität". Ziel war es, ein möglichst natürliches, ungezwungenes und gemeinsames Aufwachsen der Geschlechter zu ermöglichen. Es wurde auch davon gesprochen, ein möglichst „geschwisterähnliches Verhältnis" zwischen den Kindern und Jugendlichen in den Wohngruppen zu erreichen. Wenngleich Mädchen und Jungen unterschiedlicher Altersstufen in den Regelangeboten der stationären Jugendhilfe heute durchgängig anzutreffen sind, ist „Geschwisterlichkeit" kein Ziel der erzieherischen Bemühungen mehr. Viele Kinder und Jugendliche bringen sexuelle Vorerfahrungen mit, die eher auf Grenzziehung setzen lassen.

Hartwig weist darauf hin, dass die im § 9 SGB VIII geforderte Gleichberechtigung von Mädchen und Jungen in Einrichtungen der Erziehungshilfe zu wenig umgesetzt wird (vgl. Hartwig, 2001, S. 46 ff.). Die Benachteiligung von Mädchen und die Orientierung an „Jungenpädagogik" in weiten Teilen der Sozialpädagogik bedürfen einer konsequenten Ausrichtung an der aktuellen Mädchen- und Jungenforschung. Dies …

„[…] könnte für die Jugendhilfe in einer Doppelstrategie münden: die Entwicklung von geschlechtshomogenen und gemischtgeschlechtlichen Konzepten und Angeboten, die speziell an den Problemlagen von Mädchen und Jungen und ihren Lebenswelten orientiert sind. Dazu gehört die Förderung reflexiver Koedukation in den Einrichtungen genauso wie die Erprobung geschlechtsuntypischen Verhaltens in geschlechtshomogenen Gruppen."
(Hartwig, 2001, S. 53)

Für die Arbeit in koedukativen Gruppen bedeutet dies, Angebote für Mädchen und Jungen zu entwickeln, die den jeweiligen Bedürfnissen gerecht werden. Besonders ist darauf zu achten, Benachteiligungen von Mädchen aufzuheben. Es geht auch um Projekte, die den Abbau der Geschlechterhierarchie zum Inhalt haben. Im Tagesablauf von Wohngruppen lassen sich viele Ansätze finden, die die Erledigung von alltäglichen Aufgaben betreffen.

4. Bestandteil: Weibliche und männliche Fachkräfte

Zu einer familienähnlich strukturierten Heimerziehung gehören weibliche und männliche Erziehungskräfte. Wie im vorangehenden Abschnitt erläutert, benötigen Mädchen wie Jungen zur Findung der Geschlechteridentität weibliche und männliche Vorbilder. Der Erziehungsberuf ist weithin noch immer ein Frauenberuf. In die Ausbildung an den Fachschulen für Sozialpädagogik „verirren" sich einige wenige männliche Studierende und die Absolventen männlichen Geschlechts haben gute Aussichten, eine Stelle zu finden. Dies gilt für den Kindertagesstättenbereich wie auch für den Bereich der stationären Erziehungshilfen. Ziel der Einrichtungen ist es, zumindest für jede Wohngruppe eine männliche Erziehungskraft einstellen zu können.

5. Bestandteil: Abgeschlossene, separate Wohneinheiten

Eigene Wohneinheiten sind heute für Wohngruppen und Außenwohngruppen selbstverständlich. Die Forderung nach separaten Wohneinheiten entstammt noch der Zeit der Waisenhäuser mit Schlafsälen und den schon erwähnten „Hausvätern". Dennoch ist es wichtig, diesen Bestandteil nicht aus den Augen zu verlieren. Eine beträchtliche Zahl von Kindern und Jugendlichen wächst auch heute noch in sogenannten Zentralheimen (auch Stammheim oder Stammhaus genannt) mit im Schichtdienst betriebenen Binnenwohngruppen auf (vgl. Wolf, 2007, S. 2). Gerade hier ist darauf zu achten, dass diese Gruppen in die Lage versetzt werden, ein „Eigenleben" führen zu können. Jede Wohngruppe sollte durch die Mitarbeiterinnen und Mitarbeiter sowie durch die Kinder und Jugendlichen so gestaltet werden, dass die Räumlichkeiten eine eigene individuelle Prägung erhalten.

Binnenwohngruppe 3 des Evangelischen Kinderheims Wesel

Zu den Räumlichkeiten gehören Wohnzimmer, Esszimmer, Bäder mit Toiletten, meist eine kleine Küche und die Wohn-/Schlafzimmer der Kinder und Jugendlichen. Die Ess- und Wohnzimmer sind der Bereich, in dem sich die Gemeinschaft als Gruppe begegnet und an die Einrichtung der Kinder- und Jugendlichenzimmer ist die Anforderung gestellt, Rückzugsmöglichkeiten zu bieten.

„Kinder brauchen eigene Zimmer, je nach Entwicklungsalter zwar nicht notwendigerweise Einzelzimmer – diese sollten spätestens mit der Pubertät als Möglichkeit angeboten werden –, aber intime Wohn-Schlafbereiche. Die Privatheit der ‚eigenen vier Wände' bietet Schutz vor unerwünschten Zuschauern und Kritikern, aber auch Schutz für Verhaltensweisen, die nicht für jedermanns Augen und Ohren bestimmt sind. Der Privatheit werden unterschiedliche Funktionen zugeschrieben, etwa die der

- persönlichen Autonomie einschließlich Selbstverantwortlichkeit, Selbstachtung und Authentizität,

- emotionalen Entspannung, vor allem durch die Möglichkeit zu unbeobachtetem oder nicht sanktionierbarem Verhalten, Selbstbeobachtung,

- Selbstbewertung, also die Informationsverarbeitung, Planung und Bewertung interpersonaler Ereignisse und Rollenbeziehung,

- begrenzten und geschützten Kommunikation, Pausen von sozialen Situationen."
(Colla, 1981, S. 57 f.)

Möglichst viele lebenspraktische Bereiche gehören in den Alltag einer Binnen- und Außenwohngruppe, um den Anspruch auf Umsetzung der Erziehung zur größtmöglichen Selbstständigkeit einzulösen. Dazu gehört auch das Zubereiten von Mahlzeiten in einer Küche so wie das Waschen der Bekleidung von Kindern und Jugendlichen.

Eine abgeschlossene, separate Wohneinheit setzt insbesondere bei Binnenwohn-

Binnenwohngruppe 2 des Evangelischen Kinderheims Wesel

gruppen voraus, dass der Zugang zu dem Wohngruppenbereich nicht ohne Weiteres für andere möglich ist. In einem Kinderheim müssen Bewohner anderer Wohngruppen klingeln, bevor sie in die Gruppe gelangen können. Die Gewohnheiten der Kinder und Jugendlichen sind häufig nicht leicht zu unterbrechen, wenn es üblich ist, einfach in eine andere Wohngruppe zu gehen, um mit Gleichaltrigen zu spielen oder sie zum Draußenspiel abzuholen.

Zur Identitätsfindung einer Gruppe gehört auch der Name einer Gruppe. Der Ideenvielfalt sind hier kaum Grenzen gesetzt. Funktionale Bezeichnungen, wie 1, 2, 3 oder Untergeschoss, 1. Etage usw. sind häufig üblich. Farben (Gruppe Rot, Blau, Orange) leiten Besucher durch Flure und Gänge und machen den jüngeren Kindern Zuordnungen in größeren Einrichtungen leichter. Gruppennamen, die sich aus pädagogischen Aufgabenstellungen ableiten, sind kritisch zu bewerten. Heißt eine Gruppe „Heilpädagogische Intensivgruppe" und Kinder und Jugendliche antworten z. B. auf die Frage der Lehrerin in der Schule, wo sie denn wohnen: „Ich wohne in der Heilpädagogischen Intensivgruppe!", so kann dies zu einer weiteren Diskriminierung und Stigmatisierung führen. Angenehm wird es für eine

Mädchenzimmer im Kinderheim

17-jährige auch nicht sein, zu sagen: „Ich wohne in der ‚AWG Kleine Strolche'!" Hier müssen sich Mitarbeiterinnen und Mitarbeiter Gedanken über die Auswirkungen der Gruppennamen machen.

6. Bestandteil: Persönliche Lebensatmosphäre

In den Gruppen muss die Möglichkeit zu einer positiven persönlichen Lebensatmosphäre dazugehören. Die Möblierung einer Wohngruppe ist seitens der Einrichtung vorgegeben. Die Möbel sind häufig einer starken Beanspruchung ausgesetzt, sodass auf eine Inventarisierung mit Einrichtungsgegenständen aus dem Objektbereich zurückgegriffen wird. Dies kann zu einer Uniformität des Erscheinungsbildes führen. Aber auch wenn die „Grundeinrichtung" aus solchen Möbeln besteht, so kann dennoch viel an Individualität durch weitere Accessoires entstehen. Kinder und Jugendliche haben in den meisten Einrichtungen die Möglichkeit, mit persönlichen Gegenständen (Kleinmöbel, Bilder, Poster usw.) ihren Zimmern eine individuelle Note zu geben.

7. Bestandteil: Selbstversorgung

Möglichst viele Befugnisse, denen Kinder und Jugendliche in ihrer alltäglichen Wirklichkeit begegnen, sollten in der Gruppe angesiedelt sein. Selbstverständlich ist es für die meisten Außenwohngruppen (und auch für viele Binnenwohngruppen), dass folgende Bereiche in die Zuständigkeits- und Ausführungskompetenz der Gruppe gehören: der Einkauf von Lebensmitteln, die Zubereitung von Mahlzeiten, der Einkauf von Dingen des täglichen Lebens sowie der Einkauf von Schulmaterialien, Bekleidung und Körperpflegeartikeln (vgl. Freigang/Wolf, 2001, S. 98).

Aus wirtschaftlichen Erwägungen heraus mag es hier und da sinnvoll sein, Einkäufe in größeren Chargen zu tätigen, um günstigere Preise zu erzielen. Der Verzicht auf diese Rabatte ist aber damit zu rechtfertigen, dass Kinder und Jugendliche hier Alltagserfahrungen machen, die zur Erziehung zur Selbstständigkeit unabdingbar sind.

8. Bestandteil: Weitgehende Autonomie

Bezogen auf soziale Einheiten ist unter soziologischem Aspekt Autonomie als selbstständiges Festlegen eigener Ziele, Werte, Normen und Inhalte zu definieren. Dazu gehört auch, dass die Einhaltung dieser Normen eigenständig kontrolliert werden kann (vgl. Lexikon zur Soziologie, 1973, S. 73). Heruntergebrochen auf Autonomie in stationärer Jugendhilfe hat es die Bedeutung, dass „Entscheidungen möglichst auf der Ebene getroffen werden, auf der sie in erster Linie auch Wirksamkeit erlangen" (Heitkamp, 1984, S. 248). Demokratie und Mitbestimmung kann nach Heitkamp nur in einem Klima autonomen Handelns entstehen. Wenn Erzieherinnen und Erzieher schon in kleinsten und einfachsten Dingen des täglichen Lebens eine ‚höhere Instanz' fragen müssen, dann lernen auch Kinder und Jugendliche nicht, eigenverantwortlich Entscheidungen zu treffen.

Die Entwicklung der letzten Jahrzehnte hat dazu geführt, dass Erzieherinnen und Erzieher immer mehr Aufgabenbereiche übernehmen. Wenn früher Personalentscheidungen – und vor allem die Aufnahme neuer Kinder und Jugendliche in die jeweilige Gruppe – einzig und allein von der Leitung der Einrichtung abhingen, so werden diese Vorgänge heute in gegenseitiger Kooperation und unter Beteiligung der entsprechenden Partner vorgenommen. Hilfeplangespräche (HPG) ohne die Erzieherinnen und Erzieher – und vor allem ohne Kinder und Jugendliche – sind heute schon aus rechtlichen Gründen nicht mehr möglich.

In den 1980er-Jahren erstellte Heitkamp folgendes Kompetenzraster, aus der die unterschiedlichen Verantwortlichkeiten zwischen Erzieherteam und Leitung hervorgehen:

Verantwortungsbereich:	Erzieherteam			Heimleitung		
	3	2	1	1	2	3
Gesamtplanung und Konzeptionserstellung				■	■	■
Aufnahme eines Kindes in die Gruppe				■	■	
Entlassung eines Kindes aus dem Heim			■	■		
Pädagogische Arbeit in der Gruppe	■	■				
Entscheidung über pädagogisch-therapeutische Maßnahmen			■	■	■	
Positive und negative Sanktionen	■	■	■			
Zusammenarbeit mit Arzt/Zahnarzt			■	■		
Elternarbeit			■	■	■	
Schulkontakte/Lehrstellenkontakte				■	■	
Nachbetreuung von Kindern und Jugendlichen			■	■	■	
Gruppengeldverwaltung	■	■	■			
Gruppenhaushaltsgeldverwaltung	■	■	■			
Taschengeldverwaltung	■	■	■			
Kleidergeldverwaltung		■	■	■		
Raumgestaltung der Gruppenwohnung	■	■				
Umgang mit dem Inventar der Gruppe	■	■	■			
Ferienplanung	■	■	■			
Spielplatzgestaltung				■	■	
Gruppenübergreifende Freizeitangebote			■	■		
Neueinstellung eines Erzieherteam-Mitgliedes			■	■	■	
Dienstplangestaltung des Erzieherteams		■	■	■		
Praktikanteneinstellung/-anleitung			■	■		
Mitarbeiterfortbildung, intern			■	■		
Haushaltsplangestaltung für das Gesamtheim				■	■	■
Kontakte zum Jugendamt			■	■	■	
Kontakte zu Behörden und Verbänden und anderen Einrichtungen				■	■	■
Außenvertretung und Öffentlichkeitsarbeit				■	■	■
Erstellung von Entwicklungsberichten		■	■	■		

1 – geringe Kompetenz
2 – überwiegende Kompetenz
3 – ausschließliche Kompetenz
1.5–1.5 – gleiche Kompetenz von Erzieher und Heimleitung

Abgrenzung der Verantwortung (Kompetenz) zwischen Heimleitung und Erzieherteam der Gruppe (Heitkamp, 1984, S. 249)

An etlichen Punkten dieser Übersicht lässt sich die Entwicklung der letzten 25–30 Jahre ablesen. Aber es wird auch deutlich, wie ‚fortschrittlich' der Verfasser den Erzieherinnen und Erziehern im Jahr 1984 Entscheidungsbefugnisse eingeräumt hat, die nicht weit hinter den heutigen Gegebenheiten liegen.

Aufgaben zum Selbststudium und Anregungen zur Arbeit in Gruppen

1. *Inszenieren Sie ein Rollenspiel zum Helfersystem. In einer Gruppe übernehmen die Erzieherinnen und Erzieher alle Aufgaben und sind für alles zuständig. In einer zweiten Gruppe wird das Helfersystem umgesetzt.*

2. *Überprüfen Sie, ob für alle Kinder und Jugendliche der AWG Schillerstraße das Helfersystem die geeignete Form der Aufgabenübertragung ist.*

3. *Was ist unter reflexiver Koedukation zu verstehen?*

4. *Entwickeln Sie für die AWG Schillerstraße pädagogische Angebote, die sich im Sinne einer Geschlechterpädagogik getrennt an Mädchen und an Jungen richten.*

5. *Stellen Sie für die AWG Schillerstraße Regeln auf, die den Funktionen der „Privatheit" entsprechen.*

6. *Diskutieren Sie eingehend, was für Sie persönliche Lebensatmosphäre bedeutet. Bringen Sie die Einzelaspekte in eine Reihenfolge. Tauschen Sie sich anschließend in Vierergruppen darüber aus und nehmen Sie eine Rangfolge vor.*
   Übertragungen Sie Ihre Erfahrungen auf die Lebenssituation von Kindern und Jugendlichen.

7. *Aktualisieren Sie die Kompetenzabgrenzungen nach Heitkamp nach Ihren Praxiserfahrungen.*

3.2 Erziehungsplanung in Einrichtungen der Erziehungshilfe

Bei aller Problematik der Planbarkeit von Erziehungsprozessen ist in multiprofessionellen Zusammenhängen wie der Heimerziehung eine Verständigung über Zielsetzungen und Vorgehensweisen des pädagogischen Handelns notwendig. Schon bevor Kinder und Jugendliche in eine Einrichtung kommen, wird darüber nachgedacht, welche Hilfeform die notwendige und geeignete ist. Diesen Beratungsprozess nennt man nach § 36 SGB VIII Hilfeplanung. Im folgenden Kapitel werden zunächst die Unterschiede bzw. die Zusammenhänge zwischen Erziehungsplanung und Hilfeplanung thematisiert. Anschließend werden einige grundsätzliche Überlegungen zum Begriff „Planung" erfolgen. Nach der Darstellung der Ebenen, auf denen Erziehungsplanung in einer Einrichtung stattfindet, wird der Versuch einer Definition unternommen. Dem Schema eines Erziehungsplans folgt eine kurze Auseinandersetzung mit dem Sozialdatenschutz, bevor die einzelnen Stufen der Erziehungsplanung dargestellt werden.

3.2.1 Erziehungsplanung und Hilfeplanung

Wenn Eltern mit der Erziehung und Betreuung ihrer Kinder überfordert sind oder sie begleitende intensivere Hilfen benötigen, so haben sie die Möglichkeit, sich an die entsprechenden Fachdienste, meist an den Allgemeinen Sozialen Dienst (ASD) des Jugendamtes, in ihrer Stadt oder Gemeinde zu wenden. Kommen Hilfen zur Erziehung nach dem SGB VIII in Betracht, so wird ein sogenanntes Hilfeplanverfahren in Gang gesetzt. Dieses Hilfeplanverfahren ist „[…] eingebettet in das Dreieck der Jugendhilfe zwischen Leistungsempfänger, Leistungserbringer und Kostenträger" (Sozialpädagogisches Institut im SOS-Kinderdorf, 2005, S. 5). Leistungsempfänger sind Personensorgeberechtigte, also in der Regel die Eltern, Leistungserbringer sind die Einrichtungen, in denen Kinder und Jugendliche betreut werden und Kostenträger sind die Städte und Gemeinden, in denen die Eltern wohnen (§ 86 SGB VIII). Das Hilfeplanverfahren stellt sicher, dass die Kinder und Jugendlichen und ihre Eltern an den sie betreffenden Entscheidungen beteiligt werden. Nicht die Sozialarbeiterin des Jugendamtes, die mit dem Anliegen der Eltern betraut ist, trifft alleine die Entscheidung über die Gewährung einer Hilfe, sondern in sogenannten Fallkonferenzen, an denen mehrere Mitarbeiterinnen und Mitarbeiter des Jugendamtes beteiligt sind, wird das weitere Vorgehen beraten. Kommt es dann zu einem konkreten Leistungsvorschlag seitens des Jugendamtes an die Eltern, so sind insbesondere die §§ 5, 8, 36 und 37 SGB VIII zu berücksichtigen. Handelt es sich bei der notwendigen „Hilfe zur Erziehung" um die stationäre Unterbringung in einem Kinderheim (§ 34 SGB VIII), so würde die Sozialarbeiterin des Jugendamtes einen geeigneten Platz akquirieren. Dem Handbuch für Erziehungshilfen ist die folgende Zusammenfassung zu entnehmen:

Hilfeplanung

„Die Entscheidungen darüber, ob eine Hilfe zur Erziehung notwendig und geeignet ist, und wenn ja, welche Hilfe es sein soll und wer sie erbringen soll, dürfen und sollen nicht über die Köpfe der Personensorgeberechtigten und der Kinder und Jugendlichen hinweg gefällt werden. […] Bei längerfristigen Hilfen (Hilfen zur Erziehung, Hilfen für seelisch behinderte Kinder und Jugendliche und Hilfen für junge Volljährige) muss zusammen mit den Sorgeberechtigten und dem Kind oder Jugendlichen ein Hilfeplan aufgestellt werden (§ 36). Dessen Voraussetzung ist eine ausführliche Information und Beratung. Hilfeplanung steht aber nicht nur am Anfang dieser Hilfen, sie soll regelmäßig auch im Verlauf der Hilfe mit allen Beteiligten durchgeführt werden, um zu prüfen, ob die Hilfe weiterhin geeignet und notwendig ist.

Im Hilfeplan, dem Dokument, in dem der Hilfeplanungsprozess festgehalten wird, sollten die verschiedenen Standpunkte und Auffassungen der Beteiligten nachvollziehbar beschrieben werden."
(Birtsch u. a., 2001, S. 728)

Der bisherige Verlauf lässt sich wie folgt grafisch darstellen:

Hilfeplanung

PSB stellen fest, dass eine Erziehung zum Wohle des Kindes nicht mehr gewährleistet ist

K/J erfährt eine Gefährdung seines Wohls

Ggf. § 1666, § 1666a BGB

Beteiligung bei der Jugendhilfe-Maßnahme § 8 SGB VIII

Anspruch auf Hilfe §27 SGB VIII

Sozialarbeiterin des ASD erstellt eine Analyse und stellt Hilfebedarf fest. Fallkonferenz befindet über die Hilfeform

Eine Hilfeform nach §§ 28–35 SGB VIII

Heimerziehung § 34 SGB VIII

Ablaufschema Hilfeplanung

Kommen die Beteiligten (Eltern und Jugendamt) überein, dass das Kind oder der Jugendliche zukünftig in einer bestimmten Einrichtung leben soll, so beginnt hier der Prozess der Erziehungsplanung. Die Einrichtung muss prüfen, ob sie den Bedürfnissen des Kindes oder Jugendlichen und seiner Familie gerecht werden kann, um dann einer Unterbringung zuzustimmen. Natürlich ist in dem Aufnahmeverfahren auch das Übereinkommen des Kindes oder Jugendlichen und der Eltern notwendig. Schon im Aufnahmegespräch werden erste Überlegungen angestellt, wie dem Hilfebedarf begegnet werden kann und z. B. welche Vereinbarungen bezüglich der Besuchskontakte getroffen werden können. Nach ca. zwei bis vier Wochen findet ein sogenanntes Hilfeplangespräch statt. Schwabe 2005 hat diesen Ablauf bis hier in zehn Schritte gegliedert, mit dem elften Schritt beginnt für die Einrichtung die eigentliche **Erziehungsplanung.** Es wird deutlich, dass Hilfeplanung den gesamten Hilfeprozess begleitet bzw. zum Teil auch beinhaltet. Denn von insgesamt 18 Schritten die Schwabe skizziert, liegen schon zehn Schritte vor dem Tätigwerden des Leistungserbringers der stationären Jugendhilfe.

„Weitere Konkretisierungen von Zielen und Mitteln sowie nicht im Hilfeplangespräch zu be-
wältigende Dissense werden zur Weiterbearbeitung an die Fachkraft des Freien Trägers oder des
Jugendamtes oder an beide delegiert (Schritt 11). Wenn möglich wird im Anschluss an das Hilfeplangespräch ein erstes (handschriftliches oder computergestütztes) Protokoll mit den wichtigsten Ergebnissen erstellt bzw. innerhalb eines vereinbarten Zeitraums zugesandt."
(Schwabe, 2005, S. 17)

Für das Erstellen dieser Protokolle sind die Mitarbeiterinnen und Mitarbeiter des Jugendamtes zuständig, da die Federführung des gesamten Hilfeplanprozesses vom Gesetzge-
ber dem Jugendamt zugeteilt wurde.

Im Rahmen von Hilfeplanung lässt sich Erziehungsplanung folglich als der Arbeitsprozess
charakterisieren, der die Aushandlungen eines Hilfeplangespräches für die eigene Arbeit
konkretisiert und in Arbeitsschritte umsetzt. Es müssen Ziele operationalisiert, das methodische Vorgehen in Handlungsschritten festgelegt und ein Zeitplan für das pädagogische
Tun erstellt werden. Nach den fachlichen Empfehlungen zur Heimerziehung des Landesjugendhilfeausschusses in Bayern, „werden im Erziehungsplan Teilziele für die einzelnen
Lebensbereiche formuliert, damit die Entwicklungsziele und die erbrachten Leistungen
überprüft, dokumentiert und den Beteiligten in geeigneter Weise zur Kenntnis gebracht
werden können." Und weiter heißt es:

„Der Erziehungsplan ist das operative Steuerungsinstrument der leistungserbringenden Einrichtung
und damit verpflichtender Bestandteil des einrichtungsinternen Qualitätssicherungssystems. Eine angemessene Beteiligung der Leistungsadressaten ist sicherzustellen. Der Erziehungsplan wird schriftlich
fixiert und regelmäßig fortgeschrieben, mindestens im Turnus der Hilfeplanfortschreibung."
(Bayerisches Landesjugendamt, 2003, S. 25)

Für das darauffolgende Hilfeplangespräch erstellt die Einrichtung einen Vorbericht und
in dem Gespräch wird über das bisher Erreichte berichtet und die Zielvereinbarung ggf.
modifiziert. Dieser Teilprozess setzt sich bei längerfristigen Aufenthalten wie in einem
Kreislaufmodell immer wieder fort.

Beteiligte am Hilfeplangespräch

Es ist sinnvoll, die Personen ins Hilfeplangespräch einzubeziehen, die konkreten Einfluss
auf die Entwicklung des Kindes oder des Jugendlichen haben oder ausüben. Neben Mutter und Vater können dies auch weitere Angehörige der Familie oder Lebenspartner der
Eltern sein. Die Mitarbeiterin des Jugendamtes ist verantwortlich für die Einladung, für
das Gespräch und für das Protokoll. Seitens der Einrichtung macht es Sinn, dass die Bezugserzieherin auf alle Fälle teilnimmt. Sie ist Hauptverantwortliche für die Erziehungsplanung. Einrichtungsleitung und pädagogische Leitung oder eine Vertreterin des psychologischen Fachdienstes sollten ebenfalls zugegen sein. In welchem Umfang weitere
Personen anwesend sind, ist von der konkreten Sachlage abhängig. Bei schulischen Fragestellungen wird die Anwesenheit eines Lehrers angemessen sein (vgl. Landschaftsverband Rheinland, 2001, S. 21).

Kinder und Jugendliche sind grundsätzlich in Hilfeplangesprächen anwesend. Sie sind ihrem Alter entsprechend zu beteiligen. Es kann Gelegenheiten geben, bei denen ein Kind wegen der Erörterung schwieriger und belastender biografischer Zusammenhänge Schaden nehmen könnte; aber dieser Umstand ist eher als Ausnahme zu betrachten und darf nicht die Regel sein. Die von Wolff und Hartig entwickelten Empfehlungen zur Beteiligung von Kindern und Jugendlichen in der Heimerziehung können in der Umsetzung ein Klima in Einrichtungen schaffen (Beteiligungskultur, Beteiligungskonzept), in dem es dann selbstverständlich ist, dass die Betroffenen an Hilfeplangesprächen teilnehmen (vgl. Wolff/Hartig, 2006, S. 440).

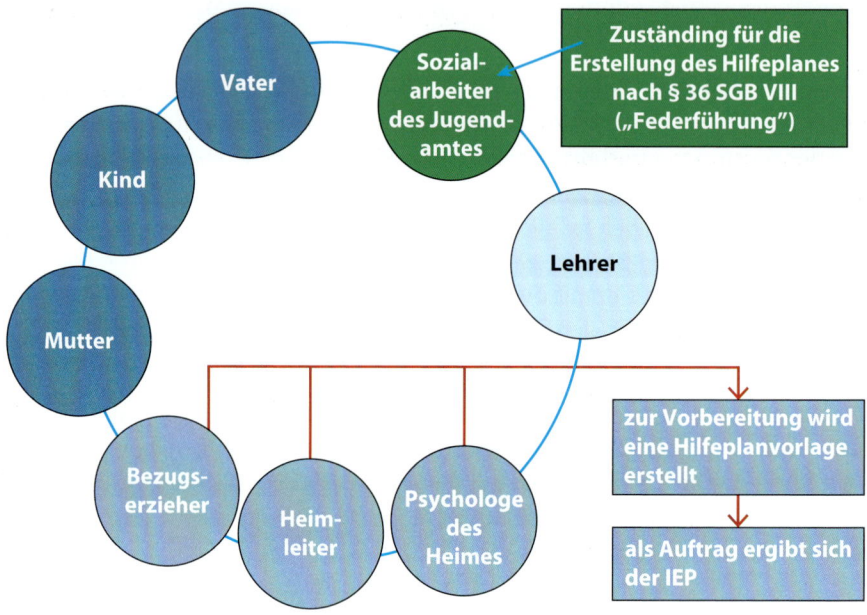

Mögliche Beteiligte am Hilfeplangespräch

3.2.2 Zum Begriff Erziehungsplanung

Der Begriff Erziehungsplanung erscheint ungeeignet. Kann man Erziehung planen? Kupffer problematisierte dies und stellte die Wortbedeutung infrage:

„Die Vokabel ‚Erziehungsplan' impliziert etwas Statisches, etwas Vorausberechenbares und erweckt in uns das Gefühl, dass es nur darauf ankommt, die richtigen Fachleute unter Vertrag zu nehmen und das richtige Material anzuwenden."
(Kupffer, 1977, S. 102)

Erziehung ist ein permanenter, lebenslanger Prozess und immer auf Interaktion ausgelegt. Dem Plan haftet eher etwas Festgelegtes an, ein sich schematisch wiederholender Arbeitsvorgang. Kupffer favorisierte eher den Begriff Erziehungskonzept, wobei ‚Konzept' als ‚gedanklicher Entwurf' zu verstehen ist und somit als etwas Überarbeitungswürdiges, stets den sich verändernden Realitäten Anpassendes gesehen werden kann. Erziehungsplanung hat sich mittlerweile als festgesetzter Begriff etabliert. Er wird nicht durch etwas anderes zu ersetzen sein. Verwenden wir den Ausdruck Erziehungsplanung, so sollten wir die

Fragwürdigkeit im Blick haben. Erziehungsplanung ist als etwas Prozesshaftes zu begreifen – und den Kindern und Jugendlichen sowie deren Familien als immer wieder zu überprüfende Landkarte anzubieten, nicht aber als Fahrplan. „Man kann die Entwicklung von Menschen im Grunde nicht planen, man kann Erziehung nicht planen, und man kann erst recht erfolgreiche Hilfe nicht planen" (Krause/Wolff, 2005, S. 44).

3.2.3   Die drei Ebenen der Erziehungsplanung

Die pädagogische Arbeit in Einrichtungen der stationären Erziehungshilfe lässt sich in mindestens drei unterschiedliche Organisationsebenen gliedern. Ein Erziehungskonzept muss auf möglichst allen Ebenen einer Einrichtung durchdacht und Bestandteil der gemeinsamen Überlegungen sein (siehe hierzu im Kap. 4.2.3 die Abb. „Einbettung in ein pädagogisches Gesamtkonzept" zur 6. Forderung). Aus dem Leitbild lassen sich alle pädagogischen Leistungen und Bemühungen für alle in der Einrichtung tätigen Mitarbeiterinnen und Mitarbeiter ableiten. Gerade für die Erziehungsplanung ist dies unbedingt notwendig (vgl. Kupffer, 1977, S. 102).

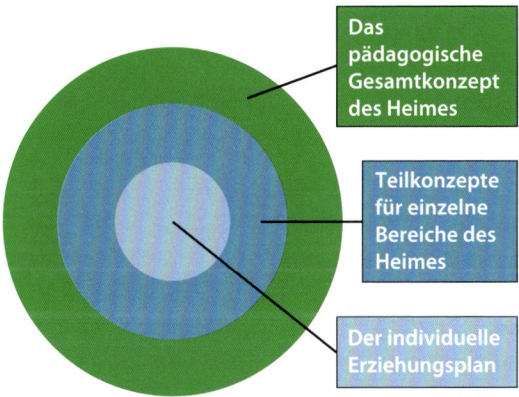

Ebenen der Erziehungsplanung

Die drei Ebenen lassen sich nach Kupffer (vgl. Kupffer, 1977, S. 102) wie folgt darstellen:

1. Das pädagogische Gesamtkonzept
Erziehungsplanung ist ein tragendes Element der Gesamtkonzeption einer Einrichtung. Schon bei der Anfrage nach einem freien Platz hat sich das anschließende Aufnahmeverfahren danach auszurichten, wie dem aufzunehmenden Kind in der Einrichtung die Betreuung angeboten werden kann, die seinen jeweiligen Bedürfnissen entsprechen. Wird z. B. ein Jugendlicher aufgenommen, der ein hohes Maß an Verselbstständigung beansprucht, so muss die Einrichtung auf den folgenden beiden Ebenen hinreichende Umsetzungskompetenzen zur Verfügung stellen können.

2. Teilkonzepte für jeden Bereich des Heimes
Teilkonzepte beziehen sich auf Konzepte für einzelne Betreuungsformen (Binnenwohngruppe, Außenwohngruppe, Verselbstständigungsgruppe, Kleinkindgruppe usw.) aber auch für die „internen Dienstleister" der Einrichtung. Dazu gehören der Gruppenergänzende Dienst

GED), der diagnostische und therapeutische Angebote für Kinder und Jugendliche und die psychologische Beratung der pädagogischen Mitarbeiterinnen und Mitarbeiter abgedeckt, der freizeitpädagogische Dienst und die schulpädagogische Begleitung, aber auch der Bereich Haustechnik, Küche und Hauswirtschaft. Der Erziehungseinfluss von Hausmeistern und Hauswirtschaftskräften wird häufig unterschätzt, kann und soll aber im Rahmen von Erziehungsplanung bewusst eingeplant werden.

3. Der Individuelle Erziehungsplan (IEP) für das einzelne Kind oder den Jugendlichen
Der Erziehungsplan für das einzelne Kind wird für alle Kinder und Jugendlichen der Gruppe erstellt. Überlegungen auf dieser Ebene müssen immer die Konzepte der anderen Ebenen berücksichtigen. Wenn z. B. bei der Umsetzung des Zielbereiches ‚Schulische Förderung‘, über eine intensive Einzelbetreuung bis hin zur Gewährung von Nachhilfe nachgedacht wird, dann muss die Durchführung einer solchen Leistung auch von der Leitungsebene sichergestellt werden. Sieht das Konzept der Gesamteinrichtung ein solches Angebot gar nicht vor, dann werden Erzieherinnen und Erzieher bei der Planung pädagogischer Angebote andere Wege gehen müssen.

3.2.4   Definition: Erziehungsplan

Trotz der unter 3.2.2 erörterten Schwierigkeit, wie mit dem Begriff Erziehungsplanung umzugehen ist, wird die folgende Definition in der Praxis recht hilfreich sein:

„Der Erziehungsplan stellt die schriftlich formulierte, festgehaltene Planung eines koordinierten, individuell auf den jungen Menschen abgestimmten und jederzeit revidierbaren Vorgehens zur optimalen Förderung dar.“
(EREV, 1975, S. 1)

Dabei steht die Planbarkeit pädagogischer und therapeutischer Vollzüge immer hinter der Gestaltung personaler Beziehungen, ohne die eine Sozialisation nicht zu erreichen ist, zurück. Der Erziehungsplan ermöglicht die Kontinuität in der Erziehung, er verbessert die Koordination aller Ebenen, fördert die notwendige Kooperation aller Beteiligten und erhöht die Effektivität durch fachlich abgesichertes Vorgehen (vgl. EREV, 1975, S. 1).

3.2.5   Grundsätzliche Überlegungen zur Erziehungsplanung im Heim

Nachdem nun Erziehungsplanung in verschiedenen Ebenen einer Einrichtung eingeordnet werden kann und auch als solche definiert ist, sollen nachstehend einige Betrachtungsweisen zur planvollen Arbeit mit Kindern und Jugendlichen im Kinderheim dargelegt werden. Erziehungsplanung und Hilfeplanung wurden Ende der 1970er-Jahre in der Heimerziehung stark diskutiert und Grundlagen dazu entwickelt und systematisiert. Deshalb finden sich in der Fachtheorie sehr viele grundsätzliche Aussagen zu diesem Thema aus dieser Zeit. Heute gehört die Erziehungsplanung im Rahmen der Hilfeplanung zu den Standards der stationären Jugendhilfe. Darauf weisen die beiden letzten Zitate hin.

„Bei einer geplanten Erziehung im Heim bedarf es einer kontinuierlichen Zusammenarbeit von Erziehern und anderen Fachleuten. Darin liegt die Chance zur qualifizierteren Arbeit mit dem Kind. (Ein Mehr an Professionalität.)“
(Dalferth, 1982, S. 100)

„Von Erziehungsplänen und von konstruktiv gestalteten Fallbesprechungen darf der Erzieher keine Wunder oder Patentrezepte erwarten; oft werden ihm dadurch auch die institutionellen Grenzen der Erziehungsarbeit bewusst gemacht, was praktisch heißt: Er hat die dichteste Verantwortung für das Kind, ja er muss – so schwer ihm das fallen mag – mit den Schwierigkeiten dieses Kindes leben!"
(Fröhlich, 1978, S. 165)

„Der individuelle Erziehungsplan ist nicht mit einem Trainings- oder Therapieplan gleichzusetzen. Er ist aber Förderplan und Arbeitshilfe für eine kontrollierte Erziehungsarbeit. In ihm werden einzelne Lernschritte zur Beseitigung der individuellen Defizite und Förderung der ganzheitlichen Entfaltung fortgeschrieben."
(Schmidle/Junge, 1978, S. 175)

„Bei einer 40 Stundenwoche ist es nicht möglich, dass bei einer Gruppenstärke von 8–12 Kindern der Erziehungsplan für alle Kinder und Jugendlichen auf einmal erstellt wird."
(Schmidle/Junge, 1978, S. 175)

„Der Erzieher braucht einen Plan, der im Rahmen der Gruppenpädagogik realisierbar ist. Sie darf nicht durch ihn auf ein Schema festgelegt werden. Der pädagogische Freiraum muss gewahrt bleiben."
(Schmidle/Junge, 1978, S. 175)

„Ausgehend vom festgestellten erzieherischen Bedarf und von den im Hilfeplan festgelegten Zielsetzungen werden im Erziehungsplan Teilziele für die einzelnen Lebensbereiche formuliert, damit die Entwicklungsziele und die erbrachten Leistungen überprüft, dokumentiert und den Beteiligten in geeigneter Weise zur Kenntnis gebracht werden können."
(Bayerischer Landesjugendhilfeausschuss, 2003, S. 5)

„Der Erziehungsplan ist das operative Steuerungsinstrument der leistungserbringenden Einrichtung und damit verpflichtender Bestandteil des einrichtungsinternen Qualitätssicherungssystems. Eine angemessene Beteiligung der Leistungsadressaten ist sicherzustellen. Der Erziehungsplan wird schriftlich fixiert und regelmäßig fortgeschrieben, mindestens im Turnus der Hilfeplanfortschreibung."
(Bayerischer Landesjugendhilfeausschuss, 2003, S. 5)

Aufgaben zum Selbststudium und Anregungen zur Gruppenarbeit

1. *Diskutieren Sie in Kleingruppen alle acht Aspekte eingehend.*

2. *Wo stellen Sie Abweichungen bzw. eine Nähe zur heutigen Praxis in Wohngruppen für Kinder und Jugendliche fest? (Die Texte sind vor mehr als 30 Jahren verfasst worden!)*

3. *Was bedeutet es im Erziehungsalltag, die „dichteste Verantwortung" für ein Kind zu tragen?*

4. *Was ist nach Ihrem bisherigen Verständnis der Unterschied zwischen einem Verstärkerplan (Token-System) und einem Erziehungsplan?*

5. *Wenn nicht gleichzeitig für alle Kinder und Jugendlichen ein Erziehungsplan erstellt werden kann, welcher Personenkreis hat womöglich Priorität?*

3.2.6 Schema zur Erstellung eines Individuellen Erziehungsplanes (IEP)

Zur Umsetzung einer konkreten Erziehungsplanung ist das von Dalferth entwickelte Schema hilfreich. Es umfasst alle Punkte, die im Laufe eines Erziehungsplanungsprozesses zu beachten sind (Dalferth, 1982, S. 100 f.):

Sammeln von Daten und Fakten zur Beschreibung des IST-Standes (Anamnese) aufgrund von:

strukturierten und unstrukturierten Beobachtungen	Beobachtungsbogen Situationsbeobachtung
vorliegenden Daten und Fakten	aus Akten, Gutachten, Entwicklungsberichten
Informationen über die Vorgeschichte und den augenblicklichen Stand des Kindes/Jugendlichen	vom Kind/Jugendlichen selbst, von Eltern, Verwandten, Lehrern usw. (Explorationsgespräche)

Sozialpädagogisches Fallverstehen (psycho-soziale Diagnose)

Herstellen eines Zusammenhangs zwischen dem augenblicklich gezeigten Verhalten und der Vorgeschichte

Einordnung und Bewertung des IST-Standes

Darstellung und Deutung der möglichen Ursachen des gezeigten Verhaltens

Zusammenstellung zu bearbeitender Problemfelder und Förderbereiche

Erziehungsziele festlegen und operationalisieren

Formulierung von Erziehungszielen
SOLL-Stand

Was soll verändert werden?

Erziehungsziele für Förderbereiche	Erziehungsziele für Problemfelder
Erziehungsziele im Bereich der Stärken	Erziehungsziele im Bereich der Schwierigkeiten/der Probleme

Pädagogisch-organisatorische Planung

Umsetzen der Erziehungsziele:

- Wie kann das Ziel erreicht werden? (Mittel und Methoden)
- Welche Probleme können dabei auftreten?
- Wer ist daran zu beteiligen? (Personen/Institutionen)
- Wann soll etwas geschehen? (Zeitpunkt)
- Wie lange wird es vermutlich dauern, bis eine Kontrolle des Verlaufes erfolgen kann?

3.2.6.1 Sammeln von Daten und Fakten zur Beschreibung des IST-Standes

Das Zusammentragen von Informationen zu einem Kind oder Jugendlichen, um seine Erziehungssituation zu erfassen, nennt man Anamnese. Anamnese kommt aus dem griechischen Anamnesis, was Wiedererinnerung bedeutet. Einer Anamnese lassen sich zwei Funktionen zuordnen:

„Zum einen den Relevanzbereich der Fallbearbeitung ungefähr abzustecken; andererseits ist es die besondere Aufgabe der Anamnese, eine zu schnelle und zu enge Auswahl der für die Fallbearbeitung relevanten Informationen zu verhindern, den Blick für andere Möglichkeiten offenzuhalten."

(Müller, 1993, S. 55)

Es wird notwendig sein, eine Fülle von Informationen zusammenzutragen, aber es darf auch nicht geschehen, sich in der Sammlung von Daten zu verlieren. Der zweite Gesichtspunkt ist von hoher fachlicher Bedeutung: es geht um eine größtmögliche Objektivität.

„Für sozialpädagogische Fallarbeit ist es besonders nötig, auf diese unterschiedlichen Relevanzbereiche von Anamnese zu achten und zwar gerade deshalb, weil in einem sozialpädagogischen Fallbereich eben nicht objektiv vorgegeben ist, welche Informationen als ‚Vorgeschichte' einer Fallsituation wichtig sind."

(Müller, 1993, S. 55)

Die Vorgeschichte eines Kindes oder eines Jugendlichen ist in Einrichtungen den Akten zu entnehmen. In der Regel liegen Gutachten und Entwicklungsberichte vor. Werden daraus Informationen für die weitere Erziehungsplanung übernommen, so ist darauf zu achten, jeweils die Quellen zu nennen. Die aktuelle Situation lässt sich durch Beobachtungen und durch Explorationsgespräche erfassen. In Teamgesprächen werden viele Eindrücke, Meinungen und Verhaltensbeschreibungen zu Kindern und Jugendlichen zusammengetragen. Diese gründen meist auf zufälligen und unstrukturierten Gelegenheitsbeobachtungen und auch aus Gesprächen mit Kindern und Jugendlichen und anderen Personen, die mit ihnen zu tun haben. Für eine professionelle Erziehungsplanungsarbeit ist es aber unerlässlich, auch systematische und teilnehmende Beobachtungen sowie vorbereitete Explorationsgespräche zu führen.

Kriterien zum Explorationsgespräch mit Kindern

Ab ca. 9 Jahren kann man mit Kindern ein längeres Gespräch führen. Als „Türöffner" können die unten dargestellten Fragen hilfreich sein, damit Kinder/Jugendliche ihre Ansichten und Meinungen darlegen. Auf die Gesprächsatmosphäre ist Wert zu legen (Sitzhaltung, Sitzpositionen, Mimik und Gestik usw.).

1. **Die Schwierigkeiten**
- erzählen lassen
- aktives Zuhören
- Aussagen des Kindes/Jugendlichen aufgreifen, spiegeln

2. Der Gesundheitszustand

- Warst du schon oft krank? (ggf. eine Kinderkrankheit ansprechen)
- Gehst du deshalb öfter nicht zur Schule?
- Bist du oft schläfrig, müde, schlapp?
- Warst du schon einmal im Krankenhaus?
- Hattest du mal einen Unfall?

3. Stellung in der Familie

- Wie verstehst du dich mit deinen Eltern?
- Wie verstehst du dich mit deinen Geschwistern?
- Sind die Eltern streng zu dir?
- Kannst du deinen Eltern alles anvertrauen?
- Haben deine Eltern Zeit für dich zum Spielen?
- Wer ist das Lieblingskind von Mutter oder Vater?
- Müssen deine Eltern viel arbeiten?
- Bist du oft allein zu Hause?

4. Stellung in der Schule

- Wie sind deine Schulnoten?
- Glaubst du, dass der Lehrer richtig benotet?
- Gehst du gern zur Schule?
- Welches sind deine Lieblingsfächer?
- Welche Fächer liegen dir absolut nicht?
- Magst du deine Lehrer, hast du einen Lieblingslehrer?
- Hast du Freunde in der Klasse?
- Triffst du dich mit ihnen auch am Nachmittag?
- Neben wem sitzt du in der Klasse?
- Machst du deine Hausaufgaben sofort nach der Schule?
- Hast du schon an Klassenfahrten teilgenommen?
- Hast du ein Amt in der Klasse?

5. Stellung zu Freunden

- Mit wem bist du am liebsten zusammen?
- Bist du lieber allein oder mit anderen zusammen?
- Wünschst du dir eine beste Freundin/besten Freund?
- Hast du einen Spitznamen?
- Was spielst du am liebsten?
- Welche Rolle übernimmst du gerne beim Spielen?
- Kannst du beim Spiel verlieren?
- Bist du in einer Clique?

6. Bedürfnisse, Wünsche, Interessen

- Welches sind deine Lieblingsbeschäftigungen?
- Bist du in einem Verein?

- Was liest du am liebsten?
- Spielst du ein Instrument?
- Welche Fernsehsendung siehst du am liebsten?
- Welchen Star findest du toll?
- Magst du Tiere?
- Was möchtest du einmal werden, und was auf keinen Fall?
- Wie wichtig ist dir Dein Handy?

7. Selbsteinschätzung
- Was, meinst du, sind deine besten und was sind deine schlechtesten Eigenschaften?
- Was kannst du besonders gut, was nicht?
- Bist du eher mutig oder ängstlich?
- Was möchtest du am ehesten an dir ändern?
- Was machst du, wenn dich jemand ärgert?

8. Erhellung einiger Wesenszüge
- Schildere dein schönstes/schwerstes Erlebnis. (evtl. malen lassen)
- Wovor fürchtest du dich am meisten? (Dunkelheit, Tiere)
- Worüber freust du dich am meisten?
- Bist du manchmal traurig, und wenn ja worüber? (Depressionen)
- Was ärgert dich manchmal? (Wut, Erregbarkeit)

9. Provozierte Aussagen
- Stell dir vor, du hättest drei Wünsche, die erfüllt würden. Welche würdest du wählen?
- Du hast eine Million Euro gewonnen. Was würdest du damit anfangen?
- Stell dir vor, du hättest eine Tarnkappe. Was würdest du tun?
- Stell dir vor, du wärest gestorben und könntest noch einmal auf die Welt kommen, jedoch nicht als Mensch. Was möchtest du sein?
- Du bist in einem fremden Land plötzlich alleine. Was machst du?
- Stell dir vor, du könntest zaubern. Was würdest du zaubern bzw verzaubern?

Sozialdatenschutz im Rahmen von Erziehungsplanung

Genau wie in allen anderen Bereichen kommt dem Datenschutz in der Jugendhilfe eine wichtige Bedeutung zu. Im Folgenden werden einige Grundsätze zum Sozialdatenschutz aufgeführt, die Manfred Busch 1992 verfasst hat und die zu einem sensibleren Umgang mit der Erhebung von Daten und Fakten führen sollen:

„Das Grundrecht des Einzelnen auf informationelle Selbstbestimmung gilt für junge Menschen wie für Erwachsene gleichermaßen. Allerdings: Junge Menschen und oft auch ihre Eltern sind vielerorts bei Hilfen zur Erziehung lediglich Datenobjekt.

Der verpflichtende Grundsatz, personenbezogene Daten beim Betroffenen zu erheben, unterstreicht den Grundsatz im KJHG: Die Betroffenen sind in alle sie betreffenden Angelegenheiten einzubeziehen.

Beschreibungen und Bewertungen von Sachverhalten mit Personenbezug sind personenbezogene Daten im Sinne der Datenschutzbestimmungen im KJHG und unterliegen daher uneingeschränkt dem Sozialdatenschutz. Bereits bei der Datenerhebung besteht eine Aufklärungs- und Beratungspflicht. Dabei hat sich die Offenlegung der Rechtsgrundlage und der Verwendung der personenbezogenen Daten an den Fähigkeiten der Betroffenen zu orientieren. Diese gesetzliche Aufgabe ist von der Einrichtung in eigener Kompetenz wahrzunehmen und fachlich angemessen zu erfüllen. Auch hier gilt der Grundsatz: Dem Betroffenen ist das Handeln transparent zu machen, bevor gehandelt wird. Nur so kann der junge Mensch sein durch das KJHG eingeräumtes Mitwirkungsrecht wahrnehmen und mitbestimmen, was geschehen soll.

Dienste und Einrichtungen als datenerhebende und datenverwendende Stelle sind selbst unmittelbar verantwortlich für ihr Vorgehen. Dazu zählt: Der Personensorgeberechtigte bzw. die Eltern als auch das Kind, der Jugendliche oder der junge Volljährige sind bereits im Erstkontakt mit der Einrichtung darüber aufzuklären, wie mit den personenbezogenen Daten von der Einrichtung umgegangen wird und welche Folgen dies für den Betroffenen haben kann.

Die Datenschutzbestimmungen im KJHG im praktischen Umgang mit dem Betroffenen ernst zu nehmen und anzuwenden, ist Teil des Ausdruckes, den Betroffenen als Subjekt zu akzeptieren. Dies ist jedoch nur möglich, wenn das Grundrecht auf informatielle Selbstbestimmung grundlegendes Prinzip auch in der Organisation innerhalb einer Einrichtung ist.

Die KJHG-Datenschutzbestimmungen ernst zu nehmen und anzuwenden führt a) zu einer Qualitätssteigerung der Fachlichkeit im Alltag und gehört b) zu den vertrauensbildenden Maßnahmen in der konkreten Beratungs- und Betreuungsarbeit. Deshalb sollten sie nicht beklagt, sondern vielmehr als fachliche Grundwerte professioneller Tätigkeit verstanden und vor allem durchgesetzt werden. Sie sind Teil einer bewussten Gestaltung der Beziehungen zwischen den am Hilfeprozess beteiligten Personen und Institutionen. Ihre Anwendung trägt zur Beziehungsklarheit bei: Der Betroffene ist Subjekt, der in der Beratung und Betreuung unabhängig vom Alter ein Recht darauf hat, nicht als ‚gläsernes Datenobjekt' bevormundet zu werden."
(Busch, 1992, S. 372–379)

3.2.6.2 Sozialpädagogisches Fallverstehen (Psycho-soziale Diagnose)

Die Verwendung des Begriffes „psycho-soziale Diagnose" ist im Zusammenhang mit dem Thema Hilfeplanung und Erziehungsplanung nicht unumstritten. „Psycho-soziale Diagnose" gilt als das „Kerninstrument der sozialen Arbeit" in Deutschland und wurde 1926 von Alice Salomon so beschrieben:

„Alles Wissen um den Menschen ist auch ein Wissen um seine Beziehungen zur Umwelt, um die Summe dieser Beziehungen, um seine Anpassung an die Lage, in die das Leben ihn gestellt hat und um die Einwirkungen, die er von der Umwelt erfährt."
(Salomon, 1926/2004, S. 299)

Während sich in den Feldern der Sozialarbeit der Wortgebrauch „psycho-soziale Diagnose" durchgesetzt hat, wird in Arbeitsfeldern der Sozialpädagogik der Begriff „sozialpädagogische Diagnose" verwandt. Als problematisch gilt die Begrifflichkeit „Diagnose" wegen ihrer „[…] Nähe zur Nomenklatur einer überwiegend am naturwissenschaftlichen Modell orientierten Medizin/Psychiatrie […]" (Peters, 1999, S. 19).

„Diagnose" vermittelt den Eindruck der Möglichkeit einer genauen Einschätzung von „funktionalen Eigenarten", wie sie in der Medizin durch Diagnosemethoden denkbar erscheinen. Die Komplexität der Rahmenbedingungen, die menschliches Verhalten bedingen, lässt sich nicht in Diagnoserastern erfassen. Gängiger ist heute die Umschreibung „Sozialpädagogisches Fallverstehen". Im Achten Jugendbericht wurde 1990 die Bedeutung von „Fallverstehen" folgendermaßen beschrieben: „Fallverstehen als Voraussetzung für erzieherische Hilfen bedeutet in dem Sinne, das Handeln von Kindern und Jugendlichen im Kontext ihrer Lebenslage und ihrer Lebensgeschichte zu betrachten" (Bundesministerium für Jugend, Familie, Frauen und Gesundheit, 1990, S. 133). Hier kommt es im Kern darauf an, das aktuell beobachtbare Verhalten zu analysieren, zu erklären, zu interpretieren und mit den biografischen Erfahrungen in Zusammenhang zu bringen. Als Analyseschema bietet sich hierbei das „Kreismodell" an, das davon ausgeht, dass eine spezifische Ursache eine Gefühlsreaktion hervorruft, diese wiederum eine Verhaltensreaktion bewirkt, was schließlich zu einer bestimmten Symptomatik führt. Oft sind im Rahmen der stationären Jugendhilfe Zusammenhänge, die das Verhalten von Kindern und Jugendlichen erklären (können), durchaus bekannt und mitunter den jeweiligen Akten zu entnehmen. Ist ein Kind beispielsweise nach einem sexuellen Missbrauch durch eine sofortige Inobhutnahme in eine Wohngruppe aufgenommen worden, liegt in diesem Fall die Ursache für spezifische Auffälligkeiten im Verhalten (selbstverletzendes Verhalten, extrem offensiver, verschlossener oder altersunangemessener Umgang mit Sexualität, Einnässen/Einkoten, Selbstisolation usw.) auf der Hand. Häufiger sind aber Hintergründe und Ursachen für bestimmte Verhaltensweisen nicht bekannt. In diesem Fall ist es erforderlich, fachlich begründete Vermutungen über den Zusammenhang von (beobachtbarem) Verhalten zu einer (möglichen/ sehr wahrscheinlichen) Ursache herzustellen und das Verhalten fach- und sachgerecht zu interpretieren. Insofern verlangt sozialpädagogisches Fallverstehen (oder die Erstellung einer psycho-sozialen Diagnose) von Erzieherinnen und Erziehern, dass sie in der Lage sind, einschlägige fachtheoretische Grundlagen als „Brille" zu nutzen, um aus diesem Blickwinkel spezifische Auffälligkeiten im Verhalten ursächlich erklären zu können. Als Beispiele können hier folgende ausgewählte Themenkomplexe und Leitfragen helfen:

Themenkomplex „Erziehungsstil"

- Welcher Erziehungsstil der Eltern generiert wie und warum bestimmte Verhaltensweisen der Kinder?

- Welche Auswirkungen hat beispielsweise eine vernachlässigende oder extrem repressive Erziehung?

Themenkomplex „Ressourcen und Handlungsrepertoire"

- Über welches Handlungsrepertoire verfügt das Kind, um mit einem kritischen Lebensereignis umzugehen?

- Welche Strategien der Bewältigung kritischer Lebensereignisse setzt es ein: eher Coping-Strategien oder eher Defending-Strategien?

- Welche personalen oder sozialen Ressourcen stehen dem Kind zur Verfügung?

- Wofür nutzt das Kind die Ventilfunktion, die dem auffälligen Verhalten immanent ist? (Was muss raus? Woran arbeitet sich das Kind ab?)

Themenkomplex „Lernen am Modell"

- Inwieweit sind/waren die Eltern Modelle für bestimmte aktuelle Verhaltensweisen der Kindes?

- Welches Verhalten hat das Kind subjektiv als Normalität kennengelernt – auch wenn es für uns abwegig, abweichend, nicht normal ist?

- Welchen Einfluss auf das Verhalten hat/hatte die peer-group?

Themenkomplex „Verstärkung von Verhaltensweisen"

- Inwieweit hat die elterliche Reaktion auf bestimmte Verhaltensweisen genau dieses Verhalten (auch unbeabsichtigt) verstärkt?

- Gab es eine (auch unbeabsichtigte) positive Reaktion?

- Haben die Eltern etwa das unerwünschte Verhalten ignoriert und nicht darauf reagiert?

- Gab es überhaupt eine Intervention und hat das Kind jemals angemessene Grenzziehung erfahren?

Erzieherinnen und Erzieher sind in ihrem pädagogischen Handeln, und insbesondere bei der Erziehungsplanung, immer mit den folgenden Fragen konfrontiert: „Warum verhält sich der Jugendliche so, wie er sich verhält?" „Was sind die Ursachen seines Verhaltens?" „Wie kann ich mir als Erzieherin das Verhalten von Kindern und Jugendlichen erklären?" Wissen aus allen Fächern und Fachdisziplinen können Erklärungsansätze bieten. Langjährig Tätige können aus ihrem Handlungswissen viel dazu beitragen. Allen Beteiligten und Verantwortlichen muss allerdings klar sein, dass es sich um Deutungsversuche, um Hypothesen handelt. Fallverstehen heißt demnach auch, sich von Prognosen zu trennen, wenn neue und andere Bedingungsfaktoren zugänglich werden.

3.2.6.3 Die „5 W's" des Erziehungsplanes

1. Was soll verändert werden?

Bei dem ersten „W" geht es um die Formulierung von Zielen. Ziele zu setzen ist eine anspruchsvolle Aufgabe in allen sozialpädagogischen Handlungsfeldern und es fällt häufig nicht leicht, genau das zu beschreiben, was auch erreicht werden soll. Viele Aphorismen haben das Bemühen um Zielsetzungen zum Inhalt. Hier drei Beispiele:

„Je mehr wir das Ziel aus den Augen verloren, vermehrten wir unsere Anstrengungen."
(Mark Twain, https://www.aphorismen.de/zitat/11053, [09.11.2016])

„Nur wer das Ziel kennt, kann treffen."
(Griechisches Sprichwort)

Es klingt durch, dass wir Menschen oft eher ziellos agieren, weil uns eine Leitlinie fehlt. Im professionellen Bereich ist eine konkrete Zielsetzung für ein erfolgreiches Arbeiten unabdingbar.

„Methodisches Handeln zeichnet sich gegenüber dem Alltagshandeln durch seine Zielbezogenheit aus. Nur auf diesem Weg werden Reflexionen über die fachliche und moralische Angemessenheit des Wirkungszusammenhanges von Ausgangslage, gewünschtem Zustand und Interventionen möglich."

(von Spiegel, 2006, S. 135)

Es ist hilfreich, zwischen Wirkungszielen und Handlungszielen zu unterscheiden (vgl. von Spiegel, 2006, S. 138). Wenn diese Unterscheidung beachtet wird, unterliegen Erzieherinnen und Erzieher nicht so schnell der Versuchung, Ziele für sich selbst in den Erziehungsplan zu integrieren. Zielformulierungen sind hier zunächst für Kinder und Jugendliche zu erarbeiten und diese nennt man Wirkungsziele.

„Wirkungsziele sind wünschenswerte Verhältnisse für und Kompetenzen von Adressaten, deren Erreichung durch die Bemühungen der Fachkräfte unterstützt werden soll. Wirkungsziele geben die grobe Richtung des Unterfangens an und haben diesbezüglich eine orientierende Funktion. Da sich Planungszeiträume mitunter über Jahre hinziehen, ist es notwendig, für überschaubare Zeiträume Teilziele zu bilden. Dies sind Etappen auf dem Weg zum Wirkungsziel, die konkreter formuliert werden und im veranschlagten Zeitraum erreichbar sein müssen."

(von Spiegel, 2006, S. 138 f.)

In Hilfeplangesprächen ist es häufig schwierig, Ziele so konkret zu formulieren, dass sie für die Umsetzung in den pädagogischen Alltag tauglich sind. Die bislang erläuterten Wirkungsziele sind die Ziele oder Zielbereiche, die die pädagogisch Handelnden für die Betroffenen setzen. Sie werden in der Praxis oft auch Förderziele genannt, da sie von der Intention geprägt sind, die Kinder und Jugendlichen zu einem bestimmten Verhalten hin zu fördern. Das geschieht aus Sicht der Eltern, der Erzieherinnen und Erzieher des Teams, der Lehrerinnen und Lehrer, der Mitarbeiterinnen und Mitarbeiter des Jugendamtes, also aus Sicht der Beteiligten des Hilfeplangespräches, die nicht direkt Betroffene der erarbeiteten Handlungen sind. Diese Wirkungs- und Förderziele geben grob (deshalb werden sie auch häufig Grobziele genannt) den Bereich an, in dem die Förderung stattfinden soll. So könnte ein Wirkungsziel, ein Zielbereich für Luise, das Mädchen aus der AWG Schillerstraße, z. B. lauten, sie in ihren schulischen Leistungen zu fördern. Aus der Kindesbeschreibung ist zu entnehmen, dass Luise die 5. Klasse wiederholt. Als Förderziel kann das Team der AWG Schillerstraße formulieren, Luise soweit zu unterstützen, dass sie das Klassenziel mit mindestens ausreichenden Leistungen erreicht. Wie dieses Ziel erreicht werden soll, wird dem Raster entsprechend in der Erarbeitung der nächsten „W's" entworfen. Für die Arbeit ist es unerlässlich, die Ziele sehr konkret zu fassen, sie zu operationalisieren. „Operationalisierung ist ein Prozess, in dem man abstrakt gefasste Vorstellungen (Begriffe) so konkretisiert, dass sie zum Handeln (zu „Operationen") führen. Den ersten Schritt bildet eine *ergebnisbezogene* Operationalisierung", in der die (an Wirkungszielen ausgerichteten) Teilziele weiter konkretisiert werden, sodass sich die Beteiligten gut vorstellen können, wie der gewünschte Zustand aussieht. Die Erschließungsfrage für diesen Vorgang heißt: „Woran könnten wir erkennen, dass wir den gewünschten Zustand erreicht haben?" (von Spiegel, 2006, S. 142).

Ziele für Kinder und Jugendliche müssen immer auch Ziele **mit** Kindern und Jugendlichen sein. Unzählige Verstärker- und Trainingsprogramme sind in Einrichtungen der Erziehungshilfe schon entwickelt worden, ohne Kinder und Jugendliche in ausreichendem Maße daran zu beteiligen. Die Folge: Kein Erfolg! Veränderungen werden von Menschen nur angenommen, wenn es sich für sie lohnt. Dementsprechend brauchen Menschen, auch junge Menschen, Motivation zur Veränderung. Die Erreichung eines Ziels muss sich lohnen. Bauer/Hegemann sprechen davon, „Ermutigung zur Veränderung" und „Klärung des Nutzens von Veränderung" zu fördern (Bauer/Hegemann, 2008, S. 33).

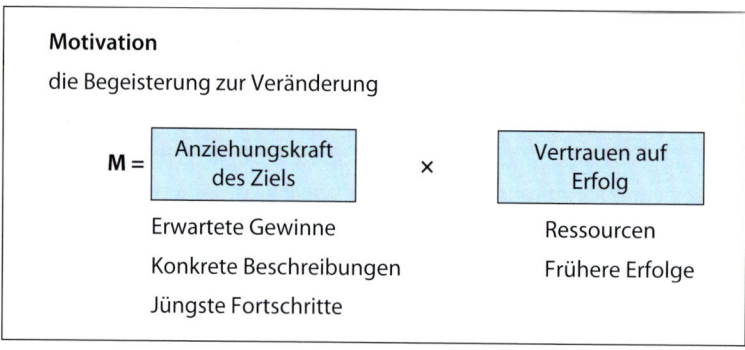

Motivation nach Ben Furman (Bauer/Hegemann, 2008, S. 33)

Wenn das Erzieherteam das Förderziel für Luise für sehr wichtig hält, dann muss zunächst mit Luise geklärt werden, ob sie dieses Ziel ebenfalls für erstrebenswert hält. Luise benötigt ein sog. Richtungsziel, mit dem sie sich identifizieren kann und muss. Wird das Förderziel nicht zum Richtungsziel für das Kind oder den Jugendlichen, dann werden, wie schon ausgeführt, die pädagogischen Bemühungen schwierig werden und wahrscheinlich wirkungslos bleiben.

Mittels der lösungsorientierten Gesprächsführung ist mit dem Kind oder Jugendlichen der Wille zur Erreichung eines Ziels freizulegen. Hier helfen zirkuläre Fragen, die den Jugendlichen anregen, sich selbst als Handelnder in diesem Prozess zu verstehen. Lösungsorientierung ist stark an Ressourcenorientierung angebunden. Das Kind oder der Jugendliche wird auf seine Fähigkeiten aufmerksam gemacht und nicht auf seine Schwächen hingewiesen.[1]

Für Luise könnte das Richtungsziel wie folgt formuliert werden: Zum Ende des Schuljahres habe ich meine schulischen Lücken geschlossen und das Klassenziel erreicht. In den Hauptfächern Deutsch, Mathe und Englisch habe ich mindestens ein Ausreichend und in drei Nebenfächern (Geografie, Sport und Musik) ein Befriedigend.

2. Wie, auf welche Art und Weise, mit welchen Methoden oder Maßnahmen kann dieses Ziel erreicht werden?

Wie schon unter Punkt 1 dieses Abschnittes („Was soll verändert werden?") erwähnt, ist die Wahrnehmung und Beachtung von Stärken und Ressourcen ein wichtiger Aspekt bei der Auswahl der Maßnahmen zur Erreichung der gemeinsam erarbeiteten Ziele. Bei der Methoden- und Maßnahmenwahl kann auf das gesamte sozialpädagogische Wissen und Können von multiprofessionell zusammengesetzten Teams zurückgegriffen werden.

Wichtig ist, an dieser Stelle darauf hinzuweisen, dass die alleinige Erstellung eines Verstärkerplanes nicht ausreichend ist. Ein solcher Verstärkerplan kann nur Teil des Erziehungsplanes sein; Erziehungsplanung ist umfassender, er erfasst das Kind in seiner Gesamtheit.

3. Wer ist an diesem Prozess – außer dem Jugendlichen selbst – beteiligt?

Die Frage sollte unter dem Aspekt geklärt werden, wer denn dem Kind oder dem Jugendlichen helfen kann, die gesteckten Ziele zu erreichen. „Reale Helfer sind für diese Aufgabe am besten geeignet und sollten von den Jugendlichen selbst benannt werden" (Bauer/Hegemann, 2008, S. 77). In den meisten Fällen von Erziehungsplanung ist es ratsam, dem Bezugserzieher als Hauptverantwortlichen für das Kind eine Fallmanager-Rolle zuzuordnen. Er sollte die ‚Fäden in der Hand' haben, um den gesamten Erziehungsplanungsprozess zu steuern und zu begleiten. Ein Team (oder mehrere Personen gleichzeitig) als Ganzes zu nennen, ist meist nicht ratsam. Die konkrete Nennung von Personen erhöht die Verantwortlichkeit derjenigen, die Aufgaben übernommen haben. (Hier sei darauf hingewiesen, dass die Bedeutung der Rolle von „Nichtprofis" im sozialpädagogischen Feld, wie z. B. Hauswirtschaftskräften und Hausmeistern, nicht zu unterschätzen ist und miteinbezogen werden sollte.)

Inwieweit „Professionelle" außerhalb der Einrichtung einbezogen werden können, hängt stark von den Rahmenbedingungen ab. Lehrer und Lehrerinnen können bestimmte Aufgaben übernehmen. Hier sollte ein „Vertrag" geschlossen werden, der Verbindlichkeit herstellt. Dies gilt gleichermaßen für Therapeutinnen und Therapeuten, Trainerinnen von Sportvereinen, Mitarbeiterinnen von Einrichtungen der verbandlichen und nicht-verbandlichen Jugendarbeit usw.

Eine besondere Rolle nehmen die Eltern der Kinder und Jugendlichen ein. Es ist häufig nicht einfach, sie in die Umsetzung der Erziehungsplanung einzubinden, da sie sehr oft selbst Betroffene sind.

4. Zu welchem Zeitpunkt sollte eine gezielte Einflussnahme erfolgen?

Damit möglichst effektiv gearbeitet wird, ist es wichtig, den Beginn pädagogischer Interventionen festzulegen. Womöglich müssen erst Termine abgeklärt oder die Finanzierbarkeit von Maßnahmen geklärt werden, bevor ein konkreter Ablauf erfolgen kann. So hat es z. B. wenig Sinn, mit einer Maßnahme zur schulischen Förderung vor den Sommerferien zu beginnen. Eine über sechswöchige Unterbrechung würde wahrscheinlich zur Folge haben, nach dieser Zeit wieder neu beginnen zu müssen.

5. Wie lange wird es voraussichtlich dauern, bis Lernerfolge sichtbar werden und eine Überprüfung oder Kontrolle des bisherigen Verlaufs angezeigt erscheint?

Die Komplexität des Heimalltags und die Vielschichtigkeit der Anforderungen an die Erzieherinnen und Erzieher in der stationären Erziehungshilfe bewirken oft, dass Bemühungen um Kinder und Jugendliche – und eben auch Erziehungspläne – verpuffen. Handlungsabsichten verlieren sich, sie geraten aus dem Blick, weil das, was vor einigen Wochen brandaktuell war, von neuen, noch aktuelleren Themen eingeholt worden ist.

Im Erziehungsplan muss festgelegt werden, nach welcher Zeit eine Überprüfung stattfinden kann. Ist der Zeitraum zu kurz, ist es möglich, dass der Jugendliche noch nicht ausreichend Gelegenheit hatte, an Verhaltensänderungen zu arbeiten. Wartet man zu lange, ist es denkbar, dass gute Absichten verlorengehen. Es ist ratsam, diese Zeiträume sorgfältig und mit Bedacht festzulegen und sie dann ins Gruppenbuch einzutragen (im Sinne eines Wiedervorlagekalenders).

Zum Abschluss dieses Punktes sei hier noch auf die sogenannte SMART-Methode hingewiesen, die übersichtlich die Aspekte miteinander verbindet, die zu beachten sind, wenn Ziele formuliert werden:

S = spezifisch

Die Zielformulierung muss konkret, klar, präzise, schriftlich und eindeutig definiert sein.

- Ziele müssen positiv formuliert sein (was man erreichen will und nicht, was man nicht will).

- Alle im Team und auch die Kinder und Jugendlichen müssen das gleiche Verständnis von dem Ziel haben.

M = messbar

- Die Zielformulierung muss Kriterien enthalten, die überprüfbar sind.

- Ein Ziel messbar zu machen, bedeutet, Werte festzulegen, an denen man sich orientieren kann.

A = attraktiv und akzeptabel

- Ziele, die wir für Kinder und Jugendliche formulieren, müssen attraktiv und motivierend sein.

- Sie müssen akzeptabel sein und von allen akzeptiert werden. Wir müssen „dahinter stehen".

R = realistisch

- Gute Zielformulierungen beschreiben einen erreichbaren Zustand.

- Gute Ziele beinhalten wenige erreichbare Schwerpunkte.

- Ziele sollen nicht überfordern, aber fordern! Sie dürfen nicht „läppisch" sein.

- Kinder und Jugendliche und das Team müssen sich über die Erreichung des Ziels auch freuen können.

T = terminiert

- Zu Zielformulierungen gehören klare Zeitangaben hinsichtlich der Dauer und der Nennung von Zwischenterminen.

- Wann genau ist der Soll-Zustand erreicht?

- Der Zeitfaktor beeinflusst stark den „Zielumfang"!

(vgl. Hettl, 2008; Schreyögg, 1998, S. 72 ff.)

Aufgaben

1. *Bei Entscheidungen, welche Art von Hilfe seitens des Kostenträgers (Jugendamt) gewährt werden, haben die Sorgeberechtigten ein Wunsch- und Wahlrecht. Welche Einschränkungen könnten hier gegeben sein?*

2. *Inszenieren Sie ein Planrollenspiel für den Aufnahmeprozess eines Kindes in einem Kinderheim. Legen Sie folgende Rollen fest: Vater, Mutter, Kind, Mitarbeiterin des Jugendamtes, zwei Fachkollegen aus dem Amt, den Leiter der Abteilung ‚Wirtschaftliche Jugendhilfe', Heimleiter, Gruppenleiter und Psychologin der Einrichtung. Unterbrechen Sie das Spiel, wenn Sie sich neue Informationen beschaffen müssen. (Geeignet ist die Methode des Rollenspiels mit Protagonisten).*

3. *Recherchieren Sie im Internet nach: Wolff, Mechthild/Hartig, Sabine (2006): Beteiligung in der Heimerziehung. Empfehlungen aus dem deutschen Projekt Beteiligung – Qualitätsstandard für Kinder und Jugendliche in der Heimerziehung. Fachhochschule Landshut/FB SA. www.fh-landshut.de, 27.04.2010 und erörtern Sie Umsetzungsmöglichkeiten der Empfehlungen für Professionelle in der Heimerziehung.*

4. *Erörtern Sie eingehend die von Krause und Wolff verwendete Metapher, Kindern und Jugendlichen nicht Fahrpläne, sondern Landkarten anzubieten, die gemeinsam überarbeitet und verändert werden können.*

5. *Die Mitarbeiter der AWG Schillerstraße planen für die bevorstehenden Ferien eine Kurzreise in einen etwa 100 km entfernten Ferienpark. Sie sind der Meinung, dass dies der Dynamik der momentanen Gruppensituation förderlich wäre. Was müssen die Erzieherinnen und Erzieher gemäß der zweiten Ebene der Erziehungsplanung für konzeptionelle Überlegungen anstellen?*

6. Bilden Sie Arbeitsgruppen zu fünf Personen. Führen Sie im Rollenspiel ein Explorationsgespräch durch. Eine Person übernimmt die Rolle eines Kindes, eine weitere die der Erzieherin. Zwei beobachten die jeweils Agierenden und eine Person beobachtet die Gesamtsituation.
   Werten Sie die Gesprächssituation aus (Gefühlsebene und Inhaltsebene), erarbeiten Sie Korrekturen und spielen Sie erneut, aber mit wechselnden Rollen.

7. Entwickeln Sie einen kurzen Explorationsbogen für ein Elterngespräch und führen Sie anschließend ebenfalls ein Rollenspiel durch.

8. Beschäftigen Sie sich mit dem Thema Beobachtung. Sammeln Sie Informationen zum Thema „Systematisch-teilnehmende Beobachtung" und konzipieren Sie eine Beobachtungssequenz, mit deren Hilfe Sie zu verwertbaren Ergebnissen für einen Erziehungsplan gelangen (Beobachtungsanlass z. B. Konzentration). Stellen Sie das Ergebnis in einem Diagramm dar und interpretieren Sie dieses (siehe hierzu auch: Heidemann/Greving, 2012, Seite 160).

9. Diskutieren Sie eingehend die Grundsätze zum Sozialdatenschutz. Vergleichen Sie diese Aussagen mit Ihren bislang gemachten Erfahrungen in sozialpädagogischen Arbeitsfeldern.

Raster zur Erstellung eines individuellen Erziehungsplanes (IEP)

Entwicklungs-bereiche	I. Beschreibung des Ist-Zustandes		II. Aus-handlungen im HPG	III. Was (1) soll verändert werden? (Erziehungsziele / Teilschritte)	IV. Wie (2) kann das Ziel erreicht werden? (Mittel und Methoden) Welche Probleme können dabei auftreten?	V. Wer (3) ist daran zu beteiligen? (Personen/Institutionen)	VI. Wann (4) soll etwas geschehen? (Zeitpunkt)	VII. Wie lange (5) wird es voraussichtlich dauern bis eine Kontrolle des Verlaufes erfolgen kann?
	Beschreibung der Fähigkeiten / Kompetenzen/ Ressourcen	Beschreibung der Entwick-lungsbedarfe						
Familie, Eltern-beziehung								
Gesundheit und Entwicklung								
Emotionaler und sozialer Bereich								
Selbstständig-keit im lebensprak-tischen Bereich								
Schule und Beruf								
Besonderhei-ten								

Diese Übersicht soll als Grundlage zur Erziehungsplanung dienen

Lernsituation 1: Erstellen eines Vorberichtes für ein Hilfeplangespräch

Die für Fabiola zuständige Sozialarbeiterin des Jugendamtes hat sich telefonisch für einen Besuch in vier Wochen angekündigt. Es soll ein Hilfeplangespräch (HPG) stattfinden, zu dem sie auch die Eltern einladen wird. Die besonderen Vorkommnisse zu Beginn des Aufenthaltes von Fabiola in der AWG haben sich nicht wiederholt. Diebstähle sind nicht weiter zu verzeichnen, allerdings ist die schulische Situation weiterhin schwierig. Deshalb wird die Sozialarbeiterin des Jugendamtes auch die Klassenlehrerin zu dem Gespräch hinzubitten.

Aufgaben zur Bearbeitung der Lernsituation

Das Team hat die Aufgabe, einen Vorbericht an das Jugendamt zu senden. Eine Woche vor dem Termin soll dieser der Sachbearbeitung vorliegen.

Das Team bittet Sie als Berufspraktikant/-in, bis in zwei Wochen eine Vorlage für das HPG zu erstellen.[1]

Für diese Lernsituation relevante Kompetenzbeschreibungen
Wissen

Die Absolventinnen und Absolventen verfügen über

- vertieftes fachtheoretisches Wissen über den Einfluss von kulturell und religiös bedingten, lebensweltlichen, sozialen und institutionellen Normen und Regeln auf Erleben und Verhalten von Kindern, Jugendlichen und jungen Erwachsenen.

- grundlegendes und exemplarisch vertieftes Fachwissen über Bedingungsfaktoren und Gruppenverhalten und -einstellungen aus der Sicht verschiedener Vielfaltaspekte (z. B. Geschlecht, Entwicklungsstand, soziale Herkunft, Kultur, Religion).

- exemplarisch vertieftes Wissen zu Entwicklungsbesonderheiten bei Kindern, Jugendlichen und jungen Erwachsenen und zu pädagogischen Fördermöglichkeiten.

- vertieftes fachtheoretisches Wissen über rechtliche Bestimmungen und Leistungen der Kinder- und Jugendhilfe, angrenzender Rechtsgebiete sowie Bezüge zum internationalen Recht (z. B. Kinderrechtskonvention, SGB IX Rehabilitation und Teilhabe behinderter Menschen, Strafgesetzbuch, Jugendgerichtsgesetz).

---

[1] *Eine Gliederung zur Erstellung eines Erziehungsplanes im Rahmen der Hilfeplanung und weitere Hinweise zur Beobachtung eines Kindes oder Jugendlichen finden Sie in: Heidemann, W./Greving, H.: Praxisfeld Heimerziehung. Materialien zur Praxisanleitung und -begleitung. Köln: Bildungsverlag Eins, 2012, S. 160–161*

Fertigkeiten

Die Absolventinnen und Absolventen verfügen über Fertigkeiten,

- geschlechtsspezifisches Gruppenverhalten, geschlechtsbezogene Gruppennormen und Stereotype über Geschlechterrollen zu erkennen, zu beurteilen, pädagogische Schlussfolgerungen daraus zu ziehen, Ziele zu entwickeln und in Handlungen umzusetzen.

- die ausgewählten pädagogischen Handlungsansätze hinsichtlich ihrer Anwendbarkeit kritisch zu überprüfen und im Dialog der Fachkräfte weiterzuentwickeln.

- Lebenswelten von Kindern, Jugendlichen und jungen Erwachsenen unter fachtheoretischen Gesichtspunkten zu analysieren und präventive bzw. kompensatorische Fördermöglichkeiten zu entwickeln.

- Förder- und Erziehungsprozesse zu beobachten und zu dokumentieren.

- rechtliche Rahmenbedingungen der Inklusion in die pädagogische Arbeit einzubeziehen.

Inhalte

- theoretische Modelle zur Erklärung menschlichen Erlebens und Verhaltens wie Verhaltens- und Lerntheorien, tiefenpsychologische Modelle, systemische Ansätze, Resilienzkonzept

- Beobachtungs- und Dokumentationsverfahren von ressourcenorientierten Förder- und Erziehungsprozessen

- Hilfeplanung nach SGB IX

(Richtlinien und Lehrpläne zur Erprobung für das Berufskolleg in Nordrhein-Westfalen, 7605/2014, Seite 47 - 50, Auszüge, abrufbar unter http://www.berufsbildung.nrw.de/lehrplaene-fachschule/)

Lernsituation 2: Erstellen eines Erziehungsplanes

Seit einem dreiviertel Jahr arbeiten Sie als Berufspraktikant/-in in der AWG Schillerstra-ße. Sie haben sich gut in das Team integriert und machen schon seit Monaten eigen-ständig die Dienste, so wie die anderen Mitarbeiterinnen und Mitarbeiter auch.

Zu den Kindern und Jugendlichen haben Sie sich ein gutes Verhältnis erarbeiten kön-nen. Die Aufnahme des achtjährigen Ludwig vor fünf Monaten haben Sie intensiv be-gleiten können und Sie werden jetzt gebeten, gemeinsam mit dem Erzieher Ingo die Aufgaben des Bezugserziehers wahrzunehmen.

Für das kommende Hilfeplangespräch haben Sie sich bereit erklärt, die entsprechen-den konzeptionellen Vorüberlegungen zu treffen. Dazu gehört laut Vereinbarung im Team mit der Einrichtungsleitung, dass eine Psychosoziale Diagnose sowie ein vorläu-figer Erziehungsplan erstellt werden soll.

Aufgaben zur Bearbeitung der Lernsituation

1. *Benennen Sie die zentralen Problem- und Fragestellungen, die sich aus dieser Situation ergeben.*

2. *Analysieren Sie Ludwigs Verhalten und seine familiäre Situation, indem die relevanten theoretischen Grundlagen, die sich aus den Problem- und Fragestellungen ergeben, dargestellt, erörtert und auf den Fall anwendet werden.*

3. *Entwickeln Sie in Grundzügen einen Erziehungsplan[2].*

Für diese Lernsituation relevante Kompetenzbeschreibungen
Wissen

Die Absolventinnen und Absolventen verfügen über

- vertieftes fachtheoretisches Wissen über den Einfluss von kulturell und religiös be-dingten, lebensweltlichen, sozialen und institutionellen Normen und Regeln auf Er-leben und Verhalten von Kindern, Jugendlichen und jungen Erwachsenen.

- grundlegendes und exemplarisch vertieftes Fachwissen über Bedingungsfaktoren und Gruppenverhalten und -einstellungen aus der Sicht verschiedener Vielfaltaspekte (z. B. Geschlecht, Entwicklungsstand, soziale Herkunft, Kultur, Religion).

- exemplarisch vertieftes Wissen zu Entwicklungsbesonderheiten bei Kindern, Jugend-lichen und jungen Erwachsenen und zu pädagogischen Fördermöglichkeiten.

---

[2] *Eine Gliederung zur Erstellung eines Erziehungsplanes im Rahmen der Hilfeplanung und weitere Hinweise zur Beobachtung eines Kindes oder Jugendlichen finden Sie in: Heidemann, W./Greving, H.: Praxisfeld Heimerziehung. Materialien zur Praxisanleitung und -begleitung. Köln: Bildungsverlag Eins, 2012, S. 160–161*

- vertieftes fachtheoretisches Wissen über rechtliche Bestimmungen und Leistungen der Kinder- und Jugendhilfe, angrenzender Rechtsgebiete sowie Bezüge zum internationalen Recht (z. B. Kinderrechtskonvention, SGB IX Rehabilitation und Teilhabe behinderter Menschen, Strafgesetzbuch, Jugendgerichtsgesetz).

Fertigkeiten

Die Absolventinnen und Absolventen verfügen über Fertigkeiten,

- geschlechtsspezifisches Gruppenverhalten, geschlechtsbezogene Gruppennormen und Stereotype über Geschlechterrollen zu erkennen, zu beurteilen, pädagogische Schlussfolgerungen daraus zu ziehen, Ziele zu entwickeln und in Handlungen umzusetzen.

- die ausgewählten pädagogischen Handlungsansätze hinsichtlich ihrer Anwendbarkeit kritisch zu überprüfen und im Dialog der Fachkräfte weiterzuentwickeln.

- Lebenswelten von Kindern, Jugendlichen und jungen Erwachsenen unter fachtheoretischen Gesichtspunkten zu analysieren und präventive bzw. kompensatorische Fördermöglichkeiten zu entwickeln.

- Förder- und Erziehungsprozesse zu beobachten und zu dokumentieren.

- relevante Ressourcen für eine inklusive Arbeit im Sozialraum für die Zielgruppe zu erschließen und mit Fachkräften anderer Professionen zusammen zu arbeiten.

Inhalte

- theoretische Modelle zur Erklärung menschlichen Erlebens und Verhaltens wie Verhaltens- und Lerntheorien, tiefenpsychologische Modelle, systemische Ansätze, Resilienzkonzept

- Beobachtungs- und Dokumentationsverfahren von ressourcenorientierten Förder- und Erziehungsprozessen

- Hilfeplanung nach SGB IX

(Richtlinien und Lehrpläne zur Erprobung für das Berufskolleg in Nordrhein-Westfalen, 7605/2014, Seite 7–5, Auszüge, abrufbar unter http://www.berufsbildung.nrw.de/lehrplaene-fachschule/)

Lernfeld 4 Sozialpädagogische Bildungsarbeit in den Bildungsbereichen professionell gestalten

4.1 Freizeitpädagogik in der Heimerziehung

In diesem Kapitel wird es darum gehen, die Freizeitpädagogik grundsätzlich zu beschreiben bzw. hierauf aufbauend die Freizeitpädagogik in der Heimerziehung zu konkretisieren und Planungen möglicher Freizeitaktivitäten zu skizzieren. Dieses Kapitel ist wie folgt aufgebaut: In einem ersten Schritt wird es um grundsätzliche Überlegungen zur Freizeitpädagogik gehen. Im Anschluss wird der Begriff „Freizeit" definiert und danach werden psychologische und soziologische Aspekte zur Freizeitgestaltung in Heimen begründet und differenziert benannt. Dann werden die Funktionen der Freizeiterziehung, so wie sie seit einigen Jahren erforscht werden, definiert. Abschließend wird die Vorgehensweise bei der Planung von Freizeitaktivitäten vorgestellt. Hierbei wird vor allem die Freizeitgestaltung innerhalb und außerhalb eines Heims unterschieden.

4.1.1 Grundsätzliche Überlegungen zur Freizeitpädagogik

Ganz gleich ob Kinder oder Jugendliche, die innerhalb einer Heimerziehung stationär betreut werden, in einer Wohngruppe im Stammheim oder in einer ausgelagerten Gruppe leben: Die Heimerziehung ist nie ein nach außen abgekapseltes System, welches alle Bedürfnisse und Notwendigkeiten der in ihnen lebenden Kinder und Jugendliche befriedigend abdeckt. Dies ist auch in Bezug auf die Freizeitgestaltung der Fall. Die Kinder und Jugendlichen wenden sich nach außen, um ihren Freizeitinteressen nachzukommen. Ebenso verbringen sie ihre Freizeit aber auch innerhalb der Gruppe in ihrem Heim. Für die Erzieherinnen bzw. Erzieher ergibt sich hieraus nicht nur die Möglichkeit, sondern vor allem auch die Notwendigkeit, sich mit dem Freizeitverhalten der Kinder und Jugendlichen

auseinanderzusetzen, um es im Rahmen einer dezidierten Erziehungsplanung aufzunehmen und (kreativ) zu gestalten. Hierzu ist es notwendig, dass sich die Pädagoginnen und Pädagogen grundsätzlich darüber verständigen, um was es sich bei der Freizeitpädagogik bzw. bei der Freizeit generell handelt. In den letzten 30 Jahren gab es einen intensiven theoretischen Diskurs darüber, wie und wodurch die Freizeit beschrieben wird (vgl. Nahrstedt, 1990, S. 25–77; Prahl, 2002, S. 12–33; Opaschowski, 1996, S. 21–50, S. 73–97). Es ist notwendig, grundsätzlich eine systematische, d. h. eine allgemeine beschreibende Freizeitpädagogik zu entwickeln. Eine solche erfordert zuerst einen Ausgangspunkt, von welchem diese Freizeitpädagogik zentral zu erschließen ist (vgl. Nahrstedt, 1990, S. 25). Die Literatur hierzu bilanzierend, kann festgestellt werden, dass sich der momentane Freizeitbegriff aus den Referenzwissenschaften speist: Hierbei ist vor allem die Soziologie, die Psychologie aber auch die Ökonomie zu nennen. Alle diese Referenzwissenschaften begründen einen Freizeitpädagogikbegriff, welcher dann erziehungswissenschaftlich ausgewertet und differenziert gestaltet werden kann und muss. In einem ersten konkreteren Schritt kann hierbei die „Zeit" als Ausgangspunkt benannt werden (vgl. Nahrstedt, 1990, S. 28–30): Es gilt, die Veränderung der Wahrnehmung von Zeit bzw. die Veränderung in der Gestaltung der Zeit zu registrieren und in Bezug auf die jeweiligen kulturellen und zeitlichen, d. h. auch auf die kulturhistorischen Phänomene hin zu überprüfen. Dies soll an einem Zitat von Nahrstedt noch einmal deutlich werden:

„Zeitliche Strukturen und deren Veränderung, ein Wandel im grundlegenden Verständnis von Zeit und das Entstehen neuer zeitlicher Bezüge gehören damit zu den Ausgangspunkten einer Freizeitpädagogik. Ihre Bedeutung leitet die Freizeitpädagogik von der Annahme her, dass Zeit insgesamt den Übergang von der Moderne zur Postmoderne, von der industriellen zur postindustriellen Gesellschaft eine erhöhte Bedeutung und eine erneute Qualität […] erhält. Zunehmende Arbeitszeitverkürzungen, wachsende Freizeitblöcke, Umstrukturierung und Dynamisierung der individuellen wie gesellschaftlichen Gesamtzeit sind dabei nur ein Ausdruck der neuen gesellschaftlichen Rolle von Zeit."
(Nahrstedt, 1990, S. 29)

Die Gestaltung der Freizeitpädagogik als erziehungswissenschaftlicher Teildisziplin muss somit konsequent vom Ansatz der veränderten Zeitwahrnehmung und -strukturierung der jeweiligen Gesellschaft her betrachtet werden. Dies ist gerade auch in Bezug auf die (im doppelten Sinne) Wahrnehmung der Zeit durch die Kinder und Jugendlichen zu beschreiben und praxisnah zu differenzieren. Auch sie sind dazu aufgefordert, im Gesellschaftsganzen eine Neuorientierung bzw. ein neues Lernen der sich immer wieder aktuell öffnenden und schließenden Zeitfenster zu erlernen. „Damit nimmt die Freizeitpädagogik ihren Ausgangspunkt von einem individuellen und gesellschaftlichen Lernproblem, der Neuordnung von Zeit" (Nahrstedt, 1990, S. 30).

Die Freizeitpädagogik hat sich somit immer wieder neu auf gesellschaftliche Zeiten und Zeitigungen einzustellen. Wichtig für diese Freizeitpädagogik ist

„[…] dass sie als eine Pädagogik in der Freizeit für die Freizeit ansetzt. Das bedeutet nicht, dass Außenbezüge keine Rolle spielen, wohl aber, dass für sie das Leben in der Freizeit mit seinen Bedingungen, Bedürfnissen und Möglichkeiten zum Ausgangspunkt wird. Darin unterscheidet

sich die Freizeitpädagogik zum Beispiel von Aus- und Weiterbildungsmaßnahmen, die zwar zum Teil ebenfalls in der Freizeit angesiedelt werden, jedoch auf eine Qualifizierung von Erwerbsarbeits - Zeit] gerichtet sind."
(Nahrstedt, 1990, S. 31)

Freizeit ist somit beinahe ausschließlich, „Lebenszeit" (vgl. Nahrstedt, 1990, S. 34). Diese Lebenszeit erhält gerade im Gefolge einer Organisation, welche immer auch gesellschaftliche und institutionelle Vorgaben umzusetzen und zu bearbeiten hat, ein besonderes Gepräge: Die Veränderungen in der Wahrnehmung institutioneller Gegebenheiten (so z. B. die Perspektivwechsel in Bezug auf die Geschlechterrolle, die Berufsrolle und die Veränderung in der Sprach- bzw. Jugendkultur) führen auch dazu, dass sich die Freizeitbedürfnisse und hierauf reagierende Freizeitbedarfe sukzessive – aber manchmal auch schlagartig – verändern. Genau auf diese Modifikationen muss eine Freizeitpädagogik im Rahmen einer Organisation reflexiv und reflektierend eingehen. Vor dem Hintergrund dieser grundlegenden Gedanken haben sich unterschiedliche Aufgaben ergeben, welchen sich die Freizeitpädagogik, in allen organisatorischen Kontexten, stellen muss. Mit Nahrstedt (vgl. 1990, S. 202–211) können hierbei folgende Aufgaben genannt werden:

- Eine Freizeitpädagogik muss **zwischen freizeitökonomischen und freizeitkulturellen Bedingungen neue Orientierungspunkte schaffen** und differenziert darstellen; gerade in Bezug auf eine kommerzialisierte Freizeitkultur kann und muss sich eine Freizeitpädagogik auf diesem Markt der Freizeitmöglichkeiten pädagogisch und didaktisch positionieren.

- Durch die Freizeitpädagogik werden **unterschiedliche Lebensstile** thematisiert; vor dem Hintergrund einer sich immer stärker differenzierenden Gesellschaftsstruktur wird sich auch die Freizeit durch unterschiedliche Freizeittypen charakterisieren; es kann hierbei z. B. um individuelle Freizeitbeschäftigungen, um öffentliche Freizeitbeschäftigungen oder auch um kommunikative Freizeitbeschäftigungen gehen, welche in und durch sehr unterschiedliche Kinder- und Jugendgruppen thematisiert, aber auch finanziert werden (vgl. Opaschowski/Duncker, 1996, S. 46–51).

- Es wird **ein lebenslanges Freizeitlernen** notwendig; hierzu hat die Heimerziehung, vielleicht noch viel deutlicher als eine nicht so stark institutionalisierte Form von Erziehung, Grundlagen zu schaffen bzw. praxisnahe Differenzierungsmöglichkeiten und Umsetzungsmöglichkeiten zu entwickeln.

- Die **Freizeitpädagogik ist hierbei immer auch bildungs- und sozialpolitisch eingebunden** bzw. muss hierauf reagieren; sie hat zwischen den finanziellen Ressourcen, die für die Freizeitgestaltung zur Verfügung stehen, und der jeweiligen Freizeitkultur, welche erlebbar gestaltet werden kann, zu vermitteln. Zudem muss und kann sie regional, manchmal aber auch darüber hinaus, die politische Kultur mitgestalten. Dies leitet über zum nächsten Punkt:

- **Freizeitpädagogik muss sich in hohem Maße mit der selbst organisierten Freizeit verbinden**; Inhalte der Selbstorganisation bzw. der Beteiligung des Bürgers und der Bürgerin sind hierbei in hohem Maße notwendig und zielführend.

- **Freizeitpädagogik findet somit immer und in jedem Fall in einer veränderten gesellschaftlichen Situation, in einer neuen Öffentlichkeit statt**. Hierauf muss und soll eine kritische Freizeitpädagogik und Freizeitdidaktik reagieren.

- Und schließlich **muss Freizeitpädagogik sich auf internationale Kontexte beziehen**, d. h. sie kann, soll und muss sich internationalisieren.

Alle diese unterschiedlichen Aufgaben einer aktuellen und modernen Freizeitpädagogik müssen auch in den Gestaltungsmöglichkeiten einer Freizeitpädagogik im Heim wiederzufinden sein. Diese Organisation muss hierauf reagieren und die freizeitgestaltenden Maßnahmen auf die sich wandelnden gesellschaftlichen Aufgaben beziehen – ohne sich hierbei anzupassen.

Grafisch kann die Verbindung zwischen Freizeitpädagogik im Heim und den grundlegenden freizeitpädagogischen Aufgaben wie folgt dargestellt werden:

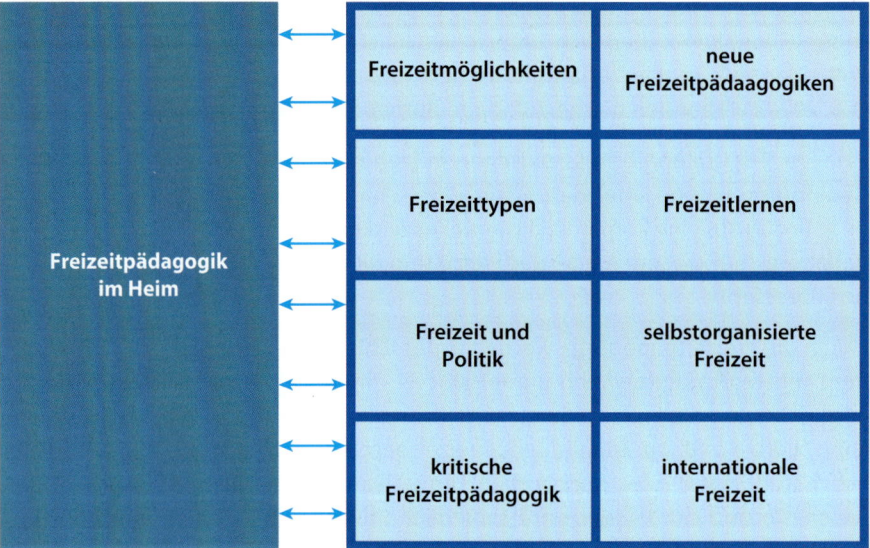

Verbindungen zwischen der Freizeitpädagogik im Heim und grundlegenden Faktoren zur Freizeit

Aufgaben zum Selbststudium

1. *Wenn durch Freizeitpädagogik „unterschiedliche Lebensstile thematisiert werden", welche Auswirkungen hat das auf die Arbeit mit Kindern und Jugendlichen in der Heimerziehung?*

2. *Was bedeutet es für die Arbeit der AWG Schillerstraße, Freizeitpädagogik mit selbstorganisierter Freizeit zu verbinden?*

3. *Wenn die Kinder und Jugendlichen der AWG Schillerstraße mit ihren Erzieherinnen und Erziehern einen Teil der Sommerferien in Italien verbringen werden, wie sollten sie mit Bezug auf die wichtige Aufgabe der Freizeitpädagogik „Internationalisierung" darauf vorbereitet werden? Erstellen Sie dazu ein Projektkonzept, welches einen zeitlichen Umfang von sechs bis acht Wochen umfassen soll.*

4.1.2 Definition des Begriffs „Freizeit"

Grundlegend und traditionell wurde Freizeit als Gegenteil von Arbeit begriffen.

„Diese Sicht war historisch angemessen und kann auch für die Gegenwart immer noch als eine zentrale Bestimmung angesehen werden. Diese arbeitspolare Definition wird aber immer stärker überlagert durch gesellschaftliche Entwicklungen, die nur noch indirekt auf Arbeit bezogen sind."
(Prahl, 2002, S. 132)

So ist die Begriffsgeschichte von „Freizeit" immer verbunden mit Veränderungen in der Wahrnehmung des Begriffes und der Realisation von Arbeit. Grundlegend kann die Aufteilung der zur Verfügung stehenden gesamten Zeit in Relation zur Lebens- und Arbeitszeit (vgl. auch unten die Faktoren bzw. die Funktionen der Freizeit nach Opaschowski) grafisch wie folgt dargestellt werden:

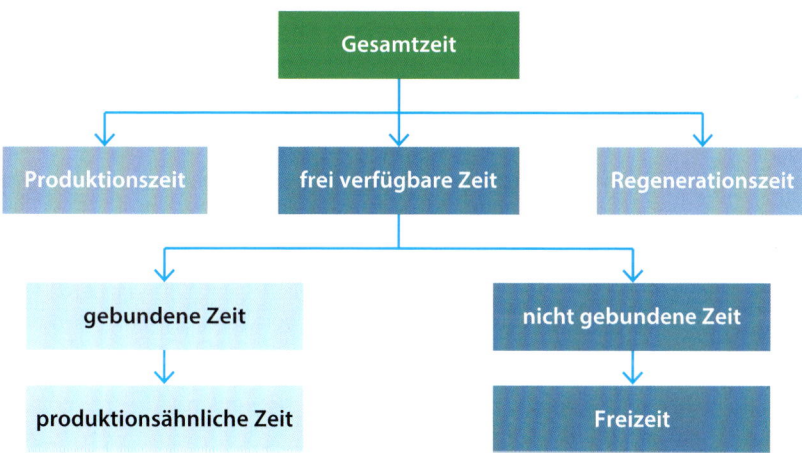

Aufteilung der Gesamtzeit nach Verwendungsarten (vgl. Uttitz, 1985, S. 20, in: Prahl, 2002, S. 138)

Es ist somit festzustellen, dass sich die Gesamtzeit aufteilen lässt
- in Produktionszeit,
- in frei verfügbare Zeit und
- in Regenerationszeit.

Nur die frei verfügbare Zeit leitet somit über in die freie Zeit bzw. in einen Freizeitbegriff, welcher autonom bzw. kommunikativ zu gestalten ist: Die frei verfügbare Zeit lässt sich weiterhin aufteilen in eine gebundene Zeit, welche ähnlich wie die Produktionszeit durch bestimmte Verpflichtungen gekennzeichnet werden kann, sowie in eine nichtgebundene Zeit: In dieser können Freizeitmaßnahmen und Freizeitmöglichkeiten wahrgenommen werden.

In den letzten Jahren hat sich jedoch eine Loslösung des Freizeitbegriffes vom Arbeitsbegriff ergeben: Freizeit ist jetzt und vor allem eher eine Zeitkategorie (s. o.):

„Freizeit wird nun vermehrt als ein Element konstruierter Zeit angesehen. Zeit gilt nicht länger als eine naturwissenschaftliche Kategorie. Jede Gesellschaft hat eine umfassende Zeitkultur ausgeprägt, aus der sich entsprechende Zeitstrukturen mit Zeitwerten und Zeitnormen herleiten."
(Prahl, 2002, S. 144)

Zusammenfassend kann festgestellt werden, dass Freizeit im Rahmen der Freizeitpädagogik in Organisationen, somit auch in der Heimerziehung, durch folgende zwei grundlegende Definitionen zu kategorisieren ist:

- Freizeit ist jene Zeit, die zwischen den bestimmten Perioden der Erwerbszeit liegt, d. h. im weitesten Sinne die Zeitspanne, in der der Mensch keine Arbeit verrichtet.

- Unter Freizeit soll jene Zeit verstanden werden, die nach Ableistung der fremdbestimmten Arbeit (der Erwerbsarbeit, der notwendigen Zeiten für Schlaf, der Arbeitswege, Essen und Körperpflege) verbleibt.

Und genau hierum wird es in der Gestaltung der Freizeitpädagogik in der Organisation „Kinder- und Jugendheim" gehen: **Diejenige Freizeit zu gestalten, die übrig bleibt, wenn sich alle Verpflichtungen der Kinder und Jugendlichen (hierbei primär sich aus Schulbesuch und weiteren Organisationskontexten und -zwängen ergebend) vollzogen und erledigt haben.**

Aufgaben zum Selbststudium

1. *Stellen Sie zunächst für sich fest, wie viel frei verfügbare Zeit Ihnen am Tag bleibt und skizzieren Sie, wie Sie diese verbleibende Zeit für sich gestalten. An welche Grenzen stoßen Sie hierbei gegebenenfalls? Tauschen Sie Ihre Meinung in kleinen Gruppen aus.*

2. *Wie und durch welche Bedingungen in der „Organisation Kinderheim" können gegebenenfalls Freizeitaktivitäten für Kinder und Jugendliche eingeschränkt werden?*

3. *Welche Voraussetzungen müssen in der AWG Schillerstraße gegeben sein, damit eine kreative und konstruktive Gestaltung von Freizeit aller Beteiligten geleistet werden kann? An welche Grenzen stoßen Sie hierbei gegebenenfalls?*

4.1.3 Soziologische Aspekte der Freizeitgestaltung im Heim

Die Freizeitsoziologie ist eine noch relativ junge Wissenschaft, welche sich erst in den letzten 30–40 Jahren entwickelt und gesellschaftsrelevante Themen differenziert erforscht und dargestellt hat. Der Freizeitbegriff in der Soziologie ist somit nicht individualisierbar zu betrachten, sondern geht immer von gesellschaftlichen Determinanten, d.h. von Strukturen der Gesellschaft, Sozialisationsmechanismen und Organisationserfahrungen aus (vgl. Prahl, 2002, S. 150 f.). So kam es dazu, dass die Freizeitsoziologie in den letzten 20 Jahren genau jene Bevölkerungsgruppen betrachtet hat, welche sonst eben nicht im Mittelpunkt stehen, also auch Kinder und Jugendliche mit Heimerfahrung, aber auch Asylbewerber, kinderreiche Familien und weitere ausgegrenzte

Personengruppen (vgl. Prahl, 2002, S. 151). Vor allem die Gestaltung im Rahmen freizeitpädagogischer Zusammenhänge durch Kinder und Jugendliche wurde in den letzten Jahrzehnten immer wieder neu diskutiert. Wie und wodurch z. B. Kinder und Jugendliche ihre Erlebniskategorien differenziert wahrnehmen, wie sie zwischen Freizeit und Arbeit changieren, wie sie in sich relativ rasch wechselnden kulturellen Situationen Sinn entwickeln, stand im Mittelpunkt der Freizeitforschung (vgl. Opaschowski/Duncker, 1996, S. 3–18).

Es können folgende Hauptgebiete des Freizeitverhaltens der Kinder und Jugendlichen (aber auch weiterer Altersgruppen) beschrieben werden (vgl. Prahl, 2002, S. 191–247):

- Die Frage, ob die **Freizeit im Haus oder außerhäusig** verbracht wird: Hierunter ist zu verstehen, ob Freizeitmaßnahmen in den vier Wänden oder in Bezug auf die Angebote, welche durch die Öffentlichkeit bereitgestellt werden, wahrgenommen werden.

- Die **Verbindung von Medien und Kultur**: Also die Art und Weise, in der Medien wie Zeitungen, Zeitschriften, Buch, Hörfunk, Fernsehen, Computer, Internet, Telefon usw. von den jeweiligen Personengruppen wahrgenommen werden.

- Die hochrelevante **Verbindung von Sport und gesundheitlicher Entwicklung** in Bezug auf Freizeitgestaltungsmaßnahmen: Seit ca. 100 Jahren hat sich die Wahrnehmung von Sport und Gesundheit in Bezug auf freizeitgestaltende Maßnahmen ausgewirkt, sodass eine große Zahl aller beteiligten Menschen unseres Kulturkreises sich sportlich engagiert. Hierauf hat die Heimerziehung zu reagieren bzw. sich mit Programmen zu beteiligen.

- Die **Wahrnehmung von Events, Festivals und größeren kultur- und medienrelevanten Ereignissen**: Jugendliche nehmen immer häufiger an größeren Events, z. B. an Rockkonzerten oder anderen Kulturprogrammen teil. Auch der Besuch von Freizeitparks, welche einen immer intensiveren Eventcharakter anbieten, aber auch klassische Kulturprogramme wie z. B. Theateraufführungen sind hierfür von Bedeutung.

Gruppenausflug in den Kletterwald

- Nicht zuletzt sind auch **touristische Programme** zu nennen, welche ebenfalls von den Heimeinrichtungen angeboten werden müssen: So z. B. Ferienfahrten, welche mit den Kindern und Jugendlichen geplant und durchgeführt werden sollten.

Was bedeuten diese grundlegenden soziologischen Aussagen nun aber für die Kinder und Jugendlichen im Heim?

Aufgrund einschlägiger Sozialisationserfahrungen dieser Kinder und Jugendlichen kann man in der Regel nicht erwarten, dass sie von sich aus alternative Freizeitaktivitäten entwickeln. Eine eher bedrückende, einengende Lebensrealität führte bei ihnen meist nicht zu Aktivitäten in der Freizeit bzw. Freude daran, unterschiedliche Freizeitaktivitäten durchzuführen. Viele Kinder und Jugendliche haben nicht gelernt, ihre Zeit kreativ und konstruktiv zu nutzen. Erzieherinnen und Erzieher beobachten häufig ein hohes Maß an Aggressivität und die Unfähigkeit, in ein Spiel hineinzugehen bzw. ein Unvermögen, elementare Regeln zu beachten. Die Freizeitpädagogik in Institutionen bzw. Organisationen des Heimes muss es somit ermöglichen, neue Erfahrungen mit sich und anderen, mit Objekten und Materialien zu machen. Die gesellschaftliche Realität einer vermarkteten Freizeit (s. o.) muss hierbei kritisch konstruktiv betrachtet werden und es muss eine differenzierte Auseinandersetzung über zum Teil recht modische und modernistische Freizeittendenzen geführt werden. Auch dies gehört zur Gestaltung einer kritischen Freizeitpädagogik im Heim. Viele Kinder und Jugendliche entwickeln in Kinderheimen recht schnell eine **konsumtive Haltung** gegenüber den Angeboten, die seitens der Erzieherinnen und Erzieher gemacht werden: „Was bietet ihr uns denn heute?"

Des Weiteren muss eine realistische Freizeitpädagogik im Heim berücksichtigen, dass die Realisierung von Freizeitbedürfnissen nicht umsonst zu haben ist: Sie kostet Geld. Das Kind bzw. der Jugendliche, welcher im Heim lebt, tritt hierbei in finanzielle Konkurrenz zu anderen Kindern und Jugendlichen. In den Einrichtungen der Erziehungshilfe muss es daher zu einer Auseinandersetzung mit ästhetischen freizeitpädagogischen Programmen kommen, welche nicht nur oberflächlich eine Konsumhaltung aller Beteiligten befriedigen, sondern deren Schwerpunkt im kreativ-natürlichen Bereich des Menschen liegt.

Ziel der Freizeitpädagogik in Einrichtungen der stationären Jugendhilfe muss es sein, Kindern und Jugendlichen die Teilnahme an Aktivitäten außerhalb der Einrichtung zu ermöglichen. Sind die Betroffenen dazu (noch) nicht in der Lage, müssen die Angebote in den Gruppen die Kompetenzen vermitteln, die hierzu (noch) fehlen.

Aufgaben zum Selbststudium und Anregungen zur Gruppenarbeit

1. *Erläutern Sie, wie Sie selbst das Eingebundensein in gesellschaftliche Bezüge in Bezug auf Ihr Freizeitverhalten erleben? Welche Möglichkeiten bieten sich Ihnen, kreative Potenziale umzusetzen?*

2. *Suchen Sie nach empirischen Ergebnissen zur Gestaltung der Freizeit der Kinder und Jugendlichen in den letzten zehn bis15 Jahren. Vergleichen Sie Ihre Ergebnisse miteinander (und auch mit Ihren eigenen biografischen Erfahrungen) und ziehen Sie Konsequenzen aus dem Datenmaterial im Hinblick auf die Gestaltung kreativer freizeitpädagogischer Maßnahmen im Heim. Beziehen Sie bei Ihren Überlegungen die elektronischen und digitalen Medien mit ein.*

3. *Stellen Sie vor diesem gesellschaftskritischen Hintergrund mögliche Aufgabenfelder der Freizeitpädagogik im Heim dar.*

4. *Konkretisieren Sie, an welche Grenzen eine solchermaßen zu konstruierende Freizeitpädagogik gerät.*

4.1.4 Funktionen der Freizeiterziehung

Im Folgenden werden die acht Bedürfnisse vorgestellt, die der Mensch durch Freizeitaktivitäten zu befriedigen versucht (vgl. Opaschowski, 1996, S. 90–95). Diese Bedürfnisse sind immer auch ineinander verschränkt bzw. voneinander abhängig, wobei sie jeweils nach alters-, geschlechts- und regionalspezifischen Merkmalen unterschieden werden und bei deren Befriedigung jeweils unterschiedliche Akzentuierungen und Gewichtungen erfolgen können. Sie bieten somit eine unabdingbare Grundlage, die oben dargestellte Aufteilung des Freizeitbegriffes didaktisch zu untermauern bzw. umzusetzen.

1. Das Bedürfnis nach Erholung, Gesundheit und Wohlbefinden
**   (Rekreation bzw. Regeneration)**
Hierbei geht es darum, gesundheitsbetonte Erholungsmomente umzusetzen, Kräfte zu sammeln, aber auch psychisch-geistige Entspannung zu erfahren, sich frei zu fühlen von vielen Überbeanspruchungen. Es geht um das Ausruhen und Auftanken, aber auch um die Umsetzung sexueller Bedürfnisse. Die Freizeitpädagogik hat dieses Regenerations- bzw. Rekreationsbedürfnis zu stillen. Das heißt, dass Kinder und Jugendliche Zeit brauchen, um sich von den Leistungen und Anstrengungen der Schule bzw. Ausbildung zu erholen und zu entspannen. Sie wollen für eine gewisse Zeit nichts leisten, und wenn Aktivitäten ausgeführt werden, müssen sie für den Betrachter nicht immer nützlich, sinnvoll und zweckmäßig sein. Einfach nur auf dem Bett liegen, Musik hören und „chillen" oder in die Stadt gehen und „abhängen", ist oft Ausdruck des Bedürfnisses nach genau dieser Rekreation. Eine gezielte Aktivierung würde diesem Bedürfnis extrem zuwiderlaufen. Deshalb darf sich Freizeitpädagogik nicht in Aktionismus versteigen. Ganz bestimmte und zielgerichtete Aktivitäten können aber auch erholsam und entspannend sein. Damit wird deutlich, dass Freizeitpädagogik, um auf die Bedürfnisse von Kindern und Jugendlichen einzugehen, einen hoch individualisierenden und individuellen Charakter haben muss.

2. Kompensation, das heißt, das Bedürfnis nach Ausgleich, Zerstreuung und Vergnügen
Es geht hierbei darum, Mängel auszugleichen bzw. Dinge und Handlungen zwanglos und unbeschwert, sorglos und freizügig erleben zu dürfen. Es geht um einen bewussten Lebensgenuss, manchmal einfach nur um einen Tapetenwechsel, um Spaß und Vergnügen. Hierbei steht der Ausgleich zu den Anforderungen der Schul- bzw. Arbeitszeit, die eben nicht selten mit Misserfolgen angereichert ist, im Vordergrund. Nach einem relativ bewegungsarmen Vormittag in der Schule, vielleicht aber auch nach einem relativ impulsarmen Tag bei der Arbeit, sollte z. B. dem Bedürfnis nach Bewegung Rechnung getragen werden. Kindern und Jugendlichen sollte Gelegenheit geboten werden, Erlebnisse zu machen, die Freude bereiten, die Erfolge versprechen und Misserfolge (vielleicht aus dem restlichen Alltagsleben) ertragen lassen. Hierbei ist eine völlige Konsumabstinenz nicht angebracht, da ein gewisses Maß an Kompensation eben nur durch Konsum erreichbar ist (s. o.). Ein wesentliches Ziel ist es, Kinder und Jugendliche auf eine qualitative Verbesserung in der Wahrnehmung der kommerziell angebotenen Konsummöglichkeiten

hinzuweisen. Es ist hierzu pädagogisch und didaktisch notwendig, Alternativen zu diesen Konsumangeboten zu entwickeln und anzubieten. Auf eine Veränderung der Einstellung der Jugendlichen im Hinblick auf ihre künftige Konsumentenrolle sollte zwingend hingearbeitet werden.

3. Das Bedürfnis nach Kennenlernen, Lernanregungen und Weiterlernen, also das Bedürfnis nach Edukation

Hierbei geht es darum, dass neue Dinge kennengelernt werden, dass Kinder und Jugendliche sich in Probehandlungen üben, dass sie aber auch einen Rollenwechsel wahrnehmen und Rollenhandeln umsetzen können. Die Freizeitpädagogik im Heim muss hierfür Angebote entwickeln, damit sich Kinder und Jugendliche selbst behaupten können. Dieses Auf-sich-selbst-gestellt-Sein und diese Selbstbestätigung sind zentrale Punkte, um später unter Realbedingungen allein leben zu können. Die Kinder entwickeln Ich-Stärke; sie erleben eine positive Persönlichkeitsveränderung, gerade auch im Hinblick auf kooperative Lernprozesse und Lernfunktionen. Hierdurch ist es z. B. möglich, dass sie auf unterschiedliche Bildungseinrichtungen und Berufswahlmöglichkeiten vorbereitet werden. Edukation stellt somit im Rahmen der Freizeitpädagogik immer auch eine Orientierung an den realen Bedingungen einer Kultur und Gesellschaft dar.

4. Das Bedürfnis nach Ruhe, Muße und Selbstbestimmung, also somit nach Kontemplation

Kinder und Jugendlichen müssen sich selbst erfahren und selbst finden können. Sie müssen Zeit für sich haben, sie müssen sich auf sich besinnen und selbstreflexiv tätig werden können. Hierdurch kann eine Steigerung des Selbstwertgefühls und des Selbstbewusstseins erfolgen. Die Erziehung und Freizeitpädagogik im Heim hat deshalb dafür Sorge zu tragen, dass Stress und Hektik sowie nervliche Belastungen eben nicht auch noch in das Heim hineingetragen werden, sondern dass es genau an diesem Ort auch Möglichkeiten gibt, Individualität zu erleben und identitätsfindende Handlungen umzusetzen.

5. Das Bedürfnis nach Mitteilung, Kontakt und Geselligkeit, also nach Kommunikation

Die Heimerziehung hat immer wieder Felder und Möglichkeiten zu schaffen, dass Kinder und Jugendliche sich unterhalten können, dass sie in Kontakt zueinander kommen, dass sie Zeit füreinander haben, dass sie somit auch die Gefühle und Absichten anderer wahrnehmen können. Hierzu gehört die Entwicklung erster Liebesbeziehungen und erster sexueller Kontakte.

6. Das Bedürfnis nach Zusammensein, Gemeinschaftsbezug und Gruppenbildung, also das Bedürfnis nach Integration

Das Bedürfnis nach Zuwendung muss im Rahmen des Gruppenlebens erfüllt werden. Es muss ein Gruppengefühl geschaffen werden, in dem Hilfsbereitschaft, Rücksichtnahme und Toleranz, aber auch soziales Lernen möglich ist. Neben individualisierten Freizeitangeboten hat die Heimerziehung sich somit darum zu bemühen, auch Gruppenangebote durchzuführen. Es sollte ein permanenter Wechsel zwischen Einzelangeboten und Gruppenangeboten geplant und durchgeführt werden, damit diese Bedürfnisstruktur zumindest in Ansätzen befriedigt werden kann.

7. Das Bedürfnis nach Beteiligung, Engagement und sozialer Selbstdarstellung also das Bedürfnis nach Partizipation

Hierbei geht es darum, Möglichkeiten für Eigeninitiative und Selbstdarstellung zu finden. Das Engagement der Kinder und Jugendlichen auf allen möglichen Feldern kann hierbei im Mittelpunkt stehen. Die Mitsprache und Mitbestimmung, die Mitentscheidung und Mitverantwortung soll hierbei umgesetzt werden (vgl. auch das Kapitel zum Thema Partizipation in diesem Buch). Es sollte aber nicht nur in der Einrichtung, sondern auch darüber hinaus in der Gesellschaft eine Teilhabe und Teilgabe stattfinden, so z. B. durch Kooperations- und Solidaritätsangebote, durch die Umweltgestaltung, durch soziale Aktionen usw.

8. Das Bedürfnis nach kreativer Entfaltung, nach produktiver Betätigung und der Teilnahme am kulturellen Leben, also nach Enkulturation

Es geht hierbei darum, das Bedürfnis nach freier Entfaltung der persönlichen Fähigkeiten und Begabungen umzusetzen. Hierzu sollten eigene Ideen und Problemlösungen kreativ und konstruktiv fokussiert werden. Das ästhetische Empfinden sowie die Auseinandersetzung mit Kunst und Kultur sind hierbei wichtige Aussagekomplexe: Kulturelle Aktivitäten und Initiativen sowie die aktive Teilnahme und Teilhabe an Kulturprogrammen ist von Einrichtungen der Erziehungshilfe immer wieder zu realisieren.

In der Auseinandersetzung mit diesen acht Bedürfnissen ist es eine Herausforderung, den Bogen zu schlagen von rekreativen Bedürfnissen, die der Erholung dienen, hin zu enkulturativen Bedürfnissen, die in hohem Maße die kreative Gestaltung der Kinder und Jugendlichen anregen und unterstützen. **Abschließend geht es somit um ein neuntes Bedürfnis: das der Emanzipation.** Neben den Funktionen, die gerade beschrieben worden sind, muss die Freizeitpädagogik eine Befreiung von einseitig fremdbestimmten und zielgerichteten Bedürfnissen sein. Sie muss Potenziale bereitstellen, damit sich die Kinder und Jugendlichen aus den Abhängigkeiten lösen können, welche den Idealen nach Freiheit, Mündigkeit, Selbstständigkeit und Selbstbestimmung zuwiderlaufen. So kann auch im Freizeitbereich das Lernziel einer demokratischen Erziehung verfolgt werden. Eine Freizeitarbeit, die sich als Pädagogik und nicht als bloße Beschäftigung versteht, kann hier, bei allen Schwierigkeiten in der Umsetzung im Rahmen der Heimerziehung, einen intensiven Beitrag leisten.

Die acht bzw. neun Bedürfnisse können tabellarisch wie folgt zusammengefasst werden:

Rekreation	Erholung, Ruhe, Gesundheit, Wohlbefinden, Entspannung, sexuelle Befriedigung
Kompensation	Ausgleich, Zerstreuung, Ablenkung, Vergnügen
Edukation	Kennenlernen, Weiterlernen- und Umlernen in verschiedenen sachlichen und sozialen Handlungssituationen und -feldern
Kontemplation	Ruhe, Muße, Selbstbestimmung sowie Selbsterfahrung und Selbstfindung
Kommunikation	Mitteilung, Kontakt, vielfältige soziale Beziehungen, Geselligkeit
Integration	Zusammensein, Gemeinschaftsbezug, Gruppenbildung und soziale Stabilität
Partizipation	Beteiligung, Engagement, soziale Selbstdarstellung, Mitbestimmung
Enkulturation	kreative Entfaltung, produktive Betätigung, Teilnahme am kulturellen Leben
Emanzipation	Befreiung von einseitig fremdbestimmten Bedürfnissen

Freizeitbedürfnisse und -funktionen (vgl. Opaschowski, 1996, S. 94, ergänzt)

Aufgaben zum Selbststudium

1. *Wie haben Sie selbst diese Funktionen erlebt bzw. worauf legen Sie in der Gestaltung Ihrer Freizeit besonderen Wert? Wie und wodurch kann es hierdurch zu Unterschieden in der Wahrnehmung und Durchführung Ihrer Freizeitgestaltungen und derjenigen in dem Berufsfeld der Heimerziehung kommen?*

2. *Sammeln Sie mögliche Freizeitaktivitäten, die Sie mit Kindern und Jugendlichen in Kinderheimen oder in anderen sozialpädagogischen Handlungsfeldern durchgeführt haben. Skizzieren Sie diese kurz und ordnen Sie sie dann den einzelnen Funktionen zu. Überschneidungen und Mehrfachnennungen sind zu erwarten.*

3. *Wie können diese Funktionen aufeinander bezogen werden, sodass es zu einer kreativ-konstruktiven und emanzipatorischen Freizeitpädagogik in der AWG Schillerstraße kommt?*

4.1.5 Vorgehensweisen bei der Planung von Freizeitaktivitäten im Heim

Der Gestaltung und Planung der Freizeit kommt in den Einrichtungen der stationären Erziehungshilfe eine besondere Bedeutung zu. Die meisten Phasen des Tages sind durch Konzepte der Alltagspädagogik, durch feste Strukturen bei der Erledigung der Hausaufgaben und durch die Wahrnehmung von Terminen der Kinder und Jugendlichen geplant und durchdacht. Es kann in manchen Wohngruppen der Eindruck entstehen, dass nach der Hausaufgabenzeit um 15:00 Uhr erst mal eine Ruhepause gebraucht wird und die Kinder und Jugendlichen in eine nicht gefüllte Tagesphase entlassen (bzw. fallen gelassen) werden. Dabei ist unstrittig, dass

Kinder und Jugendliche erst lernen müssen, ihre Freizeit zu organisieren und zu gestalten. Viele von ihnen sind gerade durch diese fehlende Kompetenz auffällig und deshalb stationär untergebracht worden. „Es ist daher zweifelsohne notwendig, dass ein Kind, welches soziale Kontakte ausschließlich über negatives Verhalten gestaltet, es erlernt, positive Zuwendung über sozial adäquate Verhaltensweisen zu erzielen" (Schauder, 1995, S. 32 f.). Deshalb muss die Freizeitpädagogik genauso Teil des Gesamterziehungskonzeptes einer Einrichtung sein, z. B. die Erziehungsplanung oder die Hausaufgabenhilfe. Personelle und finanzielle Ressourcen müssen seitens der Leitung und des Trägers dafür zur Verfügung gestellt werden. Auch gehört es zur Strukturqualität in Bezug auf die freizeitpädagogische Förderung, für eine angemessene Ausstattung zu sorgen (z. B. altersgemäßes Spielgerät).

Wenn Erziehung in alters- und geschlechtsgemischten Gruppen immer in einem bestimmten Maß eine Kollektivierung und Nivellierung pädagogischer Tätigkeiten zur Folge hat, dann besteht im Freizeitbereich eine große Chance der Individualisierung, die es zu nutzen gilt. Erzieherinnen und Erzieher müssen Gelegenheiten schaffen, sich mit Kindern und Jugendlichen in kleinen Gruppen und auch allein zu beschäftigen. Neben der Anleitung zu konstruktiven Freizeitaktivitäten kann auch der Aufbau und die Stabilisierung von Beziehungen nicht hoch genug eingeschätzt werden. Praktikantinnen und Praktikanten machen schon in den ersten Stunden ihres Praktikums die Erfahrung, dass sie insbesondere von jüngeren Kindern angesprochen werden, etwas mit ihnen zu unternehmen oder z. B. Karten zu spielen. Das bedeutet, dass auch die Erwachsenen in der Lage sein müssen, Freizeitaktivitäten durchzuführen und die Notwendigkeit der Durchführung erkennen. Der Alltag in der Gruppe mit seiner komplexen Aufgabenstruktur lässt Kinder immer wieder die Erfahrung machen, dass die Erwachsenen „wichtigere Dinge" zu tun haben als mit ihnen zu spielen. Die Notwendigkeit der gemeinsamen Freizeitbeschäftigung müssen Erzieherinnen und Erzieher erkennen und dem Alltagshandeln diese Zeit ganz bewusst abtrotzen. Auch müssen sie über ein gewisses Repertoire an Spiel- und Freizeitaktivitäten verfügen. Nicht jede Erzieherin kann alles und muss alles können. In einigen Gruppenkonstellationen wird es allerdings notwendig sein, die Fähigkeiten und Fertigkeiten auszubauen. Erzieherinnen und Erzieher müssen mehr in der Freizeit der Kinder und Jugendlichen tun können, als mit ihnen Tee zu trinken und Gespräche zu führen. Kinder brauchen auch Erwachsene, die sich ihnen auf der Ebene des gemeinsamen Tuns im Freizeitbereich zuwenden. Gemeinsam Erlebtes schafft Beziehungen.

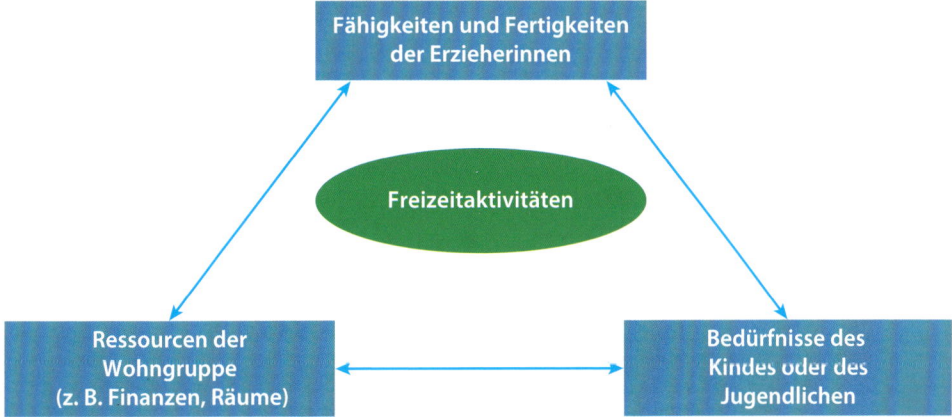

Die in der oberen Grafik abgebildeten drei Bedingungen sind bei der Durchführung von Freizeitangeboten zu bedenken. Doch auch wenn die eigenen Möglichkeiten bei der Angebotsplanung mit eingebracht werden sollen – es ist genauso notwendig, als Erwachsener seine eigenen Grenzen deutlich zu machen. Der Nichtschwimmer im Erzieherteam muss nicht unbedingt ein Angebot für Kinder und Jugendliche machen, bei dem ihnen das Schwimmen nahegebracht werden soll.

Bei der Teilnahme an Freizeitangeboten konkurrieren zwei Prinzipien miteinander: Das Prinzip der Freiwilligkeit und das Prinzip der Verbindlichkeit. Die Teilnahme an Aktivitäten kann keinen zwanghaften Charakter haben. Sie müssen freiwillig sein. Kinder und Jugendliche sollen Freude an dem haben, was sie da machen. Nach Heckhausen gilt die „Zweckfreiheit" als ein wesentliches Merkmal des kindlichen Spiels. „Ich-muss-ja-nicht" kennzeichnet die Freiwilligkeit des kindlichen spielerischen Tuns (vgl. Heckhausen, 1978, S. 140). Diese Annahme lässt sich auch auf (fast) alle Freizeitaktivitäten übertragen. Es ist wenig vorstellbar, Kinder und Jugendliche für Unternehmungen aktivieren zu wollen, wenn sie dies gar nicht wollen. Sie müssen motiviert werden mit dem Gedanken (mit der Hoffnung), dass sich nach einer gewissen Zeit die „extrinsische Motivation" in eine „intrinsische" umwandelt. Allerdings darf dieser Wandel der Motivation bei freizeitpädagogischen Angeboten nicht überschätzt werden. „[…] eine totale intrinsische Motivation pädagogischer Prozesse erscheint problematisch [...]" (Rosemann 1974, S. 63, nach Jacob/Peter, 1978, S. 151). Haben Kinder und Jugendliche sich allerdings zu einer Freizeitaktivität gemeldet und ihre Teilnahme fest zugesagt, dann müssen und dürfen Erzieherinnen und Erzieher auch die Teilnahme erwarten. Ohne ausreichende Begründung sollten Kinder nicht aus der Vereinbarung entlassen werden.

Freizeitpädagogische Angebote können in guter Weise auch heilpädagogisch-therapeutische Maßnahmen begleiten und unterstützen. So können z. B. Sprachübungen in Spiele eingebaut werden, ohne dass das Kind den direkten Lerncharakter durchgängig erlebt. Vor einer „Überpädagogisierung" von Freizeitaktivitäten muss allerdings gewarnt werden. Spiele müssen nicht unbedingt das Etikett „pädagogisch wertvoll" tragen. Die „Zweckfreiheit" (s. o.) muss gewahrt bleiben.

Wie bereits erwähnt, hat sich die Wahl der Freizeitangebote danach zu richten, Kindern und Jugendlichen die Teilnahme an Angeboten außerhalb der Einrichtung zu ermöglichen. Die Zeit der großen Einrichtungen, die alles für ihre „Zöglinge" vorhielten, ist Geschichte. Reitplatz und Schwimmbad, wie noch in den 1970er-Jahren in den großen Fürsorgeerziehungseinrichtungen, sind nur noch selten anzutreffen. Die Kinder und Jugendlichen sind Mitglieder in Fußballvereinen, Schwimmvereinen und haben, wenn auch nicht durchgängig, die Möglichkeit, Reitstunden in Reitvereinen zu nehmen. Auch gruppenübergreifende Angebote in sogenannten Stammheimen sind eher eine Ausnahme als die Regel. Die Folge ist, dass Erzieherinnen und Erzieher in den einzelnen Wohngruppen und Außenwohngruppen für **ihre** Gruppenmitglieder zuständig sind und übergreifende Angebote, die sich auf eine bestimmte Altersgruppe oder ein Interessensgebiet beziehen oder geschlechtsspezifisch ausgerichtet sind, nicht mehr angeboten werden müssen.

Wie schon an anderer Stelle angesprochen, orientiert sich die Arbeit der Öffentlichen Erziehung eher an Jungen als an Mädchen (siehe Kapitel 313). Dies trifft auch für freizeitpädagogische Konzepte zu. Dabei sind die Interessen und die gewünschten Freizeitaktivitäten zwischen den Geschlechtern sehr unterschiedlich:

„Mädchen pflegen die Geselligkeitskultur stärker als die Jungen. Sie lesen deutlich mehr Bücher als die Jungen und gehen häufiger spazieren oder bummeln durch Straßen und Geschäfte, durch Cafés und Eisdielen. Auch ist die Haus- und Gartenarbeit bei ihnen weiter verbreitet als bei den Jungen. Auf der anderen Seite treiben die Jungen wesentlich häufiger Sport und besuchen Sportveranstaltungen als die Mädchen. Sie sitzen deutlich länger am Computer, sei es, um an ihm zu arbeiten, sei es, um mit ihm zu spielen."
(Lange, 1997, S. 93)

Diesen typischen Interessenslagen von Mädchen und Jungen muss in der Freizeitpädagogik einer jeden Einrichtung Rechnung getragen werden. Ob aufgrund des hohen Anteils an Mitarbeiterinnen in der stationären Jugendhilfe die Jungen in der Begleitung ihrer Freizeitgewohnheiten tatsächlich benachteiligt werden, ist fraglich.

Eine hohe Relevanz bei der Entwicklung freizeitpädagogischer Konzeptionen für die Gruppe und für einzelne Kinder und Jugendliche hat die Ermittlung der Bedürfnisse der Kinder und Jugendlichen durch Beobachtung, Befragung usw. Es müssen Möglichkeiten gegeben sein, in denen sich die Kinder und Jugendlichen über ihre Bedürfnisse und Interessen bewusst werden können. Hierzu sind Lernziele zu formulieren und Situationen zu schaffen, in denen die Kinder und Jugendlichen aus eigenem Antrieb (der sogenannten intrinsischen Motivation) dazu veranlasst werden, neue Fähigkeiten, Fertigkeiten und Kenntnisse zu erwerben, ihre emotionalen Bedürfnisse zu befriedigen und somit Regenerationsmöglichkeiten und -potenziale zu eröffnen. Und all dieses im Kontext einer Organisation, welche häufig in der Umsetzung von Freizeit- bzw. Kreativitätsmaßnahmen an Grenzen zu stoßen scheint. Auf dem Hintergrund der oben dargestellten Bedürfnisse im Rahmen der Freizeitpädagogik können somit **einige Lernziele** formuliert werden:

Bedürfnis nach	Erziehungsziele
Kontakt, Anerkennung, Selbstbestimmung, Kompensation	Kontakte aufnehmen, durchhalten; soziales Verhalten einüben, gemeinsam handeln
Erlebnis, Abwechslung, Kontakt, Regeneration	sich nach außen orientieren, mit der Umwelt auseinandersetzen; mit anderen, selbstständig Freizeit gestalten; Mädchen, Jungen außerhalb der Einrichtung kennenlernen
alternative Betätigung, Erholung, Entspannung, Anerkennung	Spontaneität, Kreativität ermöglichen; sich selbst erfahren, sich ausdrücken; lebenspraktisches Lernen
Abwechslung, Entspannung, Abenteuer	Alternativen zum Konsumverhalten entwickeln; sich und andere erfahren; aufeinander angewiesen sein; soziales Verhalten einüben; sich durchsetzen; reale Grenzen erfahren; Alternativen zum „Abhängen"
Abwechslung, Anerkennung, Orientierung, Anregung	Alternativen zum Konsumverhalten; aktiv, selbstständig Freizeit gestalten; Förderung, Möglichkeiten zur Selbstentfaltung
Anerkennung, befriedigende Beziehungen, Durchsetzung, Selbstbestimmung, Solidarität	sich selbst, äußere Grenzen besser kennenlernen und erfahren; Konfliktlösungstechniken entwickeln und erproben
Anerkennung, Selbstbestimmung, eigene Meinung haben und vertreten können, Kontakt	Kenntnisse, Informationen vermitteln; Fertigkeiten steigern; Bewusstsein über gesellschaftliche und soziale Situationen entwickeln; Auseinandersetzung mit der eigenen Lage
Abwechslung, Erholung, Kontakt	kreatives Arbeiten; lebenspraktische Fertigkeiten steigern; gemeinsames Handeln lernen
befriedigende Kontakte, Selbstbestimmung, Vertrauen gewinnen	sich über sich selbst, seine Stärken und Schwächen im Klaren werden; sich verändern

Mögliche Bedürfnisse und Lernziele der Freizeitpädagogik in der Heimerziehung

Ein Problem bei der Durchführung von Freizeitangeboten stellt sich in der Wahrnehmung von Freizeitmaßnahmen durch Kinder und Jugendliche, welche sich eher in Grenzbereichen befinden, dar, z. B. durch die Gefahr des Alkohol- bzw. Drogenmissbrauchs oder in Bereichen sexueller Verwahrlosung. Hierbei ist es eine zentrale Aufgabe der pädagogischen Mitarbeiter, gerade im Freizeitbereich den Kindern und Jugendlichen Alternativen aufzuzeigen. Diese Alternativen können und sollen dann nicht nur aus den eigenen Vorstellungen der Mitarbeiter in Bezug auf Freizeitgestaltungsmaßnahmen entwickelt werden: Sie müssen mit den Kindern und Jugendlichen gemeinsam erwachsen. Erst durch den Diskurs unterschiedlicher Auffassungen kann es wirklich zu einer individuellen Gestaltung der Freizeit, welche auf die oben dargestellten Bedürfnisse Rücksicht nimmt bzw. diese umsetzt, kommen. Und abschließend ist immer auch die veränderte Zeitkultur bzw. die veränderte Wahrnehmung freier Zeit in den Zeitläufen in der Geschichte, also sozialkulturell und sozialpolitisch, zu beachten: Wie Arbeit, wie Freizeit wahrgenommen wird, welche Konsummöglichkeiten wie relevant sind, welche Themen in der Jugendkultur entstehen und bearbeitet werden, wird sich somit immer auch in den zu gestaltenden Freizeitmaßnahmen im Heim niederschlagen.

Aufgaben zum Selbststudium

1. *Welche Ressourcen bringen Sie als Erzieherin und Erzieher mit, um freizeitpädagogische Programme kreativ, d. h. gegebenenfalls künstlerisch und ästhetisch, zu gestalten?*

2. *Formulieren Sie Thesen über die möglichen Veränderungen des Freizeitverhaltens der Kinder und Jugendlichen in einer sich rasch verändernden gesellschaftskulturellen und sozialpolitischen Situation.*

3. *An welche persönlichen, strukturellen und finanziellen Grenzen stoßen Sie gegebenenfalls, sollte sich das Konsumverhalten der Kinder und Jugendlichen verändern?*

4. *Entwickeln Sie für ein Heim Ihrer Wahl ein praxisnahes und zu realisierendes Konzept einer umfassenden Freizeitpädagogik. Überprüfen Sie die Umsetzbarkeit Ihres Angebotes im Diskurs mit den Mitarbeitern einer konkreten Heimeinrichtung, z. B. während Ihres Praktikums.*

4.2 Hausaufgabenhilfe

Bericht eines Jungen zur Hausaufgabensituation in einem großen Kinderheim in einer westdeutschen Großstadt in den 1960er-Jahren:

„Die Hausaufgaben zu machen folgte ebenfalls einem festgesetzten Ritual ähnlich der Tischordnung wie grade zu sitzen usw. Grundsätzlich wurde erst im Schmierheft vorgeschrieben und dann Frau X vorgezeigt, damit sie uns maßregeln konnte. Entweder mäkelte sie über Schreibfehler oder falsch gelöste Rechenaufgaben oder auch über unser Schriftbild. Besonders ich hatte eine Sauklaue. Das lag daran, dass ich Linkshänder war und mit rechts schreiben musste. Im Schmierheft wurde immer mit Bleistift geschrieben, um Fehler wegzuradieren. Erst wenn im Schmierheft alles fehlerfrei war, durften wir im Schönschreibeheft mit Füllfederhalter die Hausaufgaben endgültig reinschreiben. Kleckse oder Fehler wurden nicht geduldet. Solche Seiten riss sie aus dem Heft raus und wir mussten alles neu schreiben. Besonders schlimm war es, wenn der Füllfederhalter defekt war und kleckste. Selbst unsere Erklärungsversuche wurden mit den Worten abgemahnt, nicht vorlaut zu sein, ansonsten drohe für unser unverschämtes Benehmen eine ordentliche Tracht Prügel, oder wir würden nicht sorgsam mit den Sachen um gehen. Oft vergingen Stunden für die Hausaufgaben, sodass wenig oder keine Zeit mehr zum Spielen da war."

Wie die gesamte Heimerziehung sich in den letzten 50 Jahren stark verändert hat, so hat sich auch die Schulaufgabenerledigung stark gewandelt. In diesem Kapitel soll zunächst die Ausgangslage der schulischen Situation vieler Kinder und Jugendlicher dargestellt werden, die in Kinderheimen leben. Anschließend werden die Gestaltung der Hausaufgabensituation und mögliche konkreten Hilfestellungen für das Kind oder den Jugendlichen vorgestellt. In dem Teil über die Zusammenarbeit zwischen Kinderheim und Schule werden konkrete Formen der Zusammenarbeit erläutert.

4.2.1 Die besondere Situation der Hausaufgabenerledigung in Kinderheimen

Die Erfahrungen, die Kinder und Jugendliche in Kinderheimen mit Schule gemacht haben, sind eher negativ als positiv. Viele der Kinder und Jugendlichen haben als Schüler starke Probleme im Lern- und Leistungsbereich. Sie kommen vielfach aus Elternhäusern, in denen sie ungünstige Lebens- und Entwicklungsbedingungen vorfanden. Die Eltern waren eher nicht in der Lage, einen geregelten Schulbesuch und eine angemessene Betreuung des schulischen Lernens zu gewährleisten. Unregelmäßiger Schulbesuch bis zur Schulverweigerung ist häufig Aufnahmegrund zur Unterbringung in der stationären Erziehungshilfe. Auch die Hausaufgabenbetreuung wurde in den Herkunftsfamilien personell und räumlich oft vernachlässigt. Die Fähigkeiten zur Anleitung der Erledigung der Aufgaben war häufig nicht in ausreichendem Maße vorhanden. Den Eltern fehlte die inhaltliche Kompetenz sowie die notwendige Geduld, den Kindern die erforderliche Unterstützung zu geben. So sind und waren viele Kinder und Jugendliche allein auf sich gestellt (vgl. Kupffer, 1977, S. 74 f.; Günder, 2000, S. 197). Die Folge ist, dass bei vielen Kindern und Jugendlichen Wissenslücken entstanden sind, die durch eine reine Hausaufgabenbetreuung nicht wettzumachen sind. In vielen Fällen bedarf es einer intensiven Nachhilfe. Diese Kinder und Jugendlichen verfügen über eine geringe Allgemeinbildung, haben eine mangelhaft ausgeprägte Arbeitshaltung und besitzen wenig Interesse und Motivation, sich schulischen Aufgaben zu widmen. Der Schulbesuch bedeutet für viele dieser Kinder eine Überforderung und weniger Freude und Interesse an Lernsituationen (siehe hierzu Kapitel 2.1.2).

Diese ungünstigen Lebens- und Entwicklungsbedingungen haben oft Anpassungs-, Verhaltens- und Erziehungsschwierigkeiten zur Folge, die im schulischen Bereich zu Lernschwierigkeiten, Verhaltensauffälligkeiten und Schulversagen führen. In vielen Fällen fehlt es den Kindern und Jugendlichen nicht an den kognitiven Fähigkeiten zur Erledigung ihrer schulischen Aufgaben, sondern an der Motivation und an den entsprechenden Schlüsselkompetenzen.

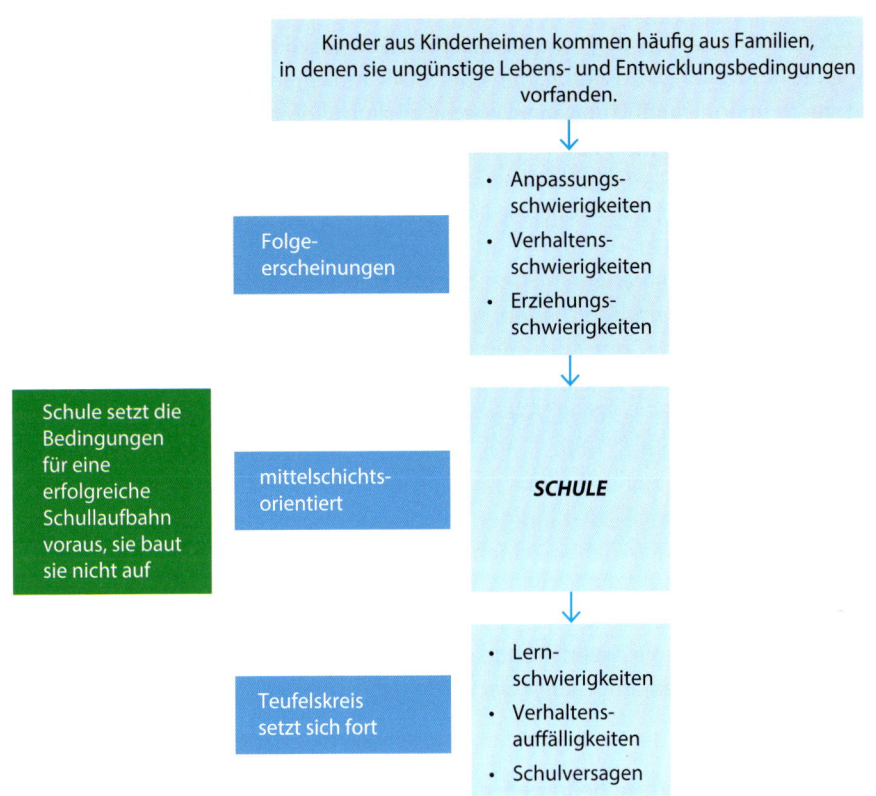

Bedingungsfaktoren zur schulischen Situation von Schülerinnen und Schülern (siehe hierzu auch den Abschnitt „Störungen des Leistungsverhaltens der Kinder und Jugendlichen" in Kapitel 2.1.2)

Auch aus diesen Gründen sind viele Erzieherinnen und Erzieher in den Einrichtungen überlastet. Festzustellen ist, dass Erzieherinnen und Erzieher ...

„[...] zwar sicher befähigt sind, Hausaufgaben routinemäßig zu kontrollieren und auch Routineanforderungen der meisten Schulformen zu beherrschen, dass sie aber mit einer grundlegenden methodischen Anleitung zur Förderung oder gar zum Legen von Grundlagen, die versäumt wurden, überfordert sind."

(Planungsgruppe Petra, 1988, S. 59)

Obwohl diese Untersuchung aus dem Jahr 1988 stammt, lässt sich die Feststellung auf heute übertragen. Des Weiteren liegt eine starke Anforderung, wenn nicht gleich Überforderung, für Erzieherinnen und Erzieher in der oft starken und schon erwähnten „Motivationslosigkeit" der Kinder und Jugendlichen.

4.2.2 Sinn, Zweck und Ziel von Hausaufgaben

Bevor der Blick auf die Gestaltung der Hausaufgabensituation gerichtet werden soll, ist es wichtig, Sinn, Zweck und das Ziel von Hausaufgaben zu betrachten. Von Derschau definiert Hausaufgaben wie folgt.

„Sie umfassen alle Aktivitäten, die mit den im Unterricht bearbeiteten oder auch zu bearbeitenden Inhalten in sinnvoller Beziehung stehen, durch sie angeregt werden, oder für sie wichtig werden können. Hausaufgaben sind damit nicht nur von Lehrern aufgrund ihrer Fachkompetenz didaktisch und methodisch mehr oder weniger sinnvoll gestellte Aufgaben, die zu Hause bearbeitet werden, sondern jedes mit der Schule verbundene Lernen außerhalb des Unterrichts."
(von Derschau, 1979)

Hausaufgaben sind immer gekoppelt an die unterrichtlichen Inhalte. Sie können zur Vor- oder Nachbereitung dienen. Ausgeschlossen sind Aufgaben, die der Disziplinierung von Schülerinnen und Schülern dienen; sogenannte Strafarbeiten. Dies enthalten auch die Erlasse und Richtlinien der Kultusministerien. Insbesondere gilt das für die beiden Hausaufgaben-Funktionen „Unterstützung des Unterrichts" und „Übung", die von nahezu allen Kultusministerien in der Bundesrepublik eine Schlüsselbedeutung zugewiesen bekommen haben (vgl. Nilshon, 1999, S. 13). Neben der inhaltlich-kognitiven Funktion von Hausaufgaben stehen Erziehungsziele im Hausaufgabenbereich mit einer erkennbaren Intention zur Entwicklung selbstständiger Befähigungen und persönlichkeitsstärkenden Haltungen in den Richtlinien der einzelnen Bundesländer:

- Hausaufgaben sollen die Selbstständigkeit der Schüler entwickeln.

- Hausaufgaben sollen die Arbeitsfreude und das Interesse für die eigene Beschäftigung mit Gegenständen des Unterrichts wecken.

- Hausaufgaben sollen die Befähigung entwickeln, Lernvorgänge selbst zu organisieren.

- Hausaufgaben sollen dazu beitragen, dass die Schüler lernen, Arbeitszeit, Arbeitstechniken und Hilfsmittel (selbstständig) angemessen einzusetzen.

- Hausaufgaben sollen zu selbstständiger Einteilung der Arbeitszeit anleiten.

- Hausaufgaben sollen das Selbstvertrauen der Schülerinnen und Schüler stärken.
(vgl. Schwemmer, 1980)

---

§ **Runderlass des Kultusministeriums NRW in der letztgültigen Fassung vom 31.08. 2008, Hausaufgaben in der Primarstufe und in der Sekundarstufe I (Auszug):**

Hausaufgaben ergänzen die schulische Arbeit, deren wesentlicher Teil im Unterricht geleistet wird. Ganztagsschulen sollen Hausaufgaben in das Gesamtkonzept des Ganztags integrieren, sodass es möglichst keine Aufgaben mehr gibt, die zu Hause erledigt werden müssen. Hausaufgaben können

- dazu dienen, das im Unterricht Erarbeitete einzuprägen, einzuüben und anzuwenden;

- zur Vorbereitung neuer Aufgaben genutzt werden, die im Unterricht zu lösen sind;

- Gelegenheit zu selbstständiger Auseinandersetzung mit einer begrenzten neuen Aufgabe bieten. Sie tragen damit dazu bei, dass Schülerinnen und Schüler fähig werden, Lernvorgänge selbst zu organisieren sowie Arbeitstechniken und Arbeitsmittel selbst zu wählen und einzusetzen.

- Hausaufgaben, die als Ersatz für fehlenden oder ausfallenden Unterricht verwandt werden sollen oder der Disziplinierung dienen, sind nicht zulässig.

Dabei werden Hausaufgaben nach folgenden Grundsätzen erteilt:

- Alle Hausaufgaben müssen aus dem Unterricht erwachsen und wieder zu ihm zurückführen. Hausaufgaben, die diese Bedingungen nicht erfüllen, sind unzulässig.

- Hausaufgaben müssen in ihrem Schwierigkeitsgrad und Umfang die Leistungsfähigkeit der Schülerinnen und Schüler berücksichtigen und von diesen selbstständig, d. h. ohne fremde Hilfe, in angemessener Zeit gelöst werden können.

- Damit die selbstständige Lösung von Hausaufgaben möglich ist, müssen diese eindeutig und klar, ggf. schriftlich formuliert werden; die Schülerinnen und Schüler müssen entsprechend der jeweiligen Altersstufe Ratschläge für die Durchführung der Arbeit erhalten und mit den Arbeitstechniken sowie den zur Verfügung stehenden Hilfsmitteln vertraut gemacht werden.

- Es empfiehlt sich, die gestellten Aufgaben nach der Leistungsfähigkeit, der Belastbarkeit und den Neigungen der Schülerinnen und Schüler zu differenzieren.

(Ministerium für Schule und Weiterbildung des Landes Nordrhein-Westfalen, Auszug aus der BASS 12–31 Nr. 1, 2009/2010)

Die Arbeit von Ilse Nilshon vom Deutschen Jugendinstitut zeigt:

„[…] dass die oft fraglos vorgenommene Gleichsetzung von Hausaufgabenerledigungen und Entwicklung selbstständigen Lernens nicht nur nicht zwingend ist, sondern dass Hausaufgabenpraxis und selbstständiges Lernen in der Regel einander widersprechen. Denn es ist eine Illusion zu glauben, dass mangelnde Möglichkeit für selbstständigen Handeln der Schüler und Schülerinnen im Unterricht einfach durch Vergabe von Hausaufgaben kompensiert werden könne. Vielmehr bedarf es zunächst und vor allem der Entwicklung einer anderen Lernkultur in der Schule, bei der Selbstständigkeit und Eigenverantwortung der Kinder und Jugendlichen bei der Gestaltung des Unterrichts selbst zum Tragen kommen."
(Nilshon, 1999, S. 3)

Das Ergebnis der Untersuchung, aber auch mannigfaltige Erfahrungen aus der Praxis zeigen, dass sich die Hausaufgabenpraxis notwendigerweise verändern muss. Schülerinnen und Schüler müssen in ausreichender Zeit auf die Schulaufgaben vorbereitet werden. Sie dürfen nicht in den letzten Minuten des Unterrichts gegeben werden. Kinder und Jugendliche müssen die Hausaufgaben weitgehend selbstständig erledigen – und auch in den von den Schulministerien angegebenen Zeiten.

Das Glück und die Zufriedenheit von Kindern und Jugendlichen wird maßgeblich durch ihre Situation in der Schule geprägt:

„Glücklicher sind Kinder, die leicht lernen, aktiv am Unterricht teilnehmen und die Schule als spannend empfinden. Schüler, die nie lange an Hausaufgaben sitzen müssen, sind zu 66 Prozent ‚total glücklich', jene, die sich quälen und Stunden benötigen, zu 39 Prozent."
(Schwilk, 2007, S. 1)

Zusammenfassend lässt sich sagen: Hausaufgaben bilden einen festen Bestandteil des schulischen Lernens und ergeben einen Sinn, wenn sie diesen Prozess anregen, stützen und fördern. Zu den Zielen der Hausaufgabenerledigung gehört die Förderung von Fähigkeiten zur Selbsttätigkeit, zur Selbstständigkeit und zur Eigenverantwortlichkeit.

4.2.3 Die Gestaltung der Hausaufgabensituation

Das Arbeitsfeld Heimerziehung macht es erforderlich, sich in besonderer Weise den Gegebenheiten zu widmen, unter denen Kinder und Jugendliche ihre Hausaufgaben anfertigen. Das liegt zum einen an den schon erläuterten Erfahrungen dieses Personenkreises mit Schule und den damit verbundenen Tätigkeiten, aber auch an der Strukturqualität, die eine Einrichtung hat. Bis zu zehn Kinder und Jugendliche werden von vier Erzieherinnen und Erziehern betreut. Insbesondere bei der Hausaufgabensituation kommen häufig Praktikantinnen und Praktikanten zum Einsatz, die dem Fachpersonal zur Hilfe stehen. Zur Strukturierung und inhaltlichen Gestaltung sollen die folgenden sechs Forderungen helfen. Nach Nennung und Erläuterung der Forderung werden Hinweise gegeben, wie Bedingungen gestaltet bzw. arrangiert werden können.

1. Forderung: „Möglichst wenige Kinder fertigen mit einem Erzieher die Hausaufgaben an."

Problem: Es werden hohe Anforderungen an Kinder und Jugendliche gestellt, wenn sie jeden Tag mit einer anderen Erziehungsperson Hausaufgaben machen müssen. Alle Beteiligten müssen sich aufeinander einstellen und sich neu informieren. Durch den Schicht- und Wechseldienst kann es möglich sein, dass eine Erzieherin erst nach Tagen wieder Hausaufgaben mit dem gleichen Kind macht.

Schon überforderte Kinder werden weiter überfordert!
Ideal wäre es, wenn ein Erzieher jeden Tag mit einem bestimmten Kind die Hausaufgaben anfertigen könnte. Dieses ergäbe eine hohe Kontinuität, die insbesondere für jüngere Kinder wichtig wäre. Die betreuende Person sollte Zeit haben für das Kind, insbesondere für das lernschwache Kind. Dabei müssen Kinder und Jugendliche merken, dass Erziehende Zeit und Interesse haben, bei den Aufgagen zu helfen.

Aufgrund von Schicht- und Wechseldienst, Urlaub, Krankheit usw. ist dies unrealistisch!

Arrangement:

- Unterschiedliches Unterrichtsende von Kindern und Jugendlichen nutzen, damit bei den Kindern, die früher aus der Schule kommen, schon mit der Begleitung der Hausaufgaben begonnen werden kann. Dies trifft wohl vorwiegend für die Grundschüler zu.

- Dienstplangestaltung: Um mindestens zu zweit im Dienst zu sein, bleibt der Frühdienst so lange, bis die Hausaufgabenzeit vorbei ist und/oder der Zwischendienst deckt die Hausaufgabenzeit mit ab.

- Modell Kontakterzieher/Bezugserzieher. Er ist

  - zuständig für die Schullaufbahn des Kindes (des Weiteren für Bekleidung, ärztliche Betreuung, Eltern- und Familienarbeit, Hilfeplanung usw.),

  - über den Leistungsstand des Bezugskindes informiert,

  - über die schulische Situation des Bezugskindes informiert,

  - zuständig für den Kontakt von Heim zur Schule/zum Lehrer,

  - Vertreter des Kindes in den Schulgremien gemäß § 1688 BGB.

2. Forderung: „Der Erzieher muss sich bewusst auf die Hausaufgabensituation einstellen."

Problem: Viele Anforderungen werden an Erzieherinnen und Erzieher auch in der Phase des Tages gestellt, in der die Hausaufgaben erledigt werden müssen. Wenn sie schon einen Spätdienst mit Nachtbereitschaft und anschließendem Frühdienst absolviert haben, kann, verständlicherweise, die Kraft zur Gestaltung einer schwierigen Hausaufgabensituation fehlen.

Die Anforderungen zur intensiven Hausaufgabenhilfe erfordern es, dass Erzieherinnen und Erzieher ausgeruht und nervlich entspannt in diese Phase ihres Dienstes gehen. Wachheit und Momentzentriertheit, die Merkmale der Arbeit mit Kindern in der Spieltherapie, lassen sich auf die Arbeit der Erzieherinnen und Erzieher gut übertragen. Sie müssen „wach" sein, nicht abgespannt und sich auf diesen Moment ihres Tuns, also auf die Hilfe bei der Erledigung der Hausaufgaben, konzentrieren.

Arrangement:

- Während der Hausaufgabensituation dürfen keine anderen Tätigkeiten im Vordergrund stehen. Ein Dienstwechsel mit Dienstübergabe z. B. darf zu dieser Zeit nicht stattfinden. Stattdessen müssen die Bedürfnisse der Kinder und Jugendlichen erfüllt werden. Geschieht dies nicht, ergeben sich Gereiztheiten, wenn Kinder und Jugendliche ggf. an der verschlossenen Dienstzimmertür anklopfen müssen, um Hilfe zu erhalten.

- Dienstplangestaltung (wie bei der 1. Forderung). Um mindestens zu zweit im Dienst zu sein und damit die Begleitung der Erledigung der Hausaufgaben nicht vorrangig den Praktikantinnen und Praktikanten überlassen bleibt, bleibt der Frühdienst so lange, bis die Hausaufgabenzeit vorbei ist und/oder der Zwischendienst deckt die Hausaufgabenzeit mit ab.

3. Forderung: „Störfaktoren müssen beseitigt werden."

Problem: Kinder und Jugendliche benötigen eine möglichst störungsfreie Umgebung, um konzentriert zu arbeiten. Viele Kinder und Jugendliche im Kinderheim haben Schwierigkeiten, sich angemessen auf eine Arbeit einzulassen. Schon geringfügig andere Ablenkungen stellen Reize dar, denen sie sich dann zu wenden.

Störfaktoren können sein:

- Klingeln an der Gruppentür
- Besuch von Kindern und Jugendlichen aus anderen Gruppen
- Musik aus anderen Zimmern
- Telefonklingeln
- andere Kinder, die draußen spielen
- Küchenarbeit (Küchendienst)
- Herumlaufen anderer Kinder in der Gruppe

Arrangement:

Skizze des Zimmers anfertigen, regelmäßig beobachten, was die Konzentration des Kindes ablenkt, dies durch einen Pfeil in die Skizze eintragen (siehe Abb. Störfaktoren).

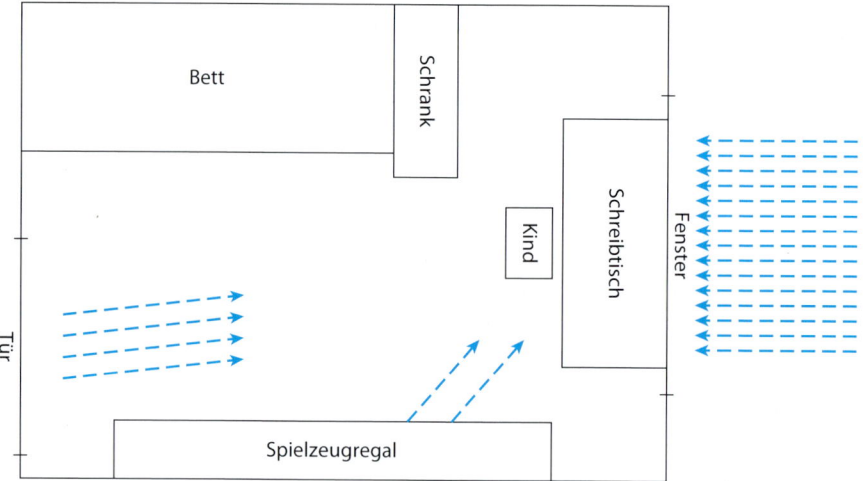

Störfaktoren (Dutschmann, 1979, S. 33)

4. Forderung: „Beachtung und Gestaltung der räumlichen Gegebenheiten"

Problem: Werden die Hausaufgaben im Gemeinschaftsraum/Tagesraum/Esszimmer erledigt, können sich folgende Gegebenheiten und Vorkommnisse negativ auswirken:

- Unruhe durch den von Tisch zu Tisch gehenden Erzieher

- Flüstern, ebenso wie zu lautes Sprechen stört die Konzentration

- Misserfolgserlebnisse durch andere Kinder, die mit ihren Hausaufgaben schon fertig sind.

Der Raum, in dem Kinder und Jugendliche ihre Hausaufgaben anfertigen, ist von nicht zu unterschätzender Bedeutung für die Konzentrationsfähigkeit. Insbesondere jüngere Kinder brauchen aufgrund ihrer motorischen Unruhe und Ablenkbarkeit Ruhe.

Arrangement:

- Grundsätzlich sollten Kinder und Jugendliche immer in dem gleichen Raum die Hausaufgaben anfertigen (Gewöhnungseffekt, geringere Ablenkung).

- Der Raum sollte gut gelüftet sein. Zum Denken benötigt das Kind Sauerstoff. Es ist ungünstig, wenn in dem gleichen Raum gegessen worden ist oder sogar noch gegessen wird.

- Auf gelockerte, nicht ausgerichtete Tischordnung achten. Eine Atmosphäre, die an Schule erinnert, soll vermieden werden.
  - Der Raum sollte in „ruhigen Farben" großflächig gestrichen sein.
  - Blumen und Pflanzen schaffen ein günstiges Arbeitsklima.

- Gutes Tageslicht sollte vorhanden sein, nach Möglichkeit wenig (kaltes) Kunstlicht.
  (vgl. Wolfart/Schilling, 2003, S. 41)

5. Forderung: „Günstige Arbeitsplatzgestaltung"

Problem: Kinder und Jugendliche in Einrichtungen der Jugendhilfe müssen oft auf Stühlen und an Tischen ihre Hausaufgaben erledigen, die eher anderen Zwecken dienen, z. B. am Esstisch oder an Wohnzimmergarnituren.

Gerade für motorisch unruhige Kinder und Jugendliche hat die ergonomische Arbeitsplatzgestaltung eine besondere Bedeutung. Stimmen Tisch- und Stuhlhöhe nicht, wird das Kind zum „Zappeln" verleitet.

Arrangement:

- Die Fläche der Schreibtischplatte sollte eine Größe von mindestens 90 x 60 cm haben.

- Die richtige Relation von Tischhöhe und Stuhlhöhe ist zu beachten (siehe Abb.).

- Die Lichtquelle, günstig wäre eine schwenkbare Tischleuchte (Architektenlampe), sollte wie folgt angebracht sein:
  - bei Rechtshändern: Lichtquelle von links
  - bei Linkshändern: Lichtquelle von recht

- Arbeitshilfen/Arbeitsmaterial wie z. B. Lexika, Wörterbücher, Duden, Atlanten, Übungsuhr, Taschenrechner und Bücherständer sollten in der Nähe greifbar vorhanden sein (und für Rechtshänder links stehen). Ziel: Förderung des selbstständigen Arbeitens und Vermeidung von häufigem Aufstehen.

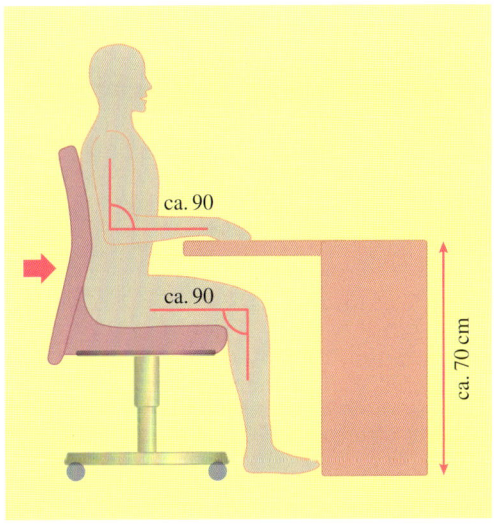

- geordneter Arbeitsplatz
  - Der Bewegungsraum auf dem Tisch sollte nicht eingeschränkt werden.
  - Gestapelte Bücher und Hefte können ablenken.
  - Ebenso lenken Spielzeuge und vor allem das Handy auf dem Schreibtisch ab.

- Ein PC oder Laptop sollte in der Wohngruppe zugänglich sein, wenn möglich sogar im eigenen Zimmer.

6. Forderung: „Beachtung und Umsetzung von individuell günstigen Lernbedingungen für Kinder und Jugendliche (institutioneller Bezug)"

Problem: Wie in Kapitel 3.2.3 (Die drei Ebenen der Erziehungsplanung) erläutert wird, müssen auch bei der Hausaufgabenhilfe verschiedene Bereiche der Einrichtung ineinandergreifen, um eine optimale Förderung und Begleitung von Kindern und Jugendlichen zu erreichen. Haben Kinder gegenwärtig eher frustrierende Schulerlebnisse, dann müssen im Tagesablauf positive Elemente vorkommen, die einen Ausgleich schaffen.

Auch der Zeitpunkt der Erledigung der Hausaufgaben muss mit Bedacht gewählt werden, da organisatorische Zwänge einer Einrichtung den pädagogischen Freiraum beeinträchtigen.

Auch das Thema Ernährung spielt in Bezug auf das Lernen eine wichtige Rolle. Großküchen, aber auch Hauswirtschaftskräfte in Außenwohngruppen haben für eine gesunde Ernährung der Kinder und Jugendlichen zu sorgen.

Arrangement:

- Erfolgserlebnisse für das Kind „organisieren" (im schulischen oder im Freizeitbereich). Die schulpädagogische Förderung muss eingebettet sein in ein pädagogisches Gesamtkonzept (vgl. Abb. unten). Neben der häufig frustrierenden Hausaufgabenerledigung, die oft mit Misserfolgserlebnissen verbunden ist, müssen im Tagesgeschehen auch Erfolgserlebnisse für das Kind erlebbar gemacht werden (sich freuen können z. B. auf den Schwimmbadbesuch oder das Fußballspielen). Dies darf sich nicht nur zufällig ergeben, sondern muss geplant werden.

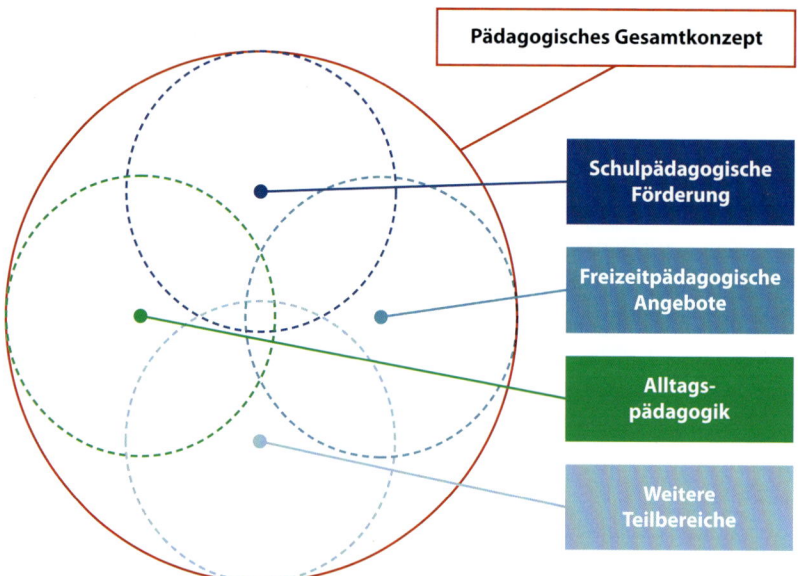

Einbettung in ein pädagogisches Gesamtkonzept

- Der Zeitpunkt der Anfertigung der Hausaufgaben muss in der Gruppe bzw. in der Einrichtung gut überlegt werden. Zunächst muss die individuelle Leistungskurve beim Kind oder Jugendlichen heraus gefunden werden. Wenn sich herausstellt, dass ein Kind zu einem späteren Zeitpunkt eher konzentriert Hausaufgaben erledigen kann, aber zur in der Gruppe festgelegten Zeit arbeitet, kann diese Information wichtig sein, um diesem Kind dann ggf. mehr Unterstützung zukommen zu lassen. Es ist abzuwägen zwischen der individuellen Leistungskurve des Kindes und den organisatorischen Bedingungen in der Einrichtung. Viele Kinder können nicht gleich nach der Schule mit der Anfertigung der Hausaufgaben beginnen. Sie brauchen erst eine Entspannungsphase. Es stellt sich die Frage, wann Kinder und Jugendliche ihre Hausaufgaben anfertigen sollen. In vielen Einrichtungen werden die Hausaufgaben zwischen 14.00 und 16.00 Uhr angefertigt. Dafür gibt es viele organisatorische Gründe seitens der Einrichtung, z. B. Mittagessen ist beendet, Erzieherwechsel, o. Ä. Der persönlichen Leistungskurve stehen auch Aspekte gegenüber, die das Kind für sich selbst als wichtig betrachtet und die dazu motivieren, zügig die Hausaufgaben zu erledigen. Dies können sein:
  - Termine
  - Freunde warten (Motivation)
  - Freude aufs Spiel (Motivation)
  - Fernsehen, insbesondere Serien
  - längerer zusammenhängender Zeitraum, um etwas unternehmen zu können

- Die Leistungsfähigkeit von Kindern und Jugendlichen hängt maßgeblich auch mit den Essgewohnheiten zusammen („Ein voller Bauch studiert nicht gern."). Auf kleine Zwischenmahlzeiten am Vormittag sollte geachtet werden (Pausenbrote). Häufig nehmen Kinder kein Schulbrot mit zur Schule, sodass die Mittagsmahlzeit die Hauptmahlzeit ist und sie sich mit großem Hunger zum Mittagessen begeben (vgl. Dutschmann, 1979, S. 42 f.).

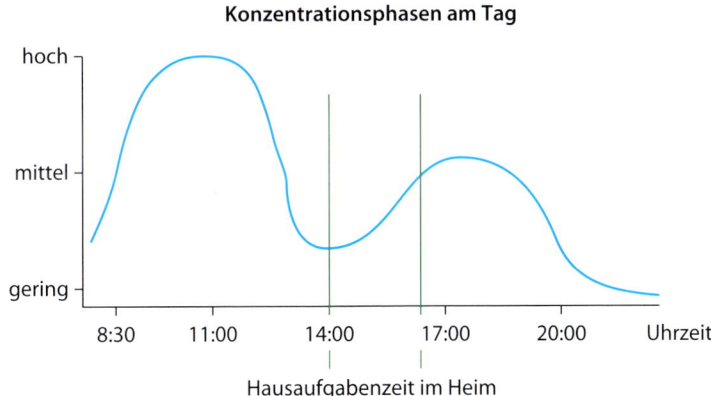

Leistungsfähigkeit am Tage (vgl. Dutschmann, 1979, S. 43)

4.2.4 Konkrete Hilfestellungen für das Kind/den Jugendlichen

In diesem Abschnitt wird es darum gehen, mögliche Hilfestellungen für Kinder und Jugendliche aufzuzeigen, die die Arbeit in der konkreten Hausaufgabensituation erleichtern können. Man kann auch von sogenannten Soft Skills sprechen, also von Schlüsselqualifikationen, über die Kinder und Jugendliche verfügen müssen, um Aufgaben jedweder Art zu erfüllen. Dabei kann es darum gehen, Strukturen von Aufgaben zu erkennen, aber auch darum, über ein angemessenes Zeitmanagement zu verfügen.

Wie bereits in diesem Kapitel ausgeführt, dienen Hausaufgaben dazu, „dass Schülerinnen und Schüler fähig werden, Lernvorgänge selbst zu organisieren sowie Arbeitstechniken und Arbeitsmittel selbst zu wählen und einzusetzen" (Ministerium für Schule und Weiterbildung des Landes Nordrhein-Westfalen, BASS 12-31 Nr. 1, 2009/2010). Demnach ist ein wichtiges Ziel der Hausaufgabenerledigung wie folgt zu formulieren:

Das Schulkind sollte lernen, zunehmend selbstständig zu arbeiten!

Dabei sollte es dem Kind zunehmend gelingen:
* gute und schlechte Erlebnisse dem Erzieher angstfrei mitzuteilen.
* den Arbeitsplatz überschaubar einzurichten,
* Arbeitszeiten auch mit Pausen zu bestimmen,
* einen Arbeitsplan mit Aufgabenabläufen aufzustellen,
* den Schulranzen richtig zu füllen,

Erzieherinnen und Erzieher sollten diese fünf Punkte zu Beginn einer jeden Hausaufgabensituation den Kindern und Jugendlichen in einer schematisierten Form nahebringen und zunächst den Einstieg über das „Erzählenlassen" von Schulerlebnissen wählen. „Wie war's heute?" ist zu allgemein und pauschal und wird von Kinder und Jugendlichen meist mit „Geht", „Gut" oder „Schlecht" kommentiert. Genauere Kenntnisse des Schullebens ermöglichen konkretere Fragen. So können Fragen nach Klassenkameradinnen, nach Klassenarbeiten, nach Lehrerinnen und Lehrern gestellt werden, die ein direktes Interesse signalisieren und ein dialogisches Gespräch ermöglichen.

Den Arbeitsplatz einzurichten bedeutet, die Sachen bereitzulegen, die zur Erledigung der gewählten Aufgabe notwendig sind. Der Einstieg in die Arbeitsplanung kann die Überlegung sein, mit welcher Aufgabe begonnen werden soll. Die einfache, die anstrengende oder die mit der meisten Freude verbundene?

Nach welcher Aufgabe soll eine kleine Pause gemacht werden? In diese Überlegungen sollten Kinder und Jugendliche immer miteinbezogen werden. Wer arbeitet, muss auch Pausen machen. Haben Kinder Mühe, sich nach einer Pause wieder an die Arbeit zu begeben, so sollten die Pausen nicht zu lang sein und es sollte auch nicht der Raum verlassen werden. Dies ist gut von Kind zu Kind abzuwägen.

Die Beendigung der Hausaufgabenerledigung sollte immer mit dem Packen der Schultasche einhergehen. Was muss morgen mitgenommen werden? Hefte, Bücher und weitere Schulmaterialien, aber auch Milchgeld, Sportsachen und Weiteres sollten bedacht werden.

Zur Dauer der Hausaufgabenzeit

Vielen Kindern und Jugendlichen in den Einrichtungen fällt es schwer, sich zur Arbeit zu motivieren. Hier müssen Erzieherinnen und Erzieher viel Mühe und Geduld aufbringen, entsprechende „Motivationsarbeit" zu leisten. Reicht die Konzentration der Kinder und Jugendlichen nicht aus, so sollte nicht über Stunden hinweg gearbeitet werden. Die Schule hat darauf zu achten, dass die Menge an Hausaufgaben begrenzt ist.

„Hausaufgaben sollen so bemessen sein, dass sie, bezogen auf den einzelnen Tag, in folgenden Arbeitszeiten erledigt werden können:

für die Klassen 1 und 2 in 30 Minuten,
für die Klassen 3 und 4 in 60 Minuten,
für die Klassen 5 und 6 in 90 Minuten,
für die Klassen 7 bis 10 in 120 Minuten.

Die Klassenlehrerin oder der Klassenlehrer hat in Zusammenarbeit mit den in der Klasse unterrichtenden Fachlehrkräften das Ausmaß der Hausaufgaben zu beobachten und ggf. für einen Ausgleich zu sorgen."
(Ministerium für Schule und Weiterbildung des Landes Nordrhein-Westfalen, BASS 12-31 Nr. 1, 2009/2010)

Wenn diese Zeiten regelmäßig über- oder unterschritten werden, dann muss der Bezugserzieher (oder das Team mit Heimleitung) Kontakt zur Schule aufnehmen. Es empfiehlt sich dann, ein Gespräch mit der Klassenlehrerin oder der Schulleiterin zu führen oder es ist in besonderen Fällen eine Klassenpflegschaftssitzung zum Thema Hausaufgaben anzuregen. Abgeklärt werden muss, ob die Menge der Aufgaben zu einer Überschreitung der durchschnittlichen Zeiten führt, oder ob die individuelle Situation des Kindes oder Jugendlichen Ursache ist. Falls das Kind überfordert ist, ist zu überlegen, ob unterstützende Maßnahmen eingeleitet werden müssen, z. B. eine intensivierte individuelle Förderung.

Zur Dauer der Konzentrationsfähigkeit von Kindern

Die Dauer der Hausaufgabenzeit ist von der Konzentrationsdauer von Kindern zu unterscheiden. Bei der Erledigung der Hausaufgaben müssen sich Kinder nicht durchgängig gleichermaßen konzentrieren. Sie müssen sich nicht an einem Stück ununterbrochen mit ein und der derselben Sache beschäftigen.

„Als Faustregel für die Konzentration von Kindern kann man die einfache Formel verwenden, dass deren Aufmerksamkeit im Durchschnitt ungefähr doppelt so lange anhält wie ihr Alter. Die Konzentration eines 5-Jährigen liegt dann bei etwa 10 Minuten, die eines 10-Jährigen bei ca. 20 Minuten. Allerdings steigt ab diesem Alter die Konzentrationszeit jedoch nicht linear weiter an, sondern lässt bei Erwachsenen schon nach 30 Minuten deutlich nach."
(Stangl, 2016, abgerufen unter https://eltern.lerntipp.at/konzentration.shtml [12.04.2016])

Diese Zeiten sind zu verstehen als Zeiten ohne Pausen oder längere Unterbrechungen. Die Konzentrationsfähigkeit von Kindern ist von vielen Faktoren abhängig (ähnlich wie bei Erwachsenen). Bei der Einschätzung der Konzentrationsfähigkeit sollten Erzieherinnen und Erzieher individuelle Schwankungen beachten, die sich durch folgende Aspekte ergeben können:

- Tagesverfassung
- emotionale Stimmungslage
- Wachheitszustand
- Interessantheitsgrad der Aufgabe (Konzentration braucht Interesse!)
- Schwierigkeit der Aufgabe

Wichtig: Wenn unter Berücksichtigung der individuellen Schwankungen diese Zeiten häufig bis ständig unterschritten werden, dann ist ein Kind konzentrationsschwach bzw. konzentrationsgestört.

Mögliche Hilfestellungen seitens der Erzieherinnen und Erzieher können sein:
- bei den Hausaufgaben besonders auf die Einhaltung von Pausen achten
- wechselnde Schwierigkeitsgrade beachten
- Ernährungsverhalten und -gewohnheiten überprüfen

Ein differenziertes Bild der möglichen Einflussfaktoren zur Konzentrationsfähigkeit zeigt die folgende Abbildung.

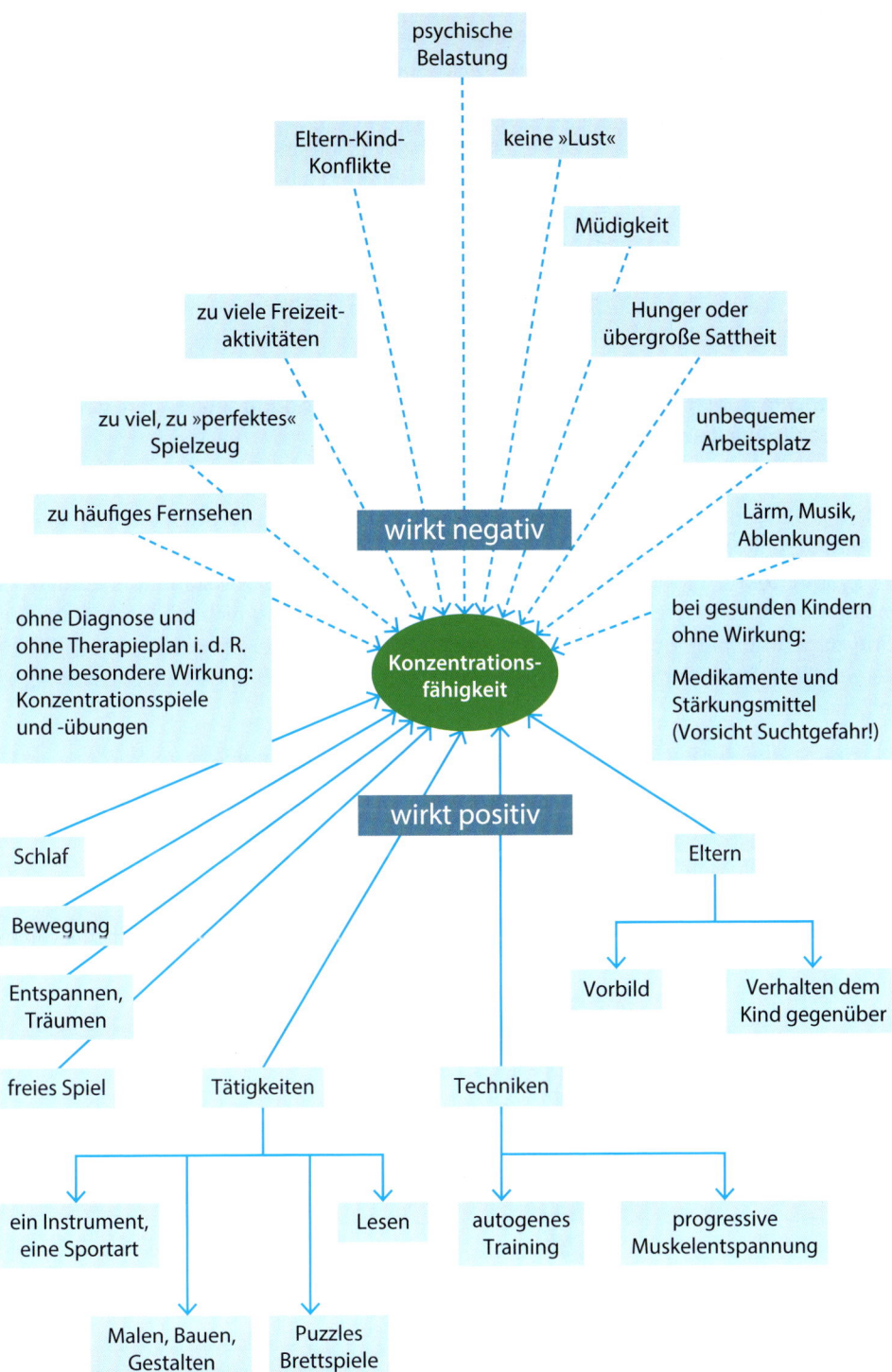

psychische Belastung

Eltern-Kind-Konflikte

keine »Lust«

Müdigkeit

zu viele Freizeit-aktivitäten

Hunger oder übergroße Sattheit

zu viel, zu »perfektes« Spielzeug

unbequemer Arbeitsplatz

zu häufiges Fernsehen

wirkt negativ

Lärm, Musik, Ablenkungen

ohne Diagnose und ohne Therapieplan i. d. R. ohne besondere Wirkung: Konzentrationsspiele und -übungen

Konzentrations-fähigkeit

bei gesunden Kindern ohne Wirkung:

Medikamente und Stärkungsmittel (Vorsicht Suchtgefahr!)

wirkt positiv

Schlaf

Bewegung

Entspannen, Träumen

freies Spiel

Tätigkeiten

Techniken

Eltern

Vorbild

Verhalten dem Kind gegenüber

ein Instrument, eine Sportart

Lesen

autogenes Training

progressive Muskelentspannung

Malen, Bauen, Gestalten

Puzzles Brettspiele

Bedingungsgefüge zur Konzentrationsfähigkeit (Kohler, 2002, S. 158)

Zu den Intensitätsgraden der Betreuung

Nicht alle Kinder und Jugendlichen benötigen die gleiche Form und den gleichen Umfang an Betreuung bei den Hausaufgaben. Schülerinnen und Schüler des ersten Schuljahres müssen zunächst intensiv bei der Erledigung der Aufgaben für die Schule angeleitet und begleitet werden. In einigen Einrichtungen gibt es Hausaufgabengruppen, die eine solche besondere Hilfe anbieten. Eine schulpädagogisch ausgebildete Fachkraft betreut bis zu zehn Kinder in einem Raum, der speziell zur Erledigung der Hausaufgaben eingerichtet ist. Vorteil solch einer gründlichen Betreuung ist es, dass Kinder zu Beginn ihres schulischen Lernprozesses Arbeitstechniken erlernen, die ihnen künftig das schulische Arbeiten in selbstständiger Form ermöglichen. In Einrichtungen der stationären Erziehungshilfe muss sich dieses nachhaltige Angebot auch auf die Kinder und Jugendlichen beziehen, die in ihrer schulischen Entwicklung Vernachlässigung seitens der Eltern erfahren haben (siehe Kapitel 2.1.1).

Die Hausaufgabenbetreuung in den Wohngruppen lässt sich in drei Intensitätsgrade einteilen. Erzieherinnen und Erzieher sollten sich immer vergegenwärtigen und regelmäßig in Teamsitzungen überprüfen, welches Kind welche Betreuungsstufe benötigt. Ziel ist es, dass Kinder und Jugendliche ihre Aufgaben weitestgehend selbstständig erledigen. Es muss also insbesondere kontrolliert werden, ob die Betreuung nicht zu intensiv ist. Auf eine zu geringe Betreuung werden Erzieherinnen und Erzieher oft durch die Lehrkräfte der Schule aufmerksam gemacht – leider auch durch entsprechende Leistungsvermerke in Zeugnissen.

Die **drei Stufen der Betreuung** lassen sich wie folgt kennzeichnen:

- Stufe A:
  - permanente Aufmerksamkeit
  - maximale Hilfe
  - gutes Zuhören und Interessiertsein
  - Erzieherinnen und Erzieher sind durchgängig ansprechbar und in räumlicher Nähe

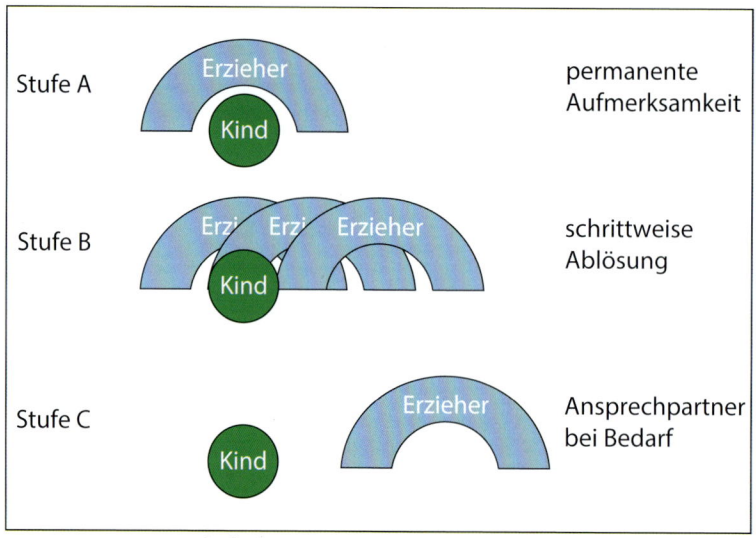

Stufen bzw. Intensitätsgrade der Betreuung

- Stufe B
    - schrittweises Ablösen von der Betreuung
    - Erzieherinnen und Erzieher sind erreichbar, aber sie entziehen sich räumlich immer mehr (sie beschäftigen sich auch mit anderen Aufgaben).

- Stufe C
    - Erzieherinnen und Erzieher sind noch Ansprechpartner bei Bedarf.
    - Sie kontrollieren die Hausaufgaben im Bedarfsfall, sind aber während der Erledigung der Aufgaben nicht zugegen.

Zu den drei Phasen der Betreuung

Hauptsächlich die Stufe A der Betreuung bedarf einer zeitlichen und inhaltlichen Strukturierung. Wie schon erwähnt, beginnt jede Hausaufgabensituation mit einer **„Aufwärmphase"**, um das Kind nach Möglichkeit innerlich bereit zu machen, die Hausaufgaben zu erledigen. Hier sollen zunächst regelmäßig Gespräche mit dem Kind über die Schulsituation geführt werden. Der Schultag soll rekapituliert werden: „Was war heute gut, was war weniger gut?" Auch die Rolle in der Klasse, Freundschaften zu Mitschülerinnen und Mitschülern, Beziehungen zur Lehrerin/zum Lehrer und welche Fächer besonders Freude machen, sollten zunächst Thema sein.

Die zweite Phase ist die sogenannte **„Konzentrationsphase"**, in der die „eigentlichen" Hausaufgaben erledigt werden. Als mögliche Hilfen (insbesondere) für diese Phase bieten sich an:

- Lernstoff gliedern lassen („Wie willst du vorgehen?")

    - überschaubares Aufgabenpensum selbst einteilen lassen, dann selbst bewältigen lassen
    - der Erzieher zieht sich zurück, hält sich im Hintergrund
    - Zwischenhilfen nur dann, wenn unbedingt nötig (besonders bei „mechanischen" Aufgabenarten)

- Lösungsweg einer Aufgabenart an einer nicht gestellten Aufgabe erklären („Wie musst du die Aufgabe lösen?")

    - Kind erklären bzw. demonstrieren lassen
    - dabei Methodik der Schule beachten
    - keine neuen Lösungswege aufzeigen (Kontrolle durch Lehrbuch oder Lehrer fragen)
    - eher Denkanstöße geben
    - keine Lösung bei Problemen vorgeben, Aufgaben nicht übernehmen

- Prüfen, ob das Kind die Aufgaben verstanden hat („Was musst du tun?")

    - zuerst darauf eingehen, was alles richtig ist („Was hast du alles richtig gemacht?")
    - erst dann darauf eingehen, was falsch ist oder noch besser gemacht werden kann (Angabe eines nächsten Lernzieles)
    - klare Absprachen treffen, die vom Kind nachvollzogen und akzeptiert werden können

- Das Kind seine Leistungen zunehmend selbst einschätzen lassen („Was ist dir gut gelungen?", „Was ist dir noch nicht gelungen?")

  - Fehler selbst finden lassen
  - Fehler nicht unterstreichen lassen (sie prägen sich sonst noch mehr ein)
  - Fehlerverbesserungen selbst vornehmen lassen

- Dosierte Negativkritik, Frustrationstoleranz beachten („Was kannst du noch besser machen?")

  - Ermutigen, nicht belohnen
  - das Kind darf sich nicht alleine gelassen fühlen

- Sachliche Informationen über den sich bereits eingestellten Erfolg geben („X und Y ist dir schon viel besser gelungen als vor x Wochen.")

- Erklärungen und Demonstrationen möglichst anschaulich gestalten

  mit allen Sinnen lernen, Lernhilfen ggf. mit dem Kind herstellen

- Weiteren Arbeitsplan gemeinsam (oder das Kind allein) erarbeiten *lassen* („Welche Schritte musst du als nächste machen?")

Es ist paradox, aber: Hausaufgaben müssen keineswegs fehlerfrei, perfekt sein. Es muss erkennbar sein, dass die Schülerinnen und Schüler die Aufgaben verstanden haben. Das hat zwar zur Folge, dass sie mit Hausaufgaben in die Schule gehen, die möglicherweise nicht vollständig und korrekt sind. Lehrerinnen und Lehrer können jedoch bei immer einwandfrei erstellten Hausaufgaben nicht feststellen, ob der Unterrichtsstoff wirklich verstanden worden ist. Es ergibt sich sonst ein falsches, trügerisches Bild. Das Paradoxe an dieser Sachlage ist, dass Erzieherinnen und Erzieher trotzdem möchten, dass die Kinder mit einwandfreien Hausaufgaben in die Schule gehen. Auch nicht alle Lehrerinnen und Lehrer haben das gleiche Verständnis von dieser Problematik. Deshalb ist es in der Regel notwendig, gemeinsam über diese Sachverhalte zu diskutieren.

Die letzte Phase ist die **„Lese- oder Repetitionsphase"**. Wiederholungen und Zusammenfassungen sollten zum Ende der Hausaufgabensituation erfolgen. Auch das Lesen kann gut räumlich abgetrennt werden, indem man sich gemeinsam entspannt auf eine Couch setzt und dort die Hausaufgabensituation ausklingen lässt. Diese Phase wird auch häufig von der Schulaufgabenzeit am Mittag getrennt und am Abend durchgeführt.

4.2.5 Zusammenarbeit zwischen Heim und Schule

Nach dem Grundgesetz und nach Länderverfassungen sind Schulen gehalten, eine Zusammenarbeit mit Eltern und Einrichtungen ihres Umfeldes zu gewährleisten. Die Eltern wirken als Erziehungsberechtigte an der Gestaltung des Schulwesens mit und sind Partner bei der Verwirklichung der

Bildungs- und Erziehungsziele. Die Zusammenarbeit mit Eltern wird durch unterschiedliche institutionalisierte Formen gewährleistet. Direkte Kontakte zwischen Lehrern und Eltern in Beratungs- und Informationseinheiten an Sprechtagen, Klassenpflegschaften, Schulpflegschaften und vor allem in der Schulkonferenz zeichnen eine partnerschaftliche Kooperation zum Wohle von Schülerinnen und Schülern aus.

Lehrerinnen und Lehrer sind durch die schon erwähnten gesetzlichen Vorgaben und durch ihre Professionalität in der Gemeinschaftsarbeit verpflichtet und in der Lage, „Elternarbeit" zu praktizieren. Fort- und Weiterbildungen qualifizieren sie als Mitarbeiterinnen und Mitarbeiter des öffentlichen Schulwesens, in angemessener Form mit Eltern als Bildungs- und Erziehungspartnern zusammenzuarbeiten.

Befinden sich Kinder und Jugendliche in Einrichtungen der stationären Erziehungshilfe, dann sind Erzieherinnen und Erzieher als Vertreter der Institution Kinderheim und als Vertreter der ihnen anvertrauten Kinder und Jugendlichen Partner von Lehrerinnen und Lehrern. § 1688 BGB sagt aus, dass Erzieherinnen und Erzieher als Pflegepersonen berechtigt sind, „in Angelegenheiten des täglichen Lebens zu entscheiden sowie den Inhaber der elterlichen Sorge in solchen Angelegenheiten zu vertreten".

Die Vertretung der Eltern setzt voraus, dass immer der Wille der Eltern berücksichtigt wird und in Zweifelsfällen ein Einverständnis der Eltern einzuholen ist. Das Kinderheim als Teil der Jugendhilfe ist aber auch Partner der Zusammenarbeit mit der Schule. So treffen Mitarbeiterinnen und Mitarbeiter aufeinander, die zwei unterschiedlichen und sehr verschiedenen Institutionen angehören und miteinander handeln müssen. Deshalb ist es sinnvoll, die Zusammenarbeit zwischen Heim und Schule unter systemischen Gesichtspunkten zu betrachten.

Der Institutionsaspekt

Schulen und Einrichtungen der stationären Jugendhilfe sind komplexe Systeme, häufig mit zahlreichen Hierarchieebenen und mit vielfältigen Vernetzungen nach innen und außen, die zum Ziel haben, ganz bestimmte Aufgaben zu realisieren. Sie arbeiten in unterschiedlichen, fast selbstständigen Regelkreisen, die nur bedingt Einwirkungen von außen zulassen (vgl. Loofs/Vetter/Kremer, 1975, S. 111). Folgende Abbildung verdeutlicht dies:

SCHULE

KINDERHEIM

unterschiedliche
Regelkreise

erschweren die
Zusammenarbeit

Die Arbeitsabläufe in einer Schule sind den Mitarbeiterinnen und Mitarbeitern in Kinderheimen aus ihrer eigenen Erfahrung (sie waren schließlich selbst alle einmal Schüler) nicht fremd. Erzieherinnen und Erzieher kennen Klassen, Stufen, Leistungskurse, Lehrerkonferenzen, Zeugniskonferenzen, Schulkonferenzen. Auch die Tagesstruktur ist weitgehend bekannt. Es gibt feste Unterrichtszeiten, Pausen, Sprechzeiten der Lehrerinnen und Lehrer. Auch das Zustandekommen von Noten ist aus eigenem Erleben vielen noch in Erinnerung. Genauere und tiefere Kenntnisse der Arbeitswirklichkeit von Lehrerinnen und Lehrern sind allerdings selten vorhanden.

Das Arbeitsfeld Heimerziehung ist vielen Lehrerinnen und Lehrern genauso fremd, wie es weiten Teilen der Bevölkerung fremd ist. Antiquierte, nicht mehr der Realität entsprechende Vorstellungen über Heimerziehung sind noch anzutreffen. In der konkreten Zusammenarbeit ist der Schicht- und Wechseldienst oft ein Hemmnis. Eine Lehrerin, die mit einer Mitarbeiterin eines Kinderheimes am Montag ein Gespräch geführt hat, ist verwundert, diese am Dienstag und Mittwoch nicht anzutreffen, weil der Dienstplan ein Erscheinen am Arbeitsplatz erst am Donnerstag vorsieht. Die Weitergabe von Informationen muss gut organisiert sein, damit nichts verloren geht. Das Nicht-Verstehen dieser ungleichen Voraussetzungen in den beiden Arbeitsfeldern erschwert oft eine effektive Zusammenarbeit. Hinderlich ist auch, dass Erzieherinnen und Erzieher mit negativen Schulerfahrungen diese Bilder auf den Kontakt zu Lehrerinnen und Lehrern übertragen. Hinzu kommen die Unterschiedlichkeit des öffentlichen Ansehens der beiden Berufsgruppen (Lehrer und Erzieher), das Gehaltsgefälle und auch die ungleichen Arbeitszeiten.

Anteil der Kinder aus Heimen in einer Klasse

Lehrerinnen und Lehrer sind in der Praxis häufig mit dem Problem konfrontiert, dass zu viele Kinder aus Kinderheimen in einer Klasse sind. Dies ist insbesondere dann der Fall, wenn sich im Einzugsbereich einer Schule eine große Jugendhilfeeinrichtung befindet. Dadurch kann es verstärkt zu Konflikten mit Lehrerinnen und Lehrern kommen. Nicht zu unterschätzen ist auch die Bildung von Untergruppen durch Kinder aus Kinderheimen in einer Klasse. Diese können ein „Eigenleben" führen, welches sich negativ auf die Klassengemeinschaft auswirkt.

Schon bei der Aufnahme eines Kindes ins Kinderheim sollte auf die mögliche Ein- und Umschulung geachtet werden. Generell sollten nicht mehr als drei Kinder oder Jugendliche aus einer Einrichtung in einer Klasse sein. Mit der Aufhebung von festen „Schulamtsbezirken" in einigen Bundesländern ist es heute leichter, diesem Umstand Rechnung zu tragen.

Formen der Zusammenarbeit

- Ein enge Zusammenarbeit zwischen Klassenlehrer und Kontaktpädagoge (Bezugserzieher) ist Grundvoraussetzung für die gute schulische Entwicklung von Kindern und Jugendlichen.

- Die „Kontrolle" von Schülerinnen und Schülern ist ein weiteres Merkmal einer guten Zusammenarbeit. Dies ist notwendig, um einerseits frühzeitig Hilfe leisten zu können und andererseits, um Störungen im Ansatz auffangen und bearbeiten zu können. Wenn z. B. Schulversäumnisse erst nach längerer Zeit bekannt werden, ist der Wiedereinstieg in ein geregeltes Schulleben für das betreffende Kind schwierig. Die Kontrolle kann durch das regelmäßige Führen eines Schulaufgabenheftes, durch die Absprache mit dem Klassenlehrer, sich zeitnah per Telefon zu verständigen oder aber auch durch das Befragen von Kindern und Jugendlichen, die in der Einrichtung leben und die gleiche Schule besuchen, erfolgen.

- Ein regelmäßiger Informationsaustausch ist notwendig. Der Klassenlehrer benötigt Informationen über das Heim, den Lebensraum der Kinder und Jugendlichen, die Besonderheiten des Klientels, die Konzeption des Heimes und dessen schulpädagogische Förderungsmöglichkeiten. Der Kontaktpädagoge benötigt Informationen über die betreffende Schulform allgemein, die Methoden des Lehrpersonals und die Einschätzungen der Lehrerinnen und Lehrer. Deshalb sollten Einladungen an die Lehrerinnen und Lehrer z. B. zum Geburtstag des Kindes, zu Gruppenabenden oder zu Festen ausgesprochen werden. Größere Einrichtungen könnten auch ihre „Infrastruktur" zur Verfügung stellen und Klassenfeten im Heim stattfinden lassen

- Regelmäßige „Pausengespräche" sind hilfreich, um akute Konfliktsituationen zu bearbeiten. Kinder und Jugendliche können so feststellen, dass Heim und Schule zusammenarbeiten. Dies hat häufig schon helfende Wirkung.

- Um übergreifende Themen zu besprechen, ist ein jährlich stattfindender Erfahrungsaustausch zwischen dem Lehrerkollegium und der Erzieherkonferenz durchzuführen.

- Die Mitwirkung in Schulgremien ist für die volle Integration wichtig, um Benachteiligungen von Kindern und Jugendlichen zu mindern und sie leistet auch einen Beitrag zur Öffentlichkeitsarbeit der Einrichtung. Je langfristiger die Unterbringung im Heim angelegt ist, desto bedeutsamer ist die Mitwirkung in den Schulgremien (§ 1688 BGB). Der Erzieher ist der Vertreter der Interessen des Kindes. Bei aller Wichtigkeit der Zusammenarbeit: „Gegen die berechtigten Interessen des Kindes darf es keine Kooperation geben" (Heitkamp, 1984, S. 267).

Aufgaben zum Selbststudium

1. *Überlegen Sie, wie gern oder ungern Sie Hausaufgaben gemacht haben. Was war förderlich, was war hinderlich?*

2. *Zur Bearbeitung der folgenden Fragen sollten Sie auf die Erfahrungen eines Praktikums im Kinderheim zurückgreifen können.*

   a) *Was fanden Sie an der Hausaufgabensituation in Ihrer Praktikumsstelle positiv und was negativ?*

   b) *Wie lange machten die Kinder und Jugendlichen durchschnittlich Hausaufgaben?*

   c) *Zu welchen Zeiten erledigten die Kinder und Jugendlichen ihre Hausaufgaben?*

   d) *Wer machte mit den Kindern und Jugendlichen Ihrer Gruppe Hausaufgaben?*

   e) *Wobei hatten die Kinder und Jugendlichen bei der Erledigung der Hausaufgaben die meisten Schwierigkeiten? Bringen Sie diese Schwierigkeiten in eine Rangordnung von 1–4.*

f) Welche Räumlichkeiten standen den Kindern und Jugendlichen zur Erledigung der Hausaufgaben zur Verfügung? Bitte eingehend beschreiben!

g) Welche Schulformen besuchten die Kinder und Jugendlichen?

h) Welche Hilfen bei der Erledigung der Hausaufgaben standen den Kindern und Jugendlichen zur Verfügung, wenn die Erzieherinnen und Erzieher der Gruppe keine Hilfe mehr anbieten konnten?

3. *Erstellen Sie eine schriftliche Analyse der Hausaufgabensituation eines Kindes, mit dem Sie während eines Praktikums Hausaufgaben gemacht haben. Folgende Gliederung kann Ihnen als Strukturhilfe dienen:*

1. Angaben zum Kind/Jugendlichen
  1.1 Beschreibung des Kindes/Jugendlichen
  1.2 Chronologische Übersicht der bislang besuchten Schulen
  1.3 Beschreibung des derzeitigen Leistungsstandes
  1.4 Darstellung der jetzigen schulischen Situation

4.3 Partizipation und Teilhabe

4.3.1 Grundlagen zur Partizipation und Teilhabe

Der Begriff der Partizipation nimmt in der Erziehungswissenschaft, und somit auch in der Jugendhilfe, in den letzten Jahren einen immer breiteren Raum ein. Dennoch kann er nicht als grundlegend pädagogischer Begriff verstanden werden, da er inzwischen auch in vielfältigen anderen Wissenschaftsbereichen genutzt wird (vgl. Stork, 2002, S. 31; Evanschitzky, 2006, S. 35 f. Im Rahmen der Jugendhilfe kann man den Begriff der Partizipation mit „Beteiligung", „Teilnahme", „Teilhabe", „Mitwirkung" oder „Mitbestimmung" übersetzen. Aktuell wird der Begriff der Partizipation in der Jugendhilfe von folgenden Themenfeldern bedingt (vgl. Stork, 2002, S. 31 f.):

- Die UN-Kinderrechtskonvention, welche die Grundrechte von Minderjährigen mit der Umsetzung von Partizipation und Teilhabe verbindet. Hierbei soll die Gewährung von Rechten nicht in einen eindimensionalen Prozess den Erwachsenen, also den Erziehern, Eltern oder Betreuern, überlassen werden.

- Neuere Entwicklungstendenzen in der Gesellschaft, hin zu einer Individualisierung und Pluralisierung; diese fordern vom einzelnen Menschen eine intensiver ausgeprägte autonome Gestaltung des eigenen Lebens. Zudem verlangt die Pluralisierung wiederum neue Formen einer Interessenvertretung für alle Beteiligten. Eine realisierte Partizipation soll diese Interessenvertretungen möglich machen und konzeptionell untermauern.

- Eine Neuorientierung in Bezug auf die Politik für Kinder; Kinder und Jugendliche werden hierbei als Staatsbürger und autonome aktive Mitglieder der jeweiligen Gesellschaft verstanden.

- Schließlich der neue, sogenannte Kundenbegriff der Jugendhilfe, welche auf eine immer intensivere auszugestaltende Dienstleistungsfunktion der Pädagogik, also auch der Jugendhilfe, zurückzuführen ist.

In einer ersten Bilanz kann somit gefolgert werden, dass der Begriff der Partizipation in hohem Maße praxisorientiert ist (auch wenn er sowohl neurowissenschaftlich als auch psychologisch und soziologisch bestimmt werden kann, vgl. hierzu ausführlich: Evanschitzky 2006). Die in Kapitel 5.1 dargestellte Ambivalenz in Bezug auf die Selbstständigkeit (nämlich der Widerspruch zwischen einer beziehungsorientierten pädagogischen Begleitung und einer primären Freiheitlichkeit des Menschen) findet sich auch in der Realisation der Partizipation wieder. Häufig wird Partizipation als positiver Begriff und Optimierungschance begriffen. Partizipation ist „[…] in den meisten Praxisdarstellungen ausdrücklich positiv konnotiert" (Stork, 2002, S. 32). Grundlegend kann somit festgehalten werden, dass Kinder und Jugendliche im Rahmen der Jugendhilfe, vor dem Hintergrund einer partizipativen Begleitung, immer mehr als Partner verstanden werden, mit welchen gemeinsam Erziehungsprogramme auszuhandeln sind. Die Kinder werden hierbei als kompetente Handlungspartner verstanden, welche sehr wohl dazu in der Lage sind, das gemeinsame Aktionsfeld in der Heimerziehung mitzugestalten. Die Partizipation bietet hierbei eine erste Möglichkeit in sozial- und bildungspolitischen, aber auch in pädagogischen Handlungsfeldern die Rolle der Kinder neu zu überdenken, damit diese zu kompetenten Akteuren im gemeinsamen pädagogischen Prozess werden können. Dem entspricht der Ansatz aus der systemischen Beratung: „Die systemischen Grundhaltungen wie Neutralität und Wertschätzung und vor allem die Idee ‚Ratsuchende sind die Experten in eigener Sache!' sind gerade in der Arbeit mit Jugendlichen sehr hilfreich" (Bauer/Hegemann, 2008, S. 45).

Im Arbeitsfeld der Heimerziehung ergeben sich dennoch einige ausgeprägte Besonderheiten, sowohl durch die Zielgruppe der Kinder und Jugendlichen als auch durch institutions- und organisationsrelevante Probleme.

„So lässt sich beispielsweise bei Kindern aus sozial benachteiligten Familien feststellen, dass sie in der Regel über wesentlich weniger Erfahrungen mit Verhandeln und Einbezogen-Werden verfügen als Kinder aus der Mittelschicht. Insbesondere Situationen, wo Kinder und Jugendliche weder ihre Bedürfnisse und Interessen äußern, noch ihre eigenen Perspektiven benennen können (und das wird zu Beginn von Erziehungshilfemaßnahmen häufiger der Fall sein) stoßen Partizipationserwartungen auf Grenzen. Bezüglich organisationsbezogenen Besonderheiten ist festzuhalten, dass die Frage der Einbeziehung von Kindern und Jugendlichen in erzieherische Prozesse erheblich mit den Rahmenbedingungen der Institutionen in der Jugendhilfe korrespondiert."
(Stork, 2002, S. 32)

Es ist somit im Rahmen der Erziehungs- und Jugendhilfe darauf zu achten, ob und wie Partizipation in den unterschiedlichen Organisationsformen umgesetzt wird. Hierbei macht es sehr wohl einen Unterschied, ob man von ambulanten Einzelfallhilfen, von familienbezogener oder von gruppenbezogener Arbeit spricht.

1. Wie und wodurch haben Sie in Ihrem eigenen Leben Teilhabe und Mitbestimmung erfahren? An welche Grenzen sind Sie bzw. Ihre Bezugspersonen hierbei gestoßen?

2. Suchen Sie, indem Sie auf weitere Fachliteratur zurückgreifen, psychologische und neurowissenschaftliche Begründungen zur Partizipation.

3. Beschreiben Sie mit eigenen Worten den Begriff Partizipation.

4. Wodurch erklären Sie sich, dass der Begriff der Partizipation in den letzten Jahren eine solche Zunahme erfahren hat? Gehen Sie hierbei vor allem auch auf die Idee der sogenannten „neuen Kindheit" ein.

4.3.2 Partizipationsmöglichkeiten in der Alltagsgestaltung der Heimgruppe

Das Thema der Partizipation stößt innerhalb der Heimgruppen häufig auf eine institutions- bzw. organisationsrelevante und -bezogene Auseinandersetzung mit den Themen der Macht (vgl. Wolf, 1999, S. 373). Die von der Heimeinrichtung geforderten „Anpassungsleistungen" (Stork, 2002, S. 33) stellen hierbei ein mächtiges Themenfeld dar: Wenn es entwicklungspsychologisch und sozialpolitisch richtig ist – und dies kann an keiner Stelle infrage gestellt werden – kann davon ausgegangen werden, dass jedes Kind und jeder Jugendliche souverän selbstbewusst und in Bezug auf die Thematik der Macht eigenständig zu agieren in der Lage ist, auch wenn diese Aktionen nicht unbedingt als in allen Punkten produktiv zu kennzeichnen sind. Grundlegend ist dennoch festzuhalten, dass die Struktur der Heimerziehung mittels der Konzeption bzw. der Methodik der Partizipation ihre Rolle als Machtinstrument zu überdenken und zu modifizieren hat (vgl. Wolf, 1999, S. 371). Die Pädagogik muss sich somit verändern in Richtung eines gemeinsamen Gehens auf dem Weg einer gemeinsamen Entwicklung aller Beteiligten.

Ein weiteres Spannungsfeld ist hierbei zu benennen: Die Ambivalenz zwischen einem pädagogischen Bezug aller Beteiligten, welcher grundlegend von einem wechselseitigen Vertrauen ausgeht, und auf der anderen Seite einer strukturellen Ungleichheit, weil die pädagogischen Fachkräfte einem Beruf nachgehen und sie deswegen mit den Kindern und Jugendlichen arbeiten, weil diese in häufig prekären Lebenssituationen aufgewachsen sind bzw. sich nach wie vor in solchen befinden. Die Entwicklung einer wechselseitigen Vertrauensbasis stößt daher häufig auf strukturelle Bedingtheiten und Bedingungen, welche von allen Beteiligten immer wieder neu reflektiert und umgestaltet werden müssen (vgl. Stork 2002, S. 33).

In einem ersten Fazit zur Begründung der Partizipationsmöglichkeiten im Alltag einer Heimgruppe kann somit festgehalten werden, dass eine ...

„[...] erfolgreiche Heimerziehung im Wesentlichen auf gemeinsam zu gestaltenden Beziehungs- und Bildungsprozessen von Jugendlichen und Fachkräften gründet. Müssen die Fachkräfte lernen, sich immer wieder neu auf Biografien und authentische Beziehungen einzulassen, so ist von seiten der Jugendlichen ein ‚Sich-einbeziehen-Lassen', also ein Partizipieren-Wollen erforderlich."
(Stork, 2002, S. 34)

Hierbei ist es wichtig darauf hinzuweisen, dass genau diese Teilhabemöglichkeiten gerade zu Beginn des Lebens, Wohnens und Handelns in der Heimerziehung nicht unbedingt vorausgesetzt werden können.

„Jugendliche in Wohngruppen sehen sich nicht als Akteure, sondern als Opfer von Umständen, als Opfer ihrer häuslichen Situation, als Opfer des Jugendamtes. Hier ist es eine wichtige Aufgabe, die pädagogische Arbeit im Rahmen eines Zwangskontextes zu konzipieren."
(Bauer/Hegemann, 2008, S. 152)

In einem zweiten Schritt bleibt also festzuhalten, dass die Realisation der Partizipation im Hinblick auf das Praxisfeld der Heimerziehung einen Bogen schlagen muss zwischen einer erzieherischen Umsetzung der Einbeziehung in die Ausprägung und Gestaltung aller pädagogischen Prozesse und eben diesen pädagogischen Möglichkeiten, welche sich aus der Teilhabe und der Teilnahme im Prozess eines gemeinsamen Lebens in Gruppen ergeben (vgl. Stork, 2002, S. 34).

Dieses Spannungsfeld einer zu realisierenden Partizipation muss auch in der Ausgestaltung des Alltags in der Gruppe berücksichtigt werden. Nach Stork (vgl. 2002, S. 34–37) sind hierbei folgende Möglichkeiten zu berücksichtigen bzw. umzusetzen:

Grundrechte klären und absichern

Die Rechtsposition der Kinder und Jugendlichen in der Heimerziehung ist nach wie vor die Grundlage für die Teilhabe. Somit müssen in den Konzeptionen und Regularien von Wohneinrichtungen Grund-, Mitwirkungs-, Kontroll- und Beschwerderechte für die Kinder und Jugendlichen eingearbeitet werden. Sie müssen die Möglichkeit haben, ihre Wünsche, Probleme und Beschwerden zu formulieren. Hierbei haben die Erzieherinnen und Erzieher sozusagen eine Bringschuld: Sie sind gehalten, die Kinder und Jugendlichen aktiv über diese Rechte aufzuklären, zumal sie dies im Verlauf ihrer eigenen Lebensbiografie kaum einmal erfahren haben dürften. Ein wichtiger Beitrag kann die Benennung einer Ombudsfrau und eines Ombudsmannes sein. An sie und ihn können sich Kinder und Jugendliche im Bedarfsfall direkt wenden. Sie müssen deutlich machen, dass sie außerhalb der Einrichtung ihren Platz haben und unabhängig agieren.

Der Aufbau dialogischer Beziehungen

Pädagogik und Erziehung gründet immer auf einer Vertrauensbasis von zwei, im Regelfall und von Anfang an, gleichberechtigten Handlungspartnern. Die Beziehungsqualität zwischen Kindern und Jugendlichen auf der einen und dem erzieherischen Fachpersonal auf der anderen Seite muss somit in hohem Maße von Individualität und Normalität gekennzeichnet sein; sie darf nicht aus dem Rahmen der üblichen Verfahrens- und Handlungsweisen herausfallen, welche auch sonst in der Gesellschaft praktiziert werden. Es ist hierbei immer wieder notwendig, dass Beziehungen auch umkehrbar sein können, das heißt, dass beide Handlungspartner, sowohl Kinder und Jugendliche auf der einen, als auch erwachsene Erzieherpersönlichkeiten auf der anderen Seite, transparent mit ihren Wünschen, Hoffnungen und Handlungen umzugehen haben. Diese Transparenz, diese

Realisation von Dialogik und Gemeinsamkeit, muss in den jeweiligen Heimeinrichtungen konzeptionell begründet werden, sie muss aber auch in den Grundhaltungen der jeweiligen Erzieherinnen und Erzieher wiederzufinden sein.

Die Begründung und Erzeugung einer Partizipationsbereitschaft

Wie bereits erwähnt, haben die Kinder und Jugendlichen, die in Einrichtungen der stationären Erziehungshilfe leben, im Verlauf ihrer Lebensbiografie vermutlich kaum einmal eine aktive Teilhabe und Teilnahme an den Prozessen, welche sie betreffen, erfahren. Eine erste pädagogische Aufgabe in der Gestaltung des Alltags kann deshalb darin bestehen, erst einmal die Bereitschaft zu wecken, an pädagogischen Programmen und an der Gestaltung des Alltags teilzuhaben. Häufig wird von den Kindern und Jugendlichen eine Teilhabe an gemeinsamen Prozessen aber abgelehnt. Es ist für sie alles andere als konform, mit Pädagogen ein „gemeinsames Programm zu machen". Die Kinder und Jugendlichen koppeln sich eher ab, entwickeln doppelte Identitäten, welche z. B. auf der einen Seite ein hohes Bestreben nach Beziehung, auf der anderen Seite eine hohe und intensive Tendenz zur Abkapselung offenbaren. Es muss somit in der Gestaltung des Alltags sowie in der Beziehungsdynamik sehr kleinschritt darauf hingearbeitet werden, dass die Kinder und Jugendlichen in Heimen erfahren, dass sie mitwirken können, dass ihre Motivation gefragt ist, dass ihr Handeln im Alltag positive Veränderungsmöglichkeiten bedingt. Durch diese positiven Veränderungen und Modifikationen erleben sie auch selbst, dass sie stärker werden und dass sie Schutzfaktoren entwickeln können, welche sie in Bezug auf die Entwicklung ihrer Autonomie stärken können.

Entwicklung von Möglichkeiten zur Übernahme von Verantwortung

Die Kinder und Jugendlichen im Handlungsfeld der Heimerziehung dürfen und sollen nicht nur erfahren, dass sie selbst in die Prozesse der Gestaltung einbezogen werden, sie sollen auf der anderen Seite auch die Erfahrung machen, der eigenen Gruppe bzw. der Einrichtung und den dort lebenden Menschen etwas zu geben. „Die Entwicklung der Sorge [...] und die Übernahme von Verantwortung für andere befördern individuelle Lernprozesse und vergrößern die Bereitschaft, auch wieder für Erziehung zugänglich zu sein" (Stork 2002, S. 36). Die eigenständige Organisation von Alltagsprozessen hat in der Heimerziehung eine lange Tradition, so z. B. bei Korczak und bei Makarenko (siehe auch Kap. 2.3). In einer letzten Begründung geht diese historisch auf ein humanistisches Weltbild zurück, welches im Erziehungsroman ‚Emil' von Jean Jacques Rousseau wiederzufinden ist. Die Kinder und Jugendlichen müssen erfahren, dass sie nicht nur in Abhängigkeitsverhältnissen existieren, sondern dass sie selbst dazu in der Lage sind, ihren Raum zu gestalten, ihren Alltag zu prägen und sich im besten Sinne des Wortes hierin zu verwirklichen.

Die Suche nach fairen und guten Konfliktlösungen in der Gruppe sowie die Gestaltung eines gemeinsamen Gruppenlebens

Obwohl die Gruppe in der Heimerziehung eine Art Zwangslebensgemeinschaft ist, ist sie vielleicht auch gerade deswegen auf die gemeinsame Gestaltung des Zusammenlebens, auf die Teilhabe aller, angewiesen. Hierbei ist darauf zu achten, dass nicht nur die Strukturen, sondern auch die Inhalte gemeinsam eingeübt und geteilt werden – und dies gilt vor allem für die Lösung gruppenbezogener Konflikte. Die Gruppe der Kinder und Jugendlichen kann hierbei als Modell für die Selbsterziehung hilfreich sein. Es müssen im Verlauf des Wochen- und Tagesrhythmus immer wieder Orte gefunden werden, in denen die Gruppe gemeinsam agiert, Themen bespricht, Krisenintervention betreibt oder einfach nur gemeinsam mitei- nander und füreinander da ist. Hierzu bieten sich zuallererst die gemeinsamen Mahlzeiten als eine Möglichkeit an, miteinander ins Gespräch zu kommen sowie die Gruppenabende, die meistens regelmäßig angeboten werden. Des Weiteren können aber auch gemeinsame Projekte von den Gruppen entwickelt werden, z. B. gemeinsame Freizeitgestaltungen oder Urlaubs- und Ferienmaßnahmen. Aber auch zu diesem Aussagekomplex ist festzuhalten, dass die Ambivalenz zwischen Gruppenorientierung und Individuumsorientierung von den Erzieherinnen und Erziehern mit den Kindern und Jugendlichen immer wieder neu auszu- handeln ist.

Partizipation muss in der Gesamtorganisation des Heimes konzeptionell abgesichert wer- den. Die Wohn- und Lebenseinrichtung „Heim" muss sich, wie bereits in anderen Kapiteln und oben erwähnt, mit der grundlegenden Thematik und Problematik der Macht ausein- andersetzen. Diese muss im Hinblick auf die Selbsterziehung und Selbstregulierung aller Beteiligten immer wieder neu hinterfragt werden. Gerade strukturelle Machtprozesse, wie sie z. B. in lebensfern gestalteten Tagesabläufen auftauchen können, müssen hierauf über- prüft werden. Die Mitbestimmungsmodelle der Einrichtungen müssen somit konzeptionell verfasst und immer wieder evaluiert werden. Die Überprüfung und Evaluation muss mit den Kindern und Jugendlichen geschehen, da sie durch diese Rückbesinnung auf die Prozes- se ein weiteres Maß an Partizipation und Teilnahme erfahren. In diesem Punkt gehen zum Beispiel Selbstbestimmungsmaßnahmen und Evaluationsmaßnahmen Hand in Hand: Die Qualitätsentwicklung in der Heimerziehung ist somit eng verbunden mit der Entwicklung von Teilhabe und Teilnahme aller Beteiligten am gemeinsamen pädagogischen Prozedere.

Aufgaben zum Selbststudium und Anregungen zur Gruppenarbeit

1. *Welche begünstigen Voraussetzungen müssen vorliegen, damit die beschriebenen Möglichkeiten in der Heimerziehung auch umgesetzt werden können?*

2. *Entwickeln Sie ein Rollenspiel, in dem Sie die Ambivalenz zwischen Partizipation auf der einen Seite und Gruppenorientierung und möglicherweise sogar Gruppen- druck auf der anderen Seite szenisch darstellen. Spielen Sie dieses Rollenspiel mehr- mals durch und wechseln Sie hierbei die Rollen. Tauschen Sie sich nach jedem Spiel über ihre Erfahrungen aus. Fragen Sie in den Ihnen bekannten Einrichtungen der Jugendhilfe nach Konzepten, die auf Partizipation begründet sind. Vergleichen Sie diese Konzepte miteinander. Was fällt Ihnen in Bezug auf Gemeinsamkeiten und Unterschiede auf?*

3. *Entwickeln Sie für die AWG Schillerstraße konzeptionelle Ansätze, wie in dem Zwangskontext Fremdunterbringung ein Klima der Partizipation entstehen kann.*

4.3.3 Wahrung der Rechte von Kindern und Jugendlichen

Die Rechte von Kindern und Jugendlichen sind in unterschiedlichen Rechtsbereichen begründet. So zum Beispiel in der **UN-Kinderrechtskonvention**, in welcher vier Rechtsbereiche nach der UNICEF bestimmt werden:

- **Survival rights**, also Rechte, die das Überleben des Kindes sichern

- **Development rights**, also Rechte, die die Entwicklung des Kindes garantieren

- **Protection rights**, also Rechte, die das Kind vor Ausbeutung, Missbrauch und vor willkürlicher Trennung von seiner Ursprungsfamilie schützen sollen

- **Participation rights**, also Rechte, die eine freie Meinungsäußerung und Mitsprache in allen potenziellen und realen Angelegenheiten, welche das Kind betreffen, garantieren sollen.

Des Weiteren verweist die **UN-Kinderrechtskonvention in Artikel 12** (Berücksichtigung des Kinderwillens), Ziffer 1, darauf, dass die Vertragsstaaten dem Kind die Fähigkeit zusprechen, seine eigene Meinung zu bilden und dass es das Recht hat, diese Meinung in allen seinen Angelegenheiten frei zu äußern, seinem Alter und seiner Reife entsprechend. Ergänzt wurden diese Aussagen durch die Kommission in Bezug auf die Kinderrechtsstrategie, so wie diese in den Jahren 2005 bis 2009 dargelegt wurde. Die Berücksichtigung der Kinderrechte soll somit als der wesentliche Teil in allen Maßnahmen der Europäischen Union realisiert werden. Bei allen internen und externen Maßnahmen sind hierbei die Kinderrechte gemäß den Grundsätzen der EU-Gerichtsbarkeit und der EU-Rechte uneingeschränkt zu beachten. Auch die EU-Kommission bezieht sich auf Artikel 12 des UN-Übereinkommens, welches die Rechte des Kindes in Bezug auf die Realisierung in allen es betreffenden Angelegenheiten zum Ausdruck bringt (vgl. oben). In der Zusammenfassung gibt es mindestens **sechs Kriterien,** welche in der UN-Kinderrechtskonvention als Kriterium für das Wohl des Kindes benannt werden:

- Liebe, Akzeptanz und Zuwendung

- stabile Bindungen

- das Bedürfnis nach Ernährung und Versorgung

- das Bedürfnis nach Gesundheit

- das Bedürfnis nach Schutz vor Gefahr und materieller und sexueller Ausbeutung

- das Bedürfnis nach Wissen, Bildung und Vermittlung hinreichender Erfahrung, welche die persönliche Entwicklung begünstigen

Vor diesem Hintergrund können nach Hartig und Wolf (vgl. Hartig/Wolff, 2006, S. 53–56) folgende **Empfehlungen für die Umsetzung dieser Rechte in der Heimerziehung** abgeleitet werden. Diese Hinweise gehen weit über die im letzten Kapitel dargestellten Partizipationsmöglichkeiten in der Alltagsgestaltung hinaus bzw. differenzieren diese nicht unerheblich.

In einem ersten Schritt geht es um die Erarbeitung des Begriffs „Partizipation". Grundsätzlich haben die Erzieherinnen und Erzieher die Kinder und Jugendlichen als Nutzer von Hilfeleistungen anzuerkennen, ihnen muss im weiteren Sinne, pädagogisch gut und klug begleitet, die Definition von Beteiligung überlassen werden. Da jedoch häufig die Erwartungen an die gemeinsame pädagogische Arbeit von Kindern und Jugendlichen sowie den Professionellen nicht identisch sind, geht es in einem ersten Schritt darum, zu erfahren was die Kinder und Jugendlichen unter Partizipation verstehen und wie sie diese realisieren möchten. Dies kann unter anderem in gemeinsamen Gruppengesprächen umgesetzt werden, in denen mit Kindern und Jugendlichen nach der Methode „Zukunftswerkstatt" gearbeitet wird sowie durch regelmäßige Umfragen unter und Befragungen mit ihnen.

In einem zweiten Schritt ist festzustellen, dass Erzieherinnen und Erzieher über eine beteiligungsfördernde Grundhaltung verfügen sollten. Sie müssen ein grundlegendes Wissen und Können in Bezug auf demokratische Grundwerte erworben haben sowie über eine persönliche Eignung verfügen, um Beteiligung zu fördern und im Alltag umzusetzen. „Kinder und Jugendliche benötigen Erwachsene, denen Beteiligung ein persönliches Anliegen ist und die ihnen als authentische, empathische und freundliche Partner begegnen" (Hartig/Wolff, 2006, S. 54). Dieser Anspruch kann erreicht werden durch die Erstellung von Eignungsindikatoren der Mitarbeiterinnen und Mitarbeiter zur Umsetzung von Beteiligung im Alltag. Des Weiteren muss Partizipation immer wieder als Thema von Fortbildungen und Workshops angeboten werden, sodass die Verbindung zwischen einer theoretischen Begründung, einer konzeptionellen Realisation und einer subjekt- und personorientierten Reflektion dieser Prozesse bei den Erzieherinnen und Erziehern fortgesetzt wird.

Drittens müssen Erzieherinnen und Erzieher über ein beteiligungsförderndes Handlungsprinzip verfügen. Im Team sowie in der Gesamteinrichtung muss ein Konsens über die Notwendigkeit von Beteiligung bestehen. Dieses Einvernehmen muss generelle pädagogische Handlungsprinzipien generieren. Diese müssen im Rahmen des Qualitätsmanagements in Qualitätshandbüchern konkretisiert werden und in pädagogischen Konzeptionen muss eine Operationalisierung stattfinden (vgl. oben).

In einem vierten Schritt müssen die Erzieherinnen und Erzieher die Kinder und Jugendlichen im Sinne der Selbstbemächtigung dazu führen, diese Beteiligungsprozesse als Lernprozesse zu verstehen.

„Beteiligung setzt kommunikative und soziale Kompetenzen voraus, darum sollten Kinder und Jugendliche Möglichkeiten erhalten, um diese Fähigkeiten auszubilden bzw. zu verstärken. Beteiligung erfordert zudem eine Ermächtigung, das heißt Kinder und Jugendliche müssen motiviert und durch beteiligungsfördernde Rahmenbedingungen gestärkt und angeregt werden."
(Hartig/Wolff, 2006, S. 54)

Diese Forderung kann umgesetzt werden durch spezifische Schulungen von Kindern und Jugendlichen sowie durch ein Mentorenprinzip, in welchem Kinder und Jugendliche, die im Bereich der Partizipation positive Erfahrungen gemacht haben, andere hierzu anleiten können.

In einem letzten Schritt müssen die Erzieherinnen und Erzieher Kinder und Jugendliche natürlich über alle sie betreffenden Angelegenheiten und Rechte ins Bild setzen und sie informieren. Hierzu sind, vielleicht jeweils konkret auf eine Einrichtung bezogen, kinder- und jugendgerechte Informationsbroschüren zu entwickeln bzw. Gespräche mit den Kindern zu führen. Diese müssen durch vielfältige Medien Zugänge zu diesen Rechten erhalten, so zum Beispiel durch das Internet, Zeitschriften oder weitere Medien. Mögliche Veränderungen in Bezug auf ihre Rechte sind aktuell – etwa am schwarzen Brett oder in Gruppengesprächen – zugänglich zu machen. Es bleibt somit festzuhalten, dass der Weg für die Erzieherinnen und Erzieher von der Wahrnehmung und Bereitstellung der Kinderrechte bis hin zur konsequenten Umsetzung dieser im Alltag führen sollen.

In einem zweiten größeren Block können mögliche **Konsequenzen für die Einrichtungen der stationären Erziehungshilfe** aufgezeigt werden.

Dabei geht es darum, dass Heimeinrichtungen eine Beteiligungskultur entwickeln. Da Partizipation und Beteiligung immer nur durch langfristige Prozesse angestoßen oder begleitet werden können, ist hierzu eine eigenständige Kultur, welche auch in der Organisation wiederzufinden sein muss, notwendig. Dies kann durch folgende Maßnahmen realisiert werden:

In einem ersten Schritt muss ein Leitbild entwickelt werden, welches vom Grundgedanken der Partizipation getragen ist. Eine Realisation dieser Maßnahmen kann durch die Entwicklung dieses Beteiligungsleitbildes, durch die Entwicklung eines Kinderrechtekataloges sowie durch verbindliche Geschäftsordnung und Satzungen für alle Gremien, welche in dieser Heimeinrichtung tätig sind, entstehen. Relevant erscheint in diesem Kontext auch das Konzept zur Umsetzung und Beteiligung bei der Hilfeplanung nach § 36 KJHG und anderem (s. auch letzter Punkt dieses Kapitels). Zudem muss die Wohneinrichtung eine Aufbau- und Ablaufstruktur schaffen, in der Beteiligung von allen Bereichen und in allen Bereichen möglich ist. Ein wesentliches Verfahren ist hierbei das Beschwerdemanagementsystem, durch welches Kinder und Jugendliche Beschwerden in Bezug auf alle sie betreffenden Inhalte und Strukturen weitergeben und somit eine Modifikation bewirken können. Wie schon erwähnt, wäre die Einrichtung eines Ombudsmannes (oder -frau) als außerhalb der Einrichtung fungierendes unabhängiges Instrument im Beschwerdemanagement eine Chance, Kindern und Jugendlichen partizipativ auf Augenhöhe zu begegnen. Hilfreich ist manchmal aber auch eine von außen kommende Nutzerbefragung zur Zufriedenheit der Leistungserbringung der Einrichtung. Diese kann zum Beispiel durch Fachhochschulen oder Universitäten geleistet werden.

Bilanzierend bleibt somit festzustellen, dass alle Mitarbeiter und Mitarbeiterinnen eine Beteiligungskultur entwickeln und diese sowohl in der Ablauf- als auch Aufbauorganisation der Heimeinrichtung verankern müssen. Auch muss erwähnt werden, dass der Führungsstil bzw. die Leitungskompetenzen dieser Organisationsformen in Bezug auf Teilhabemöglichkeiten aller Beteiligten überprüft werden müssen. Konkret bedeutet das, dass Kinder und Jugendliche auch in Auswahl- und Personalgesprächen mit beteiligt werden können – auch dies kann zur Veränderung der Organisationskultur in Bezug auf eine Teilhabekultur führen.

1. Was spricht für und was spricht gegen diese konzeptionellen Elemente zur Umsetzung der Partizipation in der Heimerziehung?

2. Entwickeln Sie konkrete Beispiele zu den einzelnen Aussagen.

4.3.4 Partizipation im Hilfeplangespräch

Wie bereits in den vorangegangenen Punkten skizziert, ist die Teilhabe am Hilfeplangespräch für die Kinder und Jugendlichen ein zentraler Punkt, um ihre Rechte zu wahren und umzusetzen. Aus diesem Grunde wird hierauf in den folgenden Abschnitten noch stärker Bezug genommen (siehe hierzu auch Kap. 3.2). Die Teilnahme am Hilfeplangespräch ist mindestens durch drei grundlegende Bezugnahmen bedingt (vgl. Schwabe, 2000, S. 11):

Erstens durch die §§ 5, 8 und 36 des KJHG, welche darauf verweisen, dass es den Fachkräften in der Jugendhilfe, das heißt auch in der Heimerziehung, zur Pflicht gemacht wird, die Wünsche und Ideen der Kinder und Jugendlichen sowohl bei der Planung als auch bei der Durchführung der Erziehungshilfen zu berücksichtigen.

Zweitens ist ein professionsethisches Argument anzuführen:

„[...] die krisenhafte Situation, in der sich die zukünftigen Adressaten der Erziehungshilfe bei der Antragsstellung befinden, die ungleiche Machtverteilung zwischen Antragsstellern und Jugendamtsmitarbeiterinnen und -mitarbeitern sowie deren sprachliche und fachliche Expertenschaft gebieten es, besonders sensibel mit diesem strukturellen Machtüberhang umzugehen [...] Bei einer konsequenten Beachtung partizipativer Elemente in der Hilfeplanung erweist sich, wie ernst es den Fachkräften damit ist, den Hilfeprozess so weit wie möglich zu demokratisieren."
(Schwabe, 2000, S. 11)

Und ein drittes, pragmatisches, Argument: Ohne eine erfahrbare Beteiligung in Bezug auf ihre eigene Lebensperspektive wird genau diese von den handelnden Kindern und Jugendlichen vielleicht eher konterkarierend wahrgenommen. Allein vor diesem Hintergrund ist eine Teilhabe und eine Teilnahme am Hilfeplangespräch von vornherein notwendig.

Welche Schritte und Schlüsselprozesse können nun aber dazu führen, ein Hilfeplangespräch erfolgreich zu planen und durchzuführen?

In einem ersten Schritt müssen mögliche Hürden, welche ein Hilfeplangespräch scheinbar unmöglich werden lassen, genommen werden. Diese bestehen vor allem in der Möglichkeit, dass zwar alle am Tisch sitzen, allerdings die Hauptpersonen, das heißt die Kinder und Jugendlichen, um die es eigentlich geht, nicht kommen bzw. dass sie die Mitarbeit verweigern. Auch muss verhindert werden, dass das Hilfeplangespräch viel zu lang und viel zu umfassend strukturiert ist. Bereits an dieser Stelle ist darauf hinzuweisen, dass die aktuellen und realen Bedürfnisse der Kinder und Jugendlichen bei der Planung und Durchführung der Hilfeplangespräche mit berücksichtigt werden müssen. Es ist darauf hinzuweisen, dass schon im Vorfeld der Hilfeplanung dieses Gespräch partizipativ gestaltet werden soll. Eine Möglichkeit, wie die Interessen der Kinder und Jugendlichen berücksichtigt werden, besteht zum Beispiel darin, im Gesprächskreis einen Stuhl frei zu lassen. Dieser leere Stuhl steht für bestimmte Bezugspersonen des Kindes und Jugendlichen, sodass man an bestimmten Stellen immer wieder nachfragen kann, was die Mutter, der Vater, die Geschwisterkinder, die dann in der Vorstellung auf diesem Stuhl sitzen, zu dieser Thematik sagen würden. Hierdurch kann man erfahren, was das Kind bzw. der Jugendliche zu einer ganz bestimmten Thematik denkt, sich wünscht bzw. einzubringen in der Lage sein kann. So macht man für alle deutlich, …

„[…] dass relevante Personen fehlen, zeigt aber auch das Bemühen auf, diese zumindest ansatzweise einzubeziehen. Dennoch verlangt die Abwesenheit einer relevanten Person eine Nachbereitung: Ein Telefonat, ein Brief, in dem man sein Bedauern über das Fehlen ausdrückt, die eigenen Kompensationsversuche darstellt […] und Informationen über die wichtigsten Ergebnisse persönlich weitergibt. Diese Form einer freundlichen, nicht moralisierenden ‚Nachsorge‘ führt nicht […] zu einem erneuten Fernbleiben beim nächsten Gespräch, sondern fast immer zum Kommen des Umworbenen." (Schwabe, 2000, S. 12)

In einem nächsten Schritt ist darauf hinzuweisen, wie mit sprachlichen Hindernissen im Hilfeplangespräch verfahren werden soll. Häufig wollen sich die Beteiligten im Hilfeplangespräch nicht festlegen, weil nicht klar zu sein scheint, welche Konsequenzen mit den Aussagen verbunden sind. Zudem ist dieses Gespräch häufig angstbesetzt, da man sich in Bezug auf bestimmte Lebensprozesse vielleicht zu intensiv äußert oder sogar „outet". Des Weiteren kann ein Hilfeplangespräch auch bestimmte Dilemmata aufdecken, so zum Beispiel das Spannungsfeld, dass ein Kind oder Jugendlicher lieber in der Heimgruppe wohnen möchte, auf der anderen Seite jedoch weiß, dass seine Eltern es gerne wieder bei sich zu Hause hätten (Loyalitätskonflikt). Auch können schlechte Erfahrungen mit vorangegangenen Hilfeplangesprächen jemanden dazu bringen, nicht seine Meinung zu sagen bzw. schweigend an diesem Gespräch teilzunehmen.

Diese Probleme können unter anderem dadurch bewältigt werden, dass im Vorfeld mit den Kindern und Jugendlichen Formen einer aktiven Beteiligung eingeübt werden, zum Beispiel in den schon erwähnten Gruppengesprächen. Aktive Unterstützung im Hilfeplangespräch kann auch durch die Bezugserzieherin erfolgen, als sogenannte Bündnispartnerin für die Anliegen des Kindes oder Jugendlichen. Eine wichtige Rolle kommt dem Moderator von Hilfeplangesprächen zu: Er hat darauf zu achten, alle Beteiligten in dieses Gespräch einzubeziehen. Hierbei kann es auch notwendig sein, mögliche dominante Gesprächspartner (eventuell die Eltern) zu unterbrechen und so das Kind oder den Jugendlichen intensiver in das Gespräch einzubinden. Eine intensive Beachtung ist hierbei auch Körpersprache und -signalen zu widmen: Diese können nicht lügen und geben zumeist die wahren Hintergründe des Schweigens wieder. Abschließend ist festzuhalten, dass bestimmte Ergebnisse des Hilfeplanes, etwa bestimmte Abmachungen und Konsequenzen, sollten gegebenenfalls hypothetisch formuliert werden. Sie stellen damit nicht unbedingt ein Paradigma, sondern eine Handlungsoption für alle Beteiligten dar. Diese Option wird dann von den Beteiligten vielleicht als Möglichkeit eines gemeinsamen Bearbeitens und

Erlebens betrachtet. Zudem soll auch möglicher Ärger in diesen Hilfeplangesprächen seinen Raum haben und formuliert werden: Erst wenn dieser angesprochen ist, kann er auch bearbeitet werden.

Das Problem eines zu vollen und überfrachteten Hilfeplangespräches kann man dadurch beheben, dass durch eine gute Vorbereitung am Schluss vielleicht nur noch eine Überprüfung eines gemeinsamen Konsenses aller Beteiligten im Raume steht. Wichtig erscheint bei der Planung aber auch die Festlegung von Pausen, da gerade in diesen, sozusagen in den Randgesprächen, am meisten geschieht. Diese „Ergebnisse" der Pausen können dann in den weiteren Gesprächsverlauf mit einbezogen werden. Im Alltag der Wohneinrichtungen der Heimerziehung können die Kinder und Jugendliche aber auch auf die Relevanz, auf die Länge bzw. auf die Strukturierungsmerkmale dieser Hilfeplangespräche vorbereitet werden, sodass sie die bestimmten Schritte, die hier zu gehen sind, schon im Vorfeld einüben und es ihnen dann leichter fällt, ihre Botschaften authentisch in die Hilfeplangespräche einzubringen. Die Konsequenzen und Kompetenzen, die sich an der Beteiligung an einem Hilfeplangespräch für alle Beteiligten ergeben, sind dem folgenden Zitat von Schwabe zu entnehmen.

„Reflektiert man die bisher gemachten Vorschläge, so kristallisieren sich drei Schlüsselprozesse für die Realisierung von Partizipation hieraus:

– eine professionelle Vorbereitung des Hilfeplangesprächs seitens der Einrichtung fördert Partizipationsmöglichkeiten der Klienten, da sie zahlreiche Hürden und Fallstricke im Voraus angeht und gleichsam den Boden für das Gespräch vorbereitet;

– eine professionelle Moderation fördert die Partizipation, weil es ihr gelingt, unterschiedliche Sichtweisen zuzulassen, miteinander ins Gespräch zu bringen und eventuell Konflikte so zu klären, dass zumindest ein Gefühl von fairer Behandlung seitens der Fachkräfte entsteht;

– eine von freien und öffentlichen Trägern gemeinsam entwickelte Version von Hilfeplanung sichert Partizipation, weil sie aufgrund gemeinsamer Absprachen dazu beiträgt, sinnvolle Arbeitsteilungen und eine der Klientenbeteiligung förderliche Kommunikationskultur zu entwickeln."

(Schwabe, 2000, S. 16 f.)

Diese drei Ebenen stehen im günstigsten Fall in wechselseitiger Abhängigkeit voneinander:

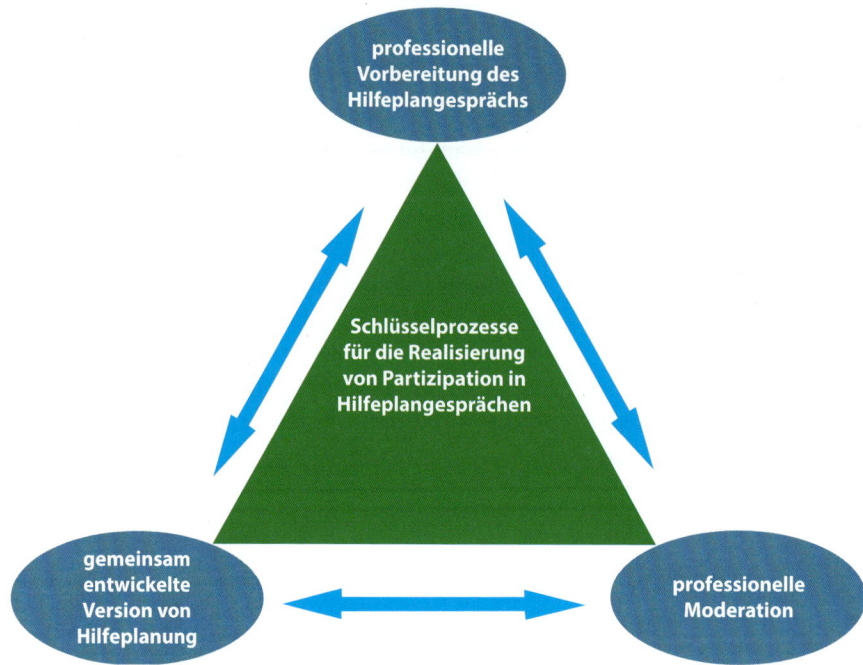

Schlüsselprozesse für die Realisierung von Hilfeplangesprächen

1. Setzen Sie die Hinweise zu Hilfeplangesprächen in konkrete Beispiele um.

2. An welche Grenzen können diese Hinweise gegebenenfalls stoßen?

3. Entwerfen Sie eine Handlungsstrategie für die Bezugserzieherin Margot, die sich auf ein Hilfeplangespräch für Kurt vorbereiten muss. Gehen Sie dabei insbesondere darauf ein, wie Kurt bei der Aushandlung von Vorhaben im Zusammenwirken mit den Eltern (Vater) und der Mitarbeiterin des Jugendamtes einbezogen werden kann.

Lernsituation 1: Freizeitgestaltung mit Kindern und Jugendlichen

Während des bevorstehenden Praktikums sollen Sie in der Freizeit der Kinder und Jugendlichen Beschäftigungen durchführen. Erfahrungsgemäß ist es nicht leicht, Kinder und Jugendliche für Freizeitbeschäftigungen zu motivieren. Unter anderem ist es wichtig, geeignete Angebote auszuwählen.

Um Beziehungen zu Kindern und Jugendlichen aufzubauen, ist der Freizeitbereich besonders geeignet. In diesem von Zwängen weitgehend freien Raum sind Begegnungen mit Kindern im Praktikum gut möglich.

Aufgaben zur Bearbeitung der Lernsituation

1. *Wählen Sie drei bis fünf Kinder bzw. Jugendliche aus der AWG Schillerstraße, mit denen Sie ein Projekt während Ihres Praktikums durchführen möchten. Begründen Sie die Wahl der Kinder.*

2. *Nennen Sie für die einzelnen Kinder und Jugendlichen (operationalisierte) Erziehungsziele, die Sie für wichtig erachten und bei der Durchführung des Projektes besonders beachten wollen. Diese Erziehungsziele leiten Sie bitte aus den Beschreibungen zu den Kindern und Jugendlichen der AWG Schillerstraße ab.*

3. *Skizzieren Sie kurz das Projekt, welches Sie mit den Kindern und Jugendlichen durchführen möchten. Dazu stehen Ihnen nach dem Einstieg ins Praktikum (nach zwei Wochen) max. vier Termine zur Verfügung.*

4. *Planen Sie so konkret wie möglich eine Sequenz, zu der auch die Hospitation seitens eines Fachlehrers einer Fachschule stattfinden wird. Begründen Sie Ihr pädagogisches Handeln.*

Hinweis:

Eine Gliederung zur Erstellung einer Projektbeschreibung zur Freizeitbeschäftigung von Kindern und Jugendlichen finden Sie in: Heidemann, W./Greving, H.: Praxisfeld Heimerziehung. Materialien zur Praxisanleitung und -begleitung. Köln: Bildungsverlag Eins, 2012, S. 49–63 und 78–79.

Für diese Lernsituation relevante Kompetenzbeschreibungen
Wissen

Die Absolventinnen und Absolventen verfügen über

- ein breites und integriertes Wissen, das ihnen ein komplexes Verständnis von Entwicklungs-, Lern-, Bildungs-, Sozialisationsprozessen eröffnet.

- fachtheoretisch vertieftes Wissen zur Kompetenzentwicklung in den einzelnen Bildungsbereichen.

- vertieftes und integriertes Wissen zur Bedeutung der Bildungsbereiche der sozialpädagogischen Arbeit für die Entwicklung der Wahrnehmungs- und Ausdrucksweisen, die Sozial- und Persönlichkeitsentwicklung und für die Aneignung von Welt für Kinder, Jugendlichen und jungen Erwachsenen.

- exemplarisch vertieftes Wissen über aktuelle Konzepte der außerschulischen Bildungsarbeit.

Fertigkeiten

Die Absolventinnen und Absolventen verfügen über Fertigkeiten,

- Kinder, Jugendliche und junge Erwachsene in ihrer Individualität und Persönlichkeit als Subjekte in der pädagogischen Arbeit wahrzunehmen, einzuschätzen und in ihrer Kompetenzerweiterung zu unterstützen.

- spezifische didaktisch-methodische Konzepte in den Bildungs- und Lernbereichen adressatengerecht zu planen, durchzuführen und methodengeleitet zu analysieren.

- in ihrer Bildungsarbeit Interessen und Neigungen ihrer Zielgruppe ernst zu nehmen und Bildungsprozesse sowie Kompetenzerwerb konzeptgeleitet zu fördern.

- ein vielfältiges Spektrum an Handlungsmedien und Methoden aus den verschiedenen Bildungs- und Lernbereichen gezielt einzusetzen und deren Wirksamkeit zu evaluieren.

- Medien zur Anregung von Selbstbildungsprozessen von Kindern, Jugendlichen und jungen Erwachsenen zu nutzen.

- in allen Bildungsbereichen die Entwicklung ethischer Werthaltungen anzuregen und zu gestalten.

- die demokratischen Beteiligungs- und Mitwirkungsrechte von Kindern, Jugendlichen und jungen Erwachsenen umzusetzen.

- Innen- und Außenräume in sozialpädagogischen Einrichtungen unter dem Gesichtspunkt der Schaffung einer lernanregenden Umgebung zu gestalten.

- das kulturelle Angebot im sozialen Umfeld der Einrichtung in die pädagogische Arbeit mit Kindern, Jugendlichen und jungen Erwachsenen einzubeziehen.

Inhalte

- Erklärungsmodelle für (Selbst-)Bildungs-, Entwicklungs- und Lernprozesse

- Entwicklungsbereiche und Entwicklungsaufgaben in den Lebensphasen Kindheit, Jugend, junges Erwachsenenalter

- Planung, Durchführung und Evaluation von resilienz- und ressourcenorientierter Bildungsarbeit in unterschiedlichen Arbeitsfeldern.

(Richtlinien und Lehrpläne zur Erprobung für das Berufskolleg in Nordrhein-Westfalen, 7605/2014, Seite 50–54, Auszüge, abrufbar unter http://www.berufsbildung.nrw.de/lehrplaene-fachschule/)

Lernsituation 2: Erstellen einer Konzeption zur Hausaufgabensituation in der AWG

Die neue Erziehungsleitung der Einrichtung hat sich zum Ziel gesetzt, das Thema Bildung stärker in den Fokus der Erziehungsarbeit zu nehmen. Die Leitung ist insgesamt bereit, in nächster Zeit Überschüsse aus der Stiftung des Hauses sowie Spendengelder für die Verbesserung der Hausaufgabensituation der Kinder und Jugendlichen zu verwenden.

Davon ist auch die AWG Schillerstraße betroffen. Es sollen pädagogische Konzepte erarbeitet werden, denen eine gründliche Analyse der schulischen Situation und insbesondere der konkreten Situation, unter der die Kinder und Jugendlichen ihre Hausaufgaben erledigen, vorausgehen soll.

Aufgaben zur Bearbeitung der Lernsituation

Für mindestens drei Kinder und/oder Jugendliche soll eine solche Analyse erstellt werden. Wunsch des Erziehungsleiters ist es, eine fachtheoretische Begründung zur Gestaltung der Hausaufgabensituation zu erhalten, die sich an den konkreten Bedingungen in der Praxis orientiert[1].

Informationen zur Hausaufgabenerledigung in der AWG

In der AWG gibt es von 14:15 Uhr bis 15:15 Uhr eine Lernzeit, zu der alle Kinder und Jugendlichen Hausaufgaben machen müssen, oder, wenn sie keine zu erledigen haben, sich mit schulischen Dingen beschäftigen müssen (z. B. Lesen). Die Kinder, die schon früher aus der Schule kommen, können auch schon eher mit der Erledigung der Hausaufgaben beginnen. Sie werden dann von der diensthabenden Erzieherin oder dem diensthabenden Erzieher betreut. Gelegentlich übernehmen auch Praktikantinnen und Praktikanten sowie die Hauswirtschaftskraft diese Aufgabe.

Der Dienstplan ist so eingerichtet, dass mindestens zwei Mitarbeiterinnen und Mitarbeiter, einschl. Berufspraktikantin, im Dienst sind. Blockpraktikanten sind manchmal noch zusätzlich in der Gruppe.

Die meisten Kinder und Jugendlichen erledigen die Hausaufgaben im Esszimmer. Dieses ist geräumig und hell. An dem großen Tisch stehen Stühle in normaler Sitzhöhe (für Erwachsene). Einige, die einen höheren Grad an Selbstständigkeit erreicht haben, erledigen ihre Hausaufgaben in ihren Zimmern.

---

[1] *Eine Gliederung zur Erstellung einer schriftlichen Analyse der Hausaufgabensituation eines Kindes/Jugendlichen finden Sie in: Heidemann, W./Greving, H.: Praxisfeld Heimerziehung. Materialien zur Praxisanleitung und -begleitung. Köln: Bildungsverlag Eins, 2012, S. 106–108*

Wissen

Die Absolventinnen und Absolventen verfügen über

- ein vertieftes Verständnis von Bildung und Entwicklung als individuellen, lebenslangen Prozess im Rahmen ihrer sozialpädagogischen Aufgabenstellung „Bilden, Erziehen und Betreuen".

- fachtheoretisches Wissen über Beobachtungs- und Dokumentationsverfahren zur Erfassung von Entwicklungs- und Bildungsprozessen.

- breites und integriertes Wissen zu unterschiedlichen fachlichen Beobachtungsmethoden.

- fachtheoretisch vertieftes Wissen zur Kompetenzentwicklung in den einzelnen Bildungsbereichen, insbesondere auch zur Sprachkompetenzentwicklung.

- vertieftes didaktisch-methodisches Wissen zur fachkompetenten Förderung von Kindern, Jugendlichen und jungen Erwachsenen in ausgewählten Bildungsbereichen.

Fertigkeiten

Die Absolventinnen und Absolventen verfügen über Fertigkeiten,

- ihre eigenen Bildungserfahrungen und Kompetenzen in den verschiedenen Bildungs- und Lernbereichen zu reflektieren und weiterzuentwickeln.

- professionelle Beobachtungsverfahren für die sozialpädagogische Praxis begründet auszuwählen und für die Planung pädagogischer Prozesse zu nutzen.

- ausgewählte Beobachtungsverfahren zur Dokumentation des Bildungsprozesses bzw. des Entwicklungsstandes oder der Lernvoraussetzungen des Kindes, Jugendlichen und jungen Erwachsenen zu planen, anzuwenden und auszuwerten.

- spezifische didaktisch-methodische Konzepte in den Bildungs- und Lernbereichen adressatengerecht zu planen, durchzuführen und methodengeleitet zu analysieren.

- Medien zur Anregung von Selbstbildungsprozessen von Kindern, Jugendlichen und jungen Erwachsenen zu nutzen.

- sprachliche Bildungssituationen in verschiedenen Bildungsbereichen zu erkennen und diese verantwortungsvoll für die Gestaltung altersgerechter Lernsituationen zu nutzen.

- Lernumgebungen in den verschiedenen Einrichtungen der Kinder- und Jugendhilfe selbstverantwortlich und partizipativ zu gestalten.

- Innen- und Außenräume in sozialpädagogischen Einrichtungen unter dem Gesichtspunkt der Schaffung einer lernanregenden Umgebung zu gestalten.

- das kulturelle Angebot im sozialen Umfeld der Einrichtung in die pädagogische Arbeit mit Kindern, Jugendlichen und jungen Erwachsenen einzubeziehen.

Inhalte

- Bildungsauftrag des SGB VIII

- Beobachtungs- und Dokumentationsverfahren zur Erfassung von Entwicklungs- und Bildungsprozessen

- Gestaltung von Lernumgebungen und Wahrnehmung von Bildungsanlässen für unter- schiedliche Adressaten

(Richtlinien und Lehrpläne zur Erprobung für das Berufskolleg in Nordrhein-Westfalen, 7605/2014, Seite 50–54, Auszüge, abrufbar unter http://www.berufsbildung.nrw.de/lehrplaene-fachschule/)

Lernsituation 3: Das lasse ich mir nicht gefallen! Jetzt werde ich mich beschweren.

Die vierzehnjährige Helga aus der AWG Schillerstraße hat wiederholt den Wunsch geäußert, ihre Eltern an den Wochenenden besuchen zu dürfen. Die Erzieherinnen und Erzieher möchten dieses nicht, weil sie einen negativen Einfluss der Eltern auf Helga befürchten. Auch die für sie zuständige Sozialarbeiterin des Jugendamtes hört nach ihrer Meinung kaum zu, wenn sie den Wunsch danach äußert. Nun hat sie in einer Broschüre über die Rechte von Kindern und Jugendlichen, die in der Schule auslag, gelesen, dass Kinder einen Rechtsanspruch auf den Umgang mit ihren Eltern haben. Vom Team der AWG und auch von der Einrichtungsleitung sowie vom Jugendamt will ihr ihrer Meinung nach niemand helfen. Das will sie sich so nicht länger gefallen lassen.

Aufgaben zur Bearbeitung der Lernsituation

1. *Benennen Sie die zentralen Problem- und Fragestellungen, die sich aus dieser geschilderten Situation ergeben.*

2. *Analysieren Sie die Situation von Helga und die hier vorliegende Problematik.*

3. *Entwickeln Sie ein Konzept, wie auf Helga in angemessener Weise umgegangen und ihr geraten werden kann. Berücksichtigen Sie dabei die besonderen Bedürfnisse von Helga.*

Für diese Lernsituation relevante Kompetenzbeschreibungen
Wissen

Die Absolventinnen und Absolventen verfügen über

- breites und integriertes Wissen über den Bildungs- und Erziehungsauftrag in seinen Bezügen zum Wertesystem der Gesellschaft.

- vertieftes und integriertes Wissen zur Bedeutung der Bildungsbereiche der sozialpädagogischen Arbeit für die Entwicklung der Wahrnehmungs- und Ausdrucksweisen, die Sozial- und Persönlichkeitsentwicklung und für die Aneignung von Welt für Kinder, Jugendlichen und jungen Erwachsenen.

Fertigkeiten

Die Absolventinnen und Absolventen verfügen über Fertigkeiten,

- sich aufgrund fundierter Selbstreflexion in die individuellen Lebenssituationen von Kindern, Jugendlichen und jungen Erwachsenen hineinzuversetzen.

- Kinder, Jugendliche und junge Erwachsene in ihrer Individualität und Persönlichkeit als Subjekte in der pädagogischen Arbeit wahrzunehmen, einzuschätzen und in ihrer Kompetenzerweiterung zu unterstützen.

- die demokratischen Beteiligungs- und Mitwirkungsrechte von Kindern, Jugendlichen und jungen Erwachsenen umzusetzen.

Inhalte

- Erklärungsmodelle für (Selbst-)Bildungs-, Entwicklungs- und Lernprozesse

- Entwicklungsbereiche und Entwicklungsaufgaben in den Lebensphasen Kindheit, Jugend, junges Erwachsenenalter

- Rolle und Aufgaben von Erzieherinnen und Erziehern in den Bildungsbereichen

(Richtlinien und Lehrpläne zur Erprobung für das Berufskolleg in Nordrhein-Westfalen, 7605/2014, Seite 50–54, Auszüge, abrufbar unter http://www.berufsbildung.nrw.de/lehrplaene-fachschule/)

Lernfeld 5 Erziehungs- und Bildungspartnerschaften mit Eltern und Bezugspersonen gestalten und Übergänge unterstützen

5.1 Autonomie und Selbstständigkeitserziehung

In diesem Kapitel geht es um ein zentrales Anliegen der Heimerziehung. Selbstständigkeitserziehung ist **das** Thema der stationären Erziehungshilfe (vgl. Dalferth, 1982, S. 129). Kinder und Jugendliche zu autonomen Persönlichkeiten zu erziehen, ist eine absolute Verpflichtung, die sich aus dem § 1 SGB VIII (Kinder- und Jugendhilfegesetz) ergibt. Alle an der Erziehung Beteiligten haben schon vom ersten Tag des Kindes oder Jugendlichen im Heim in den Blick zu nehmen, dass die jungen Menschen auf eine selbstständige Lebensführung vorbereitet werden müssen. Und das nicht erst dann, wenn eine Heimentlassung zeitlich abzusehen ist und besondere Maßnahmen einsetzen. Der „ganz normale Alltag" in Wohngruppen ist so zu gestalten, dass Kinder und Jugendliche mit den Aufgaben vertraut gemacht werden, die sie altersmäßig bewerkstelligen können.

Grundsätzlich ist die Umsetzung von Autonomie und Selbstständigkeitsprozessen in der Erziehung seit jeher von einer deutlichen Ambivalenz gekennzeichnet: Es ist kaum möglich bzw. schon beinahe paradox, ein menschliches Wesen von außen zu bestimmten Zielen hinzuführen, da dieses Wesen grundlegend frei und autonom erscheint bzw. ist. Eng verknüpft mit den Auseinandersetzungen zur Selbstständigkeit sind somit auch die Zielvorgaben, denen die Erziehung folgt. Ohne diesen Diskurs endgültig und an dieser Stelle erschöpfend darstellen zu können, soll dennoch darauf verwiesen werden, dass die Erzieherpersönlichkeit auf eine grundlegend freie andere Persönlichkeit trifft, mit welcher im Erziehungsvorgang bestimmte Ziele auszuloten sind. Hierbei kommt der Selbstständigkeit der Erziehung bzw. der Verselbstständigung innerhalb der Heimerziehung eine besondere Aufgabe zu: Die Kinder und Jugendlichen, die in diesen Institutionen bzw. Organisationen leben, haben häufig erhebliche Probleme, den Freiraum, den sie gesellschaftlich, familiär und persönlich zugestanden bekommen, sinnvoll zu nutzen, sodass eine Erziehung hin zur Selbstständigkeit in hohem Maße wichtig ist.

Hierbei ist das „Selbst" des Kindes und Jugendlichen von allen Verantwortlichen in der Heimerziehung zentral in den Mittelpunkt des Handelns zu stellen. Erzieherinnen und Erzieher müssen sich die Frage stellen, welche Bedingungen sie arrangieren können und müssen, damit eine freie Persönlichkeitsbildung, eine freie und autonome Bildung des Selbst realisiert werden kann. Heimerziehung muss die Bedingungen entwickeln und bereitstellen, welche zu dieser Selbstständigkeit hinführen können (vgl. Speck, 1991, S. 133 f.).

5.1.1 Inhalte der Selbstständigkeit

Nach Otto Speck (vgl. 1991, S. 134–140) können folgende grundlegende Komponenten welche eine Autonomie- bzw. Selbstständigkeitsbildung begründen, skizziert werden:

Eigenaktivität: Ein Kind bzw. ein Jugendlicher ist grundlegend eigenaktiv. Dies bedeutet, dass er den Drang verspürt, Dinge alleine machen zu wollen. Er mag sich nicht jedem Wunsch fügen. Dies erscheint auch nicht notwendig und sinnvoll, da er durch eigenaktive Tätigkeiten erst dazu in der Lage ist, aus der unendlichen Fülle der Möglichkeiten, welche ihm die Gesellschaft bietet, seine Persönlichkeit zu entwickeln. Aber schon hierbei kann festgehalten werden, dass das Kind bzw. der Jugendliche die Ambivalenz von zu großen Freiräumen und zu intensiver Eingeschränktheit erfährt bzw. dass dieser Freiraum pädagogisch gestaltet werden muss. Damit es zu einer Entwicklung der Eigenaktivität kommen kann, benötigt das Kind, neben bestimmten Begrenzungen und Hinweisen, auch in hohem Maße Zutrauen und Unterstützung.

Eigenkompetenzen: Das Kind bzw. der Jugendliche erfährt sich als ein Wesen, das etwas können will und das dieses Können weiter differenzieren und ausbauen möchte. Dennoch bleibt das Kind in der Welt dieser Kompetenzen abhängig von den Gegebenheiten, welche ihm seine Familie bzw. die Gemeinschaft, in welcher er lebt, bieten. So wirkt eine isolierte bzw. eine isolierende und vernachlässigende Umwelt sicherlich nicht darauf hin, dass diese Kompetenzen realisiert werden können. Aber auch ein zu hoher Leistungsdruck, dem das Kind möglicherweise ausgesetzt ist, ist schädlich, weil es hierdurch seinen eigenen Weg nicht zu finden in der Lage ist.

Eigenräume und Eigenheiten: Kinder und Jugendliche brauchen geschützte Räume, in welchen sie sich entwickeln können. In diesen Räumen können sie dann, relativ unkontrolliert, eigene Freiheiten und Möglichkeiten entwickeln. Kinder brauchen zum Beispiel ihr Zimmer, brauchen in diesem Zimmer ihre Schränke und Schubladen, in welchen sie unangetastet die wichtigen Dinge ihres Lebens aufbewahren können. Ähnlich ist es auch um die Eigenheiten des Kindes bestellt: Jedes Kind bzw. jeder Jugendliche prägt vor dem Hintergrund seiner Geschichte und seines Temperaments eine eigenständige Sprache bzw. eine kulturell bedingte Lebensart aus. Dies ist vor allem bei Kindern mit Migrationshintergrund relevant. Zudem muss an dieser Stelle auch die Geschlechtsspezifität beachtet werden: Die Entwicklung eines Mädchens als Mädchen bzw. eines Jungen als Jungen muss durch die Umgebung immer wieder bestätigt und unterstützt werden.

Eigene Gefühle: Kinder und Jugendliche müssen ihre eigenen Emotionen unkontrolliert von außen, das heißt ohne Manipulation, entwickeln können. Hierbei erscheint es relevant, dass sie ihren eigenen Gefühlen trauen bzw. vertrauen dürfen. „Die eigenen Gefühle bilden sich nicht einfach aus sich selbst, sondern in Kontakt mit den Gefühlen, die das Kind in der Begegnung mit anderen erlebt" (Speck, 1991, S. 137). Die Erziehung zur Selbstständigkeit ist somit in hohem Maße gebunden an die Entwicklung eigener Gefühle, aber auch daran, fremde Emotionen kennenzulernen, sich hieran zu reiben und sich damit auseinanderzusetzen. Hierbei kommt der Gefühlsarbeit der Bezugspersonen eine nicht geringe Rolle zu, da auch sie dazu herausgefordert sind, mit ihren Gefühlen zu arbeiten.

Eigener Wille: Die Ambivalenz, Regeln zu respektieren, mit Regeln zu arbeiten, gleichzeitig aber auch eigene Regeln zu entwickeln und hierbei gegebenenfalls altbekannte Regeln zu brechen, ist eine wichtige Aufgabe in Bezug auf die Selbstständigkeitserziehung. Die Entwicklung des eigenen Willens ist in hohem Maße gekoppelt an eine „wohlwollend begleitende Autorität" (Speck, 1991, S. 137) in welcher und durch welche das Kind erfährt, dass es in seinem So-Sein ernst- und angenommen wird. Das Kind lernt hierbei …

> „[…] dass das Rechte, das in ihm wirksam wird, letztlich das Rechte für das Leben ist, und dass das Leben zu erhalten und zu vervollkommnen, allen aufgegeben ist; und es ist die Vernunft, die es ermöglicht, das Lebensgemäße, das Gute zu tun."
>
> *(Speck, 1991, S. 138)*

Die Auseinandersetzung mit dem eigenen Willen vor dem Hintergrund gesellschaftlicher Bindungs- und Abhängigkeitsprozesse deutet somit schon an, dass es eine individuelle Autonomie in absoluter Ausprägung nicht geben kann: Selbstständigkeit ist immer auch Selbstständigkeit in der Auseinandersetzung mit dem und den anderen.

Die Erfahrung von Gerechtigkeit: Das Kind bzw. der Jugendliche muss von Gleichaltrigen, aber natürlich auch von Erwachsenen, gerecht behandelt werden. Gerade bei emotional und sozial auffälligen Kindern und Jugendlichen ist häufig eine hohe Empfindlichkeit gegenüber Benachteiligungen bzw. Bevorzugungen anderer zu beobachten. Hierdurch kommt gegebenenfalls das Unrecht zum Vorschein, welches sie im Verlauf ihrer Lebensgeschichte vielfach erfahren haben.

Die Achtung der eigenen Würde: Das Werden eines selbstständigen und autonomen Menschen ist immer und nachdrücklich an die Würde des Menschen gekoppelt. Kinder und Jugendliche sollen und müssen erleben, dass sie anderen etwas bedeuten, dass diese ihnen einen unbedingten Wert beimessen. Einen Wert, welcher gegen alles verteidigt werden muss und nicht zu fremden Zwecken bzw. von diesen missbraucht werden darf. Relevant hierbei erscheint vor allem, dass die Kinder und Jugendlichen erfahren, dass sie nicht psychisch oder physisch verletzt werden, dass niemand in ihren Intimbereich eindringt (s. u.), dass mit ihnen taktvoll umgegangen wird und dass sich alle Beteiligten in einer für diesen Kulturkreis akzeptablen Sprache verständigen.

„Ein Kind, dessen Würde permanent missachtet wurde und das ungerecht behandelt, mit verletzenden Ausdrücken erniedrigt wurde, kann seine Würde verlieren oder in einem auffälligen Maße den Rest verteidigen, freilich vielfach fast schon verzweifelt und deshalb mit affektiven Ausdrücken." *(Speck, 1991, S. 139)*

Eigener Lebenssinn: Die Erziehung zur Selbstständigkeit mündet in eine sinnvolle Lebensgestaltung aller Betroffenen. Dieser Lebenssinn ist nicht einfach so zu übernehmen und muss in einer wechselseitigen Lebensgestaltung immer wieder ausgehandelt werden. Hierbei sind die unterschiedlichen ideellen oder kulturellen Konzepte und Deutungssysteme von Bedeutung, welche in den verschiedenen Gesellschaften gelebt werden. Das Ziel dieses Lebenssinnes muss als ein relevanter Mittelpunkt einer gemeinsamen Selbstständigkeitserziehung betrachtet werden. So werden Kinder und Jugendliche nicht in allen Fällen kritiklos die Wertorientierungen ihrer Umwelt übernehmen – und dies ist auch gut so. Die Kinder und Jugendlichen,  die in den Organisationen der Heimerziehung leben, haben sehr häufig erfahren, dass das, was als Lebenssinn bezeichnet wird, für sie weder denkbar noch lebbar noch fühlbar ist. Somit kommt gerade der Heimerziehung die Aufgabe zu, einer drohenden Sinnlosigkeit des Lebens dieser Kinder und Jugendlichen vorzubeugen bzw. in einem scheinbar sinnlos gewordenen Leben wieder Lebenssinn zu entwickeln. Eine Erziehung zur Selbstständigkeit stellt somit schon vor diesem Hintergrund eine grundlegende Orientierung des Kindes und Jugendlichen in Bezug auf die Gestaltung seines Lebens dar.

Diese Komponenten der Autonomiebildung sind nicht getrennt voneinander zu betrachten, vielmehr sind alle Elemente miteinander verbunden.

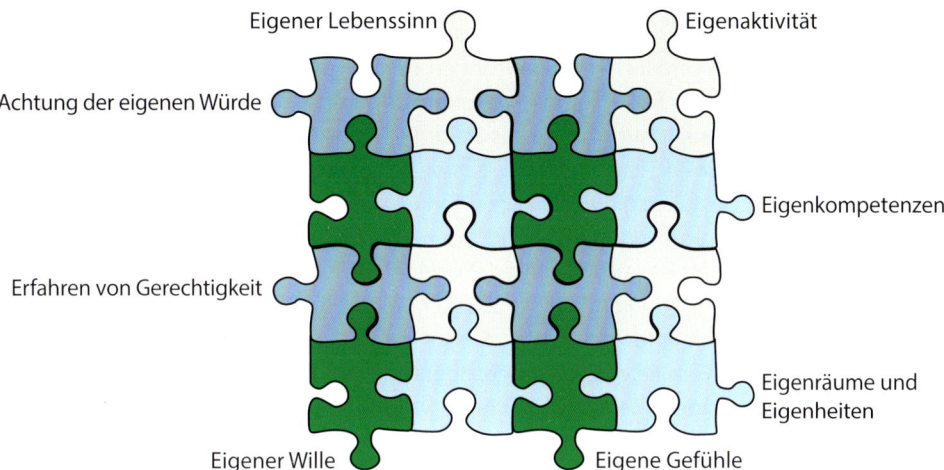

Komponenten der Autonomiebildung nach Otto Speck

Aufgaben zum Selbststudium

1. Welche Bedingungen wirken sich Ihrer Meinung nach günstig auf die Entwicklung einer „autonomen Persönlichkeit" aus? Erläutern Sie Aspekte anhand einzelner Komponenten.

2. Stellen Sie einen Zusammenhang her zwischen der „Bindungstheorie" und dem Selbstständigwerden von Kindern und Jugendlichen.

3. Was ist hinderlich bei der Selbstständigkeitsentwicklung der Kinder und Jugendlichen in der heutigen Gesellschaft? Stellen Sie an unterschiedlichen Beispielen Problemfaktoren dar.

4. Welche pädagogischen Konsequenzen müssen aus diesen Komponenten für die Heimerziehung allgemein abgeleitet werden? Begründen Sie Ihre Meinung möglichst ausführlich.

5. Entwickeln Sie anhand der dargestellten Komponenten ein Konzept zur Beteiligung im alltagspädagogischen Handeln in der AWG Schillerstraße für Karola, Karl und Ortrud.

5.1.2 Die Bedeutung von Selbstständigkeit in der Erziehung

Wenn man die Themen aus dem ersten einführenden Kapitel zusammenfasst, kann festgehalten werden, dass sich Selbstständigkeit auf folgende Punkte bezieht:

- einen eigenen Standpunkt besitzen bzw. entwickeln
- eigenes verantwortliches Handeln erfahren und realisieren können
- Unabhängigkeit von anderen Menschen erfahren und erproben
- ein gesundes und starkes Selbstbewusstsein erfahren und entwickeln
- ein Leben in Freiheit ermöglichen
- einen Lebenssinn mit anderen Menschen gestalten

Fasst man diese unterschiedlichen Bedeutungen der Selbstständigkeit wiederum zusammen, so kann das Ziel der Selbstständigkeitserziehung in der Heimerziehung als „Lebenstüchtigkeit", „Lebensbewältigung" oder als „reife Persönlichkeit" bezeichnet werden. Die Selbstständigkeitserziehung ist somit eines der wichtigsten Ziele, aber auch einer der wichtigsten Wege in der Gestaltung der Heimerziehung. Da die eigenständige Bewältigung des Lebens für die Kinder und Jugendlichen in der Heimerziehung aufgrund ihrer Lebensgeschichte häufig erschwert ist, kommt diesen Prozessen im Kontext der Organisation „Heim" eine besondere Relevanz zu. Diese Relevanz ist schon im § 34 KJHG festgelegt: Hier geht es darum, nach Möglichkeit eine Rückkehr in die Ursprungsfamilie zu erreichen, auf die Erziehung in einer anderen Familie vorzubereiten, oder (und dies ist besonders bedeutsam) eine auf längere Zeit angelegte Lebensform zu bieten, welche auf ein selbstständiges Leben vorbereitet. Und genau diese Lebensform bietet sich im Kontext der jeweiligen Organisation eines Heimes.

Bestimmt ist die Gestaltung einer geeigneten Lebensform vor allem durch die in den letzten Jahren immer kürzere Verweildauer von Kindern und Jugendlichen in den Einrichtungen. Kommen Jugendliche mit 16 Jahren in eine Wohngruppe, dann bleiben in der Regel zwei Jahre, bis zur Vollendung des 18. Lebensjahres, um die oben genannte Zielvorstellung umzusetzen. Eine Verlängerung des Heimaufenthaltes zu erreichen, wird auch aufgrund des enormen Kostendrucks der Kommunen immer schwieriger. Im Vergleich zu jungen Erwachsenen die sich nicht in Einrichtungen der Erziehungshilfe befinden und das „Hotel Mama" häufig nutzen können, bis sie Mitte zwanzig oder älter sind, erfahren die ohnehin schon Benachteiligten eine weitere gravierende Einschränkung ihrer Lebensperspektive.

Vor dem Hintergrund des spannungsgeladenen erzieherischen Verhältnisses zwischen Festhalten und Loslassen, entwickeln sich nun unterschiedliche Kompetenzdimensionen der Erziehung zur Selbstständigkeit. Diese unterschiedlichen Kompetenzdimensionen können in drei Formen der Selbstständigkeit zusammengefasst bzw. differenziert werden:

- eine **funktionale Selbstständigkeit**, welche sich auf die Äußerung und weitere Differenzierung von erlernten pragmatischen Fähigkeiten bezieht

- eine **produktive Selbstständigkeit**, welche sich auf die Fähigkeit bezieht, Selbstlösungen für bestimmte Alltagsprobleme zu finden

- die **emotionale Selbstständigkeit**, welche die Fähigkeit meint, auf der Ebene der Gefühle und emotionalen Äußerungen mit Alltagsproblemen zurechtkommen zu können

Dabei ist zu bedenken, dass diese drei Formen wechselseitig aufeinander einwirken. Dies kann am folgenden Beispiel verdeutlicht werden: Ein Kind lernt lesen bzw. schreiben. Zunächst ist dies ein funktionaler Prozess, der einen klassischen pragmatischen Lernprozess, nämlich den des Lesens und des Schreibenlernens umfasst. Im nächsten Schritt, welcher allerdings mit dem ersten parallel verläuft, entwickeln sich produktive neue Möglichkeiten des Mitgestaltens bzw. des Mitarbeitens und Mitwirkens, indem das Kind Informationen aufnehmen und wiedergeben in der Lage ist. Es weiß aber auch, dass es sich bei Schwierigkeiten an die Eltern, an die Erzieher bzw. an die Lehrer wenden kann. Ebenfalls parallel hierzu verläuft der dritte Prozess, derjenige der emotionalen Selbstständigkeit. So kommt es im besten Falle zu einer Stärkung des Selbstwertgefühls und zu stolzem Selbstvertrauen, wenn das Kind eigene Geschichten lesen oder schreiben kann.

Auch unabhängig von erlernten praktischen Fähigkeiten kann die zweite und dritte Kompetenzdimension dazu verhelfen, im Alltag zurechtzukommen. Kann ein Jugendlicher nicht die Waschmaschine bedienen, hat aber auf der zweiten Ebene „Komplementärfähigkeiten" erworben, so kann er aus vergleichbaren Tätigkeiten, die er sich im Alltag erworben hat, ableiten, wie die Wäsche zu waschen ist. Eine deutliche Ausprägung auf der dritten Ebene kann ihm durch erworbenes Selbstvertrauen helfen, um Hilfe zu bitten und diese dann auch anzunehmen.

Diese drei Selbstständigkeitsformen sind in beinahe allen Handlungen, welche das Kind bzw. der Jugendliche auf seinem Weg zur autonomen Persönlichkeit benötigt, wiederzufinden.

Aufgaben zum Selbststudium

1. *Wie haben Sie selbst Ihre Entwicklung zwischen Festhalten und Loslassen, zum Beispiel in der Zeit Ihrer Pubertät erlebt?*

2. *Beschreiben Sie an einigen Beispielen die Zunahme Ihrer eigenen Fähigkeiten in den drei Kompetenzdimensionen.*

3. *Wie können Kinder und Jugendliche, die im Kontext der Heimerziehung aufgewachsen sind, diesen Prozess erfahren haben?*

4. *Welche Strukturen muss eine Heimgruppe vorhalten, damit dieser Prozess permanent realisiert und fortgeführt werden kann?*

5.1.3 Gestaltungs- und Förderungsmöglichkeiten der autonomen Person

In der Heimerziehung geht es um die schrittweise Förderung und den schrittweisen Ausbau folgender Fähigkeiten:

• sich selbst als Person annehmen können

• Selbstvertrauen entwickeln können

• ein eigenständiges Lernen bzw. Lernkonzept entwickeln können

- eigene Schwierigkeiten im Umgang mit den Aufgaben, welche das Leben stellt, erkennen und lösen können

- eigene Fehler erkennen und zu diesen Fehlern stehen lernen

- professionelle Hilfe suchen und annehmen können

Die Förderung und Unterstützung des Kindes bzw. Jugendlichen zur Selbstständigkeit sowie die schrittweise Entlassung in die Eigenverantwortlichkeit bedingen sich wechselseitig (vgl. Spanhel, 2008, S. 2).

„Wir bringen den Kindern vieles bei an Wissen, Fähigkeiten, Fertigkeiten. Aber all das nützt ihnen wenig, wenn sie keine Gelegenheit haben, ihr Können eigenständig anzuwenden und für sich etwas daraus zu machen."
(Spanhel, 2008, S. 2)

Hieraus folgt, dass die Heimerziehung den Kindern und Jugendlichen immer wieder Erfahrungsräume, das heißt Räume ihrer sozialen Umwelt bieten muss, in welchen sie dann ihr Können anwenden und umsetzen können. Die Erprobung neuer Fähigkeiten, das Üben dieser Fähigkeiten, das Wachsen an den Grenzen und Herausforderungen des Lebens, kann für die Kinder und Jugendlichen in hohem Maße motivierend wirken. Gerade im Kontext der Heimerziehung müssen hierbei abgegrenzte Handlungsspielräume (zum Schonraum siehe Abschnitt „Das Konzept der pädagogischen Milieugestaltung" in Kap 2.3.3 und 2.3.4), in welchen die Kinder mit ihren jeweiligen Fähigkeiten autonome Erfahrungen erleben können und diese handlungspraktisch an der Wirklichkeit bewähren müssen, zur Verfügung gestellt werden. Dies kann als eine zentrale Frage des sukzessiven Loslassens im pädagogischen Prozess der Selbstständigkeitserziehung bezeichnet werden. Hierbei ist vor allem auf folgende Bereiche hinzuweisen:

- die Wahrnehmung der Berechtigung fremder und eigener Ansprüche im Kontext der Gestaltung der Lebenswirklichkeit

- die Entwicklung einer realistischen Anspruchshaltung in Bezug auf die Dinge, welche für die Gestaltung des Lebens notwendig sind

- die Erfahrung von Unabhängigkeit; dieses kann schon in kleinsten Strukturierungsmomenten des Alltags realisiert werden

- die Fähigkeit, Konflikte angemessen austragen zu können

- das Respektieren der Meinung anderer

- die Fähigkeit, Mitverantwortung für andere Menschen zu übernehmen

- das Kennenlernen und Umsetzen der Rechte und Pflichten, welche sich im Kontext der Lebensraumgestaltung im Heim, in der Gruppe, in der Freizeit usw. ergeben

- die aktive Beteiligung am sozialen Umfeld, wobei dieses soziale Umfeld sowohl das Nahfeld als auch das ferne Umfeld bezeichnen kann

- die Übernahme von Eigenverantwortung für die Gestaltung des Lebens

Ein wichtiger Teilbereich zur Entwicklung der Autonomie in der sozialen Umwelt ist die Begleitung in Bezug auf die Beziehungsfähigkeit der Kinder, aber vor allem auch der Jugendlichen. Dieser bezieht sich darauf, Bekanntschaften und Freundschaften zu entwickeln und aufrechtzuerhalten. Dieses ist ein Aussagekomplex, den Kinder und Jugendliche, welche in der Heimerziehung leben, häufig als sehr problematisch kennengelernt haben. Auch fällt die Wahl eines Partners als lebensbestimmender Faktor in diese Kategorie hinein. Das Eingehen und Haltenkönnen von Beziehungen stellt somit einen wesentlichen Faktor in der Lebensgeschichte der Kinder und Jugendlichen dar. Häufig haben ihre Eltern diese Beziehungsfähigkeit nicht entwickelt, sodass Vorbilder für eine gelungene Entwicklung von Partnerschaft und Freundschaft fehlen. Gerade die emotionale Selbstständigkeit ist in diesem Prozess relevant: Das Loslassen-Können in Bezug auf die eigenen Gefühle, das Gernhaben-Können eines anderen, sich ganz in die Hände eines anderen zu begeben, aber auch einen anderen in seiner Emotionalität ganz annehmen zu können, das alles sind wichtige Aspekte von Beziehungsfähigkeit. Die Aufgaben, die sich somit in der Pubertät in Bezug auf die Beziehungsgestaltung ergeben, bekommen durch die Selbstständigkeitserziehung noch einmal eine intensive Begründung und eine hohe Bedeutsamkeit.

Wie schon in Kapitel 3.1 beschrieben, ist auch die Förderung und Unterstützung von Werthaltungen und Sinngebungen ein wichtiges Moment der Selbstständigkeitserziehung. Die Kinder und Jugendlichen sollen in der Heimerziehung dazu befähigt werden, staunen und danken zu können: das Leben, so wie es ist, ist häufig von Überraschungen gekennzeichnet und das, was man bekommt, ist etwas, was man immer von anderen bekommt. Das heißt, die Kinder und Jugendlichen sollen erkennen, dass das Leben viel für sie bereithält, dass sie aber auch selbst daran beteiligt sind, sich auf diese Inhalte und Möglichkeiten zu beziehen und sich einfach einmal für das, was ist, bedanken zu können. Bedeutungsvoll erscheint hierbei auch, dass sie erfahren und erleben können, dass ihr Leben gestaltbar ist, das heißt, dass ihr Leben nicht schicksalsmäßig vorherbestimmt ist sondern dass sie es planen und entwickeln können. Hieraus ergibt sich gegebenenfalls eine langfristige Lebensperspektive. Diese zu entwickeln stellt eine bleibende Aufgabe in der Heimerziehung dar. Damit Kinder und Jugendliche ein eigenes sozialpolitisches und bildungspolitisches Bewusstsein entwickeln können, ist es relevant, dass sie die Normen, die Werte und die Verhaltensweisen, welchen sie begegnen, welche sie aber auch selbst leben, kritisch beurteilen können. Hierdurch gelingt es zusehends, dass sie ihrem Leben einen individuellen Sinn zu geben in der Lage sind.

1. Stellen Sie unterschiedliche Gestaltungs- und Förderungsmöglichkeiten zur autonomen Person innerhalb der Heimerziehung dar.

2. An welche Grenzen stoßen Sie hierbei? Berücksichtigen Sie den Tagesablauf in den Heimgruppen, die unterschiedliche Zusammensetzung der Gruppen und die Lebensgeschichten der Kinder und Jugendlichen.

3. Vom Team der Außenwohngruppe Schillerstraße hat die 54-jährige Margot an einer Fortbildung zum Thema Wertevermittlung teilgenommen. Dabei wurde ihr sehr klar, wie eng die Verinnerlichung von Werten und Normen (bis hin zur Gewissensbildung) mit der menschlichen Autonomie und Selbstverantwortlichkeit zu tun hat. Sie regt an, beim nächsten Teamtag grundsätzliche Überlegungen zu einem Konzept für die AWG zu entwickeln.

5.1.4 Voraussetzungen für eine gelingende Selbstständigkeitserziehung

Eine Grundvoraussetzung, damit eine Selbstständigkeitserziehung gelingen kann, ist die Wahrnehmung einer emotionalen, also zutiefst gefühlsbetonten Bindung und eine tragfähige personale Beziehung zwischen den Beteiligten. Dies haben die Kinder und Jugendlichen in ihrer Ursprungsfamilie häufig nicht erfahren, sodass der Lebensraum des Heimes bzw. der Wohngruppe ihnen diesen Lebensraum, im Hinblick auf Geborgenheit und Sicherheit und auf neues Vertrauen, gewähren und strukturieren muss. Fehlende tiefgreifende Bindungserfahrungen lassen sich in familiären Bezügen kaum und in dem Setting Heimerziehung nicht nachholen. Auf der Beziehungsebene müssen jedoch Grundlagen geschaffen werden, die den Aufbau und die Stabilisierung eines Selbstwertgefühls zum Ziel haben. Das Erfahren dieser Beziehung muss somit für die Kinder und Jugendlichen beständig sein, dennoch wird sich diese Beständigkeit vor dem Hintergrund der Lebensgeschichten bzw. der Aufgaben, welche sich in der Heimerziehung stellen, verändern und wandeln.

„Das Fundament dieser Beziehungen muss ein tiefes gegenseitiges Vertrauen sein, das sich nur im begrenzten Raum eines verantwortungsbewusst gestalteten Lebens im Alltag [...] ausbilden und festigen kann."
(Spanhel, 2008, S. 3)

Wie können diese grundlegenden Ansprüche an die Selbstständigkeitserziehung nun aber im Kontext eines Heimes realisiert werden? Im Folgenden werden die Bedingungen zur Bewältigung der „Erziehung zur Selbstständigkeit" aufgezeigt.

Anforderungen an die Erzieherpersönlichkeit

Die Erzieherin bzw. der Erzieher steht hierbei im Mittelpunkt. Er ist der Mittler zur Selbstständigkeit bzw. zur Erfahrung von Autonomie. Ein ausgebildeter und „reifer" Erzieher hat sich mit den Normen und Werten auseinandergesetzt, diese gefestigt und besitzt das nötige Selbstvertrauen und die Sicherheit, um den Kindern und Jugendlichen die Standpunkte erkennbar zu machen, welche für ein Leben in der Gruppe bzw. für die Entwicklung von

Selbstständigkeit zentral sind. Er kann ihnen mitteilen, und das anhand seiner eigenen Persönlichkeit lebendig werden lassen, wie Entscheidungen zu treffen sind, aber auch, wie man sich selbst infrage stellen kann. Gerade dieses Infragestellen ist im Alltagsgeschehen relevant, da die Kinder gerade im Hinblick auf die Ungenauigkeiten und Unschärfen des Lebens eine Bezugsperson brauchen, welche vermittelt, dass man sowohl eigenständig und standhaft als auch wandlungs- und somit entwicklungsfähig sein kann. Und gerade dieses „Zwischen-den-Welten-Sein" haben die Kinder in ihren Ursprungsfamilien häufig nicht erlebt, sodass der Weg des Umgangs zwischen zu starker Orientierung an Autoritäten und einer zu intensiven Laissez-faire-Einstellung durch die Erzieherpersönlichkeit vorgegeben werden muss. Hierdurch können die Kinder und Jugendlichen erfahren, wie sie mit eigenen Ängsten und Schwächen umgehen können (vgl. Dalferth, 1982, S. 130).

Anforderungen an die Struktur- und Prozessqualität einer Einrichtung

Diese Aufgaben bzw. diese grundlegenden Strukturierungsmerkmale für die Umsetzung einer möglichen Selbstständigkeitserziehung, in deren Mittelpunkt die Erzieherpersönlichkeit steht, hat auch Konsequenzen für die Träger bzw. für die Heimeinrichtung als solche: Sie muss Raum für Experimente schaffen und diese zulassen können. Ein zu stark reglementierter Tages- oder Wochenablauf bzw. eine zu stark reglementierte Gestaltung der Gruppe und der Wohnstruktur ist einer Autonomienentwicklung abträglich. Auch hierbei bewegen sich der Träger und die Erzieherinnen und Erzieher in den jeweiligen Gruppen in einem Spannungsfeld, welches auf der einen Seite Wandlungsfähigkeit, auf der anderen Seite aber auch Konsistenz bereithalten muss. Das Aufrechterhalten von Vertrauen, somit auch der langwierige Prozess, gemeinsam pädagogische Inhalte zu gestalten, ist hierfür bedeutsam. Die Umsetzung von strukturellen Veränderungen, aber auch die Risikobereitschaft, immer wieder etwas Neues zu versuchen, stellt sich somit für die Kostenträger und für die jeweiligen Träger einer Einrichtung, aber auch für das Personal in der Heimerziehung als andauernde Aufgabe dar. An dieser Stelle können einige strukturelle Bedingungen benannt werden, welche die Selbstständigkeit im Heim fördern. Hierzu gehören:

- die pädagogische und persönliche Kompetenz aller Mitarbeiterinnen und Mitarbeiter, welche durch pädagogische Programme der Fort- und Weiterbildung intensiviert werden müssen. Hierzu gehört auch ein ausgewiesenes Qualitätsmanagementsystems.

- die transparente Weitergabe von Aufgaben und Entscheidungen: Die Kinder und Jugendlichen müssen wissen, warum und wodurch welche Aufgaben und Entscheidungen gefällt worden sind und an welchen Stellen sie in diesen Prozess eingebunden werden.

- die Umsetzung vielfältiger Formen der Selbst- und Mitbestimmung im Prozess der Daseins- und Lebensgestaltung in den Heimgruppen.

- die Erfahrung, dass in den Gruppen autonom gehandelt und gelebt werden kann.

- der Standort sowie die Größe und Architektur der Heimeinrichtung. So verbietet es sich von selbst, eine Heimeinrichtung „auf der grünen Wiese" zu bauen. Diese muss vielmehr vor dem Hintergrund einer integrativen Pädagogik in einem ganz normalen und normalisierten Wohnumfeld angesiedelt sein.

- die Einbindung der Mitarbeiterinnen und Mitarbeiter der Verwaltung, der Hauswirtschaft und der Haustechnik in die Aufgaben der Selbstständigkeitserziehung. Es kann zum Beispiel nicht sein, dass der Hausmeister bestimmte Dinge verbietet, die durch die Erzieherinnen und Erzieher als wichtig und notwendig für die Selbstständigkeit der jeweiligen Kinder und Jugendlichen angesehen werden.

(vgl. Verband Katholischer Einrichtungen der Heim- und Heilpädagogik, 1990, S. 20 ff.)

Um somit in der Heimerziehung Verselbstständigungsprozesse umzusetzen, müssen unterschiedliche Formen im Tagesablauf, im Wochenrhythmus, aber auch in den konkreten alltäglichen pädagogischen Aufgaben berücksichtigt werden. Bevor dies dargestellt wird, soll jedoch zunächst auf die unterschiedlichen Bedingungen der Verselbstständigung bei Jugendlichen, die im Heim bzw. in der Herkunftsfamilie aufwachsen, eingegangen werden. Bei der folgenden Übersicht handelt es sich um eine idealtypische Darstellung.

Jugendliche, die im Heim aufwachsen	Jugendliche, die in der Herkunftsfamilie aufwachsen
zahlende Stellen erwarten mit 18 Jahren die Fähigkeit zur selbstständigen Lebensführung	kein festgelegter Zeitpunkt, wann ein junger Mensch in der Lage sein muss, allein zu leben
häufig Entwicklungs- und Verhaltensdefizite	seltener, meist geringere Entwicklungs- und Verhaltensdefizite
gestörtes Urvertrauen durch frühkindliche Deprivation; hierdurch: Entstehen eines geringen Selbstwertgefühls	positives Urvertrauen; hierdurch: Entstehen eines gesunden und gut ausgeprägten Selbstwertgefühls
kaum Liebe von den Eltern; Eltern konnten den Zeitbedürfnissen häufig nicht gerecht werden	Kinder werden zumeist bedingungslos von den Eltern geliebt und umsorgt
wechselnde Bezugspersonen, da hohe Fluktuationen im Heim, Schichtdienste der Mitarbeiter usw.	es stehen beständig dieselben Bezugspersonen zur Verfügung
erfahren und kennen ihre Bezugspersonen distanzierter als Jugendliche, welche bei ihren Eltern aufwachsen	intensives Kennen nahezu aller Lebensbereiche der Bezugspersonen
die Erfahrung häufiger Beziehungsabbrüche	die Erfahrung von stabilen und kontinuierlichen Beziehungen
mussten sich teilweise Überlebensstrategien aneignen, welche gesellschaftlich sanktioniert werden	das Leben und Überleben ist nahezu „automatisch" und bedingungslos möglich
der Auszug ist häufig endgültig und somit eine Rückkehrmöglichkeit nahezu ausgeschlossen	es findet weiterhin eine Unterstützung durch die Eltern statt: im Notfall ist eine Rückkehr zumeist möglich

Darstellung der unterschiedlichen Bedingungen der Verselbstständigung bei Jugendlichen, die im Heim bzw. in der Herkunftsfamilie aufwachsen

Abschließend können unterschiedliche Verselbstständigungsbereiche dargestellt werden:

Selbstständigkeitserziehung im Tagesablauf der Wohngruppe

Ein erster Bereich bezieht sich auf die Verselbstständigung im Tagesablauf innerhalb einer Wohngruppe. Hier ist darauf zu verweisen, dass der Tagesablauf so strukturiert werden muss, dass es zu einer zunehmenden Eigenständigkeit in der Bewältigung der Aufgaben durch die Kinder und Jugendlichen kommt. Sie müssen zunehmend Eigenverantwortung übernehmen, um alltagspraktische Aufgaben umsetzen und bewältigen zu können. Dies kann durch einen separaten Verselbstständigungsbereich innerhalb einer Wohngruppe noch intensiviert werden: So können zum Beispiel „**Verselbstständigungszimmer**" eingerichtet werden, in denen ältere Kinder und Jugendliche – abgekoppelt von dem Versorgungssystem der Gruppe – für die Verrichtung ihrer täglichen Versorgung eigenverantwortlich zuständig sind. Sie haben in ihrem Zimmer einen Kühlschrank, bekommen Verpflegungsgeld, mit dem sie Einkäufe selbst tätigen müssen, waschen ihre Wäsche extra usw. Möglich ist auch, den Verselbstständigungsprozess in einer Wohnung nahe der Wohngruppe zu intensivieren (Verselbstständigungswohnung), in der Jugendliche noch vom Team der Wohngruppe betreut werden.

Selbstständigkeitserziehung im Betreuten Wohnen

Eine weitere, noch intensivere Form der Förderung der Selbstständigkeit ist das Betreute Wohnen (SBW) (siehe Kap. 1.3.2.2). Der Jugendliche macht Erfahrungen im Bereich alltagspraktischer Angelegenheiten, so zum Beispiel in einer autonomen Gestaltung seiner Lebenswelt bzw. in einer selbstständigen Gestaltung seiner Freundschaften und Partnerschaften sowie in der Wahrnehmung der Aufgaben, welche ein Tagesablauf bzw. ein Wochenablauf für ihn bereithält. Er erlebt sich als jemand, der zum ersten Mal vielleicht mit Behörden in Kontakt kommt (so zum Beispiel bei der Ausstellung des ersten Personalausweises bzw. in der Beantragung eines Führerscheines). Er erfährt sich als einen Menschen, welcher Krisen erlebt, so zum Beispiel in der Veränderung seiner Partnerschaften und Freundschaften, vielleicht im Umgang mit Loslösungsprozessen vom Elternhaus bzw. von der Heimgruppe, aber auch im Umgang mit Drogen und Alkohol. Der Jugendliche erfährt sich als eine Person, welche sich in beruflicher Hinsicht orientieren muss, er muss zum Beispiel einen Beruf auswählen, muss die hierfür notwendigen Zeugnisse und Bescheinigungen vorlegen, muss den Weg zum Arbeitsplatz gestalten, muss die sich hieran anknüpfende Freizeit neu strukturieren und vieles andere mehr. So erfährt er im Umgang mit sich selbst und mit der Gesellschaft unterschiedliche Anforderungen, welche begleitend gestaltet werden müssen.

Selbstständigkeitserziehung durch Dritte

Gerade im Hinblick auf die Gestaltung von Verselbstständigungsbereichen ist jedoch auch auf andere Institutionen zu verweisen: So zum Beispiel auf das Jugendamt, welches die Mittel hierzu zur Verfügung stellt, bzw. auf die Schulen und Ausbildungseinrichtungen, in welchen diese Verselbstständigungsprozesse verwirklicht werden, aber auch häufig an ihre Grenzen stoßen.

Die Erzieherinnen und Erzieher müssen in Bezug auf die Wahrnehmung der Verselbstständigung der Kinder und Jugendlichen also ihre Fähigkeitsbereiche kennen bzw. ihre Bedürfnisse wahrnehmen und diese in den Tagesablauf integrieren. Die Kinder und Jugendlichen müssen jeweils die Möglichkeit bekommen, ihre Bedürfnisse und Wünsche zu äußern. Hierbei ist natürlich das Alter und der Entwicklungsstand der Kinder und Jugendlichen zu berücksichtigen. Gerade in der Heimerziehung kann es jedoch sein, dass das chronologische Alter deutlich vom Entwicklungsalter des Kindes abweicht, sodass bestimmte Aufgaben „nachgeholt" werden müssen.

Die Gestaltung von Tagesstrukturen, das heißt konkret auch die Bereitstellung eines immer wieder neu auszuhandelnden Freiraumes, erscheint als zentral für die Selbstständigkeitserziehung. Vor dem Hintergrund eigenständig zu vertretender Normen und Werthaltungen müssen die Erzieherinnen und Erzieher den Kindern und Jugendlichen diese Freiräume gewähren, in denen sie die Vermittlung von Autonomie selbstständig bewältigen können. Dies geschieht immer ganz konkret in den pragmatischen Verrichtungen, welche der Alltag, d. h. der Tages- bzw. Wochenrhythmus, bereithält, sowie in den hieran beteiligten unterschiedlichen Organisationen wie der Schule, dem Ausbildungsbetrieb usw. Abschließend kann festgestellt werden, dass eine Heimerziehung darauf hinarbeiten muss, in Bezug auf die Verselbstständigungserziehung „Halt gebende Lebenswelten" (Speck 1991, S. 178) vorzuhalten und zu strukturieren. Die Lebenswelt der Heimgruppe bzw. der Organisation „Heim" ist hierbei zentral und relevant. Diese definiert auf der einen Seite einen größtmöglichen Freiraum, auf der anderen Seite aber auch Halt gebende Strukturen, in denen die Kinder bzw. die Jugendlichen ihre Autonomie entwickeln können.

Aufgaben zum Selbststudium

1. *Vergleichen Sie die unterschiedlichen Bedingungen des Aufwachsens im Elternhaus und in der Heimerziehung. Ergänzen Sie die Tabelle mit Ihren eigenen Erfahrungen.*

2. *Nehmen Sie kritisch Stellung zur Entwicklung von Verselbstständigungswohnungen.*

3. *Im Text sind Forderungen an die Struktur- und Prozessqualität einer Einrichtung gestellt, wenn diese qualitative Selbstständigkeitserziehung betreiben will. Nehmen Sie zu diesen Forderungen kritisch Stellung.*

5.2 Eltern- und Familienarbeit

Praktikantinnen und Praktikanten tun sich als Berufseinsteiger schwer mit der Elternarbeit, ja häufig schon mit der Kontaktaufnahme zu den Eltern der Kinder und Jugendlichen, die sie gerade kennengelernt haben. Sie haben die Aufnahmegründe von den Kindern selbst oder von den Erzieherinnen und Erziehern berichtet bekommen oder haben in Akten dazu gelesen. „Wie können Eltern ihren Kindern so etwas antun?" Unverständnis im wirklichen Sinn des Wortes wird geäußert: nicht verstehen können, nicht nachvollziehen können. Und wahrhaftig: Oft sind auch die, die seit vielen Jahren mit Kindern und

Jugendlichen in der stationären Jugendhilfe arbeiten, von Verhaltensweisen und Erziehungspraktiken der Familienangehörigen schockiert. Insbesondere wenn bekannt wird, dass Kinder und Jugendliche unter sexueller Gewalt in der Familie gelitten haben. Es ist aber vielfach schon schwierig nachzuvollziehen, warum der Vater oder die Mutter zu einem fest vereinbarten Besuchstermin nicht erscheint. Den betroffenen Kindern und Jugendlichen in solch einer konkreten Situation professionell beizustehen ist leichter, wenn Kompetenzen vorhanden sind, die sich auf die Haltung bezüglich des Umgangs mit familiären Systemen beziehen. In dieser Situation auf die Eltern wegen ihrer Unzuverlässigkeit zu schimpfen, ist zunächst verständlich, erschwert allerdings den Zugang zum Kind oder zum Jugendlichen und natürlich in Folge auch zu den Eltern, da das Kind in einen sogenannten Loyalitätskonflikt gerät.

Weitere Gründe, wodurch der Zugang zur Elternarbeit zunächst erschwert wird, liegen in den aufeinander aufbauenden Bezugspunkten in der Ausbildung. Der Einstieg in den Beruf findet zunächst über den Kontakt zu einzelnen Kindern und Jugendlichen statt. Praktikantinnen und Praktikanten sollen zu Beginn ihrer Praktika Beziehungen aufbauen, sich mit den besonderen Lebens- und Sozialisationsbedingungen der Kinder vertraut machen, ihre Biografie kennenlernen und danach ihr erzieherisches Wirken ausrichten. Der zweite Punkt ist der, gruppenpädagogisch tätig zu werden, also gezielte gruppenpädagogische Interventionen kennenzulernen und in der Praxis anzuwenden. Hier fällt es häufig schon nicht leicht, das Kind im Gruppenkontext wahrzunehmen und entsprechend zu agieren (siehe Kapitel 2.2, Das Arbeiten in und mit Gruppen). Der dritte Schritt bedeutet, erzieherisches Handeln in einer Organisation wahrzunehmen, zu reflektieren und umzusetzen. Konkret bedeutet das, bei der Planung von Freizeitangeboten, bei der

Alltagsgestaltung und vor allem bei der Erziehungsplanung die Möglichkeiten der praktisch-pädagogischen Handlungsoptionen alle Ebenen zu beachten (siehe Kapitel 2.3, 3.2, 4.1 und 6.1). „Die Bedeutung einer systemischen Perspektive als einer bestimmten Weise, die Welt wahrzunehmen [...]" (Schlippe/Schweitzer, 2007, S. 17) ist Voraussetzung dafür, die „fachrichtungsübergreifende Kompetenz" des systemisch vernetzenden Denkens zu entwickeln (vgl. Ministerium für Schule und Weiterbildung des Landes Nordrhein-Westfalen, 2014, S. 32).

Die professionelle Zuwendung zu den Eltern und den weiteren Beziehungspersonen in dem familiärem Kontext heißt, einen weiteren Schritt in dem in der Ausbildung stattfindenden Lernprozess, Handlungswissen in die komplexen und spezifischen Arbeitssituationen einzubringen, zu gehen.

Nicht außer Acht gelassen werden sollte ein weiterer Aspekt, der bei der Bearbeitung des Themas Elternarbeit in der Fachschule für Sozialpädagogik zu berücksichtigen ist. Die Studierenden sind in der Regel in der Lebensphase, in der sie sich gerade von ihren Eltern abkoppeln. Viele wohnen noch zu Hause, sind von den Eltern finanziell abhängig. Um professionelle Elternarbeit leisten zu können, ist es notwendig, sein Bild von seinen und die Sicht auf seine eigenen Eltern zu klären. Denn: „Wenn die eigenen Schwierigkeiten mit den Eltern nicht gelöst sind, ist es schwieriger, selbst Eltern zu sein" (Cecchin/Conen 2008, S. 93). Dies lässt sich auf die Situation der angehenden Erzieherinnen und Erzieher übertragen. Und weiter wird das Bild, welches erwachsene Kinder von ihren Eltern entwickeln sollen, wie folgt skizziert: „Es gibt keine perfekten Eltern. Wenn man eine gewisse Reife erlangt hat, kann man seinen Eltern zugestehen, dass sie nicht perfekt waren. Kinder haben (sehr) hohe Erwartungen an ihre Eltern – je jünger, desto höher. Mit zunehmendem Alter lernen sie, ihre Erwartungen an die Eltern zu reduzieren. Eine gesunde Entwicklung zeichnet sich dadurch aus, dass die (erwachsenen) Kinder in der Lage sind zu sagen:,Ich liebe meine Eltern, wie sie sind. Meine Eltern sollen nicht anders sein. Sie sind nicht perfekt, aber ich akzeptiere sie so, wie sie sind'" (Cecchin/Conen, 2008, S. 100). Dieser Entwicklungsschritt ist nicht vor dem Ende der Adoleszenz – also bis zum 21. bis 24. Lebensjahr – abgeschlossen.

In diesem Kapital wird zunächst aufgezeigt, weshalb die Elternarbeit eine „Pflichtaufgabe" der Erzieherinnen und Erzieher in der stationären Jugendhilfe ist und der Begriff der Elternarbeit wird definiert. Des Weiteren werden eine der wichtigen Grundlagen der Eltern- und Familienarbeit, das „systemische Arbeiten" in seinen Grundlagen dargestellt und wesentliche Begriffe dazu erläutert. Anschließend werden die Methoden und Formen der Familien- und Elternarbeit dargestellt. Hier wird insbesondere Bezug genommen auf die Methoden, die für die Arbeit von Erzieherinnen und Erziehern in Regelgruppen Relevanz haben.

5.2.1 Begründungen zur Elternarbeit in Kinderheimen

Mit dem Inkrafttreten des Kinder- und Jugendhilfegesetzes (SGB VIII) wurde eindeutig festgelegt, dass mit der Herausnahme von Kindern und Jugendlichen aus der Herkunftsfamilie und deren Unterbringung in Betreuungsformen der Heimerziehung die Familie nicht als solche „ersetzt" wird. Zuvor wurde die öffentliche Jugendhilfe in drei Aufgabenbereiche klassifiziert: Die familienergänzenden, die familienunterstützenden und die familienersetzenden Hilfen. Heimerziehung ersetzt die Familie nur temporär und leistet gleichzeitig weitere Hilfen für die Familie des aufgenommenen Kindes.

Der sog. Paradigmenwechsel, also die Veränderung über das allgemeine Selbstverständnis von Jugendhilfe und hier im speziellen von Heimerziehung, bewirkte, die Unterbringung von Kindern und Jugendlichen nicht als ein Abschieben des Kindes in ein Kinderheim zu betrachten und darauf zu hoffen, dass sich die Verhältnisse in der Familie von allein regeln werden und das Kind im Heim schon so weit erzogen werde, dass das nicht akzeptierte Verhalten bei Rückkehr in die Familie sich nicht mehr zeigen würde. Schon in den 1970er- und 1980er-Jahren entwickelten viele Einrichtungen Konzepte zur Familienarbeit mit dem Ziel, die Rückführung und Reintegration von Kindern und Jugendlichen in die Herkunftsfamilie aktiv zu begleiten.

Rechtliche Verpflichtung zur Elternarbeit

In § 34 Nr. 2 des SGB VIII wird nun seit 1991 klar als zuerst genanntes Ziel für die Unterbringung eines Kindes oder Jugendlichen in einem Kinderheim formuliert:

> SGB VIII § 34 Nr. 2 [Heimerziehung] soll entsprechend dem Alter und Entwicklungsstand des Kindes oder des Jugendlichen sowie den Möglichkeiten der Verbesserung der Erziehungsbedingungen in der Herkunftsfamilie 1. eine Rückkehr in die Familie zu erreichen versuchen [...]

Konkreter wird der Auftrag zur Zusammenarbeit mit den Eltern im § 37 SGB VIII Abs. 1 gefasst:

> SGB VIII § 37 Abs. 1 Bei Hilfen nach §§ 32 bis 34 und § 35a Absatz 2 Nummer 3 und 4 soll darauf hingewirkt werden, dass die Pflegeperson oder die in der Einrichtung für die Erziehung verantwortlichen Personen und die Eltern zum Wohl des Kindes oder des Jugendlichen zusammenarbeiten. Durch Beratung und Unterstützung sollen die Erziehungsbedingungen in der Herkunftsfamilie innerhalb eines im Hinblick auf die Entwicklung des Kindes oder Jugendlichen vertretbaren Zeitraums so weit verbessert werden, dass sie das Kind oder den Jugendlichen wieder selbst erziehen kann. Während dieser Zeit soll durch begleitende Beratung und Unterstützung der Familien darauf hingewirkt werden, dass die Beziehung des Kindes oder Jugendlichen zur Herkunftsfamilie gefördert wird. Ist eine nachhaltige Verbesserung der Erziehungsbedingungen in der Herkunftsfamilie innerhalb dieses Zeitraums nicht erreichbar, so soll mit den beteiligten Personen eine andere, dem Wohl des Kindes oder des Jugendlichen förderliche und auf Dauer angelegte Lebensperspektive erarbeitet werden.

Was konkret unter dieser Zusammenarbeit zu verstehen ist, wird nicht ausgeführt. Je intensiver eine Zusammenarbeit notwendig wird – bis hin zu einer Familientherapie, ist im Hilfeplangespräch abzuklären (siehe Lernfeld 3.2), und dann muss festgelegt werden, wer diese Hilfe übernimmt. An dieser Stelle wird ein wichtiges Problem erkennbar: Wer übernimmt welche Aufgaben im Bereich der Familien- und Elternarbeit und wie gestaltet sich die Finanzierung dieser Tätigkeiten? In dem Pflegesatz, der für jedes einzelne Kind und jeden einzelnen Jugendlichen von dem unterbringenden Träger der öffentlichen Jugendhilfe (meist die Jugendämter der Städte und Kreise) zu leisten ist, ist eine „Grundleistung" für die Elternarbeit enthalten.

Wie dem folgenden Auszug aus einer Leistungsbeschreibung eines Trägers einer Einrichtung der stationären Jugendhilfe zu entnehmen ist, sind vorrangig die Leistungen genannt, die in einer Regelgruppe von den Erzieherinnen und Erziehern erbracht werden können und müssen. Weitere zu erbringende Leistungen müssen im Hilfeplanverfahren ausgehandelt und vereinbart werden. Dabei müssen zum Beispiel Therapien oder Trainings für die Eltern nicht von dem Träger durchgeführt werden, bei dem das Kind oder der Jugendliche untergebracht ist.

Leistungsbeschreibung	Platz in einer Regelgruppe	
	Gültigkeitsbereich: Heimgruppen im Stammhaus und AWGs	
• fallorientierte Elternarbeit	bei Bedarf, mind. 2 x pro Jahr je nach Besuchskontakten je nach Bedarf im Einzelfall	• Einbeziehung der Eltern/Vormünder und Abstimmung mit ihnen in grundsätzlichen Fragen und bei besonderen Vorkommnissen • Vor- und Nachbereitung von Besuchswochenenden und von Beurlaubungen nach Hause • Einbindung der Eltern in das Lebensfeld: Einladungen zu Festen und besonderen Anlässen • Hausbesuche durch pädagogische Mitarbeiter/-innen • pädagogische Gespräche mit den Eltern • Vorbereitung der Entlassung mit den Eltern • therapeutische Elternarbeit durch eine Dipl.- Psychologin (in der Regel über Zusatzleistung)

(aus der Leistungsbeschreibung des Ev. Kinderheimes Wesel, Stand: 05/2013)

Dass sich die Aushandlungen in der Hilfeplanung nicht ausschließlich an sozialpädagogischen und sozialarbeiterischen Standards und Notwendigkeiten orientieren, darauf weist Schulze-Krüdener hin:

„Werden von freien Trägern vorrangig sozialpädagogische Facetten zur Elternarbeit angeführt, werden seitens der öffentlichen Jugendhilfe, die für die Entgeltvereinbarungen zuständig ist, fiskalische Aspekte genannt, d. h. die Rückführung in die Herkunftsfamilie wird im Blickwinkel von Wirtschaftlichkeit gesehen. Die öffentliche Jugendhilfe verspricht sich durch die effektive und intensive Elternarbeit

einen Spareffekt, die Heimvertreter hingegen meinen, sollten sie ihre Elternarbeit intensivieren, müssten sie auch ihr Personal aufstocken. Ergibt sich hier möglicherweise ein Nullsummenspiel? Intensive Elternarbeit verkürzt die Dauer stationärer Erziehungshilfe (kostendämpfend); möglich ist die intensive Elternarbeit jedoch nur mittels Personalschulung und -aufstockung (kostentreibend)."
(Schulze-Krüdener, 2015, S. 4f.)

Der weitaus größte Teil der Eltern, deren Kinder sich in stationärer Jugendhilfe befinden, ist weiterhin Inhaber der elterlichen Sorge. In 2011 wurden etwa 32 000 Kinder und Jugendliche in Kinderheimen untergebracht, d.h. die Hilfe begann zu diesem Zeitpunkt. „In etwa 4 von 5 dieser Fälle waren die Personensorgeberechtigten mit der familienersetzenden Hilfe für ihren Sohn oder ihre Tochter ‚mehr oder weniger' einverstanden. Bei jedem fünften Fall hingegen war die wegen einer nicht dem Wohl des Kindes entsprechenden Erziehung notwendig gewordene Fremdunterbringung nur in Verbindung mit einem vollständigen oder teilweisen Entzug der elterlichen Sorge und damit nur auf der Basis einer familiengerichtlichen Entscheidung möglich." (Pothmann, 2013, S. 6) Diese Zahlen waren in den letzten Jahren relativ stabil, wenn auch die Zahl der Sorgerechtsentzüge von 2001 bis 2011 um fünf Prozent angestiegen ist. Von daher kann man festhalten, dass bei mehr als 80 Prozent der Kinder und Jugendlichen, die in Kinderheimen leben, die Eltern noch die elterliche Sorge inne haben, und selbst wenn ihnen ausschließlich das Aufenthaltsbestimmungsrecht entzogen wurde, sie Mitwirkungsrechte haben, d.h. die Einrichtung hat sich gemäß § 1688 Abs. 3 BGB in allen Erziehungsfragen mit den Eltern abzustimmen (vgl. Pothmann, 2013, S. 6). Das Recht nach Abs. 1, in Angelegenheiten des täglichen Lebens zu entscheiden und den Inhaber der elterlichen Sorge in solchen Angelegenheiten auch zu vertreten, gilt nicht, wenn der Inhaber der elterlichen Sorge etwas anderes erklärt (vgl. Jugendrecht, 2013, S. 124).

Verpflichtung zur Elternarbeit aus bindungstheoretischer Sicht

Eine Erfahrung, die viele Erzieherinnen und Erzieher, die langjährig in der Heimerziehung tätig sind machen, ist die, dass das durchgängige Bestreben vieler Kinder und Jugendliche ist, wieder nach Hause gehen zu dürfen. Wenn man sich vor Augen führt, welche Enttäuschungen und Verletzungen seelischer Art die Kinder und Jugendlichen von ihren Eltern erfahren haben, ist dieser starke Wille zur Rückkehr oft nicht nachvollziehbar. Selbst Kinder und Jugendliche, die sexuelle Gewalterfahrungen in der Familie haben machen müssen, äußern den Wunsch, zu Mutter und Vater zurückzukehren. Besonders schmerzhaft ist es, wenn Kinder, die über viele Jahre in einer Gruppe gelebt haben, die sich schulisch gut entwickelt haben, die eine Perspektive für sich gefunden haben und von denen die pädagogischen Mitarbeiterinnen und Mitarbeiter gedacht haben, sie würden ihren Weg nach Erreichen der Volljährigkeit ohne die Herkunftsfamilie finden, sich nach wenigen und kurzen Kontaktaufnahmeversuchen wieder Vater oder Mutter zuwenden. Damit einhergehend sind alle angedachten Selbstständigkeitsbemühungen und Ausbildungsperspektiven hinfällig. Oft tauchen dann Fragen von den Erziehenden auf wie „Wie ist das möglich?", „Wir haben uns so bemüht und jetzt ist alles hinfällig?" oder „Was haben wir nur falsch gemacht?"

Eltern bleiben Eltern. „Die Bindungen zu den Eltern sind ‚stärker' und von einer anderen Qualität als die Beziehungen zu den professionellen Bezugspersonen in der Heimerziehung. „Bindung (‚attachment') ist die besondere Beziehung eines Kindes zu seinen Eltern

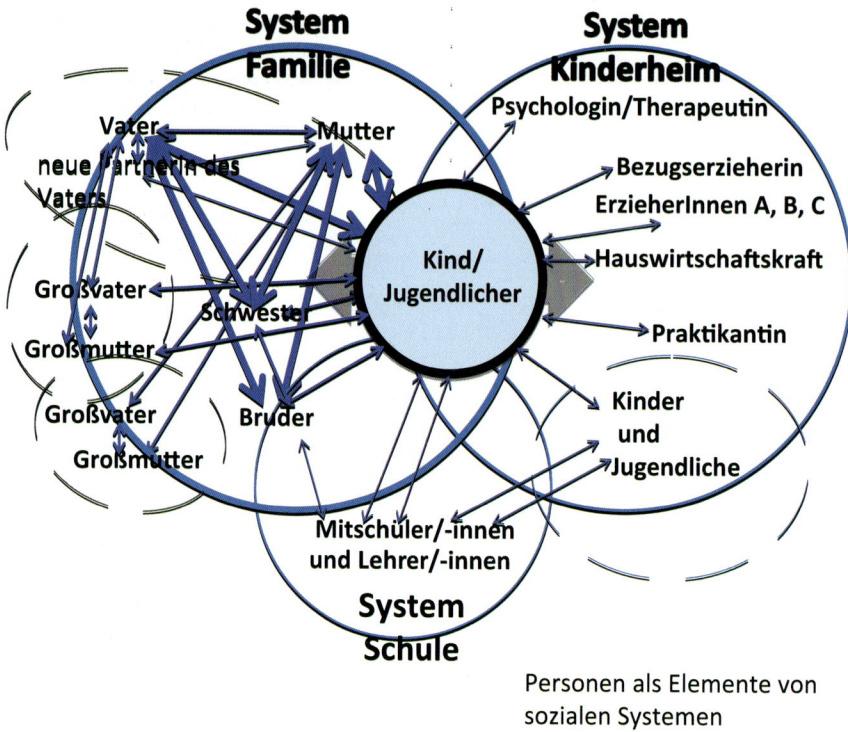

System Familie

System Kinderheim

Psychologin/Therapeutin

Bezugserzieherin

ErzieherInnen A, B, C

Hauswirtschaftskraft

Praktikantin

Kinder und Jugendliche

Vater

neue Partnerin das Vaters

Mutter

Kind/ Jugendlicher

Großvater

Schwester

Großmutter

Großvater

Bruder

Großmütter

Mitschüler/-innen und Lehrer/-innen

System Schule

Personen als Elemente von sozialen Systemen

oder zu anderen beständigen Bezugspersonen. Sie bildet das emotionale Band, das es mit diesen anderen, besonderen Personen über Zeit und Raum hinweg verbindet." (Unzner, 2004, S. 129)

Für die Eltern- und Familienarbeit in der Heimerziehung ist es von elementarer Bedeutung, Beziehung und Bindung voneinander zu trennen. Oft scheint es, dass nicht in der „Schärfe" voneinander getrennt wird, wie es gemäß der Beziehungsforschung und der Bindungsforschung tatsächlich notwendig ist. Balloff formuliert das für Richter an Familiengerichten besonders drastisch: „Unausrottbar scheint der in Juristenkreisen auftretende Fehler zu sein, Beziehungen und Bindungen in einen Topf zu werfen und zu verwechseln, sodass Fragen nach der Intensität, Stärke, Enge oder Tragfähigkeit der Bindungen ständig in richterlichen Beschlüssen beispielsweise in Fragen zur Regelung der elterlichen Sorge auftauchen." (Balloff, 2004, S. 155) Es ist für den Ansatz einer systemisch orientierten Elternarbeit unabdingbare Voraussetzung sich zu vergegenwärtigen, dass die tragfähige Beziehung der Erzieherinnen und Erzieher zu den Kindern und Jugendlichen gut und wichtig ist, aber nicht zu verwechseln ist mit der Bindung dieser Kinder und Jugendlichen zu ihren Eltern.

Auch wenn Erzieherinnen und Erzieher in der stationären Jugendhilfe in einem sogenannten „feinfühligen Klima" eine gute Beziehung zu dem Kind oder Jugendlichen aufbauen und durch Beständigkeit ausbauen, ersetzt das nicht die Bindung an die Eltern. Das in fast allen europäischen Sprachen geläufige Sprichwort: „Blut ist dicker als Wasser" weist ebenfalls auf die einigende Wirkung der Blutsverwandtschaft hin. Obwohl scheinbar gute und tragfähige Beziehungen zwischen den Kindern und den Erziehenden entstanden sind, lösen sich die zu Betreuenden aus diesem Beziehungsverhältnis und wenden sich wieder den Eltern zu.

Um verstehen zu lernen, wie dieses widersprüchlich erscheinende Verhalten von Kindern und Jugendlichen zu erklären ist, weisen Boszormenyi-Nagy und Spark (1995, S. 15) darauf hin, „dass ‚Loyalität' ein Schlüsselbegriff ist zum Verständnis der systemgebundenen (sozialen) wie der individuellen (psychischen) Ebene – insofern nämlich, als sie eine Verbindung herstellt zwischen den Bedürfnissen und Erwartungen eines sozialen Verbands (der stets auf Loyalität beruht und sie von seinen Mitgliedern erwartet) und dem Denken, den Gefühlen und Motivationen jedes einzelnen Verbandsmitglied als Person."

Durch die Trennung des Kindes von der Familie und der Unterbringung in einer Einrichtung kann das Kind oder der Jugendliche in sogenannte Loyalitätskonflikte geraten. In beiden Systemen – Familie und Wohngruppe – werden unterschiedliche Anforderungen an das Kind gestellt. Für das Kind kann es schwierig werden zu entscheiden, wie es sich verhalten, wie es denken und fühlen soll, wenn es von den professionellen Helfern mit dem Versagen der Eltern konfrontiert wird. Die Bindung zu den Eltern ist nach wie vor vorhanden, und wie der Buchtitel von

Boszormenyi-Nagy und Spark besagt, ist sie **unsichtbar** vorhanden. Was für den therapeutischen Prozess unabdingbar ist, macht auch einen bedeutenden Teil der Arbeit der pädagogisch Handelnden aus, er „[…] gilt der Auffindung und der Identifizierung von uneingestandenen und sogar unbewussten Loyalitätskonflikten […]" (Boszormenyi-Nagy/Spark, 1995, S. 9). Hier ist feinfühliges Handeln notwendig, damit bei dem Kind nicht der Eindruck erweckt wird, die Eltern zu hintergehen, sie gar „zu verraten". (vgl. Unzner, 2004, S. 139) Es bedarf einer behutsamen Gesprächsführung, um dem Kind zu vermitteln, dass das Verhalten der Eltern nicht gebilligt wird, Mutter und Vater als handelnde Personen wohl. Ein einfaches Beispiel macht die Problematik der Loyalitätsbindung deutlich. Wenn ich als Jugendlicher in einer spannungshaften Phase meine Eltern beschimpfe und nichts Gutes an ihnen finden kann, beschleicht mich ein ungutes Gefühl, wenn meine beste Freundin oder bester Freund das Gleiche ausspricht. Ich darf so sprechen, aber aus dem Munde eines anderen ist das auch eine Wertung gegen mich, da mir Mutter und Vater bindungsmäßig näher sind als mich die Beziehung zu Freund oder Freundin je bringen kann.

Zu einem eindrucksvollen Ergebnis zur Loyalität kommt die Studie von Wieland u. a. aus dem Jahre 1992. Junge Erwachsene wurden zwei bis drei Jahre nach ihrer Heimentlassung danach befragt, was denn die Heimerziehung zur Bewältigung der Trennung vom Elternhaus beigetragen hat: „Die jungen Erwachsenen ließen sich nicht dazu zwingen, die Eltern abzulehnen, um sich ins Heim zu integrieren. Deutlich zeigt sich ein Milieukonflikt, der es den Kindern und Jugendlichen erschwert, sich auf die Heimpädagogen einzulassen. Sie konnten nur den Betreuern vertrauen, von denen sie sich in ihrer sozialen Orientierung angenommen fühlten." (Wieland u. a., 1992, S. 112)

Verpflichtung zur Elternarbeit aus praktisch-pädagogischer Sicht

Wie aus den Erläuterungen der letzten beiden Absätze deutlich wird, muss eine akzeptierende Arbeit mit den Eltern praktiziert werden, um die Kinder und Jugendlichen auch im Alltaghandeln zu erreichen. Der Zugang, der Aufbau von Beziehungen zum Kind und Jugendlichen wird versperrt, wenn Erzieherinnen und Erzieher nicht auch die Eltern und deren Lebensumfeld intensiv in den Blick nehmen. Gelingt es, elterliche Akzeptanz für das pädagogische Handeln und die Abläufe im Alltagsgeschehen der Gruppe zu bekommen, wird auch der Umgang mit den Kindern und Jugendlichen durchführbarer. „Bei der Anwendung der Regeln wird in einigen Gruppen eine gelingende Elternarbeit ersichtlich, da viele der Eltern die Regeln innerhalb der Gruppe kennen, diese akzeptieren und bei Besuchen ihrer Kinder übernehmen. Sie erleben die Regeln als hilfreich, obwohl das Thema Regeln in der Familie ein Konfliktpotenzial darstellte, das bisweilen zur Fremdplatzierung ihres Kindes geführt hat." (Hartwig u. a., 2009, S. 114 f.)

Eine weitere Begründung zur Elternarbeit aus Sicht der Mitarbeiterinnen und Mitarbeiter in der Einrichtung besteht darin, die Eltern zur Mitarbeit zu gewinnen, um sie so als wichtige Informationsquelle zu nutzen. Diese Erläuterungen aus eigener Sicht fehlen in Akten und in der Anamnesearbeit von Fachkräften. „Aber erst durch solche Selbstdarstellungen oder auch Selbstreporte erlangen die professionellen Fachkräfte fundiertes Wissen über die Lebensgeschichte und subjektiven Sichtweisen der Eltern, die sich in der biografischen Entwicklung manifestiert haben" (Schulze-Krüdener, 2015, S. 359). Dass sich hier auch entwicklungsrelevante Einschätzungen über ihre Kinder ermitteln lassen, ist denkbar. Eltern sind nicht die Personen, die mit ihren Kindern alles falsch gemacht haben. Diejenigen Handlungsweisen des Umgangs mit ihren Kindern zu ermitteln, die sich positiv ausgewirkt haben und diese dann mit den Kindern zu besprechen und sie wieder erleben zu lassen, wird sich fruchtbar auf den gesamten Erziehungsprozess auswirken. (Zu der Vielschichtigkeit von familiären Strukturen siehe auch Kapitel 3.1, Das Familienprinzip in der Heimerziehung.)

5.2.2 Definitionen und Begriff von Elternarbeit in Kinderheimen

Wie Elternarbeit zu definieren ist, ist in der Fachliteratur in den Grundaussagen weitgehend unstrittig. Eine sehr umfassende Definition nennt Flosdorf (1988, Bd. 2, S. 186): „Elternarbeit ist jede Form einer zielgerichteten Kommunikation vonseiten erzieherisch Verantwortlicher mit Eltern, um diese direkt oder indirekt im Hinblick auf ihre Einstellungen und ihr Verhalten gegenüber Kindern zu beeinflussen." Schon 1975 hat Brem-Gräser folgende Aussagen zur Elternarbeit in Kinderheimen getroffen, die auch noch Jahre danach zitiert werden: „Ziele der Elternarbeit im Rahmen der Heimerziehung sind die Herstellung, Erneuerung bzw. Vertiefung des Kontaktes zwischen Kind und Eltern, die Aktivierung und Stützung eines Prozesses der Selbstbesinnung der Eltern, um sie zu neuen Einsichten in Bezug auf Eigenart, Eigenwert und die Erziehung des Kindes zu führen, sowie gemeinsames Erarbeiten neuer Erziehungswege und Erziehungspraktiken. Dabei sollen eine optimale Zusammenarbeit der Bezugspersonen des Kindes bewirkt und Kommunikationsformen zwischen Heim, Kind und Eltern geschaffen werden" (Brem-Gräser, 1975, S. 73). Ebenso umfassend wird auch in der aktuellen Fachliteratur Elternarbeit gesehen: „Unter Elternarbeit sind dabei alle Bemühungen

zu verstehen, die sich ausschließlich an die Eltern des Kindes bzw. der/des Jugendlichen richten mit dem Ziel, den Erfolg der professionellen Erziehungspersonen im Heim für alle beteiligten Akteurinnen und Akteure zu erhöhen" (Schulze-Krüdener, 2015, S. 358). Bereits Marie-Luise Conen, die mit ihrer 1990 erschienenen „Studie zur Praxis der Eltern- und Familienarbeit in Einrichtungen der Erziehungshilfe" ein Standardwerk zu dem Thema veröffentlicht hat, bemerkt, dass der Begriff Elternarbeit synonym mit Familienarbeit verwandt wird (vgl. Conen, 1990, S. 29). Mit der Weiterentwicklung der fachlichen Standards im Bereich der Eltern- und Familienarbeit ist dazu beigetragen worden, nicht nur die Eltern als direkte Beziehungspersonen in den Blick zu nehmen, sondern die gesamte Familie und den weiteren familiären Kontext als Aufgabenfeld zu betrachten. „Die systemische Sichtweise erfordert es, die Arbeit mit der gesamten Familie zur Leitidee pädagogischen Handelns zu machen. Elternarbeit als Arbeit mit dem Herkunftssystem verlangt so besehen nach Konzepten, die die pädagogische und die therapeutische Arbeit verbinden" (Taube/ Vierzigmann, 2000, S. 9).

5.2.3 Exkurs: Begrifflichkeiten im systemischen Kontext

Schon mehrfach wurde in diesem Kapitel und in diesem Buch auf die Begriffe systemisch, systemisches Denken und Systemkompetenz hingewiesen. An dieser Stelle sollen einige wichtige Begriffe erläutert werden, die notwendig sind, um den systemischen Ansatz in der Eltern- und Familienarbeit zu verstehen.

System, Systemtheorie

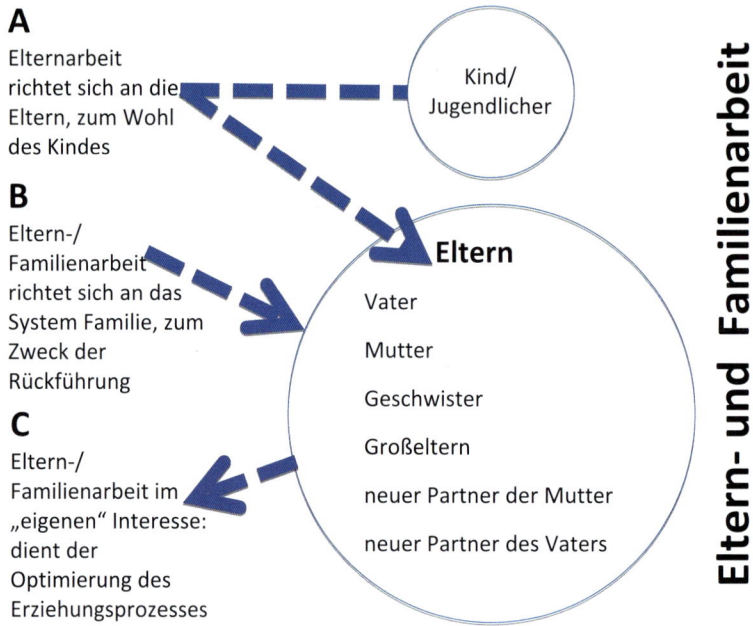

Adressaten der Eltern- und Familienarbeit

Die Systemtheorie geht davon aus, dass ein System ein umfassendes Gebilde darstellt, welches eine Einheit aus einzelnen Elementen oder Mitgliedern, sprich Personen, bildet und somit eine Gesamtheit darstellt. Die Gesamtheit ist wiederum Teil eines größeren Systems. Die Elemente/Personen einer Gesamtheit sind mit den anderen Personen so verknüpft, dass Veränderungen in unterschiedlicher Stärke immer Einfluss auf das ganze System und damit auf die anderen Personen haben. Für unseren Blick auf Familien ist die Systemtheorie Batesons hilfreich, „nach der Probleme in einem System aus dem Zusammenspiel verschiedener Faktoren des Systems resultieren und nicht durch eine einzige Ursache entstehen. Daher können Lösungen auch nur unter Beachtung dieser Faktoren entwickelt werden" (Bateson, in: Bauer/Hegemann, 2008, S. 22).

Systemisches Denken – Grundlagen

Bei der Einschätzung einer Fragestellung gilt es, nicht nur den Blick auf einzelne Personen in dem System zu lenken, sondern auch die wechselseitigen Beziehungen der Personen zu beachten. Konflikte in familiären Systemen sind nicht ursächlich einer Person zuzuordnen, sondern sind immer im Kontext des Gesamtsystems zu betrachten. Zum Verständnis systemischer Strukturen ist die Kenntnis der Systemtheorie relevant, die in ihrer soziologischen Ausprägung von Niklas Luhmann entwickelt worden ist (vgl. Luhmann, 1996, 15–91). Sie geht davon aus, dass sich die westliche Gesellschaft im Verlauf der letzten dreihundert Jahre in ihrem Aufbau drastisch verändert hat und vor allem immer komplexer geworden ist. Was bedeutet das konkret und welche Konsequenzen zieht dieser theoretische Ansatz hieraus?

Bis weit in das Mittelalter hinein war die westeuropäische Kultur eine Kultur der Stände. Das bedeutet, dass es unterschiedliche Stände und Standesorganisationen gab, welche die Gesellschaft organisierten. Diese Ständeordnung sah also vor, dass sich Gruppen in einer Gesellschaft entwickelten, welche – durch rechtliche Vereinbarungen und Festsetzungen – deutlich voneinander getrennt waren. Hieraus ergaben sich für die einen Stände Vor-, für die anderen gegebenenfalls deutliche Nachteile. Die Menschen dieser Zeit waren und wurden in diese Stände hineingeboren – ein Wechsel der Standeszugehörigkeit war kaum einmal möglich. Die wichtigsten Stände waren erstens die Geistlichkeit (der Klerus), zweitens der Adel und drittens das Bürgertum (wozu manchmal auch die Bauern gezählt wurden). Zudem gab es noch Untergliederungen, wie z.B. bestimmte Handwerkerstände.

In und nach der Zeit der Aufklärung veränderte sich diese Gesellschaftsstruktur. Da die Hierarchie des Klerus und des Adels von den Bürgern nicht mehr länger anerkannt wurde, diese sich aber auch nicht an die Spitze der Gesellschaftsstruktur setzen konnten und wollten, musste sich ein neuer Aufbau entwickeln. Dies geschah dadurch, dass sich nach der Aufklärung einzelne Funktionsbereiche eines Staates (und einer Gesellschaft) ausdifferenzierten. Diese nahmen nun die wichtigen Aufgaben (Funktionen) der Gesellschaft war. Hierdurch entstand eine neue, völlig anders beschaffene und ausdifferenzierte Struktur der westeuropäischen Gesellschaft. Um welche Funktionen handelt es sich hierbei?

Der deutsche Soziologe Niklas Luhmann (und vor ihm schon andere Soziologen) benennt u. a. die Funktionssysteme der Politik, der Wirtschaft, der Religion und des Rechtes. Die Gesellschaft entwickelt diese Funktionen eigenständig, da sie sie zum Aufbau und zum gesellschaftlichen Handeln benötigt. Jedes System verfügt hierbei außerdem über ein eigenständiges Kommunikationssystem, man kann auch sagen: über ganz individuelle Interessen, welche sie in dieser Gesellschaft anstrebt. Das System der Politik interessiert sich zum Beispiel (nahezu ausschließlich) dafür, ob die Macht des einzelnen (oder der Parteien) vergrößert werden kann. Ihre Kommunikationsform, oder auch ihre Währung, in welcher man in diesem System kommuniziert, ist folglich die Macht. Das System der Wirtschaft interessiert sich dafür, ob die an

diesem System Teilnehmenden dazu in der Lage sind zu zahlen. Das Kommunikationsmittel (und diesem Fall tatsächlich eine Währung) ist das Geld. Das System des Rechts wiederum ist daran interessiert, seine Normen und Geltungsansprüche aus internen Kommunikationsprozessen zu entwickeln. Ihre Währung ist somit eine eigenständige Festlegung der Normen. Im Hinblick auf die Religion ist das Kommunikationsmedium der Glaube – wer nicht glaubt, kann an diesem System folglich nicht teilnehmen.

Jedes System (und Luhmann zählt hierzu noch weitere auf, zum Beispiel das der Kunst, das der Erziehung und das der Wissenschaft) ist somit in sich abgeschlossen und grundsätzlich dazu in der Lage, autonom tätig zu werden. Diese **Autopoiesis** ist ein zentrales Merkmal des Aufbaus und des kommunikativen Handelns von sozialen Systemen. Mit Bezug auf die soziologische Systemtheorie nach Luhmann (welcher sich hierbei auf die biologische Systemtheorie nach Maturana/Varela, 2009 stützt) kann folglich festgehalten werden, dass alle sozialen Systeme aus **Kommunikation** bestehen – und eben nicht, wie noch in der Ständegesellschaft des Mittelalters, aus Personen oder Subjekten. Alle Systeme erschaffen sich somit aus sich selbst – im Rahmen ihrer eigenen Kommunikationslogiken und -währungen (siehe oben). Ein Computer beispielsweise kann vor diesem Hintergrund also nicht als System aufgefasst werden, da er sich weder selbst erschaffen hat noch sich selbst reparieren kann – hierzu benötigt er Personen, welche in das Funktionssystem des Computers eingreifen. Dies ist bei den genannten sozialen Systemen anders, da sie sich selbst steuern: das Wirtschaftssystem versucht zum Beispiel nach einer Krise (wie derjenigen nach dem Zusammenbruchs der Lehman-Brothers-Bank) sich selbst zu stabilisieren, indem es Umverteilungen, Erweiterungen und Beschränkungen der Geldflüsse vornimmt. Jedes System existiert also in und aus sich selbst heraus. Jedes System existiert zudem in einer Umwelt und mit Bezug auf diese. Eine Gesellschaft besteht also aus Umwelten und Systemen. Mehr noch: alle Bezüge, Funktionen und Handlungen in ihr sind gleichzeitig Umwelt und System (vgl. Lambers, 2010, 42).

Neben der Autopoiesis gibt es noch weitere grundlegende Begriffe, welche eine systemische Sichtweise auszeichnen. Die wichtigsten werden im weiteren Verlauf kurz erläutert (vgl. Lambers, 2010, 77–91):

Als erstes ist die **Komplexität** zu nennen: diese kennzeichnet den Gesamtumfang aller Möglichkeiten/Optionen des Erlebens und Handelns in einer Gesellschaft. Um mit dieser Komplexität klarzukommen, müssen die einzelnen Handelnden die wahrgenommenen Inhalte, Erlebensweisen und Strukturen selektieren, also die für sie relevanten auswählen, ohne hierbei die eigentliche Komplexität der Gesellschaft reduzieren zu können.

Ein weiteres zentrales Merkmal ist die **Kommunikation**: diese vereint und vereinigt die Themen der Information (welche von einem anderen System – vereinfacht könnte man sagen: von einem anderen Kommunikationspartner – weitergegeben werden), der konkreten Mitteilung (also das, was der eine zum anderen kommunizieren möchte), des Verstehens (also das, was der „angesprochene" Kommunikationspartner verstanden hat) und der Rückmeldung über diesen Kommunikationsprozess (also die Antwort des „Angesprochenen"). Kommunikation ist, diesem Verständnis folgend, immer schon Handlung. Sie erfolgt durch symbolische und verallgemeinernde Kommunikationsmedien: im System der Wirtschaft über das Geld, im System der Religion über den Glauben usw. (siehe oben).

Ein drittes Merkmal ist die **Kontingenz**: diese beschreibt die Zufälligkeit allen Handelns. Jede kommunikative Handlung kann somit völlig anders verlaufen, als dieses von den Kommunizierenden geplant worden ist. Kommunikative Abläufe sind nicht festgelegt. Jeder Mensch (systemtheoretisch formuliert: jedes System) macht also ständig die Erfahrung, dass im konkreten Dasein nichts tatsächlich festgelegt ist, dass alles auch hätte anders sein können.

Eine weitere systemtheoretische Sichtweise stammt von Urie Bronfenbrenner (1993, S. 24–87). Dieser amerikanische Entwicklungspsychologe hat – nicht grundlegend im Widerspruch zu Niklas Luhmann stehend – ein ökologisch-systemisches Modell entwickelt. Ökologie bedeutet hierbei: die Abläufe und Vorgänge in einem System (zwischen Organismen und ihrer Umwelt) betreffend. Als System versteht Bronfenbrenner die Vollständigkeit der einzelnen Elemente, welche miteinander in Beziehung (Kommunikation und Interaktion) stehen. Er unterteilt das komplette Ökosystem des Menschen in folgende Teilsysteme:

- **Mikrosysteme**, welche die konkreten Beziehungen zwischen den einzelnen Menschen und zwischen diesen und weiteren Gruppen umfassen. Hierzu gehören z. B. die engere Familie, der Kindergarten, die Schule, der Arbeitsplatz.

- **Mesosysteme**, welche die Gesamtheit der Beziehungen und Bezogenheiten eines Menschen umfassen. Beispiele hierfür wären die Beziehungen zwischen der Schule und der Familie, zwischen dem Freundeskreis und dem Arbeitsplatz usw.

- **Exosysteme**, welche Systeme kennzeichnen, an denen der Einzelne nicht direkt beteiligt ist, welche aber dennoch mittelbar einen Einfluss auf ihn haben. Ein Beispiel wäre die Familie des Erziehers im Heim in Bezug auf die Kinder/Jugendlichen der Gruppe, welche er beruflich begleitet.

- **Makrosysteme**, welche die Gesamtheit aller Beziehungen in einer Gesellschaft kennzeichnen. Hierzu gehören dann auch die in dieser Gesellschaft relevanten Gesetze, Normen, Werte und Traditionen.

- **Chronosysteme**, welche schließlich die zeitlichen Ausprägungen der Entwicklung(sprozesse) der Gesellschaftsmitglieder kennzeichnen. Hierbei kann zwischen normativen Chronosystemen (zum Beispiel dem Eintritt ins Arbeitsleben oder der Berentung) und nicht-normativen Chronosystemen (zum Beispiel einem krisenhaften Lebensereignis, wie dem Tod des Ehepartners) unterschieden werden.

Vor diesem Hintergrund einer systemischen Begründung von Gesellschaftsstrukturen wird deutlich, dass die pädagogischen Fachkräfte in der Heimerziehung immer die wechselseitigen Abhängigkeiten der unterschiedlichen Teilsysteme im Blick behalten müssen. Es ist davon auszugehen, dass das, was uns als Wirklichkeit begegnet, nicht die Wirklichkeit ist, sondern dass wir das Gesehene und Erlebte als unsere Wirklichkeit konstruieren (Konstruktivismus). Das bedeutet: die „Wirklichkeit kann nicht losgelöst gesehen werden von ihrem Betrachter" (Schlippe/Schweitzer, 2007, S. 87). Demnach hat jeder seine eigene Wirklichkeit und es kann in dieser Denklogik auch kein Richtig und kein Falsch geben.

Mehr noch: das, was in der Wahrnehmung der Handelnden entsteht, ist immer auch ein Teil der gesellschaftlichen **Wirklichkeit**. Die professionell pädagogisch Handelnden sind daran beteiligt, wie diese Wirklichkeit entsteht und welche Konsequenzen sich aus ihr ergeben (können, sollen …). Die Wahrnehmung der unterschiedlichen Beziehungen und Vernetzungen zwischen den Systemen – sowohl aus der Perspektive von Luhmann in Bezug auf die Wirtschaft, die Politik usw., als auch mit Bezug auf Bronfenbrenner und seine ökologisch begründete Strukturierung der Teilsysteme – ist infolgedessen eine grundlegende Aufgabe in der Heimerziehung. Pädagogische Phänomene, Diagnosen, Verhaltensbesonderheiten, didaktisch-methodische Ansätze und vieles andere mehr sind somit nicht aus der Perspektive einer Person wahrzunehmen oder als „wirklich" zu klassifizieren. Vielmehr entstehen sie erst in den kommunikativen Abläufen und Schnittstellen der hieran beteiligten Systeme. Diese, und ihre jeweils individuellen Währungen, Einschlüsse (Inklusionen) und Ausschlüsse (Exklusionen) sowie ihre möglichen Entstehungsbedingungen sind von den pädagogisch Handelnden auf dem Feld der Heimerziehung möglichst exakt wahrzunehmen und zu analysieren, um hieraus professionelle Handlungen ableiten zu können. So kann zum Beispiel das Kind als Symptomträger eines gestörten Familiensystems betrachtet werden (siehe hierzu in Kapitel 2.1, Kinder und Jugendliche mit Verhaltensstörungen den Punkt 2.1.2, Das Kind als Symptomträger). Des Weiteren kann auf die Systemkompetenz der Handelnden verwiesen werden (siehe hierzu Kapitel 2.2.3, Rollen in Gruppen).

5.2.4 Formen und Methoden der Elternarbeit

Für die Darstellung der Formen und Methoden der Eltern- und Familienarbeit ist Folgendes wichtig:

- pädagogische und therapeutische Arbeit als Teile der Eltern- und Familienarbeit zu verbinden (Taube/Vierzigmann, 2000, S. 9),

- den Blick darauf zu nehmen, welche Formen und Methoden der Eltern- und Familienarbeit für die Arbeit der Erzieherinnen und Erzieher in Regelgruppen Relevanz haben,

- professionelle Haltungen und Methoden zu bedenken, die den doppelten Blick auf Eltern und auf die jungen Menschen erfordern, die also **beide** Adressatengruppen der Hilfe wahrnehmen (vgl. Moos/Schmutz, 2010, S. 306 und Brandhorst/Kohr, 2005, S. 17),

- den notwendigen Grad und Umfang der Unterstützung für Kinder und Jugendliche und insbesondere für deren Eltern zu ermitteln, der für Erzieherinnen und Erzieher in der stationären Jugendhilfe auch konkret leistbar ist.

Zur Systematisierung der Formen und Methoden der Eltern- und Familienarbeit vorzunehmen, findet man in der Fachliteratur mehrere Möglichkeiten. Eine Einordnung der Eltern- und Familienarbeit in drei Phasen nimmt Herold (2011, S. 91–97) vor. Die erste Phase bezieht sich auf das Vorfeld der Heimaufnahme, die zweite auf die Zeit während der Heimunterbringung und die dritte Phase auf die Rückführung, Verselbstständigung und Nachbetreuung.

Gragert/Seckinger (2008, S.4 f.) erkennen in den verschieden Formen der Eltern- und Familienarbeit zwei Dimensionen. Die Zielgerichtetheit und die Planung der Elternarbeit sind die Merkmale, die bestimmen, ob von einer Zusammenarbeit mit Eltern gesprochen werden kann. Die zweite Dimension hat die Intensität der Kontakte und deren Wirkung zum Inhalt.

Zu einer weiteren und noch intensiveren Beschäftigung mit dem Thema können die beiden folgenden Arbeiten empfohlen werden.

Eine sehr differenzierte Darstellung der Zusammenarbeit mit den Eltern legen Moos und Schmutz (2012) vor, die aus dem Projekt „Heimerziehung als familienunterstützende Hilfe" in Rheinland-Pfalz entstanden ist. Sie stellen die Zusammenarbeitsformen nicht nur vom Beginn bis zum Ende der Hilfe vor, sondern beschreiben auch zielgruppenspezifische Anforderungen an die Arbeit mit den Eltern, zum Beispiel die Zusammenarbeit mit psychisch erkrankten Eltern und jugendlichen Mädchen.

Die umfangreichste Auflistung von Formen und Methoden der Elternarbeit, nämlich über 20, nimmt Conen (1990) vor. Diese umfassen informelle Kontakte, die Einbeziehung von Eltern im Gruppenalltag bis hin zu therapeutischen Handlungen.

Im Folgenden wird eine Auswahl an Formen und Methoden der Eltern- und Familienarbeit inhaltlich dargestellt. Alle in der Fachliteratur zu findenden zu beschreiben, würde den Umfang dieses Buches sprengen. Der Schwerpunkt liegt bei den Formen, die in dem konkreten Aufgabenbereich der pädagogischen Fachkräfte liegen, die für die Erziehung und Betreuung der Kinder und Jugendlichen in den Gruppen zuständig sind.

Mit Bezug auf den **Adressatenkreis Eltern** bedeutet das:

„Gleich welche Formen und Methoden in der Elternarbeit angewandt werden, sie sollten sich möglichst konkret auf den Alltag der Eltern beziehen und für dessen Bewältigung eine Hilfe darstellen. Daher sollten diese Methoden folgenden Anforderungen weitgehend genügen:

- aktuelle Probleme bewältigen helfen

- die derzeitige und künftige Lebenssituation der Familie einbeziehen

- sowohl die Veränderung des Kindes als auch seines Umfeldes beabsichtigen

- möglichst in den Alltag der Familien integrierbar sein

- handlungs- und lösungsorientiert sein"

(Buchholz, 1978, S. 77, zitiert nach Conen, 1990, S. 46)

Für Kinder und Jugendliche sollten die auf die Eltern bezogenen Aktivitäten den anschließenden Ansprüchen gerecht werden:

- Verbesserung der Bindungsbeziehungen zu den Eltern

- sich mit Zustimmung der Eltern auf den Erziehungsalltag im Heim einlassen können

- Förderung der realistischen Einschätzung der eigenen Vergangenheit, der Erwartungen an die aktuelle und zukünftige Gestaltung des Miteinanders durch reale Kontakte zu den Familienmitgliedern (vgl. Moos/Schmutz, 2012, S. 22)

In Anlehnung an Conen (1990, S. 44–47) und Günder (2011, S 241 ff.) wird ab jetzt nachstehende Einteilung der Eltern- und Familienarbeit vorgenommen.

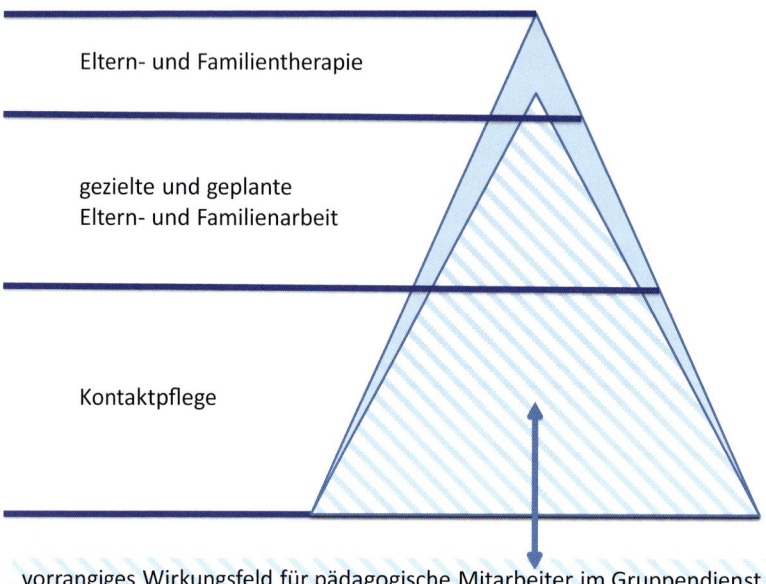

Eltern- und Familientherapie

gezielte und geplante
Eltern- und Familienarbeit

Kontaktpflege

vorrangiges Wirkungsfeld für pädagogische Mitarbeiter im Gruppendienst

Obwohl die Kontaktpflege, je nach dem welche Definitionsmerkmale angelegt werden, nicht zur Eltern- und Familienarbeit im engeren Sinne gehören, ist es nach dem hier dargestellten Zusammenhang doch erforderlich sie einzubeziehen, da Erzieherinnen und Erzieher im Gruppendienst im Bereich der Gesprächsführung und der systemischen Sichtweise professionell handeln müssen. Hinzu kommt, dass die vorgehend erläuterte Haltung den Eltern und den Kindern gegenüber soweit entwickelt sein muss, adäquat mit den Adressaten auch bei den „niedrigschwelligen" Formen umzugehen.

Formen der Eltern- und Familien-arbeit	• Beschreibung der Arbeitsansätze • pädagogisch-psychologische Bedeutung für Kinder und Jugendliche • Auswirkungen auf Eltern und Familie
Telefonate	• Grundlage für systematischere und strukturiertere Elternarbeit • wichtiger Bestandteil der Kontaktpflege • Aufrechterhaltung des Kontaktes zu den Eltern • Kinder erleben, dass die Eltern den Erzieher/-innen wichtig sind • Eltern werden informiert, sie fühlen sich einbezogen

Gespräche, wenn Eltern ihre Kinder abholen oder zurückbringen (Tür- und Angelgespräche)	• Grundlage für systematischere und strukturiertere Elternarbeit • wichtiger Bestandteil der Kontaktpflege • Aufrechterhaltung des Kontaktes zu den Eltern • Kinder erleben, dass die Eltern den Erzieher/-innen wichtig sind • kurze Berichte der Eltern über den Besuchsverlauf haben Relevanz für den erzieherischen Alltag in der Gruppe • Eltern erhalten das Gefühl, dass man sich um ihr Kind kümmert
Begleitung bei Beurlaubungen ins Elternhaus (Bringen und Abholen)	• kurze „Übergabegespräche" intensivieren den Kontakt • Eltern können sich, wenn auch kurz, in die Rolle der Gastgeber bringen • kurzes Berichte der Eltern über den Besuchsverlauf haben Relevanz für den erzieherischen Alltag in der Gruppe • Eltern erhalten das Gefühl, dass man sich um ihr Kind kümmert • Einblick in die frühere Wohnumgebung des Kindes schafft Anknüpfungspunkte zur Vergangenheit des Kindes
Begleitung bei Besuchen von erkrankten Eltern im Krankenhaus/ von inhaftierten Eltern in der JVA	• Besuche sichern und stabilisieren die emotionale Beziehung der Kinder zu den Eltern • Eltern schätzen das „Sich-Kümmern" in ihrer besonderen Situation
Einladungen und Teilnahme der Eltern, Geschwister und Verwandten an Festen der Einrichtung (Weihnachtsfeiern, Sommerfeste, Jubiläen)	• Gemeinschaftserlebnis wird vermittelt • Beisammensein ist ohne konkreten Anlass ungezwungen möglich • Möglichkeiten zur Beteiligung an den Vorbereitungen und zur Durchführung von Aktivitäten anbieten
Einladungen und Teilnahme der Eltern, Geschwister und Verwandten an Festen der Kinder (Geburtstag, Konfirmation, Kommunion)	• Gemeinschaftserlebnis wird vermittelt • Beisammensein ist ungezwungen möglich • nach konkreten Möglichkeiten suchen, die „Konsumentenrolle" zu verlassen (Nicht: „Wir als Eltern sind eingeladen und lassen uns von den Mitarbeiterinnen und Mitarbeitern bedienen" – Besser: „Wir als Eltern bringen selbstgebackenen Kuchen zum Kaffeetrinken mit!")

Eltern im Gruppenalltag	• Eltern in die tägliche Arbeit einbeziehen, z. B. in der Phase vor der Entlassung bei jüngeren Kindern die Zu-Bett-Geh-Situation übernehmen lassen
	• weitere Möglichkeiten der Beteiligung: Teilnahme an den Mahlzeiten, Begleitung des Kindes zum Arzt, beim Bekleidungseinkauf oder Beaufsichtigen der Hausaufgabenerledigung
	• Zusammenhalt zwischen Kindern und Eltern soll gefördert werden
	• Erzieherinnen und Erzieher können als Modelle zur Verfügung stehen
	• Erzieherinnen und Erzieher sollten die Bereitschaft der Eltern würdigen
	• die Beteiligung der Eltern sollte begleitet und unterstützt (und reflektiert) werden, ggf. durch den Gruppenübergreifenden Dienst
Teilnahme der Eltern am Schulleben ihrer Kinder	• Klassenarbeiten und Zeugnisse von Eltern unterschreiben lassen
	• Teilnahme an Elternabenden, Klassenpflegschaftssitzungen und Elternsprechtagen gemeinsam mit dem Bezugserzieher
Beurlaubungen der Kinder zu den Eltern vor- und nachbereiten	• Gespräche mit den Eltern vor und nach der Beurlaubung führen, in denen die gegenseitigen Erwartungen thematisiert und abgestimmt werden
	• die pädagogischen Fachkräfte erklären sich bereit, die Eltern während des Besuches im Bedarfsfall telefonisch zu beraten
	• Eltern fühlen sich mit der Aufgabe der Wiederaufnahme des Kindes in den familiären Rahmen nicht alleingelassen
	• Kinder erleben, dass Eltern und Erzieher miteinander an der Vorbereitung des Rückkehrens in die Familie arbeiten (Minderung des Loyalitätskonfliktes)
Hausbesuche	• Eltern können sich in die Rolle der Gastgeber bringen. Die gewohnte, vertraute Umgebung verschafft den Eltern Sicherheit ("Heimvorteil").
	• Eltern erhalten verstärkt das Gefühl, dass man sich um ihr Kind kümmert
	• Einblick in die frühere Wohnumgebung des Kindes schafft Anknüpfungspunkte zur Vergangenheit des Kindes – Erzieherinnen und Erzieher erhalten bessere Kenntnis und ein höheres Verständnis für die Lebenssituation der Familie

Elternberatung	• durch Beratung wird Einfluss auf die Eltern und ihr Erziehungsverhalten genommen
	• Einstellungen und Konflikte werden mithilfe verschiedener Beratungsansätze bearbeitet
Familiengruppenarbeit *(Dunkel, 2004, S.151 f.)*	• „Konflikthafte Themen der Eltern können innerhalb der Gruppe vielfach besser als im Einzelkontakt bearbeitet werden. […]
	• Die Prozesshaftigkeit des Gruppenverlaufs beinhaltet […] persönlichkeitsfördernde Aspekte. […]
	• Durch die Gruppenarbeit soll das Selbsthilfepotenzial der Eltern gestärkt werden. […]
	• In Elterngruppen besteht für Eltern die Möglichkeit, von anderen Gruppenteilnehmerinnen und -teilnehmern über den problematischen Bereich Elternschaft hinaus als Gesamtperson gesehen zu werden."
Eltern- und Familientraining *(guter Einblick in die Elterntrainings:* *– STEP-Elterntraining* *– Starke Eltern – Starke Kinder* *– Triple* *– Online-Elterntraining* *in: Behn, 2006, S. 476–480)*	• Eltern werden systematisch angeleitet, neue erzieherische Einstellungen und Verhaltensweisen zu erlernen
	• elterliches Erziehungsverhalten soll durch konkretes Einüben alternativer Verhaltensweisen weniger konfliktreich gestaltet werden
	• es wird gelernt, bei alltäglichen Situationen wie Schulbesuch und Zubettgehzeiten altersgemäße Absprachen mit den Kindern und Jugendlichen zu treffen
Familientherapie	• Familientherapie richtet sich an die Familie als Ganzes (systemischer Ansatz)
	• Ziel ist es, die Situation der Familie in gemeinsamen therapeutischen Situationen strukturell zu verändern (nicht ausschließlich auf einzelne Familienmitglieder bezogen)
	• es wird versucht, Einfluss auf die Kommunikationsmuster in der Familie zu nehmen

(soweit nicht gesondert zitiert, modifiziert übernommen aus: Conen, 1990, S. 44–93)

Die Durchführung dieser dargestellten Formen und Methoden der Eltern- und Familienarbeit ist von etlichen Voraussetzungen abhängig. Dazu stellen Moos/Schmutz in der Darstellung der Ergebnisse des Praxisforschungsprojektes „Heimerziehung als familienunterstützende Hilfe" heraus, dass unter anderem diese Rahmenbedingungen gegeben sein sollten:

• *„Wohnortnähe und gute Erreichbarkeit der Einrichtung für Eltern:* […] Je besser die Eltern die Einrichtung auch eigenständig erreichen können, desto einfacher können sie in den Alltag der Gruppe einbezogen werden, können Aufgaben und Tätigkeiten arbeitsteilig zwischen Eltern und Fachkräften wahrgenommen werden. […]

- *Gewährleistung zeitlicher Ressourcen für die Zusammenarbeit mit Eltern in der Gruppe:* Eine zentrale Voraussetzung zur Umsetzung einer intensiven Elternarbeit in stationären Regelgruppen ist die Bereitstellung angemessener zeitlicher Ressourcen für die Fachkräfte. Um neben der Betreuung der Kinder in der Heimgruppe Mütter und Väter begleiten und unterstützen zu können, braucht es dafür gesicherte Zeiten. […]

- *Entwicklung adäquater Organisationsmodelle:* Um die zeitlichen Ressourcen der Gruppe zu erweitern, kann die Zusammenarbeit mit den Eltern auch mit Unterstützung einer zusätzlichen Fachkraft aus dem ambulanten Bereich realisiert werden. […]

- *Konkretisierung der Zusammenarbeit mit den Eltern in den Leistungs-, Entgelt- und Qualitätsentwicklungsvereinbarungen:* Um neben konzeptionellen Gesichtspunkten auch finanzielle Aspekte an der Schnittstelle zum öffentlichen Träger klären zu können, müssen Qualität und Quantität der Elternarbeit im Rahmen werden. […]

- *Verbesserung der Kooperation zwischen öffentlichem und freien Träger in der Fallarbeit:* […]

- *Qualifizierungsbedarfe der Fachkräfte:* Für eine gelingende Umsetzung einer systemischen Zusammenarbeit mit Eltern ist eine entsprechende Qualifizierung der Fachkräfte erforderlich. Als besonders relevant haben sich im Projektverlauf die Entwicklung einer entsprechenden Grundhaltung gegenüber den Eltern sowie methodische Aspekte der Gesprächsführung erwiesen. […]

- *Regelmäßige Reflexion der Fallarbeit:* […] "

(Moos/Schmutz, 2010, 309 f.)

5.2.5 Anforderungen an die in den Wohngruppen tätigen Fachkräfte im Rahmen der Elternarbeit

Über welche Kompetenzen und welche Qualifikationen müssen Erzieherinnen und Erzieher verfügen, wenn sie professionell mit den Eltern arbeiten müssen, deren Kinder sich in stationärer Jugendhilfe befinden? Den Inhalten dieses Kapitels sind bislang schon viele Anforderungen zu entnehmen, die an die pädagogischen Fachkräfte zu stellen sind. Auf einige soll zum Abschluss nochmals hingewiesen werden diese betreffen vor allem den Bereich der Werteorientierungen und Haltungen.

Schulze-Krüdener (2015, S. 358) stellt dazu fest: „Mitentscheidend für den Erfolg der Elternarbeit im Heim sind die Einstellungen und Verhaltensweisen der in der Heimerziehung tätigen Fachkräfte in der Arbeit mit Eltern, Großeltern und auch Geschwistern (etwa im Verständnis einer familienaktivierenden Heimerziehung)."

Auf die Notwendigkeit, die Rolle in der Zusammenarbeit mit den Eltern zu klären, weisen Gragert/Seckinger (2008, S. 7 f.) hin: „Eltern, deren Kinder – wenn auch nur für eine beschränkte Zeit – in einer stationären Jugendhilfeeinrichtung leben, müssen mit dem

Gefühl zurecht kommen, keine ‚perfekten' Mütter oder Väter gewesen zu sein, da das Kind ja nicht zu Hause behalten werden konnte. […] Vor diesem Hintergrund wird die Konkurrenz zwischen den Eltern und Fachkräften in den Einrichtungen ein Thema. Als besonders bedeutsam zur Verhinderung solcher Konkurrenzsituationen hat sich erwiesen, dass Fachkräfte in ihrer Haltung und Einstellung reflektiert sind und nicht die besseren Eltern für die Kinder sein wollen. Sie müssen erkennen, dass die Kinder und Jugendlichen ihren Eltern gegenüber immer loyal sein werden."

Ein Ergebnis aus der Studie von Günder (2013, S. 388) zeigt unter anderem auf, dass Erzieherinnen und Erzieher ihre Arbeit positiver bewerten, wenn sie mit entsprechender Qualifikation Elternarbeit verfolgen: „Interessant erscheint die Tatsache, dass von den Fachkräften, welche professionelle Methoden in der Eltern- und Familienarbeit einsetzen, die Bereitschaft sowie die Möglichkeiten der Eltern zur Zusammenarbeit als positiv beurteilt werden. Dagegen schätzen die Mitarbeiterinnen und Mitarbeiter, die keine professionellen Methoden genannt haben, die Fähigkeiten der Eltern geringer ein."

Aufgaben zum Selbststudium und Anregungen zur Gruppenarbeit

1. *Welche Formen und Methoden der Eltern- und Familienarbeit sind Ihnen aus Ihren Praktika bekannt? Nehmen Sie eine Zuordnung zu denen im Text genannten vor.*

2. *Führen Sie die Übung „Meine Knöpfe" durch: An welchen Knöpfen muss man bei mir drehen, um bestimmte Gefühle bei mir auszulösen? Was glaube ich, was Eltern tun müssten, um die unten angegebenen Gefühle bei mir auszulösen?*

3. *Diskutieren Sie, nachdem Sie die unten angegebenen Fragen für sich geklärt haben, die Ergebnisse in ihrer Kleingruppe. Stellen Sie Bezüge zu den im Text genannten Anforderungen an die Erzieherinnen und Erzieher her.*

Übung: Meine Knöpfe

Die Arbeit mit Eltern (und Kindern) hängt in entscheidendem Maße von den Gefühlen ab, mit denen ich ihnen begegne.

Was müssen Eltern tun, damit ich
… mich auf ihren Besuch freue?
… freundlich auf sie zugehen kann?
… ihnen gerne einen Kaffee koche?
… mit ihnen kritische Punkte ansprechen kann?
… mich in meiner Arbeit anerkannt fühle?
… mich verletzt und angegriffen fühle?
… Situationen mit ihnen aus dem Weg gehe?
… aus der Fassung gerate?
…
…

Lernsituation 1: Was können wir tun, damit unsere Kinder und Jugendlichen eigenständiger werden?

> *Janina, die seit mehr als drei Jahren in der AWG Schillerstraße lebt, wird die Gruppe bald verlassen und in die Jugendwohngemeinschaft wechseln. Das Team der AWG hat in der letzten Teamsitzung reflektiert, ob sie nicht grundsätzlich wesentlich effektivere Bedingungen schaffen muss, Kinder und Jugendliche zur Selbstständigkeit zu erziehen. Als Beispiel wurde erwähnt, dass Janina das morgendliche Aufstehen und das pünktliche Erscheinen in Schule und am Praktikumsplatz nach wie vor zu sehr den Erzieherinnen und Erziehern überlässt. Auch im Bereich der Wäschepflege sind deutliche Defizite festzustellen.*

Aufgaben zur Bearbeitung der Lernsituation

> *Ausgehend von der momentanen Situation von Janina hat die Erziehungsleitung der Einrichtung einen Arbeitskreis organisiert, in dem eine Mitarbeiterin der Jugendwohngruppe, ein Mitarbeiter des Betreuten Wohnens, zwei Mitarbeiterinnen aus den Binnenwohngruppen und zwei aus den Außenwohngruppen eingeladen sind, konzeptionelle Überlegungen zur Neugestaltung und Neuorganisation der Verselbstständigungspädagogik anzustellen.*
>
> *Sie als Berufspraktikantin wurden angefragt, eine Problemskizze zu diesem Thema zu erstellen, die auch grundsätzliche fachtheoretische Inhalte enthalten soll. Die Erziehungsleiterin gibt Ihnen den Hinweis, auch Überlegungen im Sinne einer „Zukunftswerkstatt" anzustellen.*

Für diese Lernsituation relevante Kompetenzbeschreibungen

Wissen

Die Absolventinnen und Absolventen verfügen über

- wissenschaftlich fundiertes Wissen über Bindungsmuster und deren Bedeutung für die Transitionsprozesse.

- exemplarisch vertieftes fachtheoretisches Wissen über die Gestaltung von Übergängen als Transitionsprozesse.

Fertigkeiten

Die Absolventinnen und Absolventen verfügen über Fertigkeiten,

- sich aufgrund fundierter Selbstreflexion in die individuelle Lebenssituation von Kindern, Jugendlichen und jungen Erwachsenen hineinzuversetzen.

- Übergänge systematisch aufgrund wissenschaftlicher Erkenntnisse und konzeptioneller Vorstellungen zu gestalten.

Inhalte

- Unterstützungs- und Beratungssysteme im Sozialraum

- Übergänge im Leben/Transitionstheorie

- Modelle und Konzepte für die Gestaltung von Übergängen in Arbeitsfeldern der Kinder- und Jugendarbeit

(Richtlinien und Lehrpläne zur Erprobung für das Berufskolleg in Nordrhein-Westfalen, 7605/2014, Seite 54–57, Auszüge, abrufbar unter http://www.berufsbildung.nrw.de/lehrplaene-fachschule/)

Lernsituation 2: Ortrud fühlt sich hin- und hergerissen

Sie sind als Berufspraktikant/-in in der AWG Schillerstraße beschäftigt, haben sich gut in das Team integriert und machen schon seit Monaten eigenständig die Dienste, so wie die anderen Mitarbeiterinnen und Mitarbeiter auch. Zu den Kindern und Jugendlichen haben Sie sich ein gutes Verhältnis erarbeiten können.

Zurzeit wird steht in der Außenwohngruppe thematisiert, ob die 13-jährige Ortrud wieder zu ihrer Mutter nach Hause gehen wird. Sie möchte wohl wieder zu ihrer Mutter, fühlt sich aber auch in der AWG sehr wohl.

Sie hat eine enge Beziehung insbesondere zu den Erzieherinnen und zur 17-jährigen Janina. Als bemerkenswert stellen sich seit drei bis vier Wochen die abendlichen Zubettgehsituationen dar. Hier nimmt sie deutlich Abstand zu den Erzieherinnen. Sie äußerte schon mal, dass sie die ritualisierten Gespräche so nicht mehr möchte. Als Grund gab sie vorsichtig an, dass ihre Mutter das bestimmt nicht gut finden würde. Auch den sonst üblichen Umarmungen der Erzieherinnen entzieht sie sich behutsam. Sie scheint hin- und hergerissen zu sein.

Im Alltag zeigt Ortrud zunehmend ein uneinheitliches Verhalten, das die Erzieher stark irritiert: Einerseits zeigt sie eine verstärkte Ablehnung der Erzieher und Rückzugstendenzen im Alltag der Gruppe, andererseits verhält sie sich in letzter Zeit aber auch sehr anlehnungsbedürftig und sucht vermehrt den Körperkontakt der Erzieherinnen.

Als in der vergangenen Woche ein Bekleidungseinkauf anstand, fragte sie, ob sie das nicht mit ihrer Mutter machen könne.

Aufgaben zur Bearbeitung der Lernsituation

1. *Benennen Sie die zentralen Problem- und Fragestellungen, die sich aus dieser Situation ergeben.*

2. *Analysieren Sie*

   a) die Lernsituation aus systemischer Sicht und

b) das Verhalten von Ortrud mithilfe der aus dem Unterricht bekannten Theorien

3. *Entwickeln Sie aus systemischer und individualpädagogischer Sicht ein Konzept zum Umgang mit Ortruds Mutter.*

Für diese Lernsituation relevante Kompetenzbeschreibungen
Wissen

Die Absolventinnen und Absolventen verfügen über

- integriertes Wissen über rechtliche und institutionelle Rahmenbedingungen für die Zusammenarbeit mit Eltern und anderen Bezugspersonen.

- breites und integriertes Wissen zur Gestaltung von Gesprächen mit Eltern und anderen Bezugspersonen.

- vertieftes Wissen, um Familien bei der Wahrnehmung ihrer Erziehungsaufgaben zu unterstützen sowie Wissen über familienersetzende Hilfen.

- wissenschaftlich fundiertes Wissen über Bindungsmuster und deren Bedeutung für die Transitionsprozesse.

- exemplarisch vertieftes fachtheoretisches Wissen über die Gestaltung von Übergängen als Transitionsprozesse.

Fertigkeiten

Die Absolventinnen und Absolventen verfügen über Fertigkeiten,

- Kommunikationsprozesse und -strukturen mit Eltern und anderen Bezugspersonen zu analysieren, Schlussfolgerungen für die weitere Zusammenarbeit zu ziehen und sich daraus ergebenden Handlungsbedarf zu planen, Ziele zu entwickeln, in Handlungen umzusetzen und zu reflektieren.

- Gespräche mit Eltern und anderen Bezugspersonen methodengeleitet und partizipativ durchzuführen.

- die besonderen Lebenssituationen von Eltern zu erfassen und diese bei der Arbeit mit Familien zu berücksichtigen, um sie bei der Wahrnehmung ihrer Erziehungsaufgaben zu unterstützen.

- Übergänge systematisch aufgrund wissenschaftlicher Erkenntnisse und konzeptioneller Vorstellungen zu gestalten.

Inhalte

- Rechte und Pflichten von Eltern

- Formen der Arbeit mit Familien

- Methoden der Gesprächsführung und Beratung mit Eltern und Bezugspersonen

- Förderung der Erziehung in der Familie

- Kindeswohlgefährdung und Schutzauftrag

- Übergänge im Leben/Transitionstheorie

(Richtlinien und Lehrpläne zur Erprobung für das Berufskolleg in Nordrhein-Westfalen, 7605/2014, Seite 54–57, Auszüge, abrufbar unter http://www.berufsbildung.nrw.de/lehrplaene-fachschule/)

Lernfeld 6 Institution und Team entwickeln und in Netzwerken kooperieren

6.1 Aufbau und Struktur einer Jugendhilfeeinrichtung – am Beispiel eines Kinderheimes

Wie in den vorangegangenen Kapiteln schon erläutert, sind Jugendhilfeeinrichtungen heute häufig größere und komplexe Organisationen. Für Kinder und Jugendliche, die dort wohnen und leben oder ambulant betreut werden, ist es nicht leicht zu „durchschauen", welchem sozialen Gebilde sie „angehören". So wäre es unter Umständen in der Schule, von der Lehrerin gefragt wo man denn wohne, korrekt zu sagen: „Ich wohne in der Heilpädagogischen Intensivgruppe und diese gehört zum Kinderheim XY." Einrichtungen und Mitarbeiter sind gefordert, mit dieser sich ergebenden subtilen Stigmatisierung sensibel umzugehen.

Praktikantinnen und Praktikanten, die sich neu im Handlungsfeld Heimerziehung bewegen, sind die Zusammenhänge und die Komplexität der Erziehungs- und Betreuungsorganisation fremd. Es ist nicht leicht, festzumachen, an welcher Stelle in dem Gesamtgefüge man sich befindet. Es ist verständlich, dass sich der Blick bei den Praxiserfahrungen der ersten Stufe auf die Kinder und Jugendlichen richtet. Zu ihnen will man Kontakt aufnehmen und eine Beziehung aufbauen. Vielen Praktikantinnen und Praktikanten muss hier bereits deutlich werden, dass mit der Beziehungsaufnahme behutsam umgegangen werden muss. Kinder und Jugendliche sind vielen „Beziehungsaufbaubemühungen" ausgesetzt, wenn man die Personalfluktuation, zumindest die der Praktikanten, realistisch betrachtet. Es ist ja auch Aufgabe des ersten Lernfeldes: „[...] und Beziehungen zu ihnen entwickeln." Den Blick auf die Gruppe zu richten, ist der professionelle Schritt hin zur Gruppenpädagogik – und sich als Teil der Organisation wahrzunehmen und in ihr zu agieren, fällt in der dritten Stufe wohl am schwersten.

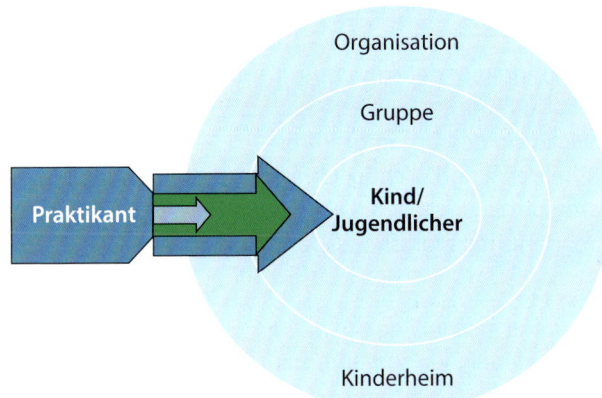

Anforderungsstufen für Praktikantinnen und Praktikanten

Da diese drei Anforderungsbereiche nicht dosiert, also nach und nach auf Praktikantinnen und Praktikanten einwirken, sondern zeitgleich am ersten Praktikumstag, ist eine entsprechende Vorbereitung notwendig.

Organigramm

Um sich ein genaueres Bild von der Praktikumsstelle als Organisation zu machen, ist die Erstellung eines Organisationsdiagramms, kurz Organigramm, hilfreich. Im Folgenden einige grundsätzliche Überlegungen zum Organigramm und zur Organigrammarbeit:

Grundfunktionen und Zweck des Organigramms

Ein Organigramm zu entwickeln, ist kein Selbstzweck. Das Organigramm ist ein wichtiges Instrument, um den Aufbau der Einrichtung, die Verantwortlichkeiten, die Zusammenhänge und ggf. die Arbeitsabläufe zu veranschaulichen.

Aufbau eines Organigramms

Es gibt keine festen Regeln für den Aufbau und das Aussehen eines Organigramms. In den meisten Einrichtungen wird es mithilfe von Kästen und Linien dargestellt. Diese werden so angeordnet, dass eine Über- und Unterordnung, eine Hierarchie deutlich wird.

Damit wird nicht nur aufgezeigt, welche Mitarbeiterinnen und Mitarbeiter welche Stellung in der Einrichtung haben. Eine solche Ordnung hilft dem Betrachter, die Zusammenhänge in der Organisation schneller zu begreifen.

Bei der Erstellung eines Organigramms ist zu überlegen, wie differenziert und wie detailliert die Darstellung werden soll. Es ist zu prüfen, ob jede Mitarbeiterin und jeder Mitarbeiter auftauchen soll. Häufig genügen hier auch der Anschaulichkeit wegen Mitarbeiterkategorien. Denkbar ist auch, nicht alle „Abteilungen" der Einrichtung ausführlich darzustellen, sondern nur die Station, Gruppe oder Wohngruppe differenziert auszuarbeiten. Insofern müssen Organigramme nicht für eine Gesamteinrichtung stehen. Es ist möglich, ein Organigramm auch für eine einzelne Abteilung zu entwickeln, welches die Zusammenarbeit in dieser Abteilung abbildet. Dieses Teilorganigramm sollte sich aber in jedem Fall in das Organigramm der Einrichtung einfügen.

Gemeinsame Entwicklung des Organigramms

Grundsätzlich ist es hilfreich und wichtig, ein Organigramm mit den beteiligten Mitarbeiterinnen und Mitarbeitern zu erstellen. Die gemeinsame Entwicklung erfolgt am besten im Rahmen eines moderierten Workshops. Das Organigramm ist vom Groben ins Feine zu entwickeln.

Da es, wie gesagt, keine festen Regeln für die Erstellung eines Organigramms gibt, muss man sich gut überlegen, welche Informationen grafisch dargestellt werden sollen. Arbeitsabläufe oder auch Entscheidungswege können Thema und Inhalt eines Organigramms sein. Häufig werden Hierarchien erkennbar – dies muss sensibel gehandhabt werden, günstigstenfalls im Rahmen einer Organisationsentwicklungsmaßnahme. In der Praxis hat sich bewährt, Funktionsbereiche, Zuständigkeiten und Entscheidungswege miteinander verknüpft darzustellen.

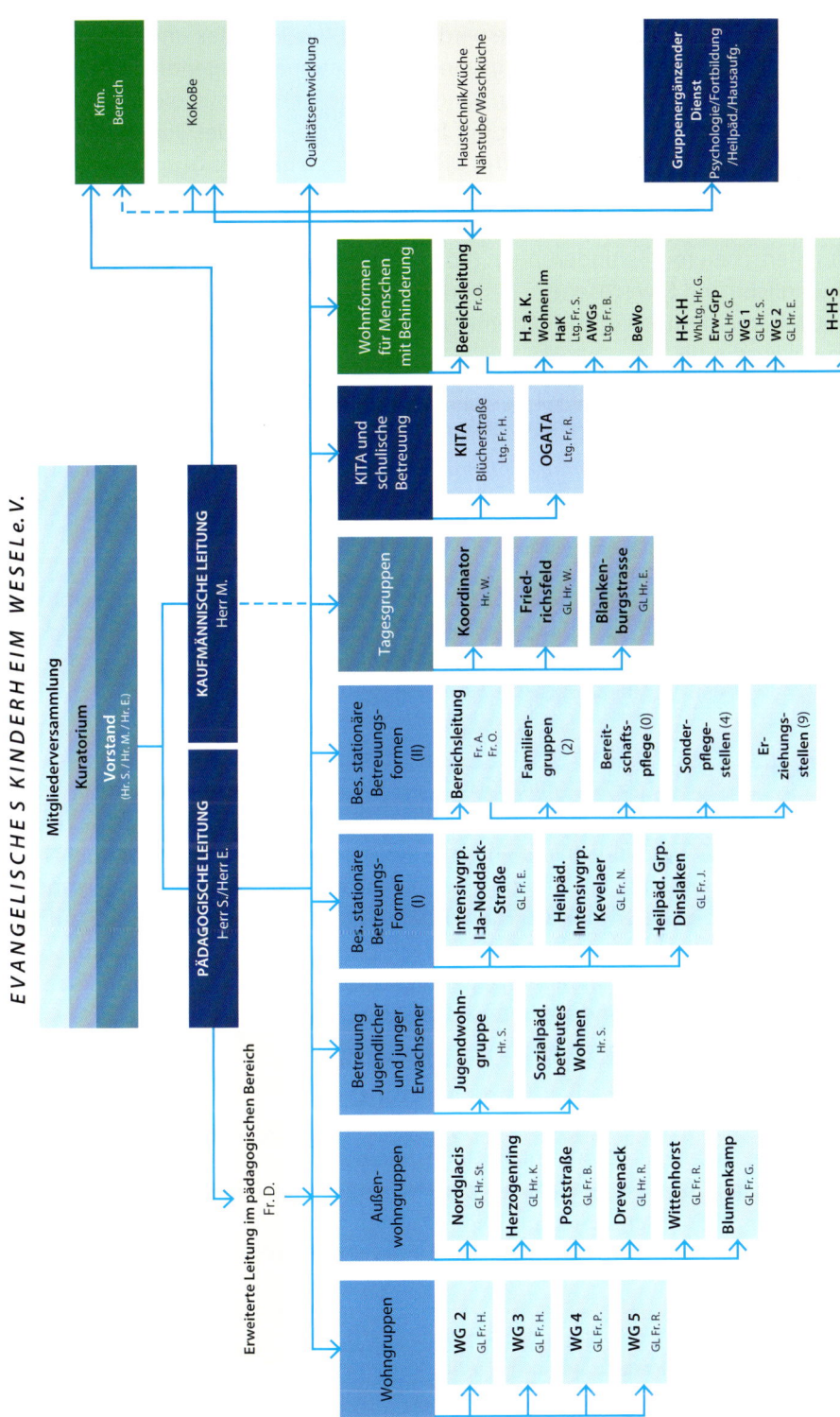

Organigramm einer Jugendhilfeeinrichtung

In der Abbildung auf der vorigen Seite wird deutlich, wie komplex und umfangreich die Angebotspalette einer Einrichtung sein kann: Stationäre Jugendhilfe, teilstationäre Jugendhilfe, Tageseinrichtung für Kinder, Offene Ganztagsschule (OGATA oder OGS) und Wohnformen für Menschen mit Behinderungen (Kinder, Jugendliche und für Erwachsene). Als sogenannte interne Dienstleister stehen der Gruppenergänzende Dienst (GED), der Bereich Haustechnik und Küche, der kaufmännische Bereich (Verwaltung), die Qualitätsentwicklung und die Kontakt-, Koordinations- und Beratungsstelle für Menschen mit Behinderungen (KoKoBe) zur Verfügung. Für über 300 Kinder und Jugendliche und Erwachsene in den unterschiedlichsten Betreuungsformen sind etwa 160 Mitarbeiterinnen und Mitarbeiter mit den verschiedensten beruflichen Qualifikationen zuständig.

Aufgaben zum Selbststudium und Anregungen zur Gruppenarbeit

1. *Erstellen Sie ein Organigramm der Einrichtung, in der Sie ein Praktikum absolviert haben.*

2. *Stellen Sie dieses einer Kleingruppe vor.*

3. *Welche unterschiedlichen Berufsgruppen sind in dem auf der vorigen Seite abgebildeten Organigramm eines Kinderheimes anzutreffen? Nehmen Sie bitte eine Zuordnung zu den einzelnen Funktionsbereichen vor.*

6.2 Teamarbeit

In diesem Kapitel werden die Inhalte der Teamarbeit in Bezug auf das Praxisfeld Heimerziehung beschrieben und charakterisiert. Dies geschieht in sieben Schritten: Nach einer kurzen Beschreibung der Definition zur Teamarbeit werden die Voraussetzungen in Bezug auf die Teamarbeit geklärt. Hierauf folgend werden Hilfen in Bezug auf die Umsetzung der Teamarbeit skizziert und die Teamarbeitsebenen im Heim vorgestellt. Die letzten drei Punkte des Kapitels beziehen sich auf den Führungsstil der Teamarbeit sowie auf Konfliktlösungen und auf unterschiedliche Entwicklungsphasen eines Teams.

Grundsätzlich ist zu sagen, dass die Arbeitsteilung in einer modernen Gesellschaft wie der unsrigen immer zu Teamarbeit führt. Immer mehr und immer unterschiedlichere Menschen sind durch ihre verschiedenartigen Ausbildungen, ihren unterschiedlichen Lebenslauf und unterschiedliche Entwicklungsperspektiven in Bezug auf ihre Profession an den Hilfeprozessen im Rahmen der Heimerziehung beteiligt. Gerade in Einrichtungen der stationären Erziehungshilfe arbeitet man nie allein: Wo auch immer pädagogisch gehandelt wird, ist eine Zusammenarbeit auf unterschiedlichen Ebenen notwendig:

„Weder in anderen Berufsfeldern des sozialen Bereiches (z. B. im Krankenhaus oder in Behindertenwerkstätten) noch in anderen Sparten (z. B. Industriebetriebe, Management, Polizei) findet sich eine ähnlich heterogen qualifizierte Mitarbeiterschaft wie in Jugendhilfeeinrichtungen."
(Ellinger, 2002, S. 127)

Die Erzieherin bzw. der Erzieher arbeitet in der Gruppe (er hat es schon hier mit unterschiedlichen Berufsgruppen, zum Beispiel mit Heilerziehungspflegern, eventuell mit Pflegekräften, aber auch mit Sozialarbeitern, Sozialpädagogen und Heilpädagogen zu tun), er arbeitet mit dem Gruppenergänzenden Dienst (GED) und damit mit Psychologen, Therapeuten, Freizeitpädagogen und Schulaufgabenbetreuern, mit der Verwaltung, mit Hauswirtschaftsmitarbeiterinnen und -mitarbeitern, mit dem Lehrpersonal der unterschiedlichen Schulen sowie mit externen Therapeuten zusammen. Der Pädagoge arbeitet also aus seinem eigenen Team heraus mit anderen Teams. Der Schwerpunkt dieses Kapitels liegt jedoch auf der Tätigkeit im eigenen Team.

Teams sind grundsätzlich als Teilgruppen von Organisationen zu beschreiben. Organisationen entstehen, weil die Gesellschaft unterschiedliche Institutionen entwickelt hat, welche bestimmte Aufgabenstellungen bearbeiten. So leitet sich von der Institution der Bildung und der Erziehung das komplette Bildungs- und Erziehungswesen ab. Dieses begründet dann wiederum unterschiedliche Organisationen wie Schulen und Kindergärten, aber auch Einrichtungen der Erziehungshilfe, wie zum Beispiel Kinderheime, und diese wiederum spalten sich in unterschiedliche Organisationsebenen auf, von denen eine das Team ist (vgl. Nikles, 2008, S. 10 ff.). Diese Zusammenhänge werden in folgender Abbildung verdeutlicht:

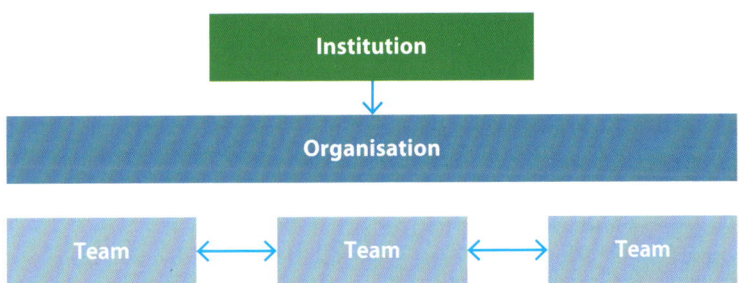

Vernetzung von Institution, Organisation und Team

Der Begriff des Teams leitet sich aus dem englischen ab und bedeutet dort „Pferdegespann". Bei einem solchen „Gespann" ist es wichtig, dass sich alle Tiere in die gleiche Richtung bewegen und dass durch ihre Bewegungen ein gleichförmiger Rhythmus entsteht, der allen beteiligten Pferden die gleiche passende Geschwindigkeit und einen gleichen oder doch zumindest ähnlichen Krafteinsatz erlaubt. Die Leistungsfähigkeit eines Pferdegespanns wird durch das Handeln des Kutschers bestimmt, dem die Tiere vertrauen und an welchem sie sich orientieren (vgl. Adamec, 1999, S. 19). Der Begriff des Teams in der pädagogischen Tätigkeit wird häufig anhand einer Abkürzung der vier Buchstaben formuliert, so z. B. in der Verballhornung „Toll Ein Anderer macht's" (aber auch in einer zielführenderen Übertragung wie: „Tatkräftiges Einbeziehen aller Mitarbeiter"). Es gibt noch weitere Orientierungen, so z. B. im englischsprachigen Bereich: „Together everybody achieves more" (vgl. Adamec, 1999, S. 20). Gerade diese Übersetzung (also: Gemeinsam erreicht jeder mehr) kann als möglicher Leitsatz der Beschreibung der Teamarbeit in der Erziehungs- und Jugendhilfe verstanden werden.

Im Folgenden sollen nun unterschiedliche Definitionen zur Teamarbeit vorgestellt werden.

6.2.1 Definitionen

Die Grundidee, dass die Kraft bzw. die Leistungsfähigkeit eines Teams die Stärke einzelner Mitglieder übersteigt, soll sich wie ein roter Faden durch die folgenden Äußerungen ziehen: Teamprozesse sind somit, sowohl was die positiven als auch die negativen Konnotationen angeht, immer mehr als die Summe der Einzelteile der einzelnen Teammitglieder und Teammitarbeiter. Denn es geht in sozialpädagogischen Teams um unterschiedliche Kompetenzen der einzelnen Teammitglieder, die notwendig sind, die komplexen Aufgaben zu erfüllen. Dies kann in folgenden Definitionsversuchen deutlich werden:

„Teamarbeit ist eine Form bewusster beruflicher Zusammenarbeit, die durch ständige kritische Überprüfung des gemeinsamen Tuns eine Verbesserung der fachlichen und persönlichen Qualitäten der Mitarbeiter anstrebt."
(Bönisch u. a., 1978, S. 74)

„Teamarbeit ist eine Form reflektierter partnerschaftlicher Zusammenarbeit, die im Rahmen gegenseitigen ‚Sich-Akzeptierens' die beruflichen Fähigkeiten und Kenntnisse jedes einzelnen Mitarbeiters nutzt und sich in ständiger spontaner Kooperationsbereitschaft gemeinsamen Zielen verpflichtet fühlt."
(Scherpner u. a., 1976, S. 51)

„Teamarbeit wird verstanden als eine Arbeitsform, in der mehrere Personen disziplinär mit unterschiedlichen Kenntnissen und Fähigkeiten oder interdisziplinär gleichberechtigt zum Zwecke der Bewältigung komplexer Aufgaben zusammenarbeiten."
(Heitkamp, 1984, S. 250)

„Teams sind eine aktive Gruppe von Menschen, die sich auf gemeinsame Ziele verpflichten, harmonisch zusammenarbeiten, Freude an der Arbeit zeigen und hervorragende Leistungen bringen [...] [E]rfolgreiche Teams vollbringen außerordentliche Leistungen, auch unter schwierigen Bedingungen. Die Mitglieder fühlen sich für die Arbeit des Teams verantwortlich und sie erörtern offen alle Probleme, die ihnen im Weg stehen [...] [E]in Team ist imstande, Leistungen zu erzielen, die die Mitglieder für sich alleine niemals fertigbringen würden. Ihre persönlichen Stärken vereinen sich im Team und kreieren ein Produkt, das mehr als die Summe aller Einzelbegabungen darstellt. Die Mitglieder eines Teams spornen sich gegenseitig an. In der Gemeinschaft fühlen sie sich wohler, sie merken, dass die Arbeit ihre Kraft und ihre Freude immer wieder aufs Neue belebt. Zur Beschreibung dieses einzigartigen Energiepotenzials einer Gruppe wurde das Wort ‚Synergie' geprägt."
(Francis/Young, 1982, S. 7)

„Jedes Team braucht qualifizierte Mitglieder, deren fachliche skills sich ergänzen, eine herausfordernde und von allen Teammitgliedern innerlich bejahte Aufgabe, eine gemeinsame, von der Unternehmensstruktur gestützte Wertebasis, von allen akzeptierte Grundregeln des Verhaltens und die Bereitschaft zur individueller und wechselseitiger Verantwortung."
(Vopel, 1994, S. 5)

1. *Stellen Sie die Gemeinsamkeiten dieser fünf Definitionen zur Teamarbeit zusammen. Was fällt Ihnen auf?*

2. *Erörtern Sie nun die Unterschiedlichkeiten dieser fünf Definitionen. Worauf sind sie jeweils zurückzuführen?*

3. *Entwickeln Sie aus diesen fünf Definitionen sowie aus eigenen Erfahrungen, eine umfassende Definition zur Teamarbeit.*

4. *Teamarbeit kann man mit dem Fliegen in einer Formation vergleichen. Hierbei muss jeder Pilot seine Maschine perfekt beherrschen, er muss den rechten Abstand und die rechte Nähe zum anderen haben, muss die verschiedenen Figuren des Fluges sowie die Reihenfolge der unterschiedlichen Figuren kennen und umsetzen. Versuchen Sie, vor dem Hintergrund dieses Vergleiches Teamsituationen aus der Heimerziehung zu skizzieren. An welchen Punkten kann es hierbei zu Problemen im Fliegen einer Formation kommen? Worauf sind diese Probleme vielleicht zurückzuführen und wie kann man sie einer Lösung zuführen?*

Bei der Beantwortung der letzten Frage werden Sie vielleicht festgestellt haben, dass der Vergleich mit dem Flugzeug bzw. mit der Fliegerei an einigen Punkten doch ein wenig hinkt. In der Übertragung dieses Bildes auf die Teamarbeit haben Sie es immer wieder mit Menschen zu tun, d. h., dass die eigenen menschlichen und fachlichen Fähigkeiten die Teamarbeit in hohem Maße bestimmen. Diese müssen gekannt und adäquat gehandhabt werden. Der richtige Abstand und die richtige Nähe zum Anderen, die Kommunikation mit ihm, die Konstruktion der Beziehungen in Kritik und Feedback sind hierbei unverzichtbare Grundlagen. Die Figuren, die die Flugzeuge im Formationsflug darstellen, sind vielleicht die Methoden und Möglichkeiten der interindividuellen Zusammenarbeit. Wie diese Figuren geflogen werden, kann als die Einsicht in die Ziele bzw. in die Teilziele, die das gesamte Team verfolgt, bezeichnet werden. Der Umgang mit beruflichen Fähigkeiten und Kenntnissen sowie die persönlichen Qualitäten einer (spontanen) Kooperationsbereitschaft, aber auch das kritische Überprüfen des eigenen und des fremden Handelns vor dem Hintergrund der Gesamtziele der Organisation, kann im Mittelpunkt einer gemeinsamen zu erarbeitenden Zielsetzung der Teamarbeit stehen. Der Rahmen dieser Zielsetzung ist das gegenseitige Akzeptieren aller Teammitglieder – auch wenn dies häufig an der Oberfläche geschieht und mit nicht geringen Problemen verbunden zu sein scheint. Wichtig erscheint an dieser Stelle, dass ein Team aus Personen besteht, also aus Menschen, welche ihre eigene Biografie und Historie in jedem Moment der Erarbeitung sowie in jedem Moment des Arbeitens im Team mit einbringen. Diese Zusammenhänge verdeutlicht die folgende Grafik.

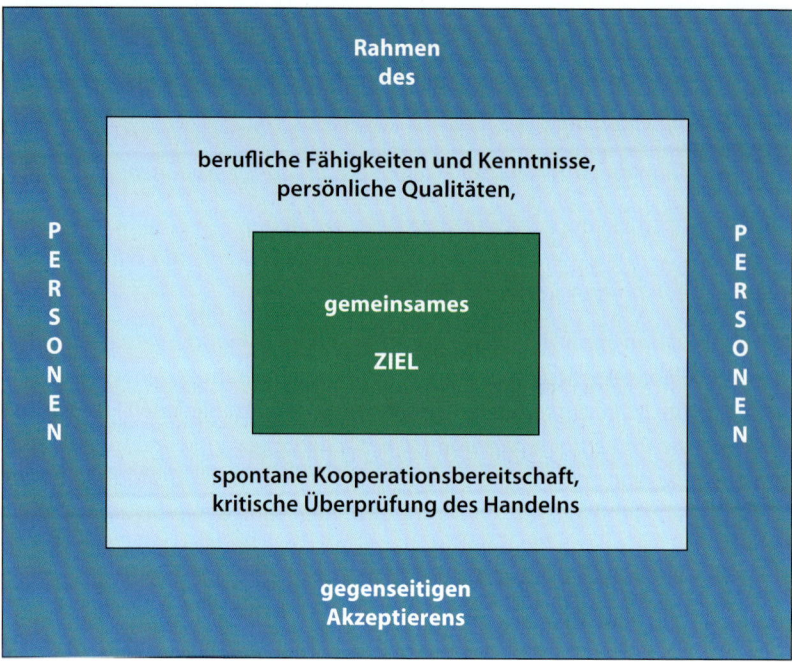

Vernetzungen: Rahmen, Ziele, Akzeptanz

In einer ersten kurzen Zusammenfassung können Merkmale der Teamarbeit wie folgt dargestellt werden:

Es handelt sich um das Ziel, die Leistung, die Struktur, das Klima in einem Feld gemeinsamer und gemeinsam geplanter Handlungserfahrungen. Aber nun konkret zu den einzelnen Punkten.

Ziele

Die gemeinsame Festlegung von Zielen und die Identifizierung der Teammitglieder mit ihnen sind wesentliche Voraussetzungen für eine erfolgreiche Teamarbeit. Die Mitglieder müssen eine anspruchsvolle Aufgabe lösen und sind durch den höchst verantwortlichen Charakter der Tätigkeit veranlasst, eng zusammenzuarbeiten. Das Team nimmt weitgehend eigenständig seine Arbeitsplanung vor. Wo dies nicht möglich ist, stellt sich das Team auf der Basis gemeinsamer Wertentscheidungen und Beschlüsse auf Vorgaben von außen, d. h. von der Gesamtorganisation, ein.

Leistung

Teams sind zu einer größeren Leistung in der Lage als Einzelpersonen, insbesondere wenn die Leistung von einer Vielzahl verschiedener Erfahrungen, Fertigkeiten und Fähigkeiten der einzelnen Teammitglieder abhängt. Ein hohes Maß an Autonomie für die einzelnen Mitglieder, aber auch für das Gesamtteam, wirkt hierbei motivierend. Die direkte Kommunikation aller Beteiligten, auch mit den übergeordneten Ebenen der Gesamtorganisation, verbessert hierbei Abläufe und Entscheidungen. So werden die vorhandenen Potenziale und Ressourcen aller Beteiligten besser genutzt – im Unterschied zu einer additiven Zusammenführung von Einzelkompetenzen. Die Leistung eines erfolgreichen Teams ist somit mehr als die Summe der Einzelleistungen der Teammitglieder (s. o.). Werden Erziehungspläne in der Praxis umgesetzt, so müssen alle Teammitglieder miteingebunden sein. Einsames Alleinhandeln minimiert nicht nur den Erfolg, er geht sogar gegen null. Unter Umständen können sogar negative Auswirkungen erreicht werden.

Struktur

Wie bereits skizziert, verfügen erfolgreiche Teams in Einrichtungen der Jugendhilfe über ein sehr hohes Maß an Autonomie und Selbstständigkeit. Sie übernehmen die Koordination, die Arbeitsteilung (z. B. Dienstplangestaltung) und Durchführung ihrer Aufgaben selbst. Die Struktur ist auf das Erreichen der Ziele, auf die zu lösende Aufgabe in hohem Maße abgestimmt.

Klima

Teams müssen in die Lage versetzt werden, Störungen und Konflikte kreativ, konstruktiv und im Rahmen einer niederlagenlosen Methode zu bewältigen. Hierbei setzen sie sich mit der Kultur ihres Teams bzw. mit der Kultur der gesamten Organisation auseinander. Das Verhalten untereinander muss deutlich, direkt und partnerschaftlich sein. Die Atmosphäre sollte eine vertrauensvolle und offene sein, sodass eine intensive dialogische Kommunikation aller Beteiligten möglich ist. Die Umsetzung und Realisation der Teamarbeit ähnelt hierbei einem sehr intensiven Gespräch, bei dem alle Beteiligten auf der gleichen Wellenlänge zu liegen scheinen. Hierbei wird nicht nur produktiv, sondern auch kreativ, innovativ und hoffentlich sogar mit Spaß gearbeitet. Die Mitglieder haben gelernt, Rücksicht aufeinander zu nehmen. Sie setzen Werte um, wie zum Beispiel gut aufeinander zu hören und auf die Gesichtspunkte anderer einzugehen, aber auch auf das Recht, Kritik und Erfolge anderer anzuerkennen und vieles andere mehr.

Aufgaben zum Selbststudium

1. *Übertragen Sie Ziele einer erfolgreichen Teamarbeit auf eine konkrete Situation, welche Sie in der Heimerziehung kennengelernt haben bzw. welche Sie sich vorstellen können.*

2. *Zu welchen Problemen kann es in der konkreten Umsetzung kommen, wenn sich vor dem Hintergrund der Struktur und des Klimas Probleme und Schwierigkeiten zwischen dem Team und der Gesamtorganisation ergeben?*

3. *Wie wirkt sich die Umsetzung der vier Merkmale auf die Arbeit mit den Kindern und Jugendlichen in einer Außenwohngruppe aus? Beziehen Sie sich hierbei vor allem auf die Kinder und Jugendlichen in der AWG Schillerstraße.*

4. *Konstruieren Sie Beispiele gelingender Teamarbeit aus Ihren bisherigen praktischen Erfahrungen. Beziehen Sie sich dabei zunächst auf die skizzierten vier Merkmale.*

Im Folgenden gehen wir, wenn nicht anders benannt, bei unseren Ausführungen von einem *Gruppenerzieherteam* aus, welches in einer Wohngruppe der stationären Erziehungshilfe arbeitet. In gewissem Umfang sind hier auch Praktikantinnen/Praktikanten und Hilfskräfte mit einzubeziehen. In kleineren Einrichtungen ist auch die Heimleitung involviert.

Die Arbeit in solchen Teams ist vor allem durch folgende Leitlinien gekennzeichnet:

1. eine gleichmäßige Verteilung der gemeinsamen Aufgaben

2. Die Mitarbeiter haben unterschiedliche Vorerfahrungen, die vom Team aufgegriffen werden.

3. die Ausprägung und Entwicklung eines „Wir-Gefühls"

4. die kollegiale Kontrolle innerhalb des Teams

5. die Weitergabe von Informationen zwischen allen Mitarbeitern

6. die solidarische Haltung des Gesamtteams sowie einzelner Teammitglieder nach außen (wobei dieses „außen" auch die gesamte Organisation sein kann)

7. Die gemeinsam getroffenen Regelungen stellen sich als für alle Teammitglieder verbindlich dar.

Diese Leitlinien benötigen zur Umsetzung folgende Voraussetzungen:

- das Gefühl der Gemeinschaft, also der gegenseitigen Wertschätzung und des gegenseitigen Vertrauens

- eine möglichst dichte und intensiv ausgeprägte Kooperationsbereitschaft aller Beteiligten

- eine regelmäßige Kommunikation der Teammitglieder

- eine partnerschaftliche Koordination, welche sich auch auf die Verteilung der Aufgaben bezieht

- eine gleiche Beteiligung an den gemeinsam gefassten Beschlüssen.

Dass sich diese Leitlinien und Voraussetzungen auf ein möglichst gut funktionierendes Team beziehen, muss nicht extra betont werden. Dass es hierbei jedoch auch immer zu Unterschieden in der Sichtweise bzw. zu Brüchen kommt, soll in den weiteren Unterpunkten dieses Kapitels skizziert und bearbeitet werden.

Aufgaben zum Selbststudium

1. *Erarbeiten Sie vor dem Hintergrund des Teams der AWG Schillerstraße eine Konkretisierung der Leitlinien (1–7) am Beispiel: Planung der Geburtstagsfeier für die 12-jährige Ortrud.*

2. *Stellen Sie mögliche Konfliktlinien und Konfliktfelder dar, welche sich in der Konkretisierung dieser Aufgabenstellung ergeben können. Wie sind diese Konflikte ggf. zu lösen?*

6.2.2   Voraussetzungen für die Teamarbeit

Praktische Erfahrungen in der Teamarbeit zeigen, dass folgende Ausgangsbedingungen zur Teamarbeit unabdingbar notwendig sind und anerkannt werden müssen:

Ein erster Punkt ist die Überschaubarkeit der Teamgröße. In einem differenzierten Arbeitsfeld sollten nicht mehr als fünf bis neun Personen agieren und die jeweils anstehenden Spezialaufgaben koordinieren bzw. umsetzen.

Zweitens ist festzustellen, dass in einem Team prinzipiell alle an der gleichen Sache beteiligt sind und alle Mitarbeiter gleichberechtigt zusammenarbeiten und Mitverantwortung für die gemeinsame Sache tragen. Diese Gleichberechtigung ist ein intensiver Schwerpunkt und eine Voraussetzung zur Teamarbeit. Der Aufgabe entsprechend sollten die Mitarbeiter befähigt werden, genau diese Aufgabe wahrzunehmen. Hierbei sollte der Einzelne nicht unbedingt die Aufgabe übernehmen, die ihm vielleicht am genehmsten erscheint, weil so gerade schwierigere Aufgaben im Team vielleicht nicht wahrgenommen und umgesetzt würden. Geschuldet der Ausgangslage, dass alle Arbeiten im Tagesablauf im Interesse der zu betreuenden Kinder und Jugendlichen ja real erledigt werden müssen, sind folgende Fragen zu klären:

- Welche Aufgaben und Funktionen sind jeweils konkret wahrzunehmen?
- Welche Sachanforderungen enthalten die unterschiedlichen Aufgaben und Funktionen?
- Wie sind die Sachanforderungen am besten zu erfüllen?
- Welcher Mitarbeiter bringt für welche Aufgaben die besten Qualifikationen und Voraussetzungen mit?
- Welche Aufgaben kann ein Erzieher allein lösen, welche sind von mehreren Erzieherinnen und Erziehern anzugehen?
- Wie müssen die Arbeitsbedingungen organisiert werden, damit eine Zielsetzung konkret erreicht und umgesetzt werden kann?

Als dritter Punkt ist die Zusammenstellung des Teams zu nennen. Hierbei ist vor allem der Wachstumsprozess des Teams besonders relevant:

- Wie ist das Team entstanden?
- In welcher Teamphase (vgl. unten) befindet sich das Team?
- Welche Kompetenzen sind im Team gut, welche weniger gut vorhanden usw.?
- Welche Kompetenzen/Qualifikationen sind vielleicht zu ergänzen, wenn durch Personalwechsel eine Neueinstellung notwendig wird?

Häufig ist es jedoch so, dass die Teammitarbeiter in einem Team eher zufällig zueinander finden, sodass die Gruppenphasen und Teamphasen immer wieder neu durchlaufen werden müssen (weitere Ausführungen dazu im folgenden Text).

Viertens sind bestimmte Grundsympathien unerlässlich für die Entwicklung eines Teams. Gerade die Auseinandersetzung mit dem ersten Eindruck bzw. mit den klimatischen Bedingungen im Team ist für alle Mitarbeiter wichtig. Dies stellt natürlich eine Idealforderung dar, die sich häufig im Widerspruch zur Wirklichkeit befindet, in der die Teammitglieder nicht unbedingt freiwillig mit den Menschen zusammenarbeiten, mit denen sie gerade eine gemeinsame Aufgabe verrichten. Gerade das Ab- und Bearbeiten unterschiedlicher sympathischer bzw. anti- oder parasympathischer Aufgaben scheint hierbei notwendig zu sein. Dennoch ist Folgendes festzuhalten: Wo Freiwilligkeit und persönliche Sympathie möglich sind, sollte diese auch konkret umgesetzt werden. Somit macht ein grundlegend sympathisches Vorgehen aller Beteiligten die Arbeit (auch mit den Kindern und Jugendlichen) leichter.

Aufgabe zum Selbststudium

Ergänzen Sie Ihre Überlegungen zur Planung der Geburtstagsfeier für Ortrud, nachdem Sie sich die Ausgangsbedingungen zur Teamarbeit vergegenwärtigt haben.

6.2.3 Hilfen zur Teamarbeit

Es können nach Scherpner u. a. (vgl. Scherper u. a., 1976, S. 64 ff.) drei unterschiedliche Hilfekategorien skizziert werden:
* technische Hilfen
* organisatorische Hilfen
* gruppendynamische Hilfen.

Technische Hilfen

Wichtig in der Umsetzung von Teamprozessen ist eine geeignete Sitzordnung: Jedes Teammitglied sollte jedes andere Teammitglied sehen können. Es sollten auch einmal die Plätze getauscht werden, damit kein gefestigtes Rollengefüge entsteht bzw. sich hierdurch abbildet.

Des Weiteren können die Gespräche durch unterschiedliche Mitarbeiter vorbereitet und protokolliert werden. Hierbei ist es relevant, dass unterschiedliche Mitarbeiter unterschiedliche Kompetenzen für unterschiedliche Themen mitbringen und diese auch im Teamprozess realisieren sollten.

Ein gut vorbereiteter Besprechungsraum

Wenn Themen zu theoretisch bzw. zu kognitiv erscheinen, ist möglicherweise der Einsatz von Grafiken, Filmen, Fotos oder Powerpoint-Präsentationen sinnvoll, damit diese Inhalte verdeutlicht werden können.

Auch können in diesen Teamprozessen bestimmte Thematiken visualisiert werden. Hierbei eignen sich wiederum Powerpoint-Präsentationen, aber auch der Einsatz von Flipcharts sowie die Gestaltung durch Mindmaps.

Organisatorische Hilfen

Manchmal ist eine Redezeitbegrenzung in Teams notwendig, da bestimmte Mitglieder eher dazu neigen, viel zu reden als andere. Die Redezeitbegrenzung führt dann zu einer gerechteren Verteilung der Wahrnehmung von Inhalten im Team.

Natürlich ist ein pünktlicher Beginn und ein pünktliches Ende eines Teamprozesses notwendig. Sinnvoll erscheint hierbei auch eine Vereinbarung über die Dauer der jeweiligen Teamsitzungen. Diese kann schon in der Einladung bekanntgegeben werden, sodass sich alle Teammitglieder darauf einstellen können. Relevant ist auch die Zusammenfassung der Gesprächsergebnisse in regelmäßigen Abständen, zum Beispiel durch das Vorlesen der letzten (Ergebnis-)Protokolle. Auch kann hierbei der Lern- und Arbeitsprozess des Teams verfolgt werden und es erfolgt eine Kontrolle durch Rückfragen in Bezug auf die Themen, welche in den letzten Wochen und Monaten bearbeitet worden sind.

Wie bereits erwähnt, ist es manchmal sinnvoll, den Vorsitz bei einzelnen Sitzungen oder zu bestimmten Gesprächsthemen zu wechseln. Dieses gilt genauso für die Protokollführung der Teamsitzungen, bzw. für deren Vorbereitung (zum Beispiel das Einrichten des Raumes). Hierdurch kommt es zu einer Veränderung der Rollen, sodass sich bestimmte Rollen im Team nicht zu sehr manifestieren – wenn auch manchmal eine bestimmte Rollenkonformität in Teams durchaus sinnvoll sein kann.

Jede Teamsitzung sollte natürlich auch Pausen beinhalten; nichts ist weniger sinnvoll, als zweieinhalb bis drei Stunden zu diskutieren, ohne einmal durch Bewegung oder eine Kaffeepause den Kopf frei zu bekommen. Und natürlich ist es notwendig, dass alle Teammitglieder gemeinsam wieder aufräumen!

Zur Strukturierung einer Teamsitzung kann es dienlich sein, eine zum Beispiel dreistündige Besprechung in drei Teile zu gliedern und diese mit folgenden Besprechungspunkten zu versehen:

1. Stunde: Absprache und Regelung organisatorischer Angelegenheiten
- Information aus der Gruppenleiterbesprechung
- Überstunden der vergangenen Woche
- Dienstplan der folgenden Woche
- Urlaubsregelung, Vertretungsdienst, Springdienst
- Termine der Kinder und Jugendlichen (Arztbesuche, Berufsberatung, Gruppengespräche)
- Planung von Bekleidungseinkäufen, Weihnachtseinkäufen, Gruppeneinkäufen
- Gespräche mit Klassen- und Fachlehrern der Schulen
- freizeitpädagogische Aktivitäten (Freizeitgruppen, Wochenendaktivitäten, Urlaubsplanung)
- Aktivitäten zur Einzelhilfe
- äußere Situation der Wohngruppe (Ordnung, Sauberkeit, Wohnlichkeit, Atmosphäre)
- Vorbereitung der Erzieherkonferenz

2. Stunde: „5-Minuten-Reflexionen" über alle Kinder/Jugendlichen der Gruppe nach folgenden Kriterien[1]:

Familie
- Kontakt zur Familie, zu Angehörigen
  - Besuche, Briefverkehr, Urlaube
  - Verhältnis zu Angehörigen

- Elternarbeit, Elternkontakte
  - Gespräche mit Eltern im Heim
  - Besuche bei den Eltern

- Aushandlungen im Hilfeplangespräch

Gesundheit und Entwicklung
- äußere Erscheinung und körperlicher Befund
  - Größe, Gewicht (Vergleichsdaten!)
  - Verhältnis zur Körperpflege und zur Kleidung
  - Krankheiten, Unfälle, Behandlungen (Krankheitsbild)

- motorisches Verhalten
  - Gesamteindruck
  - Ausdrucksverhalten
  - Grob- und Feinmotorik
  - Auffälligkeiten in der Koordination der Gliedmaßen

- Sprachverhalten
  - Sprechweise: Dialekt, Artikulation
  - Sprachverständnis: Wortschatz
  - Auffälligkeiten: Stammeln, Lispeln
  - Stottern

Emotionaler und sozialer Bereich
- emotionaler Bereich
  - Grundstimmung, Sensibilität
  - Selbstwertgefühl, Selbsteinschätzung
  - Bindungsfähigkeit

- Umgang mit Sexualität/Geschlechtlichkeit
  - Hemmungen, Unsicherheiten
  - Nähe und Distanz
  - Gesprächsbereitschaft über Sexualität
  - Beziehungen zu Mädchen oder Jungen

---

[1] *Die Auflistung soll als Anregung für ggf. zu besprechende Aspekte dienen. Sie orientiert sich an der Gliederung für einen Entwicklungsbericht. Die fünf Minuten für jedes Kind oder Jugendlichen müssen allerdings eingehalten werden!*

- Verhalten in der Gruppe und Kontakt zu Externen
  - Stellung in der Gruppe, zu den Gruppenmitgliedern
  - Sozialverhalten in der Gruppe
  - Selbstständigkeit in der Gruppe
  - Außenkontakte

- Verhalten zu den Erziehern
  - Ablehnung oder Annahme der Erzieher
  - Bereitschaft, Probleme mit Erziehern zu besprechen

- Verhalten in der Freizeit
  - Spielverhalten
  - Fähigkeiten, Fertigkeiten, Neigungen
  - sportliche Interessen

- Verhalten in besonderen Situationen
  - bei Erziehungsmaßnahmen
  - in Versagungssituationen

Selbstständigkeit im lebenspraktischen Bereich
  - Umgang mit Geld
  - Körperhygiene
  - Fähigkeiten, öffentliche Verkehrsmittel zu nutzen
  - Erlernen der Uhr
  - Erstellen einfacher Mahlzeiten
  - Verabredung von Arztterminen
  - Umgang und Kontakte mit und zu Behörden

Schule und Beruf
- schulischer Bereich
  - Schultyp, Klasse
  - Arbeitshaltung, Schulleistung
  - ggfs. Bezugnahme zur Schulaufgabensituation
  - Verhalten und Stellung in der Klasse
  - Verhältnis zum Lehrer

- beruflicher Bereich
  - Ausbildungsart
  - Arbeitsverhalten (Arbeitsbereich, Produktivität)
  - Verhältnis zu Vorgesetzten, zu Kollegen
  - Berufsschule

Besonderheiten im Berichtszeitraum
  - besondere Leistungen in der Schule, in Freizeitvereinen usw.
  - besonderes Engagement in der Gruppe
  - Bettnässen, Einkoten, Nägelkauen
  - Entweichungen, Streunen
  - Straffälligkeit

3. Stunde: Themenzentrierte und fallbezogene Diskussion
- Hilfeplangespräche vorbereiten/reflektieren
- Erstellung von Erziehungsplänen
- Fallbesprechungen
- spezieller Informations- und Erfahrungsaustausch
- Erstellung von Trainings- und Verstärkerprogrammen

Gruppendynamische Hilfen

Hierbei sind folgende fünf Punkte zu bedenken:
1. die Ermutigung zur Äußerung von Bedürfnissen und Wünschen aller Beteiligten,
2. die Ermutigung zur Äußerung von Emotionen und Affekten,
3. das Geben von Feedback,
4. die Zurückhaltung von Vorgesetzten bei Meinungsäußerungen der beteiligten Kollegen,
5. die Aufteilung der Arbeitsprozesse in Kleingruppenarbeit und das Zusammenführen dieser im Gesamtteam, zum Beispiel in einer Erzieherkonferenz.

Beispielhaft sind aus diesen fünf gruppendynamischen Hilfen die Regeln, die beim **Feedback** beachtet werden sollen, im Folgenden dargestellt. Es wird nicht immer möglich sein, alle hier aufgeführten Regeln zu beachten, sie sollten aber als Orientierungspunkte dienen. Die Einhaltung dieser Regeln gewährleistet, dass meine Mitteilung von meinem Sozialpartner aufgenommen und verstanden werden kann. Gleichzeitig baue ich damit eine Beziehung auf, die es gestattet, die ausgetauschten Informationen **gemeinsam** zu verarbeiten; es ist so eher möglich, eine Partnerschaft aufzubauen.

1. Gib Feedback, wenn der andere es auch hören kann
Achte darauf, ob dein Partner sich in einer Situation befindet, in der er auch ruhig zuhören kann, oder ob er so stark mit anderen Dingen beschäftigt ist, dass er deine Information nicht ungestört aufnehmen kann. Wenn dein Partner nicht in einer aufnahmebereiten Situation ist, du aber innerlich stark bewegt bist, dann mach deinen Gefühlen kurz (direkt) Luft und erkläre, dass ein ausführliches Feedback zu einer ruhigeren Stunde folgt.

2. Feedback soll so ausführlich und konkret wie möglich sein
Feedback ist keine Information, die man dem anderen vor die Füße knallt, um sich dann aus dem Staub zu machen. Es ist der Anfang eines Dialogs zwischen zwei Menschen, in dem so ausführlich wie möglich die eigene Wahrnehmung, die eigenen Vermutungen und Gefühle mitgeteilt werden können.

3. Teile deine Wahrnehmung als Wahrnehmung, deine Vermutung als Vermutung und dein Gefühl als Gefühl mit

4. Feedback soll den anderen nicht analysieren
Mach klar, dass du es bist, den beispielsweise etwas stört. Wenn du Aussagen über das Verhalten des anderen und seine Motive machst, wird nicht mehr deutlich, dass du ein

Problem mit ihm hast. Eine gemeinsame Überlegung, warum etwas geschehen ist, wird nützlich sein. Außerdem kann der Partner besser herausbekommen, welche Motive hinter seinem Verhalten stehen, als du es kannst.

5. Feedback soll insbesondere positive Gefühle und Wahrnehmungen umfassen
Feedback soll nicht nur dann erfolgen, wenn etwas schiefgegangen ist. Es hat noch nie jemand darunter gelitten, dass er zu häufig gelobt wurde – eher darunter, dass er zu selten erfahren hat, dass er positive Gefühle in anderen auslöst.

6. Feedback soll umkehrbar sein
Die Forderung nach Umkehrbarkeit ist meist dort verletzt, wo es Rangunterschiede gibt und ein Partner sich wichtiger fühlt als der andere.

7. Feedback soll die Informationskapazität des anderen berücksichtigen
Denke daran, dass ein Mensch nur eine bestimmte Menge an Informationen in einer gewissen Zeitspanne aufnehmen kann. Ein Zuviel an Informationen ist unnötige Kraftvergeudung.

8. Feedback sollte sich auf ein begrenztes konkretes Verhalten beziehen
Gib nicht Feedback über die gesamte Person. Du hast nur ein begrenztes Verhalten wahrnehmen können, und das sollte in deinen Äußerungen deutlich werden. Das Verhalten, das du gesehen hast, sollte so genau und konkret wie möglich und nicht wertend beschrieben werden. Auf diese Weise kann der andere begreifen, auf welche seiner Verhaltensweisen sich das Feedback bezieht.

9. Feedback sollte möglichst unmittelbar erfolgen
Die Lernmöglichkeit ist größer, wenn die Rückmeldung unmittelbar und sofort erfolgt.

10. Die Aufnahme von Feedback ist am günstigsten, wenn der Partner es sich wünscht
Bei einem gewünschten Feedback ist die Abwehr des Partners geringer. Bittet der Partner nicht um Feedback, sollte man ihn fragen, ob er das Feedback hören möchte. Meistens wird er neugierig sein und darum bitten.

11. Du solltest Feedback nur annehmen, wenn du dazu auch in der Lage bist
Wenn Du ein Feedback zu einem Zeitpunkt nicht hören willst, weil du glaubst, nicht angemessen darauf eingehen zu können, so solltest du dies deutlich sagen. Gib dem Partner aber die Gelegenheit, sein Gefühl kurz loszuwerden und schlage einen späteren Zeitpunkt für ein intensives Feedback-Gespräch vor.

12. Wenn du Feedback annimmst, höre zunächst nur ruhig zu
Der Feedback-Geber braucht das Gefühl, dass man ihm zuhört. Die Gegenantwort hat Zeit. Die Verarbeitung von Feedback ist ein schwieriger Prozess, den du nicht sofort leisten kannst. Frage nach, um Unverstandenes zu klären. Versuche nicht, sofort etwas klarzustellen oder dich zu rechtfertigen.

13. Feedback geben bedeutet, Informationen zu geben, und nicht, den anderen zu verändern

Feedback ist ein Prozess, durch den große Veränderungen ausgelöst werden können. Aber die Veränderung muss von beiden Partnern gemeinsam überlegt werden, wobei die Richtung der Veränderung nicht vorbestimmt ist. Vielleicht ändern sich die Gefühle des Feedback-Gebers und er lernt, Verhalten zu akzeptieren, das ihn vorher störte. Oder es ändert sich das Verhalten des Feedback-Empfängers. Die Verantwortung für die Veränderung kann jeder Partner nur für sich selbst übernehmen. Wenn du Feedback nur mit der Hoffnung gibst, dass der andere sein Verhalten ändert, wirst du produktive Veränderung eher behindern.

(vgl. Schwäbisch/Siems, 1974, S. 63 ff.)

Aufgaben zum Selbststudium

1. *Entwickeln Sie zu den unterschiedlichen Formen der Hilfen Beispiele.*

2. *Welche Hilfen erscheinen Ihnen am zweckdienlichsten und welche weniger? Begründen Sie Ihre Meinung möglichst ausführlich.*

3. *Welche gruppendynamischen Elemente können sich gegebenenfalls auf die konkrete Arbeit mit den Kindern und Jugendlichen auswirken?*

6.2.4   Teamarbeitsebenen im Heim

Folgende vier Teamarbeitsebenen im Heim sollen kurz skizziert werden:

*   Die **Gesamtkonferenz:** Alle Mitarbeiter bzw. alle Funktionsbereiche einer Einrichtung und einer Gesamtorganisation sind hierbei vertreten. Wird diese Ebene vernachlässigt, besteht die Gefahr der Desinformation aller Beteiligten bzw. der Verselbstständigung einzelner Bereiche.

*   Die **Gruppenleiterebene:** Bei regelmäßig stattfindenden Gruppenleiterbesprechungen geht es darum, dass alle Informationen in der Gesamtorganisation, aber auch für die einzelnen Teams und Teammitglieder sinnvoll vermittelt und an alle Beteiligten weitergegeben werden. Die Gefahr hierin besteht in einer Hierarchiebildung der Gruppenleiter untereinander bzw. durch das Filtern von Informationen, sodass sich ein bestimmtes Machtvakuum bei den Teams vor dem Hintergrund einer Machtbündelung bei den Gruppenleitern ergibt.

*   Die sogenannte **Erzieherkonferenz:** Diese erfüllt folgende Funktionen: ein aktueller Informations- und Meinungsaustausch zwischen und auf allen Ebenen, welche in der Einrichtung bzw. der Gesamtorganisation tätig sind, des Weiteren eine gemeinsame oder gleiche bzw. ähnliche Reaktion auf aktuelle bzw. bisher ungeklärte Situationen, welche den Erziehungs-, aber auch Organisationsalltag der Einrichtung prägen. Zudem kann es hierbei um die Aufhebung bzw. Veränderung von getroffenen Vereinbarungen gehen. Ein weiterer Punkt ist die Problematisierung praxisrelevanter pädagogischer Themen sowie die Entwicklung spezieller Handlungskonzepte. Gerade dieser vierte

Punkt scheint im Mittelpunkt von Erzieherkonferenzen zu stehen, da diese immer wieder für aktuelle Problemlösungsfragen herangezogen wird. Abschließend ist noch die laufende Evaluation aller Zielsetzungen und Zielsetzungsvariablen auf allen Ebenen der Gesamtorganisation zu nennen. Auch in den Erzieherkonferenzen ist es wichtig, dass der Vorsitz wechselt. Manchmal erscheint es notwendig, gerade im Bezug auf die Problematisierung praxisrelevanter pädagogischer Themen, ein Impulsreferat, gegebenenfalls von Fachleuten außerhalb der Einrichtung, einzubringen.

- Das **Gruppenerzieherteam**: Hierbei handelt es sich eigentlich um das **Kernteam** der Einrichtung, weil in diesem und durch dieses die konkreten Entscheidungen für die praktische pädagogische Arbeit mit den Kindern und Jugendlichen getroffen und realisiert werden. Teamsitzungen finden in der Regel wöchentlich statt.

Aufgaben zum Selbststudium und zur Gruppenarbeit

1. *Entwickeln Sie für die Besprechungsformen, die auf den vier Teamebenen durchgeführt werden, Beispieltagesordnungspunkte.*

2. *Setzen Sie die Orientierungshilfe zur Durchführung von Teambesprechungen in Bezug auf eine Gruppenerzieherteamsituation um. Planen Sie somit ein Teamgespräch und realisieren Sie dieses in einem Rollenspiel. Spielen Sie dieses mehrmals durch und wechseln Sie hierbei die Rollen. Was fällt Ihnen auf?*

6.2.5 Führungsstil und Teamarbeit

Teamleiter in den Gruppen der stationären Jugendhilfe sind in besonderer Weise gefordert, Leitungsaufgaben wahrzunehmen. In vielen Fällen sind sie nicht für die Leitung freigestellt, sondern übernehmen wie alle im Team Schichten im Wechseldienst. Sie sind häufig mehr Kolleginnen oder Kollegen als Vorgesetzte im eigentlichen Sinn. In vielen Teams ist auch eine hohe emotionale Verbundenheit festzustellen, die im Hinblick gerade auf Konfliktlösungen eine besondere Qualität erfordert. In diesem Abschnitt wird erläutert, wie eine gute Führung von und Leitung in Teams entstehen kann bzw. was sie auszeichnet. Hierbei sind folgende Schritte handlungsleitend:
1. Verantwortung und Führung im Team
2. Beschreibung unterschiedlicher Führungsstile
3. Leitungsstrukturen im Heim

Verantwortung und Führung im Team

Grundsätzlich ist festzustellen, dass es dem Teamprinzip widerspricht, wenn die sogenannte „letzte Verantwortung" stets von einem bestimmten Mitarbeiter bzw. einer bestimmten Mitarbeiterin eines Teams getragen werden muss. Konfliktsituationen im Team werden durch das Team selbst (welches natürlich immer einer Leitung unterstehen muss) gerechter und auch umfassender beurteilt und hierdurch in der Wahrnehmung der Konstrukte aller Beteiligten bewertet. Die somit kooperativ entwickelten pädagogischen oder organisatorischen Beschlüsse sind in der Regel wirklichkeitsnäher – da sie ja von allen getragen werden – als Einzelentscheidungen. Es ist somit feststellbar, dass das Arbeiten im Team eben nicht eine Führungs- und Leitungslosigkeit bedeutet und individuelle Leitungs- und Leistungsqualifikationen eingeebnet werden. Vielmehr nimmt die Leitungsstruktur bzw. die Leitung in einem Team die Funktion eines Koordinators ein, welcher die unterschiedlichen Themen, Inhalte, Dimensionen und Entwicklungen im Teamprozess koordiniert, zusammenführt und im besten Sinne begleitet.

Vor diesem Hintergrund sind drei Faktoren zur Teamführung kennzeichnend (vgl. Haeske 2002, S. 32–56): Es handelt sich hierbei um das Vertrauen, die Sicherheit und die Koordination in der Teamführung bzw. der Teamleitung. Diese Führungsfunktionen können grafisch wie folgt dargestellt werden:

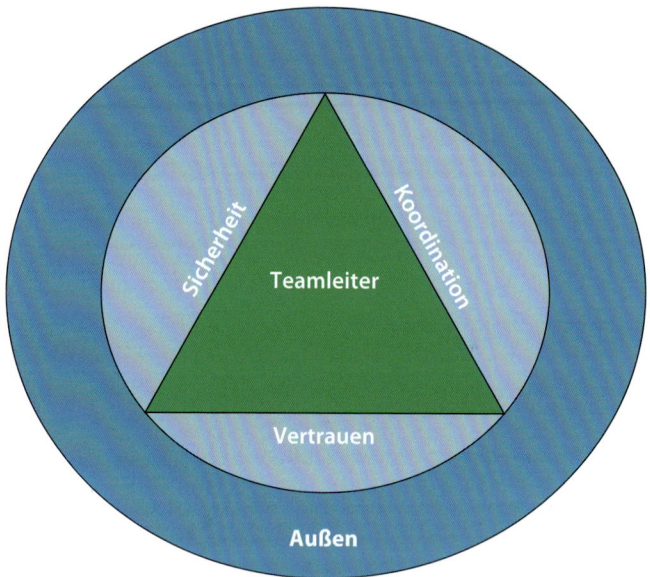

Führungsfunktionen im Team (Haeske, 2002, S. 32)

Die Umsetzung der nachfolgend beschriebenen Faktoren ist somit auf der einen Seite nach innen, also auf das Team ausgerichtet, auf der anderen Seite müssen sich diese Funktionen aber auch nach außen, also auf die Umwelt des Teams ausrichten.

„Erfüllt der Teamleader die Funktionen in beide Richtungen, kann die Energie der Mitglieder auf die Aufgabenerledigung konzentriert bleiben. Schwächen einzelner Funktionen haben zur Folge, dass Reibungsverluste auftreten und Ausgleichbewegungen des Teams initiiert werden, um unter den gegebenen Bedingungen arbeiten zu können."
(Haeske, 2002, S. 33)

Zur Sicherheit
Es fehlt dann nicht an Sicherheit, wenn die Unsicherheit in Bezug auf die Umsetzung der Ziele und auf die Verantwortlichkeiten im Team möglichst minimiert werden. Die Teamleitung, aber auch das gesamte Team ist dafür zuständig, Transparenz und Nachvollziehbarkeit

in Bezug auf die Entscheidungsfindungen herzustellen bzw. in Konfliktfällen das Team und jedes einzelne Teammitglied nach außen zu schützen. Das heißt, dass sich das gesamte Team und der Teamleiter hinter die von einem einzelnen Teammitglied getroffene Entscheidung stellen. Entsteht keine Sicherheit im Team, werden sich die Einzelnen vor Gefahren, welche sie aus der Umwelt bzw. aus dem Team selbst wahrnehmen, schützen. Dies führt dazu, dass sich die Teamstrukturen nicht mehr weiterentwickeln können, sodass die Erledigung der Aufgaben durch eine Doppelabschottung (nämlich nach innen und nach außen) ausgebremst wird. Gerade in der stationären und teilstationären Erziehungshilfe können Kinder und Jugendliche Teammitglieder durch bewusstes „Tricksen" verunsichern. Weiß das Teammitglied sein Team hinter sich, kann die Einzelentscheidung sicherer dem Kind gegenüber vertreten werden.

Zur Koordination

Die Prozesse der Koordination erfordern von der Leitungskraft eines Teams folgende Handlungsmuster:

- die Ordnung des Arbeitsprozesses

- die Priorisierung der Arbeitsaufgaben

- die Informationsweitergabe sowie Information innerhalb des Teams

- die Beachtung der unterschiedlichen Teamrollen

- eine sinnvolle Delegation der unterschiedlichen Aufgaben, welche durch das Team erledigt werden müssen.

Wenn die Koordination nicht durchgeführt wird, werden bei der Erledigung der Aufgaben relativ bald chaotische Verhältnisse auftreten: Das einzelne Teammitglied bekommt keine klaren Aufgaben und Zuständigkeitszuweisungen, es fühlt sich somit auf verlorenem Posten und muss gegebenenfalls Strukturen gestalten, welche ihn im hohen Maße über- oder unterfordern (dies ist der erste Schritt in eine pathologische Team- bzw. Organisationsstruktur). Im Teamprozess entstehen somit Spannungen, weil sich jedes Teammitglied gezwungen sieht, eine persönliche Koordinationsleistung zu erbringen, ohne jedoch die hierzu notwendige Autorität zu haben. Dies kann schnell zu wechselseitigen Anklagen und Konflikten führen.

Der Schicht- und Wechseldienst in den Betreuungsformen der Jugendhilfeeinrichtungen erfordert zum Wohle der Kinder und Jugendlichen ein hohes Maß an Koordinierung von Arbeitsabläufen. Viele Tätigkeiten müssen jede Woche in den Teamsitzungen Woche abgestimmt werden, da sich die Mitarbeiterinnen und Mitarbeiter in der Zwischenzeit wenig sehen.

Zum Vertrauen

Eine Leitungsperson im Team ist immer bestrebt, die Entscheidungen möglichst transparent und nachvollziehbar zu gestalten. Realisiert eine Person diese Fähigkeit, wird das Vertrauen der Teammitglieder in die Führungskraft, aber auch in die gesamte Aufgabe steigen, weil vorhersehbar ist, welche Folgen auch das eigene Verhalten nach sich ziehen kann. Entwickelt sich im Team ein Misstrauensprozess, entstehen hierdurch Distan-zierungen zwischen Mitarbeitern und dem Teamleiter: Die einzelnen Mitarbeiter fühlen sich nicht mehr dem Team zugehörig, weil das Team für sie keine Attraktivität mehr besitzt. Die einzelnen Arbeitsziele werden für die Mitglieder nicht mehr als Herausfor-derung angesehen, die Motivation, hierbei auch neue Dinge in Angriff zu nehmen, wird sich dementsprechend deutlich in Grenzen halten. Somit werden sich die einzelnen Mitglieder mehr außerhalb des Teams engagieren bzw. es sogar kurz- bis mittelfristig verlassen.

Zusammenfassend kann festgestellt werden, dass der Teamleiter bzw. die Teamleiterin einer Einrichtung der Kinder- und Jugendhilfe über die Grenzen des eigenen Teams hin-aus denken und agieren muss.

„Sicherheit, Koordination und Vertrauen beziehen sich auch darauf, dass man als Teamleiter innerhalb der Organisation, in Gremien, formellen und informellen Zusammenkünften die Sicherheit vermittelt, dass das Team seine Aufgaben optimal erfüllt, notwendige Kontakte herstellt und ausbaut, die dem Team helfen, Vertrauen zu anderen Bereichen aufbaut, sodass man in das unternehmenspolitische Netz eingebunden ist und vorbeugend Kontakte zu unter-stützenden Kräften aufbaut. Die Aufgabe, über die Grenzen des eigenen Teams hinaus zu denken und zu handeln, muss nicht von den Teammitgliedern geleistet werden. Es ist eine Führungsaufgabe."

(Haeske, 2002, S. 35)

Aufgaben zum Selbststudium

1. *Reflektieren Sie aufgrund Ihrer bisherigen Erfahrungen, wie sich die drei Führungs-funktionen (Sicherheit, Koordination, Vertrauen) positiv auf das Gelingen von Team-arbeit ausgewirkt haben. Falls Sie vorwiegend negative Erfahrungen gemacht haben, konstruieren Sie Bedingungen und Forderungen für einen positiven Teamprozess.*

2. *Wie und wodurch kann sich dieses Handeln des Teamleiters auf die Kinder und Ju-gendlichen in der AWG Schillerstraße auswirken? Erarbeiten Sie hierzu konkrete Bei-spiele bzw. Prozessabläufe.*

3. *An welchen Stellen erkennen Sie in den Teams, in denen Sie bislang tätig waren, gemeinsam abgesprochenes Handeln bzw. gemeinsame „Teamrituale", wie zum Beispiel Formen der Belohnung (Geburtstagsgeschenk) oder gemeinsame Aktionen oder Feiern zu bestimmten Anlässen? Was kann geschehen, wenn Erzieherinnen und Erzieher diese Formen der gegenseitigen Anerkennung zu wenig umsetzen?*

4. *Wie wird in Ihnen bekannten Teams mit Kritik umgegangen? Beschreiben Sie posi-tive und ggf. negative Auswirkungen.*

5. *Welche Stärken bringen Sie selbst in Teams ein? Könnten Sie sich vorstellen, mittel- oder langfristig eine Leitungsposition in einem Team zu besetzen? Wovon würden Sie dies abhängig machen (wie sind hierbei Ihre eigenen Potenziale bzw. die Poten-ziale des Teams zu gewichten und zu differenzieren)?*

Beschreibung unterschiedlicher Führungsstile

Aus sozialpsychologischen Forschungen ist bekannt, dass es mindestens drei unterschiedliche Führungsstile gibt:

- den autoritären Stil, welcher sich durch wenig Kommunikation, durch eine schwache Interaktion und dadurch auszeichnet, dass die Leitungsspitze Ziele vorgibt und allein und zentral entscheidet;

- den Laissez-faire-Stil, in welchem die Kommunikation sehr beliebig ist, die Interaktion zwischen den Mitarbeitern und Mitgliedern zufallsbedingt und die Ziele extrem unklar sind; Entscheidungen werden von den Mitarbeitern ad-hoc aus der jeweiligen Situation heraus getroffen und es entsteht und besteht keine Kontrolle zwischen den einzelnen Positionen und Inhalten;

- und der kooperative Stil, in dem eine intensive Kommunikation geübt wird, die Aktion zwischen allen Beteiligten intensiv ausgeprägt und Ziele gemeinsam formuliert werden. Die Entscheidungen sind hierbei das Ergebnis von Gruppen- und Teamdiskussionen, die Kontrolle dieser Prozesse erfolgt dezentral.

Theoretische Begründungen, aber auch praktische Evaluationen haben gezeigt, dass nur der letzte, nämlich der kooperative Stil, eine wirkungsvolle und wirksame Teamarbeit zulässt. Nur gut informierte und selbstständige Mitarbeiterinnen und Mitarbeiter, die die Ziele der Organisation mit vertreten, bzw. bei denen die Ziele der Organisation auch eine Relevanz für ihre eigene Person haben, treffen sinnvolle Ent-

scheidungen. Wichtig ist hierbei, dass der Führungsstil dem Typus des einzelnen Mitarbeiters entspricht. Autoritätsfixierungen von Mitarbeitern durfen hierbei nicht als Ausrede gelten, bestimmte Entscheidungen nicht zu treffen.

Damit diese eher allgemein gehaltenen Aussagen präzisiert werden können, sind die Kompetenzen der Teamleitung näher zu beschreiben. Eine Teamleiterin ist dazu angehalten, ein recht differenziertes Kompetenzprofil aufzubauen und zu realisieren. Häufig ist es so, dass Teamleiter aufgrund ihrer fachspezifischen Kompetenzen aus dem Team heraus bzw. von außen in eine Leitungsposition hineingeraten. Das heißt, dass z. B. eine Mitarbeiterin, die über Jahre hinweg eine gute Erzieherin war, die Leitung eines Teams einer Wohngruppe übertragen bekommt. Diese Fachkompetenz als Erzieherin reicht jedoch meistens nicht aus, um auch als Teamleiter wirksam zu werden. Vor dem Hintergrund einer veränderten Aufgabenstellung müssen somit auch erweiterte Kompetenzen hinzukommen, sodass die Teamleitung diesen Teamprozess nachhaltig gestalten kann (vgl. Haeske, 2002, S. 38 ff.).

In Kapitel 1.4 (Berufsprofile der pädagogischen Mitarbeiterinnen und Mitarbeiter) wurden die Kompetenzen und Schlüsselqualifikationen für Erzieherinnen und Erzieher erläutert und erarbeitet. Im Folgenden werden vier Kompetenzen mit Blick auf die Tätigkeiten eines Teamleiters ausgewählt und konkretisiert. Diese lassen sich in einem Kompetenzrad darstellen:

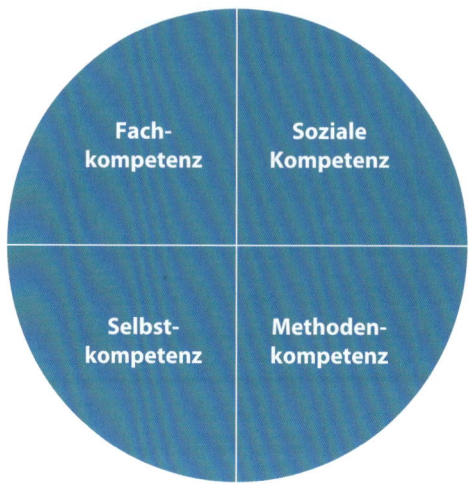

Das Kompetenzrad des Teamleiters (Haeske, 2002, S. 38)

Erstens die **Fachkompetenz**, welche dem Teamleiter die Glaubwürdigkeit und Achtung verleiht, welche er benötigt, um bestimmte konkrete Aufgaben lösen zu können. Sie ist die Quelle der beruflichen Sicherheit und muss im Rahmen unterschiedlicher Fort- und Weiterbildungsprozesse immer wieder neu entwickelt und differenziert werden.

Zweitens die **Methodenkompetenz**: Der Teamleiter bzw. die Teamleiterin ist angehalten, vor allem Methoden aus den Ebenen der Moderation, der Präsentation und der Visualisierung zu beherrschen, um kompetente Besprechungsorganisationen durchzuführen (s. o.). Die Moderation einer Gruppe verlangt somit von der Teamleitung einen deutlich erkennbaren Rollenwechsel. Er bzw. sie ist dazu gehalten, die Gruppe durch einen Arbeitsprozess zu leiten. Dies führt auch dazu, dass die Teamleitung immer wieder einen Balanceakt zwischen eigener Meinung und Zurückhaltung durchführen muss, um nicht ausschließlich die eigene Position durchzusetzen, sondern die Gruppenmeinung herausarbeiten zu lassen.

Drittens die **soziale Kompetenz**: Hier ist vor allem die Kommunikationsfähigkeit des Teamleiters relevant. Sie entscheidet, wie gut die Teamleitung sprachliche, aber auch nichtsprachliche Signale aller Teammitglieder wahrnehmen kann bzw. wie er oder sie selbst diese Signale einsetzen kann. Eine ausgeprägte Sozialkompetenz ist vor allem dann gefragt, wenn Konfliktlösungsstrategien gefunden werden müssen.

Viertens die **Selbstkompetenz**: Dieser Kompetenzbereich ist durch mehrere Aspekte zu beschreiben: Etwa durch den produktiven Umgang mit den eigenen Emotionen, der Umsetzung konstruktiver Werthaltungen, Einstellungen und Motive, einer guten und realistischen Selbsteinschätzung sowie den kreativen Einsatz persönlicher, aber auch fachlicher Ressourcen (vgl. Haeske, 2002, S. 41).

Die Umsetzung dieser Kompetenzbereiche hat eine intensive Relevanz für die in Kapitel 6.2.6 noch zu beschreibenden Konfliktlösungen bzw. Konfliktlösungsstrategien in und mit Teams. Auch sind diese natürlich in hohem Maße notwendig, um Besprechungen vorzubereiten und durchzuführen und die Ergebnisse zu evaluieren (s. o.).

Leitungsstrukturen im Heim

Die Vernetzung zwischen Leitungsstrukturen im Heim, den Strukturen in einem Team und den direkten pädagogischen Aufgaben sind signifikant: Das was in der Gesamtorganisation geschieht, geschieht auch in den einzelnen Teams bzw. in den Interaktionen zwischen den Beteiligten (vgl. Greving, 2000, S. 81–135). Der Auftrag einer Heimeinrichtung, also die Erziehung der Kinder und Jugendlichen zu partnerschaftlichen und demokratischen Verhaltensweisen, muss somit auch durch die Leitungsstrukturen einer Gesamtorganisation bzw. den Strukturen eines Teams vorgegeben und vorgelebt werden. Demokratische Prozesse in Heimen bedeuten aber nicht, dass jede Entscheidung auch von allen gefällt wird. Vielmehr geht es darum, dass demokratische Strukturen dadurch umgesetzt werden, dass der Informationsfluss auch noch den letzten Mitarbeiter erreicht bzw. dessen fachliche Kompetenz in die Entscheidungsfindung mit einbezogen und alle Entscheidungen möglichst auf derjenigen Ebene getroffen werden, auf welcher sie auch realisiert werden sollen.

Diesen Aussagekomplex zusammenfassend, sind für eine erfolgreiche Teamleitung also fünf Aspekte ausschlaggebend:

- Die Koordination ist im Hinblick auf die Teamführung in hohem Maße relevant, gleichermaßen sind aber auch Vertrauen und Sicherheit in den praktischen Aktivitäten unabdingbar.

- Ein Teamleiter bzw. eine Teamleiterin vertritt das Team nach innen wie auch nach außen, sodass das Team die notwendigen Ressourcen erhält und eine angemessene Wertschätzung in Bezug auf die Gesamtorganisation erfährt (vgl. Haeske, 2002, S. 56).

- Die gesamten Prozesse, welche in einem Team anstehen bzw. welche das Team von außen betreffen, gehören somit in den Aufgabenkatalog einer Teamleitung: Es gilt hierbei die Balance zu halten zwischen den Faktoren der Einzelpersonen, dem Gesamtteam, der Arbeitsaufgabe sowie den Einflüssen des Umfeldes – wobei das Umfeld schon die gesamte Organisation sein kann.

- Die Fachkompetenz sowie die Methoden-, Sozial- und Selbstkompetenz sind in wechselseitiger Abhängigkeit voneinander die Basisvariablen, aus welcher sich die Handlungsfähigkeit der Teamleitung speist.

- Last but not least muss die Teamleitung natürlich auch die Kompetenz im Hinblick auf die Führung, Moderation und Mediation von Besprechungen innehaben.

6.2.6 Konfliktlösungen im Team

Konflikte haben in Teams und Gruppen eine immense Bedeutung. Sie dienen unter anderem dazu, das Selbstverständnis des Teams sowie einzelner Mitarbeiter zu festigen bzw. gültige Ziele, Normen und Werte zu klären und für alle Beteiligten zumindest für einen bestimmten

Zeitkorridor festzulegen. Wenn es in Teams nicht zu Konflikten kommt, bedeutet es eben nicht, dass es ein gesundes Gruppenklima und stabile Beziehungen in dieser Arbeitsform gibt. Manifeste Konflikte äußern sich in höchst unterschiedlichen Formen: Seltener wird hierbei verbale Gewalt, also Beschimpfungen oder Drohungen, angewandt; häufiger herrschen (bezogen auf die Verbalität) Sarkasmus oder Ironie sowie unsachliche Schärfe und unsachliche Kritik vor. Des Weiteren wird nach Verbündeten gesucht, um den Konfliktgegner oder Partner einzuschüchtern. Zudem gibt es in der Praxis kaum Konflikte, welche von nur einer Ursache ausgehen. Meistens besteht die Verursachung von Konflikten in Teams aus einem Konfliktbündel, in welchem unterschiedliche Gründe zusammenkommen (vgl. Haeske, 2002, S. 71–80). Konflikte können somit durch unterschiedliche Ursachenkomplexe ausgelöst und aufrechterhalten werden. An dieser Stelle sind folgende Verursachungsmomente zu nennen (vgl. Haeske, 2002, S. 72 ff.):

- **Leistungsunterschiede**: In Teams agieren Personen mit sehr unterschiedlichen Orientierungen in Bezug auf ihre eigene bzw. auf die Teamleistung. Eine Teamleitung muss somit beständig die Spannung aushalten und moderieren, welche zwischen den unterschiedlichen Leistungsträgern (oder auch Nicht-Leistungsträgern) eines Teams entsteht.

- **Rangfragen**; Personen, welche länger bzw. besser in einem Team arbeiten, genießen häufig einen höheren Rang – sie werden in den Teamprozessen, und oft auch in der Wahrnehmung von außen, deutlich hervorgehoben. Eine Teamleitung hat somit vor allem darauf zu achten, dass erfahrene bzw. ältere Kolleginnen und Kollegen deutlich eingebunden werden müssen, wenn Konflikte vermieden werden sollen.

- **Wertunterschiede**: Die Personen in einem Team verfolgen meistens unterschiedliche Werte in Bezug auf die Sicherheit ihrer Arbeit, die Ehrlichkeit ihrer Karrierechancen sowie auf die Qualität der zu leistenden Tätigkeit. Die Moderation dieser „Teamchemie" ist ein wichtiger Aufgabenbereich der Teamleitung.

- **Erfahrungsauffassungen**: Die Personen in einem Team unterscheiden sich relativ häufig in den Auffassungen, wie man konkrete Arbeitsprozesse erledigen soll. Das heißt, die Reihenfolge und Priorisierung der Aufgabenstellung wird nicht von allen Personen gleichermaßen in der gleichen Reihenfolge und Wichtigkeit wahrgenommen. Viele Verfahrensfragen sind häufig Auslöser von Konflikten und treten vor allem dann auf, wenn Unklarheiten über die Arbeitsabfolge bzw. sehr divergierende Wertstrukturen vorherrschend sind.

- **Intoleranz**: Die Frage, was einzelne Mitglieder in Bezug auf die Werte, auf die Arbeitsprozesse und Priorisierungen aushalten können, steht hierbei im Mittelpunkt. Auch wenn die Teams durch die unterschiedlichen Kompetenzen der einzelnen Mitglieder profitieren, weil hierdurch Synergien entstehen, werden diese Synergien häufig erst in einem langwierigen Prozess des Aushandelns wahrgenommen und umgesetzt. Hierbei müssen vor allem Mitglieder eingebunden werden, die recht unterschiedlich zur Gesamtteammeinung ausgerichtet sind – auch dies ist eine Aufgabe der Teamleitung.

- **Spannungsgebendes Führungsverhalten**: Dieses entsteht dadurch, das Informationen intransparent weiter gegeben werden bzw. Teamleitungen ungerechte Entschlüsse fällen. Hierbei sind vor allem inkonsequente Verhaltensweisen bzw. das Einführen von Sonderrechten bestimmter Teammitglieder zu vermeiden. Die Ursache dieses Problems liegt häufig nicht nur bei der Teamleitung, sondern bildet vor allem das Problemverhalten auch auf anderen Führungsebenen in der Organisation ab – es ist somit ein Symptom für die Gesamtorganisation.

- **Strukturelle Organisationsdefizite**: Diese entstehen häufig dann, wenn Umstrukturierungsprozesse und Reorganisationsprozesse der Gesamtorganisation nicht wahrgenommen werden. Das heißt, das, was eine Einrichtung ursächlich einmal getan hat und für was sie eingetreten ist, muss verändert werden (dies bezieht sich bei der Arbeit mit Kindern und Jugendlichen aktuell vor allem auf rechtliche Grundsätze, aber auch auf die Veränderungen, welche Kinder und Familien in Bezug auf eine postmoderne Gesellschaftsstruktur erfahren). Diese Organisationsdefizite beziehen sich auf die Gesamtorganisation, sodass der Teamleiter nur ein Teil hiervon ist, aber in der konkreten Arbeit zwischen dieser Gesamtorganisation und seinem konkreten Team vermittelnd auftreten muss.

- **Unter- und Überforderung der Teammitglieder**: In beiden Fällen agiert ein Teammitglied nicht so, wie es eigentlich könnte: Die Wahrnehmung seiner Aufgaben fordert von ihm zu viel bzw. fordert nicht genug, sodass er bzw. sie mittel- bis langfristig frustriert seiner Aufgabe nachkommt. Hierbei ist die Sensibilität des Teamleiters gefragt, diese Prozesse zu erkennen und möglichst frühzeitig zu intervenieren.

Zur Entstehung von Konflikten

Die Entstehung von Konflikten ist durch folgende Variablen gekennzeichnet:

- Eine hohe emotionale Beteiligung aller Partner; im Rahmen der Abarbeitung von Konfliktprozessen entwickeln sich bei allen Beteiligten Gefühlsanteile, welche sie als relativ unangenehm definieren.

- Die Konflikte beeinflussen permanent die Beziehungen, sie führen somit häufig zu einem Bruch zwischen den Handlungsparteien und Handlungspartnern. Beziehungen scheitern zwar immer wieder, in Arbeitsprozessen ist dies jedoch in hohem Maße relevant und problematisch.

- Die Veränderung der Wahrnehmungsprozesse; Menschen nehmen andere Menschen hierbei häufig nur noch im Kontext eines Konfliktes wahr, aber auch sich selbst erleben sie häufig nur noch so, dass der andere in Bezug auf diesen Konflikt der Böse und sie selbst die Guten sind. Auf der Basis dieser modifizierten Wahrnehmung verändern sich permanent Absichten, Ziele, ja das generelle Verhalten, das man in Bezug auf die Teamarbeit bzw. auf die dann nicht mehr dialogische, sondern in hohem Maße konfliktbelastete Teamarbeit anderen Menschen gegenüber präsentiert.

(vgl. Jiranek/Edmüller, 2003, S. 23–37; Greving, 2008, S. 179–183)

An dieser Stelle sind Konfliktmanagement und Konfliktbearbeitungsprozesse notwendig. Die Teamleitung hat hierbei vor allem eine Strategie der Vorbeugung zu realisieren. Dies geschieht dadurch, dass die Dinge frühzeitig erkannt und beim Namen genannt werden müssen. Zudem muss eine dialogische Gesprächskultur definiert werden, in welcher auch persönliche und fachliche Dinge unter vier Augen besprochen werden können. Persönliche Team- und Fragestellungen sind hierbei genauso wahrzunehmen wie fachliche Inhalte. Damit sich eine

Gruppe als Team erlebt, sind regelmäßige Mitarbeitergespräche durchzuführen, welche auch ein Hinausschauen über den Tellerrand, bzw. ein Innehalten im Prozess des Alltags ermöglichen und gewährleisten. Unterstützung erfahren Teams hier durch regelmäßige Begleitung interner oder externer Berater (Einrichtungsleitung, Supervisoren, Coachs usw.).

Zusammenfassend lässt sich sagen, dass folgende Faktoren die Qualität von Teamentscheidungen bestimmen:

- Erkenntnis, Analyse und Abgrenzung des Konfliktes sowie die Definition von Zielen

- die Berücksichtigung von Interessen, Wünschen und Wertvorstellungen aller Teammitglieder

- die Motivation und das Engagement aller Beteiligten

- die Erarbeitung von Alternativen und die Vergegenwärtigung ihrer Konsequenzen

- die Bestimmung von Entscheidungskriterien und Vergegenwärtigung ihrer Konsequenzen

- die Herstellung einer Rangreihe von Kriterien, also das Setzen von Prioritäten in allen Prozessen, die abzuarbeiten sind

- die Anzahl der zustimmenden Teammitglieder

- die Evaluierbarkeit des jeweiligen Handlungserfolges.

Aufgaben zum Selbststudium und Anregungen zur Gruppenarbeit

1. *Stellen Sie die Vernetzung unterschiedlicher Konfliktursachen in einem Rollenspiel dar. Besetzen Sie die Rollen mit Personen, die die einzelnen Variablen vertreten. Diskutieren Sie die Auswirkungen der Diskussionsbeiträge und erarbeiten Sie Handlungs- bzw. Gesprächsstrategien für einen Teamleiter.*

2. *Wie kann sich der eingeübte Umgang mit Konflikten im Team auf die Kinder und Jugendlichen in der AWG Schillerstraße auswirken? Begründen Sie Ihre Meinung ausführlich anhand von zwei Kindern oder Jugendlichen.*

3. *Wenn sich Teamkonflikte negativ auf Kinder und Jugendliche auswirken, welche Funktion und welche Aufgabe hat dann der Teamleiter?*

6.2.6 Entwicklungsphasen eines Teams

Wenn ein Teamleiter um die dynamischen Prozesse in Gruppen und Teams weiß, kann er vor diesem Hintergrund sein eigenes Leitungsverhalten besser planen. Grundsätzlich kann festgehalten werden, dass sich Teams immer und permanent entwickeln, wobei diese Entwicklung nicht beliebig ist, „sondern die – systematischen und wissenschaftlich fundierten – Erfahrungen zeigen, dass man vier verschiedene typische Phasen unterscheiden kann, in denen sich ein Team entwickelt" (Haeske, 2002, S. 57).

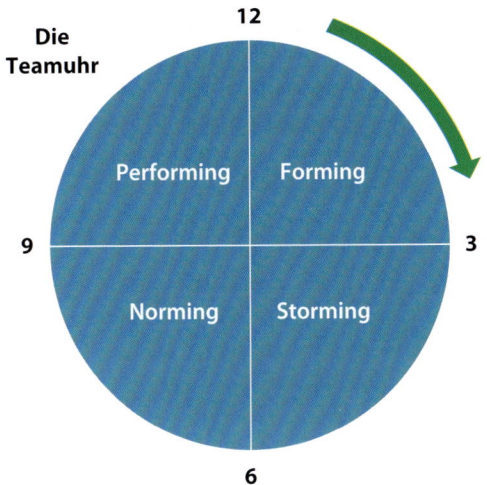

Phasen der Teamentwicklung (Haeske, 2002, S. 57)

Die **vier Entwicklungsphasen eines Teams** können wie folgt beschrieben werden:

Bevor eine Gruppe zu einem Team wird, durchläuft sie vier voneinander abgrenzbare Phasen. Diese Phasen sind idealtypisch. Sie orientieren sich an den „Phasen der Sozialen Gruppenarbeit" nach Bernstein und Lowy (1978). In einem Arbeitsteam, z. B. in einer Heimerziehungswohngruppe, ist es nicht so, dass diese Phasen nacheinander ablaufen und das Team in der letzten Phase dann für „immer" bestehen bleibt. Veränderungen bei Mitarbeiterinnen und Mitarbeitern, beispielsweise durch Neueinstellungen, beeinflussen die Dynamik im Team erheblich. Da jede dieser Phasen ihre eigene Gesetzmäßigkeiten hat, kann es für den Teamentwicklungsprozess hilfreich sein, die jeweilige Phase zu erkennen und dementsprechend zu handeln.

Erfahrungsgemäß hat ein Team es schwer, selbst zu erkennen, in welcher Phase es sich befindet. Hierzu ist es in der Regel erforderlich, Hilfe von außen in Anspruch zu nehmen. In Teamsupervisionen oder Praxisberatungen kann ein Team seinen Entwicklungsstand einschätzen lernen und Hilfestellungen erfahren. Auch erfahrene Vorgesetzte (Heimleiter, Psychologen des gruppenergänzenden Dienstes) können den Teamentwicklungsprozess mit Kenntnis der vier Phasen konstruktiv beeinflussen. Konkret können die Beziehungsebenen und Aufgabenschwerpunkte dieser vier Phasen wie folgt skizziert werden:

1. Die Orientierungsphase (Forming)

Beziehungsebene:
- Die Teammitglieder sind auf der Suche nach Akzeptanz und auf der Suche nach einer angemessenen Rolle in der Gruppe.
- Es wird vorsichtig abgetastet.
- Die Abhängigkeit von mitgebrachten Normen und Standards ist (noch) sehr spürbar.

Aufgabenebene/Hilfreich für diese Phase:
- Klären und Definieren der Ziele in der Gruppe
- Definieren und Zuordnen der Aufgaben
- Entwickeln und Festlegen der Arbeitsmethoden

2. Die Kampfphase (Storming)

Beziehungsebene:
- unterschwellige Konflikte
- Cliquenbildung
- Kampf um Territorien, Freiräume und Status
- Profilierungsversuche der Teammitglieder

Aufgabenebene/Hilfreich für diese Phase:
- Ausgestaltung und Konkretisierung von Aufgaben
- Abgrenzung von Zuständigkeiten
- Abbau von Widerständen gegen Aufgaben und Methoden

3. Die Organisationsphase (Norming)

Beziehungsebene:
- Entspannung
- Tendenz zur Harmonisierung und Konfliktvermeidung
- Idealisierung des eigenen Teams
- Elitedarstellung nach außen

Aufgabenebene/Hilfreich für diese Phase:
- die Erarbeitung von Spielregeln für den Umgang miteinander
- die offene Klärung der Standpunkte
- die kooperative Suche nach Alternativen

4. Die Integrationsphase (Performing)

Beziehungsebene:
- Übernahme von Verantwortung durch die Teammitglieder
- es entsteht ein Füreinander (Wir-Gefühl)
- Reflexion über die Zusammenarbeit ist möglich
- Feedback
- geklärte Rollen und Verhaltensstandards

Aufgabenebene/Hilfreich für diese Phase:
- die Implementierung einer flexiblen Arbeitsweise und eines hohen Grades an Selbstorganisation der Teammitglieder
- die Förderung des Ideenreichtums und der Effizienz
- die Förderung der gegenseitigen Unterstützung

Es ist für Teams nicht immer leicht, die Phase der Integration in der Teamentwicklung zu erreichen. Gelingt dies nicht, kann ein Grund sein, dass die Teams, und insbesondere die Teamleiter, sich über die Gesetzmäßigkeiten des Teamentwicklungsprozesses nicht im Klaren sind. Treten dann in einer dieser Phasen Störungen auf, werden diese oftmals falsch interpretiert mit der Folge, dass der Teambildungsprozess in Gefahr gerät. Es muss somit bedacht werden, dass es in jeder Phase Bedürfnisse gibt, die „befriedigt" werden wollen und müssen (s. o.).

Natürlich gibt es viele andere Gründe, die eine erfolgreiche Teamarbeit behindern können. Mitarbeiterinnen und Mitarbeiter, die sich nicht verstehen, die zu unterschiedliche Auffassungen über die Ausgestaltung der täglichen Arbeit haben – die Aufzählung ließe sich fortsetzen (vgl. Backer, 2001). Wichtig ist aber dennoch, den Teamentwicklungsprozess sorgsam zu verfolgen und dem Team die notwendigen Hilfen anzubieten. Eine qualitativ hoch zu bewertende Arbeit mit Kindern und Jugendlichen kann nur durch Zusammenarbeit erreicht werden. Einzelkämpfer haben in der erzieherischen Arbeit in stationären und teilstationären Einrichtungen der Erziehungshilfe wenig Chancen.

Man kann aus diesem Phasenmodell somit folgende Konsequenzen für die Teamentwicklung ziehen (vgl. Haeske, 2002, S. 60 f.):

- Die Entwicklungsphasen von der Gruppe zu einem Team führen in jedem Fall durch unterschiedliche Teamentwicklungsphasen. Alle Teams, auch diejenigen, welche aus erfahrenen Mitarbeitern zusammengeführt werden, erleben diese Phasen.

- Eine Veränderung vor dem Hintergrund der Teamstruktur hat immer zur Folge, dass der bislang erreichte Entwicklungsstand eines Teams erneut infrage gestellt wird bzw. dass alle Phasen der Teamentwicklung erneut durchlaufen werden müssen. Dieser Phasenverlauf wird sich wahrscheinlich anders ereignen als die schon bekannten Phasenverläufe dieses Teams vorher.

- Teams entwickeln sich immer sehr unterschiedlich: Wie bereits oben skizziert, ist es möglich, dass ein Team auf der Stufe des „Storming" bzw. des „Norming" verbleibt. Dieses Verbleiben stellt dann wiederum einen weiteren Aufgabenprozess für alle Teammitglieder, vor allem aber auch für die Leitung dar.

- Alle Entwicklungen in einer vorangegangenen Phase beeinflussen die Entwicklungsmöglichkeiten in den nun folgenden Phasen. Ein guter Teamleiter wird somit den ersten beiden Phasen sehr viel Aufmerksamkeit zukommen lassen.

- In der Phase des „Forming" sind klare Strukturen äußerst hilfreich, weil sie für alle Beteiligten Sicherheit bedeuten. Das primäre Interesse der Teammitglieder ist hierbei vor allem auf die Abklärung der Sozialstrukturen des Teams gerichtet.

- Die Teamleitung ist in jeder Phase Vorbild für die sich entwickelnden Normen des Umgangs miteinander.

- In der Phase der Grenzziehung „sind Konfrontationen und Konflikte natürlich und deshalb nicht zu vermeiden. Dies bezieht sich sowohl auf den Umgang der Mitarbeiter untereinander als auch auf das Verhältnis zum Teamleiter" (Haeske, 2002, S. 61).

- In der Phase des „Storming" ist es für die Teamleitung relevant, eigene Grenzen und Ansprüche deutlich hervorzuheben. Dies gelingt vor allem dann, wenn sich die Teamleitung hiermit bereits selbst auseinandergesetzt hat und diesen Prozess nicht erst mit dem Gesamtteam nachvollziehen muss.

- Zu Beginn der „Norming"-Phase kann die Teamleitung daran interessiert sein, welche Normen sich im Hinblick auf eine konstruktive Teamentwicklung etablieren, um diese dann gezielt zu unterstützen.

- In der Phase der gemeinsamen Kooperation spielt die Harmonie (welche nicht mit Harmonisieren verwechselt werden darf) eine ausgeprägte Rolle. Es ist somit darauf zu achten, dass nicht notwendige Konflikte vermieden werden, sodass das Team träge wird.

- In der „Performing"-Phase hat das Team nun einen Raum für kritische Selbstreflexionen entwickelt und kann sich inhaltlich, strukturell und persönlich weiterentwickeln.

Aufgaben zum Selbststudium und Anregungen zur Gruppenarbeit

1. Welche Teamphasen haben Sie in den Teams, in welchen Sie bislang tätig waren, erlebt? Welche Phasen waren hierbei besonders problematisch, welche aber auch relativ einfach zu durchlaufen?

2. Welche Auswirkungen können die einzelnen Phasen der Teamentwicklung auf die Kinder und Jugendlichen der AWG Schillerstraße haben? Stellen Sie mögliche Auswirkungen konkret an drei Kindern oder Jugendlichen dar.

3. Stellen Sie in einem Rollenspiel die unterschiedlichen Teamphasen dar. Beziehen Sie sich jeweils auf eine Teamphase und versuchen Sie die Elemente exakt dieser Phase nachzuspielen. Wie erleben Sie sich selbst in dieser Teamphase? Spielen Sie die einzelnen Phasen häufiger durch und tauschen Sie sich danach jeweils aus.
Widmen Sie sich separat der Rolle des Teamleiters, indem Sie seine Interventionen versuchen zu optimieren. Greifen Sie auf die Rollenspieltechnik des „Hilfs-Ich" zurück, um im Spiel die Rolle des Teamleiters zu entlasten.

Lernsituation 1: Wir fahren mit der ganzen AWG in die Ferien.

Grundlage dieser Lernsituation ist die Schilderung der Gruppensituation aus der Lernsituation 2 des Lernfeldes 2. Als eine mögliche gruppenpädagogische Intervention hat das Team mit dem Mitarbeiter des GED herausgearbeitet, eine Ferienmaßnahme durchzuführen.

Die Kinder und Jugendlichen der AWG Schillerstraße haben in den vergangenen Jahren immer allein oder höchstens zu zweit an Ferienmaßnahmen teilgenommen. Ziel war es, die Integration der Kinder und Jugendlichen zu verstärken. Nach diesen Ferien haben sich vereinzelt auch Freundschaften zu Kindern und Jugendlichen aus dem Ortsteil ergeben, in der die AWG sich befindet. Das Team möchte auf diese dezentralisierte Form der Ferienmaßnahmen auch nicht verzichten, möchte aber in diesem Jahr das zur Verfügung stehende Budget splitten. Ein Drittel soll für eine 1 ½-wöchige gemeinsame Ferienfahrt in ein Ferienhaus an der See verwandt werden. Ein erstes Gespräch mit der Erziehungsleitung hat auch die Möglichkeit eröffnet, ggf. auch auf die der Einrichtung zur Verfügung stehenden Spendengelder zurückgreifen zu können.

Aufgaben zur Bearbeitung der Lernsituation

1. *Erarbeiten Sie eine pädagogische Begründung, die den Entscheidungsträgern der Verwaltung der Spendengelder in der Einrichtung die Notwendigkeit einer solchen Ferienmaßnahme dargelegt.*

2. *Erstellen Sie ein Handlungskonzept, welches alle planerischen Aspekte zur Vorbereitung und Durchführung einer solchen Ferienmaßnahme enthält, einschließlich der pädagogischen Begründungen einzelner Handlungsschritte, die sich auf die Beteiligung der Kinder und Jugendlichen bezieht.*

   Zu gegebener Zeit bietet sich ein eintägiges Rollenspiel an, bei dem ein Kurs von 20–25 Studierenden alle Rollen der Beteiligten laut dem Organigramm (und darüber hinaus) besetzen würde.

Für diese Lernsituation relevante Kompetenzbeschreibungen
Wissen

Die Absolventinnen und Absolventen verfügen über

- integriertes Fachwissen über die Rechtsgrundlagen und die Finanzierungsstrukturen sozialpädagogischer Einrichtungen.

- einschlägiges Wissen zu Formen und Methoden der Öffentlichkeitsarbeit in sozialen Einrichtungen.

- breites und integriertes Wissen über Unterstützungssysteme und Netzwerke.

Die Absolventinnen und Absolventen verfügen über Fertigkeiten,

- selbstständig pädagogische Konzeptionen an den Lebenswelten von Kindern, Jugendlichen und jungen Erwachsenen auszurichten, zu planen und zu gestalten.

- relevante Ressourcen im Sozialraum für die Zielgruppe zu erschließen und mit Fachkräften anderer Professionen zusammenzuarbeiten.

- die Relevanz von Netzwerkstrukturen und Kooperationspartnern für die eigene Zielgruppe einzuschätzen und in das Planungshandeln einzubeziehen.

Inhalte

- Öffentlichkeitsarbeit

- Vernetzung im Sozialraum

- Netzwerke in Arbeitsfeldern der Kinder- und Jugendhilfe und mit anderen Bildungsinstitutionen.

(Richtlinien und Lehrpläne zur Erprobung für das Berufskolleg in Nordrhein-Westfalen, 7605/2014, Seite 57–60, Auszüge, abrufbar unter http://www.berufsbildung.nrw.de/lehrplaene-fachschule/)

Lernsituation 2: Wer macht am 1. Weihnachtsfeiertag Dienst?

Sie sind als Berufspraktikant/-in in der AWG Schillerstraße beschäftigt, haben sich gut in das Team integriert und machen schon seit Monaten eigenständig die Dienste, so wie die anderen Mitarbeiterinnen und Mitarbeiter auch.

Jetzt, Mitte November, werden Sie von Ihrer Kollegin Veronika angesprochen, ob Sie schon wüssten, wer wann zu den Feiertagen Dienst machen wird. Ohne eine Antwort abzuwarten erzählt Veronika Ihnen, dass sie in diesem Jahr auf keinen Fall an Heiligabend, an den beiden Weihnachtsfeiertagen sowie an Silvester Dienst machen könne. Sie sei familiär im Moment so stark eingebunden, sei völlig überfordert mit den Belastungen zu Hause und hier in der Gruppe und wüsste absolut nicht, wie sie das alles schaffen soll. Des Weiteren erklärt sie, sie habe auch schon mit der Kollegin Frauke gesprochen, die aber sehr abweisend reagiert hätte. Direkt werden Sie gefragt, ob Sie sich nicht für sie bei der nächsten Teambesprechung einsetzen könnten. Sie sind sehr überrascht, da es bislang im Team nach Ihrer Einschätzung immer sehr einvernehmlich zugegangen ist und wissen nicht, was Sie jetzt machen sollen.

Aufgaben zur Bearbeitung der Lernsituation

1. *Benennen Sie die zentralen Problem- und Fragestellungen, die sich aus dieser Situation ergeben.*

2. *Analysieren Sie die Lernsituation aus den Ihnen aus dem Unterricht bekannten Theorien.*

3. *Entwickeln Sie für das Team ein Handlungskonzept zum Umgang mit der aufgeworfenen Fragestellung.*

Für diese Lernsituation relevante Kompetenzbeschreibungen
Wissen

Die Absolventinnen und Absolventen verfügen über

- vertieftes fachtheoretisches Wissen zur Konzeptionsentwicklung im Team und in der Institution.

- breites und integriertes Wissen über Strukturen und Formen der Teamarbeit und Teamentwicklung sowie weitere Elemente der Organisationsentwicklung.

- grundlegendes Wissen über Leitungsaufgaben.

Fertigkeiten

Die Absolventinnen und Absolventen verfügen über Fertigkeiten,

- die eigene Teamsituation auf der Grundlage von Kriterien zu analysieren, weiterzuentwickeln und ggf. Unterstützung zu organisieren.

- die Nachhaltigkeit von Prozessen der Team- und Organisationsentwicklung zu reflektieren.

Inhalte

- Teamarbeit und Teamentwicklung

- Rollen und Funktionen im Team/Leitungsaufgaben

- Konfliktlösungsmodelle und Unterstützungssysteme für Teams

(Richtlinien und Lehrpläne zur Erprobung für das Berufskolleg in Nordrhein-Westfalen, 7605/2014, Seite 57–60,

Auszüge, abrufbar unter http://www.berufsbildung.nrw.de/lehrplaene-fachschule/)

Literaturverzeichnis

Adamec, Eva: Team-Management, Viersen: Verlag Humanes Lernen, 1999.

Almstedt, Matthias: Reform der Heimerzieherausbildung. Empirische Bestandsaufnahme – Reformvorschläge – Beispiele innovativer Praxis, Weinheim: Deutscher Studien Verlag, 1996.

Almstedt, Matthias: Veränderte Heimerziehung – veränderte Erzieherausbildung? Anforderungen an die Qualifikation der ErzieherInnen im Bereich der Heimerziehung, in: Unsere Jugend, München: Ernst Reinhardt Verlag, 50. Jg. 1998, Heft 8, S. 365–368.

Arbeitsgemeinschaft für Erziehungshilfe e. V. (AFET): Stellungnahme zur Qualität in der Kindertagespflege, in: Dialog Erziehungshilfe, AFET Bundesvereinigung für Erziehungshilfe e. V., Hannover, Ausgabe 1/2008, S. 46–49.

Backer, Anne: So entwickeln Sie Teams erfolgreich, in: Kreuzhage, Stephanie: Praxishandbuch Sozialmanagement, Bonn: Fachverlag für Wirtschaft und Recht, 2001, S. T10 001-T10 022.

Balloff, Rainer: Kinder vor dem Familiengericht, München/Basel: Ernst Reinhardt Verlag, 2004.

Bauer, Christiane/Hegemann, Thomas: Ich schaff's! – Cool ans Ziel. Das lösungsorientierte Programm für die Arbeit mit Jugendlichen, Heidelberg: Carl-Auer-Systeme Verlag, 2008.

Bayerisches Landesjugendamt: Fachliche Empfehlungen zur Heimerziehung gemäß § 34 SGB VIII, Beschluss des Landesjugendhilfeausschusses vom 08.04.2003 (AZ 4 55 03/009/01)

Behn, Sabine: Elterntrainings – eine Übersicht. In: Unsere Jugend, München: Ernst Reinhardt Verlag, 58. Jg. Heft 11+12/2006, S.476–480.

Bernstein, Saul/Lowy, Louis: Untersuchungen zur sozialen Gruppenarbeit in Theorie und Praxis, Freiburg: Lambertus Verlag, 1978

Birtsch, Vera/Hartwig, Luise/Retza, Burglinde (Hrsg.): Mädchenwelten – Mädchenpädagogik. Perspektiven zur Mädchenarbeit in der Jugendhilfe, Internationale Gesellschaft für Heimerziehung (IGfH), Frankfurt am Main: Eigenverlag, 1991.

Birtsch, Vera/Münstermann, Klaus/Trede, Wolfgang (Hrsg.): Handbuch Erziehungshilfen – Leitfaden für Ausbildung, Praxis und Forschung, Münster: Votum Verlag, 2001.

Blank-Mathieu, Margarete (Hrsg.): Erziehungswissenschaften. Band 2, Bildungsverlag Eins, Köln, 2010.

Böhnisch, Lothar: Gespaltene Normalität. Lebensbewältigung und Sozialpädagogik an den Grenzen der Wohlstandsgesellschaft, Weinheim: Juventa Verlag,1994.

Bönisch, Justina/Deurer, Annemarie/Kiehn, Erich: Teamarbeit – mehr als nur ein Schlagwort, in: Schmidle, Paul/Junge, Hubertus (Hrsg.): Erzieher im Heim, Freiburg im Breisgau: Lambertus Verlag, 1978, S. 74–103.

Bollnow, Otto Friedrich: Über die Tugenden des Erziehers, in: Pädagogik der Schule in Ost und West, 2/1979, S. 29–34, 1979.

Boszormenyi-Nagy, Ivan/Spark, Geraldine M.: Unsichtbare Bindungen. Die Dynamik familiärer Systeme. Klett Cotta Verlag. Stuttgart, 5. Auflage 1995.

Brandhorst, Katrin/Kohr, Alexandra: Gute Elternarbeit aus professioneller Sicht. In. Unsere Jugend, 57. Jg. 2005, Heft 1, Seite 10–19.

Brem-Gräser, Luitgard: Elternarbeit. In: Schmidle, Paul/Junge, Hubertus (Hrsg): Sozialisationsfeld Heimerziehung. Freiburg/Breisgau, 1975.

Brocher, Tobias: Gruppendynamik und Erwachsenenbildung, Braunschweig: Georg Westermann Verlag, 1967.

Bronfenbrenner, Uri; Die Ökologie der menschlichen Entwicklung, Frankfurt a. M., 1993, 2. Auflage.

Bundesministerium der Justiz/Bundesministerium für Familie, Senioren, Frauen und Jugend (Hrsg.): Leistungen und Grenzen von Heimerziehung. Ergebnisse einer Evaluationsstudie stationärer und teilstationärer Erziehungshilfen, Bonn, 1998.

Bundesministerium für Jugend, Familie, Frauen und Gesundheit (Hrsg.): Achter Jugendbericht. Bericht über Bestrebungen und Leistungen der Jugendhilfe, Bonn, 1990.

Bundeszentrale für gesundheitliche Aufklärung (Hrsg.): Leitlinien zur Prävention von Missbrauchs-verhalten und Sucht. Köln, 1993.

Busch, Manfred: Sozialdatenschutz bei Hilfe zur Erziehung, in: Unsere Jugend, München: Ernst Reinhardt Verlag, 44. Jg. 1992, Heft 9, S. 372–379.

Caritas Kinderdorf Irschenberg: So helfen wir im Dorf der vielen Möglichkeiten, abgerufen unter: www.kinderdorf.de/main.php [21.04.2011]

Castello, Armin/Nestler, Judith: Arbeitssituation pädagogischer MitarbeiterInnen in der Jugendhilfe, in: Unsere Jugend, München: Ernst Reinhardt Verlag, 4456. Jg. 2004, Heft 6, S. 267–277.

Cecchin, Gianfranco/Conen, Marie-Luise: Wenn Eltern aufgeben. Therapie und Beratung bei kon-flikthaften Trennungen von Eltern und Kindern. Carl-Auer-Systeme Verlag. Heidelberg, 2008.

Colla, Herbert E.: Heimerziehung. Stationäre Modelle und Alternativen, München: Kösel-Verlag, 1981.

Conen, Marie-Luise: Elternarbeit in der Heimerziehung. Eine empirische Studie zur Praxis der Eltern- und Familienarbeit in Einrichtungen der Erziehungshilfe. Internationale Gesellschaft für Heimerzie-hung (IGfH). Frankfurt/M, 1990.

Copray, Norbert: Nur wer sucht und prüft, kann Gutes finden! Zum verantwortlichen Umgang mit Esoterik in der Erwachsenenbildung, in: Becker, Thomas/Bienemann, Georg (Hrsg.): Zu Risiken und Nebenwirkungen fragen Sie … Esoterische Angebote in der Bildungsarbeit, Hamm: Hoheneck-Verlag, 2000.

Dalferth, Matthias: Erziehung im Jugendheim. Bausteine zur Veränderung der Praxis, Weinheim/ Basel: Beltz-Verlag, 1982.

Derschau, Dietrich von: Die Erzieherausbildung. Bestandsaufnahme und Vorschläge zur Reform, München: Juventa Verlag, 1974.

Derschau, Dietrich von: Hausaufgaben als Lernchance. Zur Verknüpfung schulischen und außer-schulischen Lernens, München: Urban und Schwarzenberg, 1979.

Dunkel, Silvia: Gruppenarbeit mit Herkunftsfamilien. In. Sozialpädagogisches Institut im SOS-Kinderdorf e. V. (Hrsg.) (2004): Herkunftsfamilien in der Kinder- und Jugendhilfe. Dokumentation 3. Eigenverlag. München, 2004, Seite 148–159.

Dutschmann, Andreas: Mein Kind kann sich nicht konzentrieren, München: Lichtenberg Verlag, 1979.

Ellinger, Stephan: Heterogenität in Jugendhilfe-Kollegien. Zur Bedeutung milieuspezifischer Plausibilitätsstrukturen für professionelle Erziehungsarbeit, in: Unsere Jugend, München: Ernst Reinhardt Verlag, 53. Jg. 2002, Heft 3, S. 127–137.

EREV (Hrsg.): Erziehungspläne. Empfehlung des Fachausschusses „Pädagogische Grundsatzfragen in der Heimerziehung" im Ev. Erziehungsverband e. V. (EREV), Hannover, 1975.

Evanschitzky, Petra: Die Welt als Raum zum Handeln und Erfüllen. Partizipation aus neurowissenschaftlicher Sicht, in: Dialog Erziehungshilfe, Hannover: Eigenverlag, 2/3/2006, S. 35–44.

Flosdorf, Peter (Hrsg.): Theorie und Praxis stationärer Erziehungshilfe. Band 1, Konzepte in Heimen der Jugendhilfe, Lambertus Verlag, Freiburg im Breisgau, 1988a.

Flosdorf, Peter (Hrsg.): Theorie und Praxis stationärer Erziehungshilfe. Band 2, Die Gestaltung des Lebensfeldes Heim, Lambertus Verlag, Freiburg im Breisgau, 1988b.

Flosdorf, Peter/Schuler, Arnulf/Weinschenk, Reinhold: Anleiten, Befähigen, Beraten, Freiburg im Breisgau: Lambertus Verlag, 1987.

Francis, Dave/Young, Don: Mehr Erfolg im Team, Essen: Feldhaus Verlag, 1982.

Freigang, Werner/Wolf, Klaus: Heimerziehungsprofile. Sozialpädagogische Portraits, Weinheim/Basel: Beltz Verlag, 2001.

Fröhlich, Manfred: Einführung in die Heimpädagogik, 5. überarbeitete und erweiterte Auflage, München: Bardtenschlager Verlag, 1978.

Frommann, Anne: Das vernünftige Paradies. In: Internationale Gesellschaft für Heimerziehung (IGFH) (Hrsg.): Da-Sein in Stellvertretung. Ausgewählte Aufsätze zur Heimerziehung 1960–1986, Frankfurt am Main: Internationale Gesellschaft für Heimerziehung (IGfH), 1987, S. 25–38.

Gragert, Nicola/Seckinger, Mike: Herausforderungen für die Zusammenarbeit mit Eltern in den Erziehungshilfen. In: Forum Erziehungshilfen. Hrsg. von der Internationalen Gesellschaft für erzieherische Hilfen (IGfH). 14. Jg. 2008, Heft 1. S. 4–9.

Greving, Heinrich: Heilpädagogische Organisationen. Eine Grundlegung, Freiburg im Breisgau: Lambertus Verlag, 2000.

Greving, Heinrich: Management in der Sozialen Arbeit, Bad Heilbrunn: Klinkhardt Verlag, UTB, 2008.

Grunwald, Klaus/Thiersch, Hans (Hrsg.): Praxis Lebensweltorientierter Sozialer Arbeit. Handlungszugänge und Methoden in unterschiedlichen Arbeitsfeldern, Weinheim/München: Juventa Verlag, 2004.

Günder, Richard: Praxis und Methoden der Heimerziehung. Entwicklungen, Veränderungen und Perspektiven der stationären Erziehungshilfe, Freiburg im Breisgau: Lambertus Verlag, 2000.

Günder, Richard: Praxis und Methoden der Heimerziehung. Entwicklungen, Veränderungen und Perspektiven der stationären Erziehungshilfe, 4. völlig neu überarbeitete und ergänzte Auflage, Freiburg im Breisgau: Lambertus Verlag, 2011.

Günder, Richard: Aktuelle Tendenzen der Eltern- und Familienarbeit in der stationären Erziehungshilfe. Ergebnisse einer Studie. in: Unsere Jugend, München: Ernst Reinhardt Verlag, 65. Jg. Heft 9/2013, S. 383–390.

Haeske, Udo: Team- und Konfliktmanagement. Teams erfolgreich leiten und Konflikte konstruktiv lösen, Berlin: Cornelsen Verlag, 2002.

Hartwig, Luise: Die Gender-Debatte oder: Von der doppelten Benachteiligung der Mädchen in der Jugendhilfe, in: Forum Erziehungshilfen, hrsg. von der Internationalen Gesellschaft für erzieherische Hilfen (IGfH). 7. Jg. 2001, Heft 4, S. 220–224.

Hartwig, Luise: Mädchenwelten – Jungenwelten und Erziehungshilfe, in: Birtsch, Vera/Münstermann, Klaus/Trede, Wolfgang (Hrsg.): Handbuch Erziehungshilfen – Leitfaden für Ausbildung, Praxis und Forschung, Münster: Votum Verlag, 2001, S. 46–68.

Hartig, Luise/Kugler, Christine/Schone, Reinhold: Praxisforschungs- und -entwicklungsprojekt: „Pädagogische Prozesse in Regelgruppen der stationären Heimerziehung – Entwicklungen und Perspektiven", Münster: Ev. Fachverband für Erziehungshilfen in Westfalen-Lippe, Institut für Praxisentwicklung und Evaluation (IPE), 2009, als download www.jugendmarke.de/upload/pdf/Berichte/2009/Zwischenbericht__52-08-07-DWW.pdf

Hartig, Sabine/Wolff, Mechthild: Beteiligung in der Heimerziehung, in: Dialog Erziehungshilfe, 2/3/2006, hrsg. v. Bundesverband für Erziehungshilfe e. V. AFET, Hannover, 2006, S. 53–56.

Heckhausen, Heinz: Entwurf einer Psychologie des Spielens, in: Flitner, Andreas (Hrsg): Das Kinderspiel. 4., völlig neu bearbeitete Auflage, München: Piper Verlag, 1978, S. 138–155.

Heidemann, Wilhelm: Auf dem Weg in das selbständige berufliche Handeln – Praxisanleitung in der integrierten Erzieherausbildung im Schwerpunkt Heimerziehung, in: Unsere Jugend, München: Ernst Reinhardt Verlag, 39. Jg. 1987, Heft 7, S. 268–277.

Heidemann, Wilhelm/Greving, Heinrich: Praxisfeld Heimerziehung. Materialien zur Praxisanleitung und -begleitung. Köln: Bildungsverlag Eins. 2011.

Heinen, Norbert/Metke, Christel: Was gibt's denn da zu lachen? Humor und Behinderung. In: Geistige Behinderung, Fachzeitschrift der Bundesvereinigung Lebenshilfe für Menschen mit geistiger Behinderung e. V., Marburg: Lebenshilfe Verlag, 2/2000, S. 165–182.

Heitkamp, Hermann: Sozialarbeit im Praxisfeld Heimerziehung, Frankfurt am Main: Moritz Diesterweg Verlag, 1984.

Herold, Volker: Eltern- und Familienarbeit in der Heimerziehung. Grundlagen, Probleme und Lösungen. Wissenschaftliche Beiträge aus dem Tectum Verlag, Reihe: Pädagogik. Marburg: Tectum Verlag, 2011.

Hettl, Matthias K. (2008): Mitarbeiter brauchen „smart" formulierte Ziele, abgerufen unter: www.business-wissen.de/fuehrung … 20.08.2009

Hillenbrand, Clemens: Einführung in die Pädagogik bei Verhaltensstörungen, 4. Auflage, München/Basel: Ernst Reinhardt Verlag, 2008.

Hiller, Petra: Kinder in den stationären Hilfen zur Erziehung, in: Forum Erziehungshilfen, hrsg. von der Internationalen Gesellschaft für erzieherische Hilfen (IGfH). 16. Jg. 2010, Heft 2, Seite 81–85.

Hüsken, Hermann: Zur Situation der „öffentlichen Erziehung" in den Erziehungsheimen in der Bundesrepublik Deutschland, Universität Münster (Westfalen), Philos. Fakultät, Dissertation, 1977.

Internationale Gesellschaft für erzieherische Hilfen IGfH (Hrsg.): Gender Mainstreaming, in: Forum Erziehungshilfen, 12. Jg. Heft 3/2006, hrsg. von der Internationalen Gesellschaft für erzieherische Hilfen, IGfH, 2006.

Jacob, Ursula/Dörthe, Peter: „Und wenn die Kinder nicht wollen…?" Freizeitpädagogik im Kinderheim, Weinheim und Basel: Beltz Verlag, 1978.

Janssen, Rolf/Zech, Detlef: Länderübergreifender Lehrplan für Erzieher/innen, in: KiTa NRW, 11/13, 2013, S. 273.

Jiranek, Heinz/Edmüller, Andreas: Konfliktmanagement. Als Führungskraft Konflikten vorbeugen, sie erkennen und lösen, Freiburg/Berlin/München: Haufe-Verlag, 2003.

Jugendrecht. Beck Texte im dtv. Deutscher Taschenbuch Verlag. München, 34. überarbeitete Auflage. Stand: 1. Januar 2013.

Kalcher, Jürgen: Nutzung der Gruppendimension in Settings der Heimerziehung, in: Forum Erziehungshilfen, hrsg. von der Internationalen Gesellschaft für erzieherische Hilfen (IGfH), 8. Jg. 2002, Heft 2, S. 80–85.

Kelber, Magda: Gruppenarbeit – Gruppenpädagogik – Soziale Gruppenarbeit. Schwalbacher Blätter Nr. 71, in: Gruppenpädagogische Grundlagen (Band 1), hrsg. von den Schwalbacher Blättern, Wiesbaden, 1966, S. 31–39.

Kiehn, Erich: Praxis des Heimerziehers. 3., völlig neu überarbeitete Auflage, Freiburg im Breisgau: Lambertus-Verlag, 1972.

Kinderheim Köln-Sülz: Forum für ehemalige Heimkinder, www.kinderheim-koeln-suelz.de/forum/index.php?id=710, 04.08.2010.

Knoblauch, Jörg/Wöltje, Holger: Zeitmanagement. Perfekt organisieren mit Zeitplaner Handheld, 2. Auflage, Freiburg im Breisgau/Planegg, München: Rudolf Haufe Verlag, 2006.

Kohler, Britta: Hausaufgaben. Helfen – aber wie? 6. vollständig überarbeitete Neuausgabe, Weinheim und Basel: Beltz Verlag, 2002.

König, Oliver/Schattenhofer, Karl: Einführung in die Gruppendynamik, 3. Auflage, Heidelberg: Carl-Auer-Systeme Verlag, 2008.

Kramm, Martin: Kleine Kinder in stationären Einrichtungen der Erziehungshilfe. Ein alte neue Herausforderung. In: Unsere Jugend, 64. Jg. 2012, Heft 1, Seite 2–9.

Krause, Hans-Ulrich/Wolff, Reinhart: Erziehung und Hilfeplanung: Über den untauglichen Versuch, Erziehungsprozesse gedankenlos zu rationalisieren. In: Sozialpädagogisches Institut im SOS-Kinderdorf e. V. (Hrsg.): Hilfeplanung – reine Formsache? Dokumentation 4, München: Eigenverlag, 2005, S. 44–62.

Kreuzhage, Stephanie: Praxishandbuch Sozialmanagement, Bonn: Fachverlag für Wirtschaft und Recht, 2001.

Krumenacker, Franz-Josef: Bruno Bettelheim, München/Basel: Ernst Reinhardt Verlag UTB, 1998.

Krumm-Tzoulas, Andre: Erfahrungen einer lernenden Organisation, in: Kontakte Nr. 15/2009, ECKART (Ev. Erziehungsverband von Westfalen-Lippe). Münster, S. 59–62.

Küls, Holger/Moh, Petra/Pohl-Menninga, Margreth: Lernfelder Sozialpädagogik, Band 1. Köln: Bildungsverlag Eins, 1. Auflage 2004.

Kupffer, Heinrich (Hrsg.): Einführung in Theorie und Praxis der Heimerziehung, Heidelberg: Quelle und Meyer Verlag, 1977.

Kupffer, Heinrich/Martin, Klaus-Rainer (Hrsg.): Einführung in Theorie und Praxis der Heimerziehung, 5., völlig neu bearbeitete Auflage, Wiesbaden: Verlag Quelle und Meyer, 1994.

Lack, Kerstin/Schlüter, Ralf: Krisenunterbringung kleinerer Kinder. Chancen, Risiken und Nebenwirkungen eines statonären Angebotes. In: Unsere Jugend, 64.Jg.2012, Heft 1, Seite 18–25.

Lambers, Helmut; Systemtheoretische Grundlagen Sozialer Arbeit; Opladen/Farmington Hills, 2010.

Landesjugendhilfeausschuss Bayern (Hrsg.): Fachliche Empfehlungen zur Heimerziehung gemäß § 34 SGB VIII. Beschluss vom 8. April 2003 (AZ: 4 55 03/009/01), abgerufen unter: http://www.ek-suedbayern.de/Fachliche_Empfehlungen_34_SGB_VIII.pdf [19.04.2016].

Landschaftsverband Rheinland, Landesjugendamt: Arbeitshilfen zum Hilfeplanverfahren gemäß § 36 SGB VIII, Eigendruck, Köln, 2001.

Lange, Elmar: Alltag als Ort pädagogischen Handelns. In: Lange, Elmar/Muck, Frank: Werkstatt Konsumpädagogik. Sozialwissenschaftliche Grundlagen und pädagogische Skizzen, Hamm: Hoheneck Verlag, 1997, S. 101–123.

Lange, Elmar: Jugendkonsum im Wandel. Konsummuster, Freizeitverhalten, soziale Milieus und Kaufsucht, Opladen: Leske und Budrich, 1997.

Lexikon zur Soziologie: Opladen: Westdeutscher Verlag, 1973.

Loofs, Maria/Vetter, Theo/Kremer, Ernst: Schule und Heim. In: Schmidle, Paul/Junge, Hubertus: Sozialisationsfeld Heimerziehung, Freiburg: Lambertus Verlag, 1975, S. 111–119.

Luhmann, Niklas; Soziale Systeme. Grundriß einer allgemeinen Theorie; Frankfurt a. M.; 1996, 6. Aufl.

Mahlke, Wolfgang: Therapeutisches Milieu – Räumliche Bedingungen und deren Gestaltung. In: Flosdorf, Peter (Hrsg.): Theorie und Praxis stationärer Erziehungshilfe. Band 2, Die Gestaltung des Lebensfeldes Heim, Freiburg im Breisgau: Lambertus Verlag, 1988, S. 22–46.

Makarenko, Anton Semjonowitsch: Vorträge über Kindererziehung, Berlin/Leipzig: Verlag Volk und Wissen, 1949.

Maturana, Humberto R./Varela, Francisco J; Der Baum der Erkenntnis. Die biologischen Wurzeln menschlichen Erkennens. Frankfurt a. M., 2009, 6. Aufl.

Mehringer, Andreas: Heimkinder. Gesammelte Aufsätze zur Geschichte und zur Gegenwart der Heimerziehung, München/Basel: Ernst Reinhardt Verlag, 1976.

Mehringer, Andreas: Eine kleine Heilpädagogik. Vom Umgang mit schwierigen Kindern, 7. Auflage, München/Basel: Ernst Reinhardt Verlag, 1982.

Ministerium für Schule und Weiterbildung des Landes Nordrhein-Westfalen: Schule NRW/Amtsblatt. Bereinigte Amtliche Sammlung der Schulvorschriften des Landes Nordrhein-Westfalen (BASS 2009–2010).

Ministerium für Schule und Weiterbildung des Landes Nordrhein-Westfalen (Hrsg.): Richtlinien und Lehrpläne zur Erprobung für das Berufskolleg in Nordrhein-Westfalen. Fachschulen des Sozialwesens, Fachrichtung Sozialpädagogik. 7605/2014.

Moos, Marion/Schmutz, Elisabeth: Heimerziehung als familienunterstützende Hilfe. Veränderungsorientierte Zusammenarbeit mit systematisch in den Regelstrukturen stationärer Hilfen verankern, in: Forum Erziehungshilfen, hrsg. von der Internationalen Gesellschaft für erzieherische Hilfen (IGfH). 16. Jg. 2010, Heft 5, Seite 305–310.

Moos, Marion/Schmutz, Elisabeth: Praxishandbuch Zusammenarbeit mit Eltern in der Heimerziehung. Ergebnisse des Projektes „Heimerziehung als familienunterstützende Hilfe". Mainz: Institut für sozialpädagogische Forschung e. V. (ism), 2012.

Müller, Burkhard: Sozialpädagogisches Können. Ein Lehrbuch zur multiperspektivischen Fallarbeit, Freiburg im Breisgau: Lambertus Verlag, 1993.

Müller-Schöll, Albrecht/Priepke, Manfred: Handlungsfeld Heimerziehung, Tübingen: Katzmann Verlag, 1982.

Myschker, Norbert: Verhaltensstörungen bei Kindern und Jugendlichen. Erscheinungsformen – Ursachen – Hilfreiche Maßnahmen, 5. Auflage, Stuttgart: Kohlhammer Verlag, 2005.

Nahrstedt, Wolfgang: Leben in freier Zeit. Grundlagen und Aufgaben der Freizeitpädagogik, Darmstadt: Wissenschaftliche Buchgesellschaft, 1990.

Niedersächsisches Ministerium für Frauen, Arbeit und Soziales (Hrsg.): Gender Mainstreaming. Informationen und Impulse, 2000.

Nikles, Bruno W.: Institutionen und Organisationen der Sozialen Arbeit. Eine Einführung, München: Ernst Reinhardt Verlag, 2008.

Nilshon, Ilse: Hausaufgaben und selbstständiges Lernen, hrsg. vom DJI Deutsches Jugendinstitut e. V., Projekt „Lebenswelten als Lernwelten", Projektheft 1/99, abgerufen unter: www.dji.de/bibs/77_projektheft1.pdf, 26.04.2011.

Opaschowski, Horst W./Duncker, Christian: Jugend und Freizeit. Eine Bestandsaufnahme, Hamburg: Verlag des B.A.T Freizeit-Forschungsinstitutes, 1996.

Opaschowski, Horst W.: Pädagogik der freien Lebenszeit, Opladen: Leske und Budrich, 3. völlig neu bearbeitete Auflage, 1996.

Pestalozzi, Johann Heinrich: Briefe an einen Freund über den Aufenthalt in Stans, Berlin/Leipzig: Volk und Wissen, Cornelsen Verlag GmbH, 1947.

Peters, Friedhelm (Hrsg.): Diagnosen – Gutachten – hermeneutisches Fallverstehen. Rekonstruktive Verfahren zur Qualifizierung individueller Hilfeplanung. Internationale Gesellschaft für erzieherische Hilfen (IGfH), Frankfurt am Main: IGfH-Eigenverlag, 1999.

Planungsgruppe Behindertenhilfe/Jugendhilfe im Diakonischen Werk Rheinland: Integrative Betreuung für junge Menschen mit Behinderungen in Einrichtungen der Jugendhilfe. Eckpunkte für konzeptionelle Überlegungen, Stand: 16.4.1999. Unveröffentlichtes Manuskript.

Planungsgruppe PETRA: Was leistet Heimerziehung. Internationale Gesellschaft für Heimerziehung (IGfH), Frankfurt am Main: IGfH-Eigenverlag, 1988.

Pothmann, Jens: Trotz Dienstleistungsorientierung – Anstieg der Sorgerechtsentzüge bei Fremdunterbringen. In: KomDat, Kommentierte Daten der Kinder- & Jugendhilfe, April 2013, Heft Nr. 13, Seite 6.

Prahl, Hans-Werner: Soziologie der Freizeit, Paderborn/München/Wien/Zürich: Ferdinand Schöningh Verlag, 2002.

Richtlinien und Lehrpläne zur Erprobung für das Berufskolleg in Nordrhein-Westfalen, 7605/2014, Auszüge, abgerufen unter: http://www.berufsbildung.nrw.de/lehrplaene-fachschule/.

Rößler, Jochen/Tüllmann, Michael (Hrsg): Zwischen Familienprinzip, Professionalität und Organisation. Diskussionsbeiträge aus dem Veränderungsprozeß einer großen Einrichtung. Internationale Gesellschaft für Heimerziehung (IGfH), Frankfurt am Main: IGfH-Eigenverlag, 1988.

Rünger, Helmut: Heimerziehungslehre. 7. unveränderte Auflage. Witten: Luther Verlag, 1973.

Salomon, Alice (1926/2004). Soziale Diagnose. In: Alice Salomon, Frauenemanzipation und soziale Verantwortung. Ausgewählte Schriften. Bd. 3: 1919–1948 (S. 255–314), Neuwied: Luchterhand 2004 (Originalausgabe 1926).

Salomon, Alice (1926/2004: S. 299 ff.), zitiert nach: Klein, Uwe, in: Klinische Sozialarbeit 2(2), Berlin: Eigenverlag, 2006, S. 3.

Sauer, Martin: Heimerziehung und Familienprinzip, Neuwied und Darmstadt: Luchterhand Verlag, 1979.

Schäuble, Waltraud/Brombach, Rüdiger: Zur psychischen Situation von Heimerziehern. Abschlussbericht eines Forschungsprojektes, Stuttgart: Kohlhammer, 1984.

Schauder, Thomas: Verhaltensgestörte Kinder in der Heimerziehung. Falldarstellungen, Weinheim: Beltz Verlag, 1995.

Schefold, Werner: Lebenswelten von Kindern im Prozess der Flexibilisierung teilstationärer Angebote; in: Grunwald, Klaus/Thiersch, Hans (Hrsg.): Praxis Lebensweltorientierter Sozialer Arbeit. Handlungszugänge und Methoden in unterschiedlichen Arbeitsfeldern, Weinheim/München: Juventa Verlag, 2004, S. 109–121.

Scherpner, Martin/Fink, Gabriele/Kowollik, Winfried: Teamarbeit in der Sozialpädagogik, Tübingen: Katzmann Verlag, 1976.

Schlippe; Arist von/Schweitzer, Jochen: Lehrbuch der systemischen Therapie und Beratung. Vandenhoek & Ruprecht Verlag. Göttingen, 10. Auflage, 2007.

Schloss Langenzell: Freizeitgestaltung innerhalb und außerhalb des Heimes. Arbeitsmaterial aus dem HET-Projekt an der Fachhochschule der Stiftung Rehabilitation, Wiesenbach: Eigenverlag, (ohne Jg.).

Schmidle, Paul/Junge, Hubertus (Hrsg.): Erzieher im Heim, Freiburg im Breisgau: Lambertus Verlag, 1978.

Schmidt-Grunert, Marianne: Soziale Arbeit mit Gruppen. Eine Einführung. Freiburg i. Br.: Lambertus Verlag, 2002.

Scholten, Hans/Baumgart, Jost/Pollok, Claudia: Sexualpädagogik in einer Gruppe für sexuell grenz-überschreitende Jungen, in: Unsere Jugend, München: Ernst Reinhardt Verlag, 59. Jg. 2007, Heft 1, S. 18–22.

Schöpflin, Christa/Schöpflin, Erich: SOS-Kinderdorf Ammersee-Lech. Konzeption für eine Kinder-wohngruppe mit familienaktivierenden Zusatzangebot des Live-Coachings für Eltern, in: Unsere Jugend, München: Ernst Reinhardt Verlag, 64. Jg. Heft 1/2012, S.10–17.

Schrapper, Christian: Andreas Mehringer (1911–2004) – Ein Leben in zwei Zeiten. Anmerkungen und Fragen zu Leben und Werk. In: Unsere Jugend, München: Ernst Reinhardt Verlag, 57. Jg. 2005, Heft 9, S. 385–393.

Schreyögg, Astrid: Die Anlässe und Ziele von Coaching, in: Coaching. Frankfurt/New York: Campus Verlag, 1998, S. 72–101 und S. 147–164.

Schulze-Krüdener, Jörgen: Wozu Elternarbeit? Eltern als Adressaten der Heimerziehung. In: Unsere Jugend, München: Ernst Reinhardt Verlag, 67. Jg,. 2015, Heft 1, S. 354–362.

Schwabe, Mathias: Was leistet die Pädagogin/der Pädagoge im Heim? Für ein Selbstverständnis von Heimerziehung als professionelles „Spiel" mit komplexen Realitäten, in: Unsere Jugend, München: Ernst Reinhardt Verlag, 46. Jg. 1994, Heft 8, S. 333–347.

Schwabe, Mathias: Methoden der Hilfeplanung. Zielentwicklung, Moderation und Aushandlung. Internationale Gesellschaft für erzieherische Hilfen (IGfH), Frankfurt am Main: IGfH Eigenverlag, 2005.

Schwabe, Mathias/Vust, David: Heimerziehung in Intensivgruppen mit Zwangselementen – ein Trend, den es aufmerksam zu beobachten und kritisch zu begleiten gilt, in: Unsere Jugend, München: Ernst Reinhardt Verlag, 60. Jg. Heft 1/2008, S. 9.

Schwabe, Mathias: Partizipation im Hilfeplangespräch – Hindernisse und wie sie gemeistert werden können, in: SOS-Dialog, Fachmagazin des SOS Kinderdorf e. V., München: Eigenverlag, 2000, S. 11–17.

Schwäbisch, Lutz/Siems, Martin: Anleitung zum sozialen Lernen für Paare, Gruppen und Erzieher. Kommunikations- und Verhaltenstraining, Reinbek bei Hamburg: Rowohlt Taschenbuch Verlag, 1974.

Schwemmer, Hilmar: Was Hausaufgaben anrichten. Paderborn: Schoeningh Verlag, 1980.

Schwilk, Heimo: Schule macht Deutschlands Kinder unglücklich (2007), Welt online, abgerufen unter: www.welt.de/politik/article1350873/Schule_macht_Deutschlands_Kinder_ungluecklich.html, 08.07.2010.

Sozialpädagogisches Institut im SOS-Kinderdorf e. V. (Hrsg.): Hilfeplanung – reine Formsache? Dokumentation 4, München: Eigenverlag, 2005.

Spanhel, Dieter: Erziehung zur Selbstständigkeit (2008), in: Das Online-Familienhandbuch, hrsg. vom Staatsinstitut für Frühpädagogik (IFP), abgerufen unter: www.familienhandbuch.de/cmain/f_Fachbeitrag/a_Erziehungsbereiche/s_73.html 18.10.2010.

Speck, Otto: Chaos und Autonomie in der Erziehung, München/Basel: Ernst Reinhardt Verlag, 1991.

Spiegel, Hiltrud von: Alltagshandeln im Heim: Zwischen Demokratisierungsansprüchen, Routinen und prekären Bedingungen, München: Reinhardt UTB, 2003.

Spiegel, Hiltrud von: Methodisches Handeln in der Sozialen Arbeit. Grundlagen und Arbeitshilfen für die Praxis, 2. Auflage, München: Reinhardt UTB, 2006.

Springer, Werner: Auf den Alltag kommt es an! Der sozialräumliche Ansatz als Prävention, in: AFET. Mitglieder-Rundbrief der Arbeitsgemeinschaft für Erziehungshilfe (AFET) e. V. -Bundesvereinigung. Hannover. Nr. 4, 2000, S. 17-19.

Stangl, Werner: Wie helfe ich meinem Kind bei Konzentrationsproblemen?, abgerufen unter: http://eltern.lerntipp.at/konzentration.shtml [12.04.2016]

Statistisches Bundesamt (2008): Jugendhilfestatistik, unter: www.destatis.de/Statistiken/Sozialleistungen/KinderJugendhilfe/ 07.08.2010.

Statistisches Bundesamt: Datenreport 2008, Kapitel 2 Familie, Lebensformen und Kinder, unter: www.wzb.eu/presse/pdf/datenreport_08/datenreport2008.pdf 08.08.2010.

Stiegler, Barabara: GENDER MACHT POLITIK. 10 Fragen und Antworten zum Konzept Gender Mainstreaming, hsrg. v. Wirtschafts- und sozialpolitischen Forschungs- und Beratungszentrum der Friedrich-Ebert-Stiftung, Bonn, 2002, abgerufen unter: library.fes.de/pdf-files/asfo/01411.pdf [09.05.2016]

Stolz, Günther G.: Wohnraum gesucht – Menschen gefunden. 1999–2009 Mülheim an der Ruhr. 10 Jahre „ZInkhütte49" – im Medienspiegel der Öffentlichkeit, Oberhausen: GTI Gerhard-Tersteegen-Institut gGmbH (Hrsg.) 2009.

Stork, Remi: Erziehung durch Einbeziehung? Eine Bilanz der Fachdiskussion über Partizipation in der Heimerziehung; in: Mitteilungen LJA WL 150/2002, hrsg. vom Landesjugendamt Westfalen-Lippe, Münster: Eigenverlag, 2002, S. 31-38.

Taube, Kathrin/Vierzigmann, Gabriele: Von der Elternarbeit zur systematischen Familienarbeit in der Heimerziehung. In: Sozialpädagogisches Institut im SOS-Kinderdorf e. V. (Hrsg.)(2000): Zurück zu den Eltern?. Praxisband 2 der SPI-Schriftenreihe. Eigen Moos, Marion/Schmutz, Elisabeth (2010): Heimerziehung als familienunterstützende Hilfe. Veränderungsorientierte Zusammenarbeit mit systematisch in den Regelstrukturen stationärer Hilfen verankern, in: Forum Erziehungshilfen, hrsg. von der Internationalen Gesellschaft für erzieherische Hilfen (IGfH). 16. Jg. 2010, Heft 5, Seite 305–310.

Textor, Martin R./Winterhalter-Salvatore, Dagmar: Erziehungsberatungsstellen In: Fthenakis, Wassilios/Textor, Martin, (Hrsg.): Online-Familienhandbuch, unter: www.familienhandbuch.de/cmain/s_275.html, 06.02.2009.

Thiersch, Hans: Alltagshandeln und Sozialpädagogik, in: Neue Praxis, Neuwied: Luchterhand Verlag, 8. Jg. 1978, Heft 1, S. 6–25.

Thiersch, Hans: Die Erfahrung der Wirklichkeit. Perspektiven einer alltagsorientierten Sozialpädagogik, Weinheim/München: Juventa Verlag, 1986.

Thiersch, Hans: Lebensweltorientierte Soziale Arbeit. Aufgaben der Praxis im sozialen Wandel; 6. Auflage, Weinheim/München: Juventa Verlag, 2005.

Trieschmann, Albert E./Whittaker, James K./Brendtro Larry K.: Erziehung im therapeutischen Milieu. Ein Modell, Freiburg im Breisgau: Lambertus Verlag, 3. Auflage, 1978.

Unzner, Lothar: Aktuelle Beiträge aus der Bindungsforschung in ihrer Bedeutung für das Verhältnis zwischen Herkunftseltern und ihrem Kind. In: Sozialpädagogisches Institut im SOS-Kinderdorf e. V. München (Hrsg.)(2004): Herkunftsfamilien in der Kinder- und Jugendhilfe. Dokumentation 3. Eigenverlag. München, Seite 126–147.

Uttitz, Pavel: Freizeitverhalten im Wandel, Deutsche Gesellschaft für Freizeit, Erkrath: Eigenverlag, 1985.

Velmerig, Carl Otto/Schattenhofer, Karl/Schrapper, Christian (Hrsg.): Teamarbeit. Konzepte und Erfahrungen – eine gruppendynamische Zwischenbilanz, Weinheim und München: Juventa Verlag, 2004.

Verband katholischer Einrichtungen der Heim- und Heilpädagogik (Hrsg.): Kleine Kinder im Heim. Beiträge zur Erziehungshilfe 9, Freiburg im Breisgau: Lambertus Verlag, 1994.

Verband katholischer Einrichtungen der Heim- und Heilpädagogik (Hrsg.): Erziehung zur Selbständigkeit. Anregungen und Orientierungen für die Praxis. Beiträge zur Erziehungshilfe 6, Freiburg im Breisgau: Lambertus Verlag, 1990.

Vopel, Klaus, W.: Die Teammitglieder, Salzhausen: Iskopress, 1994.

Weinbach, Heike: Gender mainstreaming: mehr geSCHLECHT als geRECHT? In: Politikwechsel in der Wissenschaftspolitik hrsg. von Benjamin Hoff und Petra Sitte, Berlin, 2001.

Wieland, Norbert/Marquardt, Uschi/Panhorst, Hermann/Schlotmann, Hans-Otto: Ein Zuhause – kein Zuhause. Lebenserfahrung und -entwürfe heimentlassener junger Erwachsener, Freiburg im Breisgau: Lambertus Verlag, 1992.

Wohlfart, Daniela/Schilling, Gottfried: Qualität in der Jugendhilfe unterstützen durch adäquate Raumgestaltung. Über die Gestaltung des Lebens- und Arbeitsfeldes der Jugendhilfe. Das Würzburger Modell, in: AFET. Mitglieder-Rundbrief der Arbeitsgemeinschaft für Erziehungshilfe (AFET) e. V. – Bundesvereinigung – Hannover, Nr.3, 2003, S. 36–47.

Wolf, Frieder/Freigang, Werner: Wohngruppenleben. Bericht über eine Einrichtung öffentlicher Erziehung, Frankfurt am Main: Internationale Gesellschaft für Heimerziehung (IGfH), 1982.

Wolf, Klaus: Machtprozesse in der Heimerziehung. Reihe „Forschung und Praxis in der Sozialen Arbeit", hrsg. von Vera Birtsch, Monika Friedrich, Joachim Merchel, Norbert Struck und Christian von Wolffersdorff. Band 2, Münster: Votum Verlag, 1999.

Wolf, Klaus: Können große Heime gute pädagogische Orte sein?, in: Unsere Jugend, München: Ernst Reinhardt Verlag, 59. Jg. 2007, Heft 1, S. 2–9.

Wolff, Mechthild/Hartig, Sabine: Beteiligung in der Heimerziehung. Empfehlungen aus dem deutschen Projekt Beteiligung – Qualitätsstandard für Kinder und Jugendliche in der Heimerziehung, in: Unsere Jugend, München: Ernst Reinhardt Verlag, 58. Jg. 2006, Heft 10, S. 438–441.

Wurzbacher, Gerhard: Soziologie für Erzieher, 6. Auflage, München: TR-Verlagsunion, 1980.

Wyss, Peter: Grundprobleme der Anstaltserziehung, 2. unveränderte Auflage, Bern und Stuttgart: Paul Haupt Verlag, 1978.

Bildquellenverzeichnis

Birgitt Biermann-Schickling, Hannover/ Bildungsverlag EINS GmbH, Köln: S. 205

Caritas Kinderdorf Irschenberg, 2011: S. 47

Nadine Dilly, Bottrop/ Bildungsverlag EINS, GmbH, Köln: S. 112

dpa Picture-Alliance, Frankfurt: S. 33 (picture alliance/dpa), 48 (picture alliance/ZB), 54 (picture-alliance/dpa), 140, 147 (picture alliance/Sueddeutsche Zeitung Photo), 151 (picture alliance/dpa), 224 (picture alliance/dpa), 237 (picture alliance/dpa)

Inge Eismann-Nolte, Amoneburg/ Bildungsverlag EINS GmbH, Köln: S. 288

epd-bild/Stephan Pramme: S. 125

Fotolia.com: S. 38 (Luftbildfotograf), 72 (Robert Kneschke), 75 (shocky), 80 (Tatyana Gladskih), 123 (contrastwerkstatt), 181 (Klaus-Peter Adler), 195.1 (shock), 261.1 (eyetronic), 261.2 (BillionPhotos.com), 276 (Robert Kneschke)

Getty images, SW Productions: S. 259

Björn Hänssler-bopicture/Bildungsverlag EINS GmbH, Köln: S. 115

Wilhelm Heidemann, Wesel: S. 9, 45, 51.1-2, 57, 58.1-4, 128, 129, 131.1-2, 150.1-3, 202

Cornelia Kurtz, Boppard am Rhein/ Bildungsverlag EINS GmbH, Köln: S. 94, 95.1-3, 96

MEV Verlags GmbH, Augsburg: S. 142 (Sven Lüders), 240 (Christian Albert)

Christian Schlüter, Essen/ Bildungsverlag EINS GmbH, Köln: S. 299

Shutterstock, New York: S. 180 (Rido), 190 (Karen Wunderman), 195.2 (William Perugini), 251 (michaeljung), 257 (Kamira)

ullsteinbild: S. 42 (Express/Grasser), 101 (CHROMORANGE), 187 (Imagebroker.net), 214 (JOKER/Petersen)

Oliver Wetterauer, Stuttgart/ Bildungsverlag EINS GmbH, Köln: S. 215, 271

Sachwortverzeichnis